U0092740

羅馬人的故事 IV

凱撒　時代
（盧比孔之前）

塩野七生　著
李曼榕、李璧年　譯

三民書局

作者介紹

塩野七生

一九三七年七月生於東京，畢業於學習院大學文學部哲學系，一九六三～一九六八年間遊學義大利。一九六八年開始寫作，於《中央公論》發表〈文藝復興的女性〉。一九七〇年，首部長篇作品《凱撒波吉耳抑或優雅的冷酷》獲頒每日出版文化賞，之後長住義大利。一九八二年以《海都物語》得到三多利學藝賞。一九八三年，獲頒菊池寬賞。自一九九二年起，以羅馬帝國千年興亡為題，著手寫作《羅馬人的故事》系列，並以每年一部作品的速度發表。一九九三年《羅馬人的故事I》獲頒新潮學藝賞。一九九九年再獲司馬遼太郎賞。二〇〇一年發行《塩野七生文藝復興著作集》共七冊。二〇〇二年榮獲義大利政府頒授國家功勞勳章。二〇〇五年獲日本政府頒贈紫綬褒章，二〇〇七年再獲文部科學省評選為文化功勞者。

三十周年經典紀念版序

《羅馬人的故事》全十五冊新版發售之際，作者送給臺灣讀者的話

這部既不算是研究歷史的專業書籍，也不是歷史小說，在歐洲稱之為「歷史散文」的作品，我持續執筆了半世紀多，最在意的其中一件事情就是，為什麼這個國家能在完全認同個人思想與表現的同時，維持歷時長久的獨立與繁榮。

因而執筆了《羅馬人的故事》與《海都物語》兩部作品。《羅馬人的故事》是為了想知道大國發生過什麼事。另一部《海都物語》則是因為想了解，為何即使是小國，在確保個人思想與自由表達下，同時也能達成國家的獨立與繁榮。

其次，舉例古羅馬帝國與中世紀文藝復興時期的威尼斯共和國作為代表大國與小國的典範，也是有原因的。因為這兩國即使國家規模大小有所不同，卻都有能享逾千年長壽的共同點。

有些國家在鎖國的情況下也維持了長治久安。像是古希臘的斯巴達或江戶時期的日本。然而，持續開國方針而能長命百歲的國家卻很少。羅馬與威尼斯在這部分也有相同點。

我同樣建議目前居住在臺灣的各位讀者也務必閱讀《海都物語》。因為日本也是小國，而

臺灣也是小國之一。小國自有小國的生存之道，只要正視這個事實，也有付諸實行的強烈意志，就會讓國家邁向獨立與繁榮。

還有，如果可以的話，再推薦各位閱讀我的另一部「文藝復興小說」（暫譯，原名「小説イタリア・ルネサンス」）全四集，我會感到十分榮幸。在這部作品中我創造了兩位虛構的主角穿插在這段真實的歷史中。希望能讓讀者領會，個人的思想與表達的自由如何能成為創新的泉源。幾乎也可以換句話說，在那種無法保證絕對自由的社會下不會產生創新。因為正是這種自由，誕生了達文西與米開朗基羅為首的義大利文藝復興。而佛羅倫斯、威尼斯，無論在地理、人口規模上都只能算是小國。

儘管如此，大國的磨難也並未比小國少。羅馬與威尼斯相比的話，無論「磨難」的種類或數量，都令人感到十分類似吧。我覺得這才是閱讀歷史真正的樂趣。因為畢竟可以說「歷史總是一再重演，只是表現的型態不同」。

二〇二二年春天，於羅馬

塩野七生

修訂二版說明

《羅馬人的故事》不是一部正統的羅馬史。

塩野七生說：

我以「羅馬人的故事」為題，如果將日文的書名譯為拉丁文，故事與歷史的意義幾乎是相通的。……使用“Gestae”這個字，所謂“RES GESTAE POPULI ROMANI”，可直接翻譯為「羅馬人的各種行徑」。

換句話說，這是一部詳盡蒐羅史籍與資料，進而細膩描繪人物的經典作品。當我們隨著作者富有文學性的筆調，逐冊閱讀《羅馬人的故事》時，便會發現比起事實的陳述討論，塩野七生在這部作品裡更著重於「人」的故事。羅馬人在面對各種挑戰時如何解決？在面對強敵的進逼時，羅馬人是如何逆轉取勝？平息內憂與外患後，又如何迎向和平？羅馬著名的公共建設，其目的是「使人過得像人」？偉大的建築背後，隱含怎樣的思考邏輯？

無論思想或倫理道德如何演變，人類的行徑都在追求無常的宿命。

隨著作者的引導，我們得以像羅馬人一樣思考、行動，了解身為羅馬人，言行背後的思想與動機。羅馬從義大利半島上的一個小部族發跡，歷經崛起壯大，終致破滅衰亡的過程，不僅是歷史上一個橫跨歐亞非三洲的輝煌帝國史，或許也可在其中發現「羅馬人」的群體生活史。

在《羅馬人的故事IV——凱撒時代（盧比孔之前）》，我們看到凱撒的成長環境、教育、私生活，如何從軍、踏入政壇。年近四十才嶄露頭角的凱撒，與龐培、克拉蘇組成三巨頭，以傑出的軍事能力、政治手腕，透過高盧戰役建立聲望，於政界厚植勢力。一向理性又擅長等待，並積極尋求體制內改革的凱撒，何以下定決心越過盧比孔河？作者融合歷史材料與《高盧戰記》，為凱撒做了十分生動的人物側寫，也呈現出羅馬進入帝國時期前的關鍵發展。

希盼本系列能與您一同思考：羅馬何以成為羅馬？羅馬的千年興衰，對世界有何影響？更重要的是，羅馬人留給現代哪些珍貴的遺產？期待在讀完本書之後，能帶給您跨越時空的餘韻。

編輯部謹識

序言

當我住在佛羅倫斯那段時間，認識一位在佛羅倫斯警界擔任調查課課長的朋友，不同於一般義大利人對公眾事務的冷漠，他是一位名副其實公僕型的人物。在他與嗎啡及綁匪數度周旋、轉換若干工作地點之後，目前他在北義大利中型都市帕多瓦 (Padova) 的警察署擔任署長一職。

以下這件事發生在他還任職於佛羅倫斯警察署時，他到我家來，盯著我的書架說：「我想知道有關凱撒的事，能不能在這些書本中借一本給我？」於是我選了厚度足足有五公分，由研究近、現代羅馬史最受肯定的傑洛姆．卡爾寇比諾所著的《凱撒傳》借給他。

大約一個月後當他歸還此書時，我請他談談讀後感想。他沒有告知讀後心得，他對我說：

「假如我和凱撒身處同一時代，我真想和他見一面。」

「真的碰面的話，你會跟他談什麼呢？」

「我會拜託他讓我在他麾下擔任一名百夫長吧！」

孟德斯鳩

「世人認為凱撒是個受幸運之神眷顧的人，而這位非凡的人物雖然擁有許多優秀的特質，但並非毫無缺點，他甚至也曾有過不道德的行為。儘管如此，不論率領何種軍隊，他都是勝利者；不論生於任何國度，他都將成為領導者。」

小林秀雄

「我並不清楚修西狄底斯筆下的政治史架構如何，但在《英雄傳》中描寫的諸位英雄皆為政治家。當然這並非作者普魯塔克(Plutarch)以現代的眼光，將他們視為具有政治家性格的緣故，普魯塔克只是具體反映當時的社會實況，也就是具有道德意識、精力充沛而且勇於行動的人皆不得不為政治家。……政治非職業也非技術，而是一種處於極度緊繃的生活方式。因此，普魯塔克筆下的人物不論在何時何地，都能充分展現各人全面性的生活經驗。……像參與政治、政治冷感等繁雜不清的字眼，對身處於《英雄傳》時代而且具教養的人來說，是完全不能理解的詞彙。如果能重新思考這一點，也未嘗不是件好事。」

義大利的普通高中所使用的教科書

「一個領導者必須具備下列五項特質：知性、說服力、肉體方面的耐力、自制力以及堅強的意志力。具備以上各項特質的唯有凱撒。」

蕭伯納

「即使是能夠深切刻劃人性弱點的莎士比亞，也無法了解如凱撒這等人物的偉大。《李爾王》固然是部傑作，而《凱撒大帝》卻是失敗之作。」

朱利斯·凱撒

「決定一篇文章的是所選用的詞彙，正如同船隻應該避開暗礁般，絕不可使用日常生活中不用的詞彙，以及只在朋友間使用的措詞。」

目次

第三章 青年前期 Adulescentia 39

西元前八十三年～前七〇年（凱撒十七歲～三十歲）

第四章　青年後期 Juventus　71

西元前六十九年～前六十一年（凱撒三十一歲～三十九歲）

第五章　壯年前期 Virilitas 135

西元前六〇年～前四十九年一月（凱撒四十歲～五十歲）

第一章

幼年期 Infantia

西元前一〇〇年～前九十四年
（凱撒誕生～六歲）

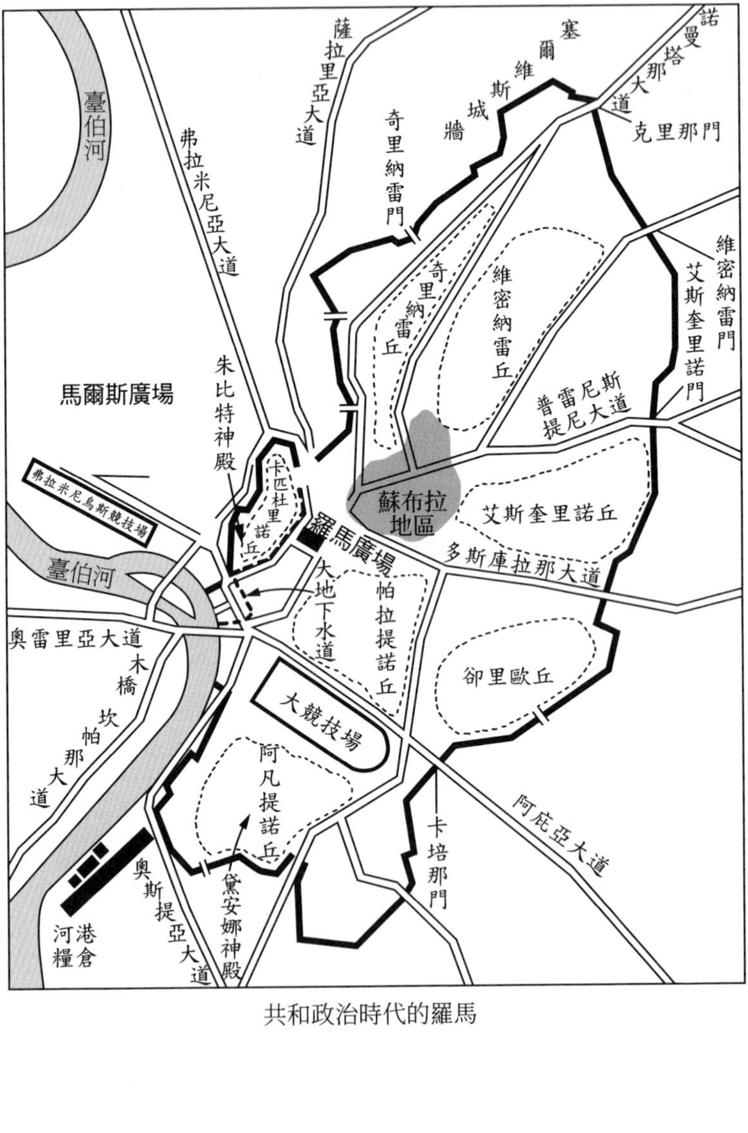
臺伯河
薩拉里亞大道
塞爾維斯城牆
諾曼塔那大道
克里那門
奇里納雷門
弗拉米尼亞大道
奇里納雷丘
維密納雷丘
維密納雷門
艾斯奎里諾門
朱比特神殿
馬爾斯廣場
普雷尼斯提尼大道
卡匹杜里諾丘
弗拉米尼烏斯競技場
蘇布拉地區
艾斯奎里諾丘
羅馬廣場
臺伯河
多斯庫拉那大道
大地下水道
帕拉提諾丘
奧雷里亞大道
木橋
卻里歐丘
坎帕那大道
大競技場
阿凡提諾丘
阿庇亞大道
卡培那門
奧斯提亞大道
黛安娜神殿
河港
糧倉

共和政治時代的羅馬

生於何處長於何處

站在橫亙於羅馬廣場南方的帕拉提諾丘陵上，它已被建築物掩蓋而無法確切追尋其遺蹟；但在歷經至少二千年後的今天，仍可約略看出當時羅馬七座丘陵的位置。

如果以古羅馬心臟地帶的羅馬廣場為中心，西側為卡匹杜里諾丘陵，而由北向東依序為奇里納雷、維密納雷、艾斯奎里諾、卻里歐等四個丘陵，帕拉提諾丘陵南隔大競技場與阿凡提諾丘陵相望，上述丘陵就是歷史上有名的「羅馬的七丘陵」。環繞這七座丘陵的城牆，是由西元前六世紀中第六任國王塞爾維斯．圖利烏斯所興建，「塞爾維斯城牆」在凱撒的時代依然完好矗立。「塞爾維斯城牆」的內側被羅馬人視為首都區。

羅馬的七座山丘中最高的也不過海拔五十公尺，而最高的卡匹杜里諾丘陵，丘頂的面積較其他六座山丘狹小，建國之初即為眾神居住之地。因為眾神的恩惠，人們得以居住於其他六座山丘。

嚴格說來，羅馬的七座山丘並非各自獨立聳峙，丘底的山谷也無狹隘險峻之感，正因為低矮的丘陵彼此相連，人們很自然地會將地勢高處作為住宅用地，而地勢低處則用作排水的公共區域。因此低地區如羅馬廣場四周建有大競技場；臺伯河岸則有碼頭及市場。羅馬人為多神教信仰，擁有為數眾多的神殿，因此卡匹杜里諾丘陵無法完全容納這些神殿。較之希臘人將供奉眾神的神殿築於高處，羅馬人則將它視為公共建築物的一種，理所當然地將神殿築於低地。但畢竟是供奉眾神的地方，還是得登上約二十級樓梯的高度才能進入神殿。

就整體而言，羅馬的市中心除卡匹杜里諾丘陵外，地勢高處多為私人用地，而地勢低處則為公共用地；在六座丘陵當中，地理位置最優越的即是羅馬建國者羅慕路斯 (Romulus) 最初居住的帕拉提諾丘陵。

帕拉提諾丘陵的面積為十公頃，而且即使在丘陵高處，水源依然便利。如果前往位於市區中央的羅馬廣場，只需自緩坡下行即可到達。另一方面，高地只限於緊鄰臺伯河四周，渡過臺伯河後，西風吹拂，十分怡人，這一點對夏天比冬天更需要費心考慮住家地點的羅馬人而言，帕拉提諾丘陵可稱得上是無可取代的福地洞天。即使在現代，在陽光無情的照射下，探訪羅馬廣場的遺蹟後登上帕拉提諾丘陵，你將驚訝於同樣身處羅馬，竟會有如此清爽的綠意環繞於四周，彷彿是與低窪處的喧嚷迥然不同的另一片天地。由於開國始祖羅慕路斯定居於帕拉提諾丘陵的緣故，於是首任皇帝奧古斯都 (Augustus) 也將他的宅邸興建於此；接下來的歷任皇帝便將宮殿興築於此地，但理由絕對不僅止於此。當皇帝不存在的共和時代，有權勢且富裕的羅馬人，他們的豪宅連綿不斷地矗立於帕拉提諾丘陵上。

羅馬史上極負盛名的華雷利烏斯、西比奧、克勞狄斯、法比烏斯、柯爾涅留斯、艾米里斯等名門貴族，無一不是代代將宅邸興建於帕拉提諾丘陵。像格拉古 (Gracchus) 這類平民中

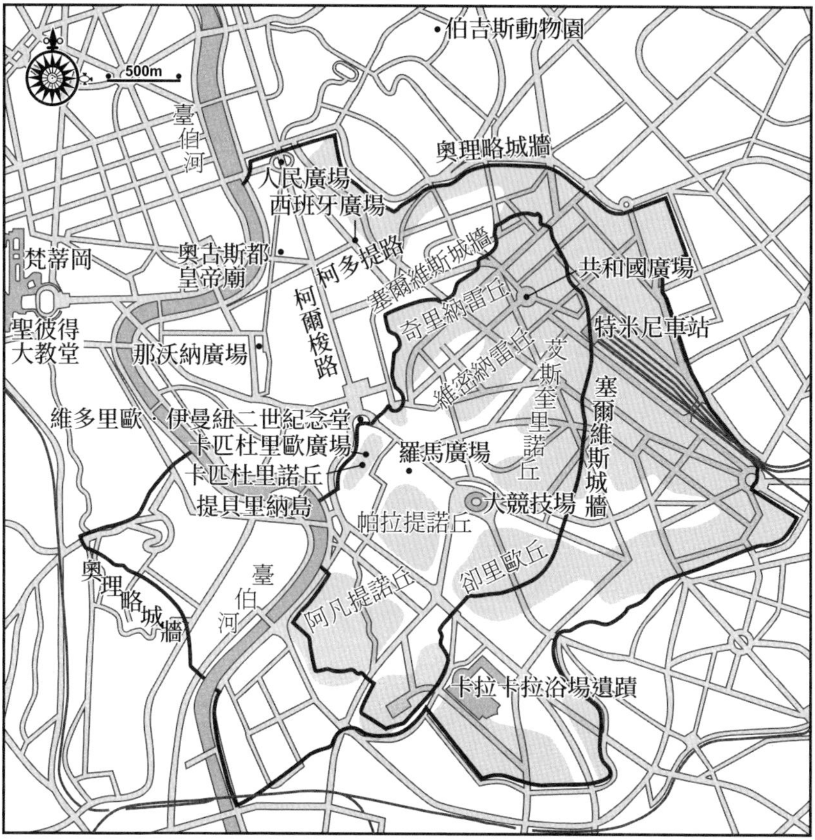

現代的羅馬街道與古羅馬城牆重合圖

的貴族，住宅自然也位於此地，堪稱羅馬首富的資本家克拉蘇 (Marcus Licinius Crassus) 當然也是帕拉提諾的一份子；而自外地到羅馬發展後，以律師成名的哲學家西塞羅 (Marcus Tullius Cicero)，不惜借貸也要在帕拉提諾丘陵上購置宅邸。

其實不只帕拉提諾，凡丘陵地勢高處皆為高級住宅區，關於這一點，只要想想羅馬的氣候就會恍然大悟。在馬爾格地方擁有廣大領地的龐培 (Gnaeus Pompeius Magnus)，他在羅馬的住所即位於卻里歐丘陵；現在義大利總統的官邸位於奇里納雷丘陵，原本是中世紀時改建自昔日羅馬貴族豪宅的羅馬教皇宮殿，在當年義大利統一時由政府一併接收。

那麼，一般平民又居於何處呢？

他們將房舍櫛比鱗次地築於坡度低緩的丘陵底部，這些平民的住所分布於羅馬七個丘陵底部的各個角落。即使是眾神居住的卡匹杜里諾丘陵，底部也充斥著平民的房舍。總之，他們的房舍密集地從這個丘陵下方深入低地，再綿延至另一個丘陵下方。

另一方面，也有某些平民大規模集中居住的地區，這類地區中離市中心最近、幾乎與羅馬廣場相連的地帶馳名已久，被稱作「蘇布拉」(Subura)。

居住丘陵上方高級住宅區的人，在鳥兒婉轉的啼聲中展開一天的生活；而蘇布拉的平民，在日出而作的工匠們自作坊傳出的聲響中醒來；接著，販售日用品的商家也開門準備營業。來自丘陵上方的豪宅、為購物而下山的奴隸們，也在商店進出的顧客之列，因而穿梭於狹小街道間的人潮，與太陽的高升成正比。除了商店外，工匠的作坊也面對街道，因而蘇布拉大概是羅馬分貝最高的地區。正因為在平民區的街道，不論是替人拔牙、理髮或販售氣味古怪的東方香料，凡是在街頭營業的生意人，都無須擔心會被有錢人家的佣人驅趕，能夠心無旁騖地做生意。不知以什麼作為正業的人，在這裡也不會遭受他人奇異的眼光。從壞的方面看來或許是很奇怪，而從好的方面看來，蘇布拉卻是充滿活力的地區。

奧古斯都皇帝下令興建的「集會廣場」(Forum)，如今只殘留遺蹟，集會廣場後方依稀可見高大相連的石壁。因為蘇布拉經常發生火警，這個石壁乃是為了防止火勢向外延燒而興建。蘇布拉在二千年後的現代依然是平民地區；位於西班牙廣場附近的餐廳，如果套餐需要花費七萬里拉，在昔日的蘇布拉，也就是今天的加富爾大道附近的餐廳，則只需花費二萬里拉就夠了。

朱利斯．凱撒誕生於蘇布拉，在他三十七歲當選為最高神祇官而移居羅馬廣場的官邸之前，一直住在蘇布拉。

環境

羅馬共和時代凡擔任國家要職者，都可以從前幾代的家族歷史中窺見端倪。祖父與父親均任執政官的西比奧．艾米里亞努斯 (Scipio Aemilianus) 及格拉古兄弟自不在話下，克拉蘇及龐培的父親均為執政官。他們出身世代皆擁有元老院席次的名門，可歸類為元老院階級。無法追溯出身門第者，如出身地方卻因領軍成功而七度當選執政官的馬留斯 (Marius)，以及馬留斯的同鄉西塞羅，他以律師揚名開創新局。這類自創新門第者被稱作「新進者」。

談到這類無法追溯門第的人，就非得提到蘇拉 (Sulla) 不可。但蘇拉並非所謂的「新進者」，他的家族與柯爾涅留斯、西比奧等名門中的貴族有關，只不過在他活躍政壇之前，蘇拉這個家族從來未曾出現在羅馬歷史中，應該算是沒落的貴族吧！

朱利斯．凱撒不屬於上述三類出身中的任何一種。

朱利斯家族與柯爾涅留斯、法比烏斯、克勞狄斯等家族同屬於歷史悠久的名門貴族。羅馬建國者羅慕路斯的母親是阿爾巴隆加 (Alba Longa) 國王的女兒，而阿爾巴隆加的望族之一就是朱利斯家族。

但是，西元前七五三年羅慕路斯建立羅馬後，國力日益增強；一世紀後的西元前六五〇年前後，羅馬攻擊曾經孕育它的阿爾巴隆加。雖說是進攻他國，其實只不過是三十公里左右的遠征，但這段距離已相當於當時羅馬人活動圈的半徑了。

雖然只是宛如野餐般的遠征，由第三任國王圖盧斯．霍斯提利烏斯率領的羅馬軍獲勝。阿爾巴隆加徹底瓦解，人民被迫移居羅馬，但並非以奴隸的身份前往羅馬，這是因為羅馬人採行的政策，也就是深受普魯塔克讚許的「就連失敗者也要被我們同化」。雖然他們被迫移居羅馬，但他們與勝利者擁有相同的公民權利，羅馬人將羅馬七座山丘中的卻里歐丘提供給這批已成為羅馬公民的群眾居住。在阿爾巴隆加具權勢的昆提里斯、塞爾維斯、朱利斯等世家名列羅馬貴族，元老院也提供席次給這些世家的代表。與「原來的失敗者」混血在羅馬根本不是問題。君主政體結束進入共和政體後，歷代的統治者可說幾乎都是羅馬人與「原來的失敗者」聯姻生下的混血兒。

朱利斯家族在共和時代初期十分活躍，但直到西元前三世紀初的三百年間，朱利斯家族卻相當沉寂。朱利斯家族首度出現於羅馬官方記載的《最高神祇官記錄》，是在第二次布尼克 **(Punic)** 戰後的時代。

在羅馬軍與漢尼拔 **(Hannibal)** 展開生死搏鬥的那段時期，某位朱利斯家族的成員力戰迦太基軍，因戰功輝煌而有「凱撒」這個外號，後來這個外號似乎就變成家族名號。在迦太基語中，「凱撒」表示「象」的意思，有許多羅馬人的家族名號就是由原先的外號轉化而來的。

但此後無論是朱利斯家族或凱撒家族，又再度呈現沉寂的狀態。與當時出了十幾個執政官的柯爾涅留斯、克勞狄斯、法比烏斯家族相比，朱利斯家族在這個世紀間只出了一位執政官，而執政官是每年選出兩位。朱利斯家族的確是個曇花一現的名門貴族。

剛邁入西元前一世紀時，魯奇斯．朱利斯．凱撒成為執政官，但他是蓋烏斯．朱利斯．凱撒 **(Caius Julius Caesar)** 的伯父而非父親，凱撒的父親只有擔任法務官 **(Praetor)** 的經歷。

法務官在羅馬共和時代是僅次於執政官的重要官職，每年由公民大會選出六位法務官，資格為年滿四十歲且身為元老院議員。在法務官一年的任期屆滿後，官職名稱將改為前法務官，再到羅馬統轄地區擔任總督，待總督任滿後就具有執政官候選人的資格。

凱撒的父親只任職至法務官為止，在他就任總督前夕死亡。總之，凱撒並非有權有勢者的兒子，但不同於連父母姓名皆不可查的蘇拉，追溯凱撒的上一代得知他的父親官至法務官，而他的母親奧雷莉亞 (Aurelia) 則為法學者，她的娘家也相當有名，她是執政官奧雷留斯．寇達 (Aurelius Cotta) 的妹妹。

凱撒家中的經濟狀況不佳，因為朱利斯家族雖為名門貴族，但長久以來不受當權者的青睞，所以沒有任何累積財富的機會。但無論如何，它仍是羅馬屈指可數的世家之一。憑實力出人頭地的馬留斯，為提高身價而迎娶凱撒的姑姑尤莉亞 (Julia) 為妻。雖說寇達家多為學者，但自從奧雷留斯．寇達擔任執政官後，擔任羅馬要職的機會就再三降臨寇達家。而出身於此等家庭的女子絕無下嫁貧窮貴族的道理。就這一點而言，我們只能接受古代歷史學家的說法，也就是凱撒與蘇拉不同，他成長於儉約但非貧困的家庭中，即使他們沒有能力在帕拉提諾丘陵購屋居住。

即使同樣住在蘇布拉，凱撒一家也並非與平民居住相同的房舍或過著同樣的生活。一般而言，在城牆外的已開發市鎮，均依經濟條件的差別而居住於不同地段；在現代所稱的舊市鎮，也就是古代的市中心，經濟條件不同的人家比鄰而居並非稀奇的事。這就好比打開玄關的門之後，內部陳設卻完全不同的那種感覺，這是由於歷代定居於此的人很多的緣故。但歷代定居於帕拉提諾與定居蘇布拉，其間的差別仍然十分地明顯。

西元前一世紀的羅馬是地中海世界的霸主，容納移居首都羅馬的群眾一直是個棘手的問題。要想一下子滿足財力不足的群眾需求，只有將房舍向上加蓋。提供租用的四、五層樓高的密集住宅，羅馬人稱為「空中之島」。直到青年時期，蘇拉一直都住在「空中之島」中。

在史料中完全看不到凱撒居住於這類住宅的記載，如果他曾居住在這類住宅，必定會有所記載，所以設定他並不居住於這類住宅似乎較為恰當。如果是這樣，那也就是說即使是蘇布拉的居民，應該也住在獨棟住宅中；但即使在古代，對凱撒成長的家園也所知不多，所以一切只能憑想像，或許可以將研究者提供的「羅馬市內典型的獨棟住宅原型圖」作為我們想像的起點。

古代與現代羅馬房屋最大的不同點在於對外的開放性，古代都是開口朝內，現代則是在對外的牆上多開了窗戶。

將房屋外側封閉而開門於內側有四個理由：第一是為了在有限的土地上容納更多的人，即使是門戶獨立的房屋，外牆也必須與隔壁的房屋相連；第二是為了安全起見；第三是因為羅馬的氣候；最後一個理由是即使住在熱鬧的街上，也能與外界隔絕以保持家中的寧靜。

事實上，自文藝復興之後，便開始有人在房屋內裝設窗戶對外開放。只不過，低一點的，像是一樓，總是加裝了鐵窗；再往上一點的，窗戶的高度如果夠高使得陽光射入，夏季早晨九點之後便得關窗，而且不僅關玻璃窗，連百葉窗也必須關上，直到太陽下山才能再度打開，足見此地陽光強烈的程度。羅馬房屋牆壁的厚度至少十五公分，所以能完全隔絕陽光，房屋內部因此出乎意料地涼爽。從這件事便不難理解這種門朝內開的羅馬式居住模式，為何能被部份保

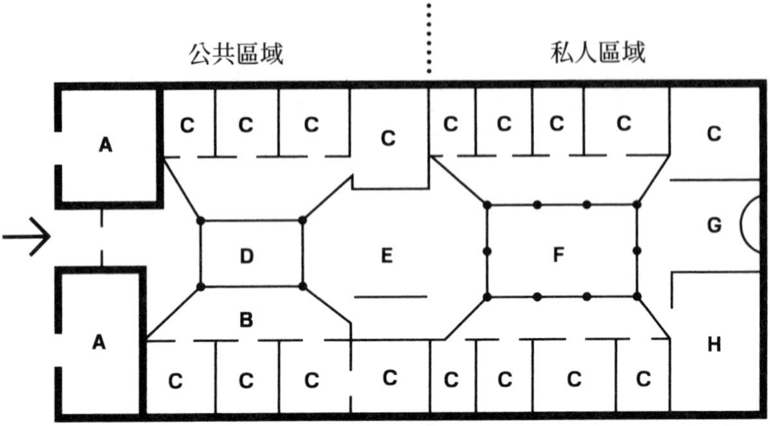

A. 出租店面
B. 中庭
C. 房間
D. 小水池
E. 會客室
F. 內庭
G. 神壇
H. 飯廳

在一樓的上方建有被稱作「佩爾構拉」的樓中樓或閣樓，其用途包括提供佣人使用、堆置物品以及出租。

羅馬市內典型的獨棟住宅原型圖

留到現代。

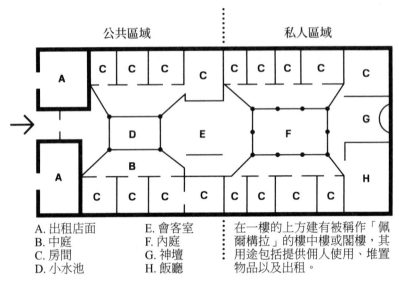

即使在石造建築普及之前的磚造建築時代，古羅馬市內獨棟樓房的外牆都相當厚。這些外牆與它所環繞的房屋內部基本上形成對稱。左右對稱的均衡感，能夠影響居住者精神上的身心均衡。均衡的美感是古代構成美感價值的首要條件。

為徹底追求均衡美，古羅馬時期經濟居中上程度的人，他們的住宅當然是左右對稱，即使是出租店鋪也以入口為中心，左右對稱。出租店鋪的是房子的主人，在蓋店鋪之初本就打算將店鋪出租，所以房東將自身住宅與店鋪交界處，以與外牆厚度相同的牆壁加以隔絕。而帕拉提諾丘陵的豪宅當然不是這類結構。龐培住在卻里歐丘陵間的豪華宅第，自然不可能將部份出租；但凱撒的家位在蘇布拉，這裡百分之八十都是一樓用作店面、二樓以上為住宅的房屋結構。

走進這類房屋中間的入口後，可看到被稱為“Atrium”的中庭，法語“Atelier”（畫室）就是由這個字演變而來。稱它為中庭，實際上並沒有庭院，只是將天井中央部份挖空，讓陽光得以射入屋內罷了。因為四方圓柱支撐的屋頂中央部份已被鑿空，所以下雨的話，會造成積水，所幸羅馬降雨的日子相當少。在中庭的中央通常都有個小池子，這池子與其說是為了在雨天使用，倒不如說是為了美觀而作。池子四周都是迴廊，左右兩側的房門並列。因為沒有窗戶，室內的光線只能自天井射入，由於陽光強烈，室內光源也已足夠。

在中庭對面另闢一個房間，作為外人與屋主進行商談的會客室。屋主如果是名門貴族或有權勢者，在羅馬通常都會形成一種極為重要的人際關係，也就是保護者與被保護者或支持者間的關係。因此每天早上都會有被保護者或支持者造訪，在此進行各種商談，大多數的羅馬家庭都有必要設置這樣一個空間。自玄關經過中庭到會客室這個部份，可說是家中的公共區域。

但是，對一切都持開放態度的羅馬人來說，能這麼做也是因為羅馬的氣候。會客室沒有門，在使用會客室時，只在前後以簾子與外界區隔，不使用時則將簾子拉開。因此，在踏進中庭後，視線經由會客室可直接深入到內部另一個充滿花朵綠意的中庭。自環繞於會客室上方的橫木望去，正如欣賞畫框裡的繪畫一般。

羅馬人屋內的公共區域與私人區域，大致上都如前述般並未完全隔開；雖然如此，其中還是有所不同。私人區域同樣是以柱間無壁、對外開放的結構為中心，四周建有迴廊，後方則有房間環繞，而建有小池子的中央部份為庭院，給人一種柔和的感受。中庭四周矗立著許多圓柱，圓柱旁成為適合婦女們工作的地點。被稱作「艾色多拉」的部份，設有供奉家中保護神的祭壇，在凱撒家供奉的是代表美的女神維納斯，旁邊則供奉朱利斯一門的祖先。相較於現代的歐美人，神龕與佛壇並存於同一屋簷下，對我們來說已是司空見慣的事。相對於中庭，私人區域中首先與外界接觸的是內庭，即使面積再小的庭院都種有花草，庭院的角落甚至還有流水淙淙的雕刻噴泉。

有一位歐洲的研究者曾提到，如果古羅馬人看見現代歐洲人將各種家具並置於室內，一定會以為那裡是儲藏室。古羅馬人放置於室內的家具，即使在臥房也只有床、小桌子與椅子。飯廳裡則是根據希臘、羅馬人橫臥而食的習慣，中央放置了床鋪型的桌子。

只將日常生活不可或缺的東西放置身邊的羅馬人轉而裝飾牆壁與地板。在固定大小的地板表面鋪滿光滑的石塊，或鋪上鮮豔的鑲嵌材料。無論是鋪上大理石或是使用鑲嵌材料，自王政時代乃至共和時代，鑲嵌的色彩也只限於黑白兩色。

牆壁上飾有繪畫，一般都是風景畫而非人像畫，即使是畫人物，也只是當作風景的一部份。現代羅馬的西班牙廣場附近有一間「英國飯店」，那是一間《你前往何處》（拉丁語：*Quo Vadis*）的作者軒凱威茲 (Henryk Sienkiewicz) 也曾住宿的古老飯店。這間飯店的餐廳命名為「浪漫庭園」，那裡並非古羅馬式的庭園，只不過是位於地下一樓，四面都是牆壁環繞的角落罷了。四面牆上畫是繪畫，畫中有爬滿長春藤的石牆與雕像，以及對面山丘上類似神廟的建築物。「浪漫庭園」也就是彷彿置身古羅馬庭園中用餐時那種氣氛。

古羅馬室內的壁畫都是這種風格的畫作，以透視畫法甚至能畫出遠及海邊的別墅；因此即使身處羅馬街道，也能享受與外界相連的樂趣。雖然這些風景畫並非真實的大自然，但也許正因為羅馬式住宅內家具甚少，這類畫作才能自然地融入室內而不覺得突兀。

市中心的獨棟住家通常都沒有二樓，而在現代的義大利，如果高度不及二．五公尺就不能算是一間屋子。但有類似樓中樓或閣樓的房間，從屋頂到天花板如果有空間，則無論暑氣或寒氣都較緩和。除了中庭及內庭部份，也就是壁間無柱、對外開放的區域，以及環繞四周的屋頂部份外，這類長方形的閣樓覆蓋了整棟房子。這裡通常是佣人及奴隸的住處，或是用來存放無法放置室內的多餘物品，此外也當作出租的房間。歷史學家戴奧尼索斯自希臘初抵羅馬時，也住在這類的出租房間裡。

以上是羅馬街上獨棟住宅的概況。如果是富有人家，中庭及內庭就更寬廣、環繞四周的房間數增多、私人區域後方還有一個更廣大的庭園，而這些都是位於丘陵上方的高級住宅區才能擁有的奢侈享受。但即使是高級住家，基本格局也大致相同。就舒適這一點而言，這種房屋格局冬暖夏涼、與外界隔絕而得享清靜，很適合羅馬的氣候及羅馬人的性格。提到居住於北歐的首要條件，羅馬人馬上考慮到暖氣設備，但在首都羅馬就沒有這個必要。

即使家境並非特別優渥的人，多半也能在距離羅馬市中心二、三十公里處購置山中別墅，與其說是為了享受綠意盎然的田園生活，倒不如說這是農業國人民的傳統與天性使然。因此，山中別墅對生活於都市的人來說是農業生產地，他們偏愛自製的橄欖油、葡萄酒、起司與水果。儉樸度日的凱撒家，似乎也擁有一、二棟山中別墅。雖然沒有購置的歷史記載，但確實曾住宿於此。

羅馬建國後六百五十三年，西元前一〇〇年的七月十二日，蓋烏斯·朱利斯·凱撒誕生於羅馬的蘇布拉之家。沒有偉人誕生時如星星降臨等異於常人的傳說，他的誕生就如同當時一般的男孩，受到雙親、年幼的姐姐、親戚、奴隸們的祝福。幾年後他的妹妹誕生，凱撒成為排行於姐妹間唯一的男孩。

因此他在母愛中成長。他的人格特徵之一就是不論身處何種絕境，絕不喪失平和的心情。他的樂觀來自於從不動搖的自信心。最先使他擁有身為男人的自負，來自於母親所給予的愛。從小在母愛滋潤下成長的人，自然地打從心底擁有自信，具有均衡發展的人格。同時在不知不覺中養成不問過去、展望將來的積極性格。

第二章

少年期 Pueritia

西元前九十三年～前八十四年
（凱撒七歲～十六歲）

家庭教師

古羅馬時代的孩童教育始自六、七歲，沒有所謂的公立學校，一般家庭的孩子在私塾接受教育。如果雙親具有自行教育孩子的教育程度，則雙親之一擔任家庭教師並不稀奇。十一歲以前所接受的初級教育不外乎讀、寫、算術，因此雙親也能勝任初期的輔導工作。

凱撒的母親奧雷莉亞出身於以學者著稱的奧雷留斯．寇達家，是個極具教養的女子。凱撒少年時期的初級教育也許就是由母親負責；與他共同學習的伙伴包括姐姐、妹妹及家中奴隸的子女。不同於女子不接受教育的雅典，羅馬自古以來即使是女子也有接受初級教育的機會。此外，愈是家世良好，讓奴隸的子女與主人的子女一起學習愈是被視為理所當然。

家世良好的男子成年後注定要從事公職，十分需要如手腳般控制自如的助手，而這些直到生命結束皆與羅馬重要人物經歷共同事物的人，以他們的奴隸居多，這是因為他們從小一起

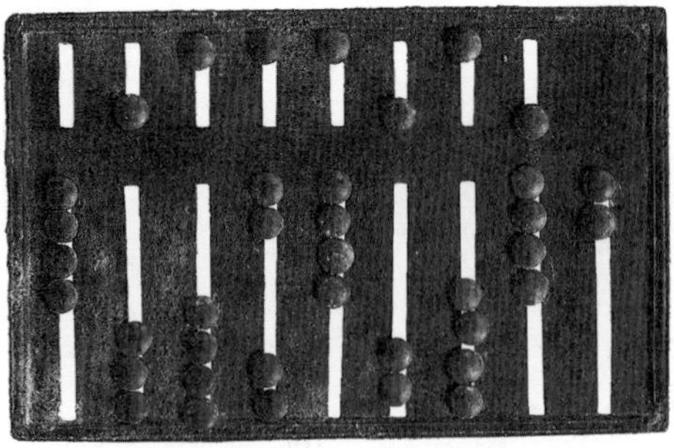

遺留在浮雕上羅馬時代的「算盤」

學習、成長，擁有終生苦樂與共的情感。所以羅馬人是著眼於現實的需要而非人道的觀點，讓奴隸的子女接受同等的教育。

八、九歲時初級的學習告一段落，家世良好的子女今後的教育依照慣例託付給家庭教師。

重視教育而經濟能力也許可的家庭，自乳母開始便僱用希臘人，此後也繼續聘用在雅典受教育的希臘籍家庭教師。但此等花費，只限於格拉古及艾米里斯家族這類富裕且重視教育的家庭，或是居羅馬首富的克拉蘇家族，為了面子而以高薪聘請許多希臘籍教師權充門面。

當時的教師幾乎都是希臘人的天下，其中又以在雅典完成學業的希臘人為「極品」；其次是在婆高蒙 (Pergamon) 為中心的小亞細亞西岸或羅德斯島 (Rhodes) 受教育的希臘人。格拉古兄弟、克拉蘇、龐培的家庭教師當然是由希臘人擔任，而家世、經濟狀況不如他們的凱撒家自然無法依樣畫葫蘆。

在凱撒少年時期擔任他家庭教師的是在埃及的亞歷山大城 (Alexandria) 完成學業的高盧人。之所以選擇高盧人，並非出自他母親奧雷莉亞也懂希臘文的挑剔眼光，而是凡事講求實際的結果。讓年少的凱撒將母語拉丁文的學習達到完美境界，同時也能自高盧人身上學習當時國際共通的希臘文。

從初級教育後期到高等教育初期，以年齡來看也就是九歲到十六歲之間，學習的科目區分如下：

拉丁文及希臘文的文法。

修辭學，學習更有效地運用詞彙，並加以適切表達的技巧。

辯證學，掌握合乎邏輯的表達能力。

再加上數學、幾何學、歷史及地理。

這七門課程稱為「阿爾提斯．里貝拉雷斯」，直譯的話就是「自由課程」，意譯的話是指一位成人須具備的人文課程。也就是現代義大利文的「阿爾提．里貝拉雷」、英文的"Liberal Arts"。

這七門課程由同一位教師負責教授，並非出自經濟的考量，而是由於教學的理念。過了初期的學習階段後，羅馬的教育課程改為閱讀前人流傳後世的文章。無論是文法、修辭，或是學習合乎邏輯表現的歷史、地理，皆以閱讀荷馬(Homéros)、修西狄底斯(Thucydidés)、柏拉圖(Plato)、大加圖(Marcus Porcius Cato)的文章為主。總之，「教材」是前人流傳後世的文章，而學生以塗了蠟的木板作為「筆記簿」，以鐵或象牙書寫於木板上。除了學生之外，大人也以這類木板為「記事本」，因為無論是紙莎草紙或是羊皮紙都十分昂貴。

由一位教師教授所有課程的方式，為非分科性的綜合授課法，優點是學生可掌握各科目間的相關性。不過這種方式充分考驗教師的素質，從家庭教師在羅馬社會中所享有的尊貴地位及高額報酬來看，足以反映這種需求。

筆記簿、紙莎草紙、墨水壺及鋼筆（復原圖）

除上述七門人文課程外，有時也教授天文學、建築及音樂，就這一點而言，深受希臘的影響。希臘人對音樂教育的重視，與其說是習得演奏樂器的技巧，不如說是訓練和諧的音感。

對當時的羅馬人來說，進大學唸書意指到雅典及婆高蒙留學，在那裡主要的學習課程為更深入地研習修辭、辯證再加上哲學。令人驚訝的是課程當中並不包括法學，而實際上，法律已是羅馬人餐桌上的家常話題。有意擔任律師的年輕人充實技能必經的過程，也就是待在有名的律師身邊見習，汲取實際的經驗。

體育

無論是聘用家庭教師或到私塾上課，上述人文課程的學習只限於中午之前，午後則為體育課程。此時學生自家庭教師處獲得解放，到羅馬各地公營競技場所附設的健身場所，也就是被稱作吉魯庫斯或運動場等地鍛鍊身體。競技場的觀眾席下方常作為室內體育館，在競技場的競賽跑道進行賽跑及馬術比賽。由凱撒家所在的位置來看，位於帕拉提諾丘陵對面的大競技場，以及曾遭漢尼拔突擊的弗拉米尼烏斯 (Caius Flaminius) 在城牆外所修建的弗拉米尼烏斯競技場，都是午後鍛鍊體魄及修習武術的地方。

上午一起唸書的「同學」午後也一同前往競技場，這是因為奴隸的兒子對還只是少年的主人來說，身兼同學、伙伴以及僕人。天生體格纖瘦的凱撒，日後無論遇到體格多麼壯碩的士兵也不認輸，無論環境多麼困厄也不屈服，這都拜他少年時代遵守母親指示，天天上運動場之賜。

少年時代的凱撒特別擅長的是御馬術。在尚無馬鐙的時代，能以雙手環繞馬頸之姿穩健地騎馬，唯有熟諳馬性的人才能辦到。日後在面臨他生涯的決戰時刻，拜此種才能之賜而能獲勝。不過，不使用韁繩就能自在騎馬的少年，卻讓母親心驚膽顫地彷彿心跳都將停止。

凱撒並非在優渥的環境中成長，而是平凡地生長於當時羅馬家世良好的人家。自九歲那一年起，開始體驗既無家庭教師也無體育訓練的生活。因為自他出生的西元前一〇〇年起，九年罕見未受外患、內亂侵擾的羅馬，再度面臨巨大的動亂——「同盟者戰爭」爆發。

實際教育（一）

假如凱撒只是個市井小民之子，那麼這次的動亂或父親的出征，留在年少的他心中的印象，不過是當時的羅馬人都必須承受的一件事罷了。但他的生活雖然儉樸，卻出生於羅馬屈

弗拉米尼烏斯競技場（復原圖）

指可數的名門世家。負責平定動亂的羅馬軍最高司令官之一，是凱撒的伯父魯奇斯．朱利斯．凱撒，凱撒的姑丈馬留斯也是參戰的司令官之一。雖然在記載司令官名字的官方記錄中，並未發現凱撒的父親蓋烏斯．朱利斯．凱撒的名字，但他到前線參戰的可能性很大。「同盟者戰爭」為曾經與漢尼拔奮戰到底的「羅馬聯盟」諸國舉兵反叛盟主國羅馬的戰役（請參閱《羅馬人的故事》第III冊），羅馬動員領導階層外所有的人力投入這個戰爭。不久，「同盟者戰爭」也自然而然地成為凱撒家餐桌上談論的焦點。

表面上看起來，自九歲到十一歲這段期間，凱撒的生活還是一如往常。按照羅馬的規定，無論戰爭情勢多麼惡劣都不可以徵召未滿十七歲的男子；而四十五歲以上的預備役也只限於保衛首都而不上前線；此外，在兵制改為志願役後，無論奴隸或解放奴隸一律免除勤務。蘇布拉地區的喧囂一如往常，因為母親奧雷莉亞細心的照料，只要踏入家門依然能夠平靜充實地度日；中午之前的學習課程當然不能荒廢，午後到競技場健身也如往常貫徹執行。對不得不習慣戰爭的羅馬人來說，即使身處戰時也會極力避免妨礙他們的正常生活。即使在堪稱前所未有的國難──「漢尼拔戰爭」時，獻給眾神的祭祀慶典以及隨之而來的體育競賽，也如往常般舉行。

幸虧「同盟者戰爭」在西元前八十九年，凱撒十一歲那一年結束。戰爭的結束並非軍事鎮壓的結果，而是確保軍事上的利益，再加上為爭取羅馬公民權而參與叛亂者如願以償取得了公民權，這是採取政治手段解決的結果。倡導並促成此項立法者是凱撒的伯父，也就是西元前九〇年擔任執政官的魯奇斯．朱利斯．凱撒。

西元前九〇年冬天經公民大會決議成為國法的「朱利斯公民權法」，不僅是以結束戰爭為目的的妥協政策，它足以與西元前三六七年的「李錫尼法」(*Licinian Law*) 相提並論，堪稱是奠定羅馬未來方向的法律。長久以來，羅馬貴族與平民間抗爭不斷，「李錫尼法」確立平民、貴族階級就任國家重要公職的權利平等；相對於「李錫尼法」，「朱利斯公民權法」則賦予北起盧比孔河 (**Rubicon**) 南至墨西拿海峽 (**Messina**) 的義大利半島所有自由民羅馬公民權，具有促使羅馬及「羅馬聯盟」盟國立場平等的意義。擁有平等的權利後就具有公平競爭的機會，紛爭就可弭平。由於「朱利斯公民權法」的通過，羅馬人與羅馬以外的義大利人之間差異不復存在，眾人都成為羅馬公民。

「同盟者戰爭」雖然只持續二年，卻曾爆發有執政官因而戰死的激戰，這場戰爭可說是付出極大的代價。但憑藉「朱利斯公民權法」，羅馬得以跨出超越都市型態國家的第一步。同時，勝利的羅馬所採取的態度並非憑藉軍事力量，企圖控制或壓榨戰敗者，而是與戰敗的盟國同化，以共存共榮為目標而努力。

我認為這一點也是希臘人與羅馬人的差異之一。無論在雅典或斯巴達 (**Sparta**)，凡是希臘人的階級鬥爭都必持續至分出勝負為止，而勝利的一方必令失敗者屈從其下始肯罷休。斯巴達國內的階級一向固定不變，即使在雅典，如果平民在與貴族爭權時獲勝，則施行平民獨裁政治；如果貴族反擊成功，那麼平民也只能默默服從貴族的獨裁統治。相對於希臘人，羅馬人的性格則是一時相爭，最終仍舊朝共存共榮的方向發展，這就是羅馬人能夠創立帝國而且國祚綿延的原因吧！順帶一提，希臘人堅持對立主義，唯一的例外是亞歷山大大帝(Alexander the Great)。

站在一個人成長的觀點來看，如果能夠平靜度過未解世事的幼年時代，到了通曉世事的年齡時，又能幸運獲得思索人生的契機，即使那是一個亂世，其實也非全然不好。就凱撒而言，必須再度強調的是——他並非出身於一般市井之家。刺激他少年時思索方向的，不僅是促成「朱利斯公民權法」立法的伯父，還包括生活於他周遭的人物。

如《羅馬人的故事》第III冊《勝者的迷思》中所敘述，因為格拉古兄弟的改革，一時之間造成羅馬情勢動盪不安，在格拉古兄弟死後維持約十年短暫的平靜。自西元前一〇一年至前七十八年間，進入堪稱以馬留斯與蘇拉為主要登場人物的「馬留斯與蘇拉時代」。這時期相當於凱撒出生前到他二十二歲為止，而且這紛爭其中一方的領導人物——馬留斯就是凱撒的姑丈。

身為平民而崛起於地方雖然不利於馬留斯，但憑藉輝煌的戰績，他創造了個人生涯的顛峰，但他的光彩卻是出生於西元前一〇〇年的凱撒所無法深刻感受的事。他在北非的朱古達(Jugurtha)戰爭中獲勝，迎擊如怒濤般南下的日耳曼民族並大獲全勝，這些事蹟都發生於凱撒出生之前。在凱撒家的餐桌上提及頻率最高的當然是盛名在外的姑丈——馬留斯，但是，馬留斯的聲勢開始走下坡也正是在西元前一〇〇年。實際上，在初解人事的少年凱撒眼中，馬留斯是個即將邁入七十歲的老將，他過去的光榮歷史遠比現在的勢力更令凱撒印象深刻。另一方面，在馬留斯麾下初次嶄露頭角的將領蘇拉，則是由於在「同盟者戰爭」中擁有無人能及的輝煌戰績而當選為執政官。無論就哪一方面而言，當時五十歲的蘇拉正朝向人生的顛峰邁進。

但馬留斯在政壇也非已經過氣了。長久以來，羅馬軍皆以擁有資產者為徵兵制的徵召對象，馬留斯將不具資產的無產階級也編入軍隊，將志願制導入羅馬軍中。因為這項改革，羅馬軍的兵役由公民的義務轉變為職業的一種，因為稍具資產就須服兵役的小市民得以免除兵役，而失業的人也得以從事軍人一職。馬留斯的兵制改革也可視為一項社會改革，並受到羅馬平民的支持。在他的聲勢很明顯地走下坡時，民眾對他依然十分支持。馬留斯本人也認為只要掌控軍權便能挽回逐漸下滑的聲勢；另一方面，他對與自己活躍於同一領域，也就是以戰績建立威望、曾身為他部下的蘇拉懷有妒意。

但是，蘇拉對以往的上司卻絲毫不肯讓步。「同盟者戰爭」結束後，羅馬下一個課題就是應付潘特斯 (Pontus) 國王米斯里達茲 (Mithridates) 在東方所展開的反羅馬陣線。這次遠征東方的軍事指揮權成為馬留斯與蘇拉相爭的開端。

實際教育（二）

西元前八十八年，公民大會推選蘇拉為執政官，同時任命他為征討米斯里達茲的統帥，但馬留斯與護民官聯手在平民才可參加的平民大會中推翻這項任命。自西元前二八七年通過「霍田西法」(*Lex Hortensia*) 以來，平民大會中所議決的事項也可正式立法予以承認；而絲毫不肯讓步的蘇拉也不願就此罷休。護民官蘇爾皮修斯 (Sulpicius Rufus) 十分推崇格拉古兄弟的改革，元老院人士對他偏袒民眾的政策感到不安，於是暗中支持蘇拉。

蘇拉率領遠征東方的三萬五千名士兵進軍首都羅馬。馬留斯及蘇爾皮修斯皆認為，位居一國之首的執政官蘇拉絕不會率軍進攻首都，因此他們並沒有任何防備的舉動。短短數小時的衝突後，羅馬被蘇拉以及他所率領的軍隊掌控住，馬留斯逃走、蘇爾皮修斯被捕身亡，在首都大多數居民沒有參與的情況下軍事政變成功。以馬留斯為首的「平民派」領導人士，以賣國賊之名被捕處死，甚至立法規定援助者將以同罪論處。老馬留斯既不能留在義大利，只好逃到遙遠的非洲。雖然凱撒一家並非是這次政變直接打擊的對象，卻仍然膽顫心驚地度日。

然而，這個發生於少年凱撒十二歲時的事件並非就此結束。蘇拉重獲遠征東方的統帥權後前往東方，他將國內的事委託西元前八十七年所選出的執政官辛拿 (Cornelius Cinna) 處理；這時辛拿卻露出真面目，他召開公民大會，立法恢復被冠以賣國賊的馬留斯以及他同黨的聲譽。於是，隸屬元老院派的另一位執政官歐大維想否決這項立法。馬留斯得知羅馬的情勢變化後自非洲返國，六千名支持他的士兵前來效命。

於是馬留斯與辛拿以武力掌控羅馬，但這次的武裝政變，卻將不相干的人也捲入其中。馬留斯無法忘記充滿悲慘及屈辱的逃亡，七十歲的老將馬留斯將積壓已久的憤恨化為殘酷的報復行動。

老馬留斯大開殺戒，派遣一隊奴隸兵進行五天五夜的殺戮，死者包括元老院議員五十人、「騎士階級」（經濟界，Equites）一千人。

元老院議員為羅馬共和政治的領導階層，死亡的五十位議員中還包括現任的執政官歐大維。自格拉古兄弟以來，護民官被殺的不幸事件在羅馬早已司空見慣，但現任的執政官並非戰死沙場而是死於羅馬人之手倒是首開先例。另外，曾於西元前一〇二年與馬留斯共同擔任執政官的加圖魯斯（Lutatius Catullus），他曾與馬留斯聯手，成功地擊敗南下的日耳曼人，共同乘坐由四匹白馬所拉的凱旋戰車，他也是這次屠殺行動的犧牲者之一。西元前九〇年擔任執政官後成為「同盟者戰爭」的總司令官，同時也是「朱利斯公民權法」的立法者魯奇斯．朱利斯．凱撒，他雖然是馬留斯妻子的親戚卻也難逃一死。他的弟弟蓋烏斯．朱利斯．凱撒也在犧牲者的名單上。這些人的「罪狀」只不過是沒有公開反對蘇拉當年提案將馬留斯和他的同黨以國家公敵的罪名處死而已。他們未經審判就被捕殺，頭顱被砍下後放置於羅馬廣場的講壇上。

姑丈殺害另兩位伯父，這對十三歲的少年來說，堪稱生平首樁令人震撼的事件。蘇布拉與羅馬廣場距離很近，他雖然沒有親眼目睹這一切，依然能感受到腥風血雨的氣氛。後世某位研究者曾提到，朱利斯．凱撒一生都很討厭血的味道，也許正肇因於十三歲時發生於他身邊這件慘絕人寰的事。

就如同筆者在寫到有關馬基維利時，令人驚訝的是這位文藝復興時代冷靜的政治思想家，在九歲目睹「帕茲事件」後竟影響他的一生。少年時代的體驗對敏感的人而言，將成為他日後思考模式的基礎。不同於完全置身事外的馬基維利，事件中雙方當事者皆是少年凱撒身邊的親人。

當老馬留斯發洩完滿腔的怨恨後，羅馬才得以恢復表面的平靜，西元前八十六年，公民大會推選馬留斯及辛拿為執政官。對馬留斯而言，這已是第七度榮任執政官一職，但就任後第十三天，也就是西元前八十六年一月十三日，這位傑出的將領逝世於床榻上，享年七十歲。在得知馬留斯進行的大屠殺以及他的死訊後，視馬留斯為仇敵的蘇拉並無意返回義大利；蘇拉深知解決問題的先後順序，他必須先解決東方的問題。於是這段期間，辛拿在義大利開始實行獨裁政治。

雖說是獨裁政治，但並非獨裁官一人獨裁的政治，共和時代的獨裁官（德文：Diktator）雖然握有大權，但任期限定為六個月。儘管辛拿謹守這個傳統，卻因為他連續當選執政官而行獨裁之實。凡是具有羅馬公民權者都可經由公民大會的推選擔任執政官，擁護平民英雄馬留斯的羅馬平民，成為馬留斯的繼任者——辛拿的支持群眾。在辛拿實施獨裁期間，陸續通過頗受支持群眾好評的各項法案，元老院只能保持沉默，因為不諳軍事的辛拿無法運用軍事力量控制政治，元老院的議員們至少不必擔心自身的安危。

處於獨裁統治下的少年凱撒，得以平靜度過十四、十五歲。十六歲那年，他的父親過世，死因似乎是自然老死。生前堪稱默默無聞的父親死後，才十六歲的凱撒便成為一家之主。根據

「青春期的凱撒」想像肖像（吉比雷作，羅馬現代美術館）

當時羅馬的風俗，上流社會的女人在生子後如果再婚依然十分搶手，也不會遭受任何非議；但凱撒的母親奧雷莉亞卻一反世俗，完全不考慮再婚的事，一肩承擔持家的責任，以減輕年輕凱撒的負擔。因為凱撒在這一年捲入了「平民派」及「元老院派」，也就是馬留斯派及蘇拉派抗爭的風波中。

結婚

蘇拉在東方的捷報傳來，被視為馬留斯接班人的辛拿，為了應付遲早歸國的蘇拉而大傷腦筋。透過多項使民眾受惠的政策立法，他有自信能獲得民眾的支持。但實行如字面涵義之"Dēmokratia"「多數派獨裁」的這三年，不贊成這種統治型態的元老院階級，自然視辛拿為眼中釘。尤其六位元老院議員中的一位因老馬留斯的報復行動而犧牲性命，當時辛拿雖未從旁協助，卻也未曾阻止已被仇恨沖昏頭的老馬留斯。

當蘇拉如預期歸國之時，為了從容迎擊蘇拉，辛拿設法接近元老院人士。他手中擁有的第一張王牌就是馬留斯死後義大利仍維持安定的政局，第二張王牌就是讓年輕的朱利斯·凱撒與自己的女兒柯爾涅莉亞 (Cornelia) 結婚。

保守派人士最怕的就是政局混亂，雖說辛拿的統治方式堪稱多數派獨裁，但他執政期間各地均無流血暴動，因此元老院議員當中，也有人基於這一點而對他抱持好感。

此外，即將與辛拿女兒結婚的凱撒為馬留斯的外甥，也是被馬留斯殺害的前執政官魯奇斯．朱利斯．凱撒以及他弟弟的姪子。即使是由保守派人士所支配的元老院當中，有許多人對促成「朱利斯公民權法」立法的這兩兄弟懷抱敬意，而惋惜他們之死的元老院議員也不在少數。對這些元老院議員來說，辛拿的女兒與凱撒結婚一事，被視為辛拿暗地裡向元老院謝罪的方式。

對辛拿來說，這個婚姻堪稱一石二鳥。藉由這個婚姻，辛拿與支持他的平民，以及死後仍被視為平民英雄的馬留斯，皆能更進一步地緊密結合。

辛拿不將女兒嫁給馬留斯的兒子，而選擇他的外甥為結婚對象的用意就在於此。如果將女兒嫁給馬留斯的兒子，民眾對他的支持固然不變，但就博取元老院人士的好感而言，這麼做只會造成反效果。由此看來，凱撒第一次的婚姻為名副其實的政治婚姻。政治婚姻在當時羅馬的上流社會極為普遍；但是，在十七歲的成人禮之前結婚，即使在羅馬也算出奇地早。這是由於新娘的父親有不得不急的理由，因為東方已暫時獲得平靜，蘇拉只需渡過亞德里亞海就可回到義大利。

即使如此，新郎本身似乎並不清楚為何如此倉卒地結婚。直到四十歲步入壯年期後，凱撒仍與母親商談政局大事，所以這次的婚姻恐怕是他的母親奧雷莉亞在一旁大力促成的結果。

凱撒家族本為名門貴族，理應歸類為元老院階級。「朱利斯公民權法」賦予所有居住於義大利的自由民羅馬公民權，完成這個劃時代法案的立法者即為凱撒家族的成員，由此可見凱撒家族並非冥頑不靈的守舊派，作風十分開明。而他母親的娘家奧雷留斯．寇達家族也在此後的十年間，展現出一種積極穩健的家族風格。另一方面，對羅馬平民而言，宛如神話人物般的馬留斯是凱撒的姑丈，因此，凱撒家族的成員在心理上認同「平民派」自是不難理解。

從母親的立場看來，這是為生來便註定從事公職的獨子前途所作的決定。羅馬政壇自格拉古兄弟以後，呈現「元老院派」及「平民派」兩大政黨並立的局面，如果想在政壇立足，就必須明確表示自己的立場。奧雷莉亞為獨生子選擇了「平民派」，因為凱撒是馬留斯的外甥，在相當的程度上已被人視為「平民派」人士；加上他娶辛拿的女兒為妻，更進一步表明他的政治立場。

早在與辛拿的女兒論及婚嫁前，父親已經替凱撒定了一門親事，對方為「騎士階級」（經濟界），社會地位雖不如凱撒家族，卻是羅馬屈指可數的富有人家，對隸屬名門貴族卻過著儉樸生活的凱撒家而言，這是個有利的選擇。放棄這門婚事而娶辛拿的女兒，如果在平時倒還說得過去，在局勢動盪時作此決定簡直是一場豪賭。為凱撒一生增添幾許傳奇色彩的賭徒性格，也許正是遺傳自他的母親奧雷莉亞。

成年禮

古羅馬人的結婚典禮是在神前立誓及交換戒指，邀請親友參加婚宴熱鬧地慶祝一番，新郎將新娘抱進家中，與現代的婚禮並無不同。或者該這麼說才對：是現代人採用古羅馬儀式的基督教婚禮，沿用了羅馬式的婚禮。無論如何，這對少年夫妻宛如扮家家酒的婚姻生活，就在可稱得上是羅馬婦女楷模的母親奧雷莉亞穩健的領導下，在蘇布拉的家中展開。十六歲新郎的日常生活與婚前相同，中午之前跟著高盧籍的家庭教師用功唸書，午後則到競技場鍛鍊體魄。舉行成年禮之前結婚，在他所屬的階級來說其實是不妥的，原本應於十七歲舉行的成年禮想必也因此提前了一年舉辦。別的不說，有家室的一家之主繼續穿著未成年者穿的長僅及膝蓋的短衣，實在是不恰當。

英語為"Toga"的長袍是古羅馬人正式的服裝，這種服裝非常不容易穿著，穿法也與西裝不同。

長袍由一塊裁成橢圓形的白色毛料所構成，質地的厚薄因季節的變化而有所不同。如果是元老院議員，可以在橢圓的圓周部份以深紅色的鑲邊作為裝飾。橢圓形的長度依穿者的身高來決定。由於穿著長袍的過程非常麻煩，穿著時通常都需要奴隸在旁幫忙。總之，將長袍整整齊齊地穿在身上，就如同西裝筆挺一般，能夠表現出個人儀容端莊的一面。

穿長袍時，奴僕先將短橢圓側折為不均等的兩部份，這是為了在長袍裹覆於身時，能將鑲邊部份完全顯露於外側。接著，自穿著短衣站立的主人左肩，依折線包裹於頸部四周後垂下，長袍的下襬長度須到達腳踝，到此完成了長袍三分之一的穿著；剩下的三分之二自左肩繞於背後，經過右胳臂下方再繞到左肩，使它像圍巾般自然下垂。因為布量很多，自左肩下垂的部份須用左手臂來支撐。

總之，要將約為身高三倍長的毛織布重複圍裹於身，布料上所作的折痕如果不牢固，穿著時會顯得衣冠不整。奴隸們得在前一天將對折及衣褶

短　衣

長　衣

女性的服裝

（三圖皆取材自 *The Romans*）

部份的折線以熨斗仔細整燙，這是他們重要的工作之一。那時候當然沒有電熨斗，但有類似的器具可供使用。

身體某部份重疊的衣褶較多或較少，可決定整體裝束是整齊清爽或是邋遢不整，因此擅於裝扮的人在衣褶的處理上煞費苦心。凱撒從年輕時代起，無論是對穿著短衣時繫腰帶的位置或長袍的衣褶均費盡心思，以擅於裝扮而聞名。

無論在穿衣時或穿上之後均十分麻煩的長袍，受到羅馬領導階層男士的喜愛，因為穿上長而厚的長袍後，舉止變得穩重，看起來體格也較健壯，而羅馬的男性很偏愛「穩重」這個字眼給人的感受。

公開場合固然應當舉止穩重，回到家中卻即刻脫下穿著麻煩又行動不便的長袍。在家裡通常穿著短衣，男用短衣為短袖，兩隻胳臂裸露在外，長袖的短衣為女性專用；男性即使冬天也不穿長袖短衣，如果天氣寒冷便將短衣重疊穿著或外罩披風。

十六歲的凱撒也在奴隸的協助下努力練習長袍的穿著，對他而言，長袍正是從少年期進入青年期的證明。

然而，扮家家酒般的婚姻生活、學習穿上長袍後的言行舉止等平靜的生活卻無法繼續，暴風雨遠比預期中提前降臨。

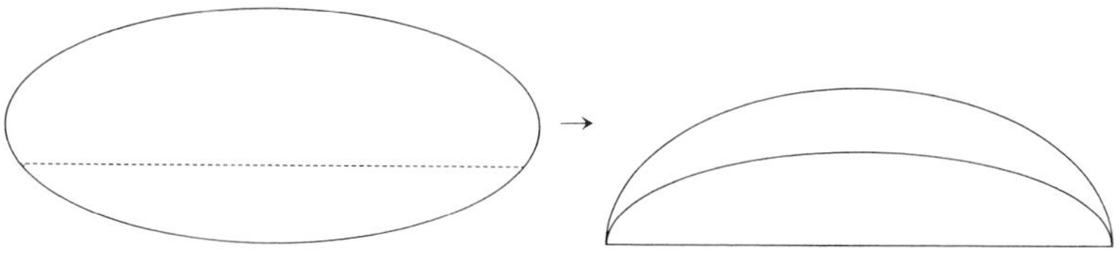

“Toga”（長袍）的折法

西元前八十四年底，辛拿在全心投入迎擊蘇拉的準備工作時，捲入軍隊編制的混亂中被殺身亡。西元前八十三年春天，率領四萬大軍的蘇拉自義大利半島南端的布林迪西登陸。

第三章

青年前期 Adulescentia

西元前八十三年～前七〇年
（凱撒十七歲～三十歲）

獨裁者蘇拉

魯奇斯．柯爾涅留斯．蘇拉 (Lucius Cornelius Sulla) 最大的特質在於身處順、逆境時皆行事俐落，他是個作風明快的人物，旁人無不感受到他的魅力。處事明快俐落往往給人一種勇於負責的感受，如果不是陷於敵陣，可稱得上是十分豪爽的性格。

蘇拉雖具有名門中的翹楚——柯爾涅留斯家族的血統，但他卻誕生於羅馬史上未留名的家庭中；儘管在不知父母為何人的情況下度過了貧困的青年時代，但無論在精神或肉體上他都像個貴族。個子修長的他，極適合穿著長袍。雖然他並非是如馬留斯般以平等的態度對待士兵的統帥，但他的部屬卻對他心服口服，那不僅是因為他所領導的戰役經常贏得漂亮的勝仗，如果只是完成工作並不足以令人折服，而是他明快的作風使人產生信賴感。蘇拉的長處在於他不畏懼任何負面的批評；總而言之，他毫不在乎世人對他的評價如何。

蘇　拉

羅馬共和時代，如果沒有元老院的許可，即使是將軍也不得率領麾下軍團進入北起盧比孔河南至布林迪西的國境。在國境的範圍內，將軍與軍團立約，於羅馬城舉行凱旋式時才再度會合；在這段期間，軍團必須暫時先解散。在舉行凱旋式之前，不帶一兵一卒的將領也不得隻身進入羅馬城牆的內側。遵守這些規定正是公民忠於羅馬法的表現。

但是五年前的西元前八十八年，當馬留斯奪取原屬於蘇拉平定東方亂事的遠征軍統帥一職時，蘇拉率領尚在編制中的遠征東方軍團，展開前所未有的武力鎮壓首都行動。東方的戰事暫告一段落，西元前八十三年，蘇拉就率軍團自布林迪西登陸，這時他心中所想的並非凱旋式回歸，雖然這對羅馬男子而言是至高無上的榮耀，而他本身也尚未享有這份殊榮，即使他在東方優異的戰績已足以使他擁有舉行凱旋式的資格。然而，他毫不在意這項儀式，因為他已決心打倒由馬留斯及辛拿所建立的「平民派」龐大勢力，所以在布林迪西登陸後，他並未解散軍團。

假如步入壯年的凱撒，他的競爭對手並非龐培而是蘇拉，那麼局勢會如何演變？這類假設性的問題，不僅是將歷史視為一門學問而潛心研究的人，也是將歷史視為文化素養的人所鍾愛的問題之一；然而問題的答案並不易尋得。西元前八十三年，蘇拉五十五歲而凱撒十七歲，這對當時的人來說是件幸運的事。

蘇拉自布林迪西登陸後卻並未解散軍團，他的用心極為明顯；從前為躲避馬留斯屠殺而逃亡的人，以及在辛拿的獨裁下屏息度日的人火速趕到蘇拉身邊。元老院派的重要人物梅特魯斯・皮攸斯（Metellus Pius）不僅是梅特魯斯家族的一家之主，也是阿爾卑斯山以南高盧屬省的駐軍司令，他率領手下兩個軍團自盧比孔河北方而來。父、兄皆被馬留斯所殺而亡命西班牙的三十一歲克拉蘇也自西班牙返國。父親亡於馬留斯派人士之手，潛藏於皮伽諾地方的龐培也火速前來。二十三歲的龐培誕生於大地主之家，他帶領自費編制的三個軍團到來，蘇拉欣然接受。

如此一來，蘇拉所擁有的兵力，自西元前八十八年起率領的五個軍團以及來自義大利的一個軍團，再加上梅特魯斯·皮攸斯的兩個軍團、龐培帶來的三個軍團，共計十一個軍團，擁有步兵六萬五千人、騎兵一萬人，總計七萬五千人的龐大兵力。

另一方面，為迎擊蘇拉所集結的「平民派」兵力總計十二萬，「平民派」的統帥包括以前執政官資格指揮作戰的老馬留斯之子，以及當年的兩位執政官。對羅馬這個國家而言，這一方才算是正規軍隊。之所以能集結十二萬的士兵，一方面是因為平民們仍懷念馬留斯；另一方面，辛拿的多項政策也對平民本身有利，所以他們一致出於自願前來。但對「平民派」不利的是，指揮官雖然有塞多留斯(Sertorius)這般的人才，但最主要的統帥卻完全無法與蘇拉相抗衡。

即使如此，在為時二年的內戰中激戰不斷，因為這是「元老院派」與「平民派」之間的階級鬥爭；另一方面，正如老馬留斯為發洩滿腔的怨恨而對「元老院派」人士進行血腥屠殺，因害怕蘇拉的復仇行動而促使「平民派」人士展開生死搏鬥。

這個內戰在義大利半島全境展開，西元前八十二年十一月一日，在羅馬的城牆進行決戰後終於告一段落。被視為人民公敵的蘇拉獲得壓倒性的勝利，老馬留斯之子戰死，其中一名執政官逃往非洲，塞多留斯也亡命西班牙。「平民派」無論是領導階級或軍團均一蹶不振，首都羅馬並非戰場而未遭受任何破壞。在最後決戰的次日清晨，蘇拉率領軍團進入羅馬城，然後隨即下令開始消滅反對勢力。

馬留斯藉著殺戮以發洩心中的怨恨，而冷靜如蘇拉者則以殺盡「平民派」為目標，動機不同而造成的慘劇卻相同。殺戮的動機如果為私人恩怨當然自有限度，如果為政策性的動機，那麼犧牲者的範圍更廣，而手段也必須更加有效率。如果藉羅馬公民之手屠殺羅馬公民恐怕成效不彰，因此蘇拉沿用馬留斯的方法，由奴隸負責進行大屠殺；但馬留斯在事成之後殺了這些奴隸。如果只是命令，將無法說動他們，於是蘇拉採取截然不同於馬留斯的方法。他暫時解放一萬名體格健壯的奴隸，將他們的身份提高，使他們擁有自己的家族名號，甚至包括柯爾涅留斯，並保證他們不再淪為奴隸之後，再派遣他們去掃蕩反對派人士。被稱作「柯爾涅留斯幫」的這批人，挖掘馬留斯的墳墓，將他的骨灰投入臺伯河，破壞馬留斯戰勝朱古達及日耳曼人的紀念碑，殺害馬留斯的養孫。

五十六歲的蘇拉為了將與馬留斯及辛拿有關的「平民派」人士趕盡殺絕，甚至編列一本名冊，只要名列其中的人都難逃一死，因為蘇拉實行高額賞金的密告制度，凡密告列於名冊的人藏身之處且將他殺死，密告的人就可接收被害人的財產，得到一筆極豐厚的賞金。因為這個制度的施行，消滅「平民派」的行動更增添幾分悲慘。為爭取賞金，就連名列冊上者的兒子、親戚及奴隸都一起加入這項屠殺行動。然而，另一方面也發生許多感人的插曲，有的奴隸為了保護主人，即使受到威脅或被殺也不肯透露行蹤；也有妻子以身為盾掩護丈夫逃亡。

據說蘇拉的「死刑名冊」共有四千七百人名列其上，其中還包括近八十位元老院議員及一千六百名「騎士」（經濟界）。他們的下場是未經審判就遭殺害，然後沒收他們的財產，即使保住性命，財產也只有被沒收一途。此外，他們子孫從事公職者一律革職；被沒收的財產則加以拍賣。在賤價拍賣中獲取暴利的是蘇拉派人士，甚至包括蘇拉家的解放奴隸。

蘇拉消滅「平民派」的行動並不限於居住首都羅馬的有權勢者，還包括義大利的其他地方。加入羅馬正規軍隊反抗蘇拉的義大利中部的伊特魯里亞（Etruria）、義大利南部的薩謨奈及羅卡尼亞的居民，他們受「朱利斯公民權法」所保障；現在，他們由辛拿所實質賦予的羅馬公民權不僅被剝奪，有權勢者也被無情地處死或沒收土地，因為蘇拉想要徹底摧毀屬於「平民派」的所有地區。

蘇拉的「死刑名冊」中有一位年輕人，他是馬留斯的外甥、辛拿的女婿——凱撒。對蘇拉來說，即使是年輕的凱撒，也是「平民派」中不該放過的優秀人才。

但蘇拉四周的人都替他求情，他們認為凱撒家族的家長已經逝世，而繼承者凱撒也不過十八歲，根本無法從事任何政治性的活動；剛開始蘇拉根本不接受這些話。正如羅馬的貴族子弟般，十三歲的凱撒也按照慣例到朱比特神殿擔任少年祭司，在舉行祭神儀式時，蘇拉經常碰見年少的凱撒。但是當羅馬極受尊敬的女祭司長也替凱撒求情時，堅定如蘇拉者也只好勉強答應她的懇求。當凱撒自「死刑名冊」中被除名時，蘇拉說道：

「其實你們都不明白，那個年輕人的才能百倍於馬留斯呢！」

蘇拉雖然放過凱撒卻有一個要求，他命令凱撒與辛拿的女兒離婚。龐培自掏腰包組成三個軍團協助蘇拉作戰，等他掃蕩「平民派」人士自非洲歸國後，他的功績促使蘇拉破格允許為年僅二十五歲的龐培舉行凱旋式。即使像龐培這般的人物也得服從蘇拉的命令，與身為「平民派」而被殺者的女兒離婚，然後依照蘇拉的建議娶他的妻子與前夫所生的女兒為妻。蘇拉認為光是將凱撒自「死刑名冊」除名，對他來說就已經是莫大的恩惠。在辛拿已死而「平民派」也被殲滅的此刻，與不合宜的妻子離婚本是理所當然的事，而為凱撒求情者莫不抱持相同的看法，因此他們認為凱撒必定會服從蘇拉的命令。

但朱利斯家的年輕人卻拒絕這項要求。預期落空的蘇拉十分震怒，然而他並沒有將凱撒重新列入「死刑名冊」，也並非逮捕他將他處死，他派遣一隊「柯爾涅留斯幫」人員去逮捕他。十八歲的凱撒並非逃離羅馬即可，他逃到義大利中部，一度拖著發高燒的身軀入山洞避難；但因蘇拉積極地追捕，使義大利境內也不再安全。最後，他經由希臘逃往小亞細亞才躲過蘇拉的追捕。

為何年僅十八歲的年輕人敢對五十六歲握有大權者說「不」。由於凱撒未留下任何相關記錄，因此始終有史學家反覆推敲此事。綜觀凱撒的一生，結婚對他來說通常也是政治因素所致，既然與辛拿的女兒結婚是出於政治策略，當不符情勢時就離婚也不失為一種政治策略，況且服從蘇拉的命令而離婚應不致遭受太多非議。

即使如此，凱撒的回答竟然是「不」。

有史學家認為凱撒不愧為英雄，自年少起便十分勇敢；也有史學家認為，想成為「平民派」領袖的凱撒自然不能做出這種背叛的行為；另有研究者認為，凱撒是不忍拋棄因父親慘死而悲傷不已、且有孕在身的年輕妻子。

我認為這些推論似乎並無不妥，但自凱撒後來的言行推斷，似乎還有另外一個理由，就是凱撒認為即使是擁有絕對權力者也無權介入他人的私生活，因此當時年僅十八歲的他依然忠於自己的想法行事。後來，當凱撒也成為擁有絕對權力者時，無論面對布魯圖斯 (Marcus Junius Brutus) 娶了反凱撒強硬派的女兒為妻，或是對待其他的人，他從不曾試圖干涉他人的私生活。蘇拉是個凡事貫徹到底的人，凱撒與他之間雖有年齡、思想上的差距，但就貫徹到底這一點而言他們倒是有志一同。

潛逃

凱撒拒絕蘇拉的要求而展開此次的逃亡，應有二、三個年齡相仿而平日一起讀書、健身的家中奴隸同行吧！他們的身份雖為奴隸，由於自幼一起成長的緣故，此刻便成了值得信賴的隨從。正因為預料到這種不可避免的狀況，羅馬上流家庭往往讓子女與奴隸的子女一起成長。

為躲避蘇拉緊迫盯人的追擊而渡海至小亞細亞西岸之後，這次的潛逃已變得大不相同；對凱撒而言，這是他出生至今首度真正離開親人身邊。但這一切並非毫無價值。在金錢的使用上固然不容浪費，這一點深受母親奧雷莉亞踏實的作風所影響，再加上他不願依靠他人的幫忙度日。年紀輕輕便須經歷這一切，固然十分不幸，另一方面卻是坦然面對挑戰的契機；對凱撒而言，這是一次正面大於負面的挑戰。

「潛逃」那一年凱撒十九歲，而蘇拉已經五十七歲。羅馬方面運用凱撒家族的人脈關係設法使凱撒回國，與其隱身他國為自己是否能歸國而憂喜參半，年輕的凱撒只有默默地等待蘇拉死亡。但蘇拉雖然削瘦卻十分健康，身體仍相當硬朗。因此要在此地等待多久還是個未知數，說穿了這仍是個賭博。

由於凱撒無法賦閒度日的性格，正在潛逃的他有兩條路可走：其一，進入「大學」充實學問；其二，因為他已達服役下限年齡十七歲，正可藉此機會開始體驗軍團的生活。

對西元前一世紀的羅馬人而言，「大學」指的是雅典及羅德斯島兩地。蘇拉除了是位出色的政治家及優秀的武將外，也是位頗具教養但不炫耀於外的人。當他於雅典停留期間，有人提供亞里斯多德(Aristotle)的作品集給他，當時他便了解這些著作的重要性而帶回羅馬刊行於世。如果在羅馬上流階級偏愛的留學地雅典及羅德斯島出沒，極易受到蘇拉注意而陷入危險之境。

因此，年輕的凱撒選擇了志願入伍這條路。如果能夠混入軍團中隨團四處移防、戰鬥，不但能累積經驗、增廣見聞，同時也是個藏身的好地方。

這位十九歲的年輕人來到小亞細亞西岸屬省總督米努修斯的陣營，自願加入他的軍團。米努修斯是蘇拉遠征東方時的部屬，隸屬於蘇拉派，但他並非官僚氣息濃厚的人，而是個如慈祥長者般的男子。他開導觸怒當權者而逃亡外地，卻毫無顧忌地以本名現身的凱撒，將凱撒迎入當時的參謀總部。年輕的凱撒成為幕僚之一，而追隨他逃亡的奴隸們也搖身一變成為年輕將領的隨從人員。

米努修斯總督統轄的地區包括靠近小亞細亞西岸和無論就歷史或民族而言均屬於希臘文化圈的愛琴海諸島，其中勢力強大的雷斯波斯島，往往在戰事發生時藉機向羅馬霸權挑戰。負責維持位於羅馬霸權下這附近區域秩序的屬省總督，對監控黑海至地中海航路的雷斯波斯島自是不敢掉以輕心。

米努修斯總督決定對雷斯波斯島展開軍事行動而進行各項布署。但雷斯波斯是浮於海上的島嶼，經濟條件優渥的島上居民早就在位於島東方的首都四周建造堅固的城牆。此次在雷斯波斯島展開的軍事行動，須採取自西側登陸後向首都攻擊的陸地戰，以及自靠海側攻擊的兩面作戰方式；因此，必須擁有正規的海軍才行。至於軍艦的調度，則倚賴面對小亞細亞─黑海的俾斯尼亞 (Bithynia) 王國。俾斯尼亞與羅馬具有同盟關係，羅馬與這類同盟國之間的關係為羅馬保障同盟國的安全；而相對的，這些同盟國則各就該國擅長之處協助羅馬，形式上雖為獨立國家，實際上則為羅馬的附庸國。所以要求俾斯尼亞王國支援軍艦並非困難的任務。

也許正因為這是個簡單的任務，便將它交付未滿二十歲的凱撒。但是，由屬省被派遣到俾斯尼亞王國的使者凱撒，並未因使命感的驅使而盡快達成任務，率領軍艦歸來；反而以等候軍艦整備這個冠冕堂皇的理由，留在俾斯尼亞皇宮內享受東方奢靡的生活。俾斯尼亞王尼柯米提很欣賞凱撒，據說在每晚宮內所舉行的宴會裡，他也混在國王的年輕愛人中斟酒，凱撒與俾斯尼亞王為同性戀人的傳聞因而甚囂塵上。與希臘人不同的是，同性戀在當時仍不見容於羅馬社會，於是這項傳聞演變為轟動一時的醜聞；這件事的真實性雖令人質疑，但這項傳聞卻一直圍繞著凱撒。儘管如此，綜觀凱撒的一生，對外他是個禁欲主義者 (Stoic)，而私下卻奉行享樂主義 (Epicureanism)。雖然他不至於和同性戀扯上關係，但他對東方宮廷內奢靡放縱的生活確實是樂此不疲。即使如此，對外奉行禁欲主義的他並未忘記自己的任務，他率領裝備齊全的軍艦隊自黑海渡過博斯普魯斯海峽及馬摩拉海，在總督米努修斯的等候中歸來。而雷斯波斯島的攻防戰也就此展開。

雷斯波斯島的攻防戰對凱撒而言是首度的軍事體驗，他究竟率領多少部屬參戰雖不得而知，但可以確定的是，他並非輕鬆地在參謀本部辦公而已。因為他獲得一項直譯為「市民冠」的「勳章」。「市民冠」是以葉片繁茂的橡樹枝編成的頭冠，是頒發給不惜犧牲一己生命以解救袍澤的戰士勳章。以橡樹枝編合而成的「市民冠」由受援的士兵們親手製作，是羅馬軍團中次高的殊榮。在一般的節慶中即可戴上此冠，也有人以銀或其他材質重新打造「市民冠」以便永久保存，當然這就得要自掏腰包了。

凱撒征服雷斯波斯島後轉任行政工作不久，向總督米努修斯要求更換工作地點。大約在西元前七十八年，他轉調至小亞細亞南岸的西里西亞 (Cilicia) 地方。另一方面，蘇拉在羅馬強行重整由元老院主導的共和政體，他雖已辭任獨裁官卻依舊健在。因此，二十二歲的凱撒想到正為應付海盜而大傷腦筋的屬省總督塞爾維斯的手下工作。他一如從前偏愛前線的工作，總督塞爾維斯聽說他在雷斯波斯戰役中的事蹟，於是熱烈地歡迎這位擁有「市民冠」榮銜的年輕人。

不過，隨西里西亞軍團移師後不久，羅馬使者火速趕到軍團基地，帶來蘇拉的死訊。凱撒立即向總督要求辭去職務並且獲准，就像起錨的船隻在不確定航向時便啟航般，急忙地向羅馬出發。在直達可能性極小的情況下，自小亞細亞至羅馬須先經過希臘，橫越希臘後經亞德里亞海在布林迪西登陸，之後再沿阿庇亞大道 (Via Appia) 北上。此次行程費時二個月，當他回到羅馬的家中時，蘇拉隆重的國葬儀式已經結束，崇拜蘇拉而加入送葬行列的全體老兵們身影不復存在。但在睽違四年的首都羅馬，這位二十二歲的年輕人尚無嶄露頭角的機會；隸屬於蘇拉派的大將盧加拉斯 (Lucullus)、克拉蘇及龐培才是活躍於羅馬廣場的主角。位於蘇布拉的家中，凱撒的母親奧雷莉亞、妻子柯爾涅莉亞以及首度碰面的女兒尤莉亞 (Julia) 正等待著他。

回國

凱撒回到了平民猶存但「平民派」卻已被連根拔除的羅馬。獨裁者蘇拉為達到斬草除根的目的，將名列「死刑名冊」的「平民派」人士以及支持「平民派」者趕盡殺絕。此外，蘇拉為徹底實行國政改革，連「平民派」視為根基的護民官也無法倖免，造成護民官人才缺乏的局面。關於蘇拉推行的國政改革詳細內容，可參閱《羅馬人的故事》第III冊的〈馬留斯與蘇拉時代〉。簡單來說，蘇拉斷絕了「平民派」東山再起的任何希望，但畢竟是百密一疏。

此後過了三年多，「平民派」的「希望」雖然稍有成長，但母親讓凱撒領悟到自己畢竟還不成氣候。得知蘇拉的死訊後便放下一切急忙回國的凱撒，返國後未見他有任何行動。

希臘女子無論是否接受教育都不可以參加宴會，唯有被稱為「黑拉伊塔」的職業婦女才可以出席這類場合；不同於希臘，教養良好的羅馬女子非但不會遭到冷眼相待，也可出席宴會。古代的歷史學家一致公認凱撒的母親奧雷莉亞比其他受過教育的女子更具才智。她的獨生子在國外求學，她依然能夠掌握國內的情勢，除了她本身的才智外，也是環境因素使然。

因為馬留斯的緣故，凱撒家族在兩位家長被殺後沉寂一時，但奧雷莉亞還有娘家的奧雷留斯家族可依靠。在此後三年的西元前七十五年，她的哥哥奧雷留斯・寇達當選執政官。奧雷留斯家族與凱撒家族同為元老院內的開明派人士，執政官奧雷留斯．寇達雖然作風穩健，但他也推動改革蘇拉復古性體制的法案。因為他位居羅馬高層，所以他是提供奧雷莉亞正確且實際情報的最佳人選。

凱撒歸國後不久，首度發生打擊堅若磐石的「蘇拉體制」事件。西元前七十八年的執政官雷比達 (Marcus Lepidus) 利用任職屬省總督而組成的軍團，企圖以實力瓦解「蘇拉體制」。凱撒身為蘇拉屠殺下少數的生還者之一，對這次的起事不可能毫無感覺，但他並未參與這次的行動，事後證明他的抉擇十分明智。雷比達的起事輕易地潰敗，他逃到薩丁尼亞島後病逝當地。這次的行動宛如煙火般消失於瞬間。

雷比達失敗的原因有兩個：其一是，他的人緣不佳。他以低價買入遭蘇拉殺害之人的資產，拍賣後大賺一筆。這種人即使在蘇拉死後以「平民派」之名起事，不管他的政策如何，他的人格促使群眾裹足不前。其二是，因蘇拉而重新擁有權力的元老院，斷然祭出鎮壓策略；在發布「元老院最終勸告」非常時期宣言的同時，又附加「為保衛共和國」的但書。因此為應付雷比達而組成的軍團，在年僅三十歲的龐培沉穩的指揮下，很快地便徹底擊敗雷比達軍，「平民派」只有再度沉寂。

開業律師

在蟄伏這段期間，二十三歲的凱撒想以擔任律師揚名。正如第III冊所敘述，羅馬的律師不僅是替人辯護而已，擔任控方的機會也相當頻繁，性質類似檢察官。如果控告名人勝訴，就可立即聲名大噪，對有意從政者來說是極富吸引力的職業。因為羅馬主要的官職都是由公民大會投票決定。

凱撒雖出身名門，但畢竟是個缺乏經驗的年輕人，因此開業後並無人委託他擔任被告律師；他的第一場官司自然是擔任控方律師，至於對手是誰並不清楚，無論如何這一回是以敗訴收場。

第二回他逮到一個大好機會。道拉貝拉 (Gnaeus Dolabella) 以蘇拉的親信著稱，曾擔任執政官，並且曾以前執政官的身份擔任小亞細亞的屬省總督。凱撒指控這位元老院內重量級人物的罪名是——於統治屬省期間以不正當的手段斂財。

但這一回凱撒依然敗訴。二十三歲的他畢竟還是不夠成熟。儘管被告道拉貝拉在統治屬省時期濫用職權，早已令元老院內有識之士不滿，但一來是蘇拉已將陪審員的資格恢復為格拉古兄弟之前由元老院議員獨占的制度，另一個原因則是控方凱撒的辯證方式，與被視為司法殿堂的羅馬法庭作法格格不入。

統稱為演說者的羅馬時代律師，他們可能站在為被告辯護的立場，也可能站在舉發被告的立場，下判決的是陪審員，因此具有說服陪審員的辯論技巧極為重要。但正如律師中的佼佼者西塞羅所坦承的，實際上，即使是陪審員下判決時，也不可能完全不受旁聽席上眾人的反應影響；因為對陪審員來說，旁聽群眾並非無法改變任何決定的第三者。因此律師們的辯論內容也自然地以打動旁聽群眾為目標之一。

律師這一行在雅典進入全盛期，當時的雅典式辯論正如古希臘的雕刻般，為文句精鍊、去蕪存菁的類型。之後，隨著都市型國家雅典的沒落，從小亞細亞西岸的婆高蒙王國產生堆砌華麗詞藻的辯論技巧，古羅馬人稱之為「捲髮」型的辯論技巧傳入羅馬。西元前一世紀，羅馬的法庭內充斥這類贅言過多的辯論。「亞洲派」的代表人物為赫爾廷修斯 (Hortensius)，他有「法庭王子」的美稱，甚至因為他的名氣而當選執政官，凱撒控告道拉貝拉時的首席辯護律師便是赫爾廷修斯。

另一方面，「大學留學」歸國的西塞羅辯論技巧為雅典派與亞洲派的折衷方式肇始於此時。如果單就文章而言，的確如此。但是把西塞羅及凱撒的辯論翻譯後加以比較，可以發現西塞羅的辯論完全是因應律師這一行的需要。換句話說，除了說服陪審員外也必須打動旁聽者，事先鋪陳醞釀而非單刀直入，最後再訴諸聽者情感，斟酌當時的情境以獲得勝利，即是西塞羅在法庭內所採取的戰略。今日歐美的律師多採取這種方式，西塞羅之所以在二千年後被喻為「律師之父」，也是其來有自。

相反的，從凱撒的天性看來，他完全無法接受「捲髮」型的說話方式；此外，單刀直入地切中問題所在也是他文章和演說的特色。依他的性格是絕對無法接受斟酌情境而作辯論的方式。這麼說來，他的方式應較接近「雅典派」；但即使說理充分仍然需要努力掌握聽眾的心理。日後凱撒在掌握聽眾心理這方面也費盡心思，他的辯論方式並不僅是沿襲雅典派的理由就在於此。或許當時二十三歲的凱撒在辯論時所缺乏的就是這方面的努力吧！

無論如何，凱撒二十三歲時從事律師一職顯然以失敗告終。他不得不放棄如赫爾廷修斯及西塞羅般，藉由律師一職揚名致富而進入政界一途。但這兩次的敗訴並不只是讓他放棄以律師這一行出人頭地而已；對他來說，將蘇拉派的重量級人物告上法庭，在判決敗訴後依然餘波蕩漾。

羅馬當權派人士憶起四年前違抗蘇拉命令的年輕人，與這次告發道拉貝拉者為同一個人。雖然凱撒並未參加雷比達的起義而避免出醜，但這次他感到盡快平息外界議論的必要性，如果因「平民派」而受到注目畢竟還是太冒險了。

事態似乎有些嚴重，光是到距離首都羅馬二、三十公里的山中別墅暫避風頭還不夠；凱撒並不喜歡隱居鄉間無聊度日，又未達享受田園生活之樂的年紀，因此他再度遠走國外。這次並非遭受追捕而逃亡，所以他不再志願從軍而選擇進入「大學」，進修地點則在與雅典並稱為當時「最高學府」的羅德斯島。

遠走國外

海外留學對出身良好的二十四歲男子來說，是平息眾議最自然的選擇。一般而言，在共和時代的羅馬，從事公職的年齡始於三十歲，所以二十歲到三十歲之間屬於充電期。但假使凱撒是個重視外界評價及在意旁人是否飛黃騰達的人，也許他就無法因尚處充電期便悠閒度日。在他不得不遠走國外的同時，僅年長他六歲的龐培被任命為統率羅馬各地正規軍隊的總司令，威風凜凜地出征西班牙，因為馬留斯派的塞多留斯吸收雷比達的餘黨後，在西班牙發動反羅馬的起義行動。龐培三十歲就擔任總司令，為蘇拉所制定的公職體系中的特例。這位早熟的軍事天才於二十三歲指揮三個軍團、二十五歲舉行凱旋式、三十歲擔任總司令，正一步一步邁向飛黃騰達之路。同樣是離開祖國，但龐培與凱撒的境遇卻是天壤之別。

幸虧生性樂觀的凱撒了解目前只有等待良機。但是，他沒料到在進入「大學」深造之前會遇到海盜。在前往羅德斯島途中，他所坐的船遭海盜襲擊而被俘虜。

海　盜

小亞細亞西南部及與它咫尺相隔的愛琴海諸島，因地處海灣，又位居黑海至敘利亞、埃及的航線上，是素以海盜出沒頻繁而聞名的海域。海盜的大本營就是位於小亞細亞東南部的西里西亞地方，提到西里西亞就直覺地聯想到海盜，這裡是羅馬政府極為頭痛的統轄地區。以殘暴聞名的海盜在俘虜船上乘客後一一訂出贖金，他們向凱撒要求二十泰連（Telent）的贖金。泰連是希臘通用的貨幣，這裡也隸屬希臘經濟圈，因此贖金便以希臘通用的貨幣為計算單位，二十泰連換算之後相當於羅馬的三十萬狄納利斯（Denarius）。當時一名士兵的年薪為七十狄納利斯，二十泰連是一筆足供募集四千三百名士兵的大數目。

但是，凱撒聽到自己的贖金後大笑道：「你們根本不知道所抓的是何許人物。」於是他主動將贖金提高到五十泰連，他派遣隨行人員想辦法籌錢，自己則與一位好友及兩位隨從留在海盜身邊。

二十泰連已經為數不少，而凱撒卻自願將贖金提高到五十泰連，關於這件事，史學家李維斯（Livy，又名 Titus Livius）根據凱撒寄給友人的信件，首度將此事記載於他的著作《羅馬史》中。之後記載此事的史學家們，在欽佩凱撒勇氣的同時，也感受到他年輕時代起即十分強烈的自我表現欲。我也深有同感，將二十泰連的贖金提高到五十泰連，此舉背後必定有更深一層的考量吧！

首先，西里西亞的海盜以殘暴聞名，往往毫不考慮後果便殺人，落在這種人手裡，當務之急便是保住性命。年過二十五歲的凱撒認為二十泰連似乎不足以確保性命無虞，但並不表示贖金愈高則愈安全。因為沒有足夠的時間回羅馬籌錢，只能在位於小亞細亞的屬省借高利貸應急，所以金額愈多籌款也愈困難。仔細地在保住性命與可能籌措的金錢額度間取得平衡後，大約就是五十泰連這個數目。

我之所以如此推測，是因為往後凱撒在使用金錢時，無一不是以這種堪稱「金錢哲學」的方式仔細推敲後所得的結果。

對任意殺人的海盜而言，看著眼前這位年輕人的臉，便彷彿看到一大筆錢。所以凱撒在毫無喪命之虞的情況下，度過隨行人員籌錢而返前的三十八天。

而且，他非但不是提心吊膽地度日，反而以高傲的

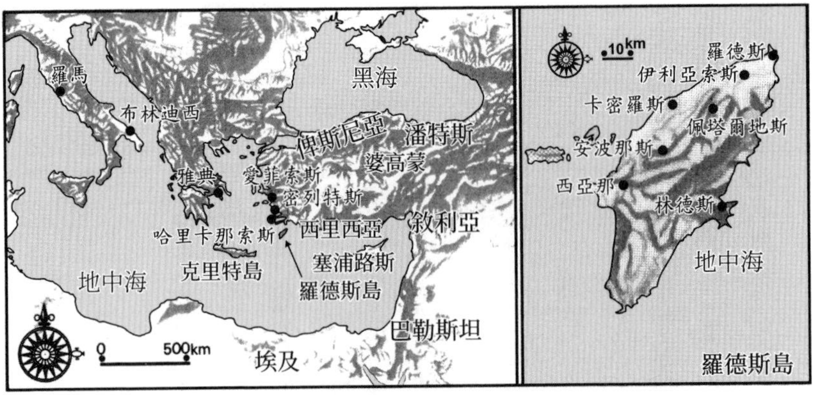

凱撒遇到海盜的地點——西里西亞四周的地理環境及留學地羅德斯島

態度對待海盜，當他想睡覺而海盜們卻吵鬧不休時，他便差遣隨從前去命令他們保持安靜。另一方面，他也參與海盜的武術訓練及娛樂活動，他這麼做並非為了鍛鍊身體，只是因為大家年齡相仿覺得有趣罷了。此外，他還命令海盜聽他寫的詩及演講，當海盜中有人不專心聽時，他便斥責他們是缺乏知識的野蠻人。這時的凱撒怎麼看也不像被海盜們扣押的人質，反倒像受到保鏢簇擁的重要人物。凱撒經常語帶威脅地說：總有一天要把他們抓起來處死，但他們只是相視而笑地把它當作是年輕小伙子的玩笑話，他們不時想到的仍是那五十泰連。

凱撒在隨從帶回贖金後獲得自由，海盜釋放他之後，他立即前往附近的密列特斯招募人手及租借船隻，然後率隊討伐海盜。他突襲停泊於密列特斯附近海灣的海盜船，成功地將他們全部俘虜，沒收他們的財物後，當然也如願地拿回五十泰連。

海盜們在立場互換後成了階下囚，凱撒將他們關入監獄後前去向小亞細亞的屬省總督報告；但總督在意的是凱撒自海盜手中沒收的財物，至於海盜們該如何處置，他認為那是勝利者的權利而任憑凱撒決定。歸來後，他將海盜們全數帶出監獄處以絞刑，讓他們明白從前他說的那些話並非玩笑。此後他平安地到達羅德斯島，開始充實自我的學生生活。

留學

即使在氣候溫和的地中海世界，氣候優良的羅德斯島也有資格名列第一或第二，冬天並不嚴寒而盛夏也不超過攝氏二十五度，終日吹拂的微風緩和了寒氣與暑氣。原意為「盛開玫瑰之島」的羅德斯島，不僅擁有優良的氣候，也占盡地利之便。島的北端具有天然良港，擁有兩個港口可供調度使用，這對島上居民而言頗有助益。它距離愛菲索斯、密列特斯及哈里卡那索斯等因通商而繁榮的小亞細亞西岸的城市很近，經愛琴海可達雅典，西方為克里特島 (Crete)，東方則為塞浦路斯島 (Cyprus)，它控制這兩個在古代占有重要地位的島嶼，而且它位居東經敘利亞至巴勒斯坦、南至埃及的航線上。除了累積財富之外，各地的情報於此交流，自然形成羅德斯島學術風氣的興盛。羅德斯島的全盛時期在亞歷山大大帝打敗波斯 (Persia)，波斯自東地中海撤退後的希臘化時代 (Hellenism)。

即使羅馬成為地中海的霸主，羅德斯島依舊勢力強盛。以通商立國的羅德斯島早已洞悉如果成為羅馬霸權統治下的一員，就可確保自身的安全，可以提供海軍而成為羅馬軍力的一部份。對海軍不振的羅馬而言，能提供海軍的羅德斯島無疑是足堪信賴的同盟國。無論擁有多麼知名教授的最高學府，如果這個國家無法信賴而且安全不保，便無法讓本國未來的領導人在此安心求學。

斯多噶學派的哲學家阿波羅尼斯 (Apollonios) 以及波斯特尼斯等極負盛名的教授，都曾於西元前一世紀時到羅馬忠實的盟國羅德斯島講學，後者所著的《地中海全史》雖然在中世紀亡佚，無法流傳後世，卻影響了當時許多的歷史學家。選擇到雅典留學的西塞羅及後來暗殺凱撒的布魯圖斯，都繼雅典後到羅德斯島留學；但凱撒與他們兩人不同，他並非是全心鑽研學問的人，無論熱愛什麼他都不至於沉迷其中。

即使求學偶爾中斷，凱撒的留學生涯仍持續了一年，由於阿波羅尼斯及波斯特尼斯所留下的著作殘缺不全，因此無法從中看出他們的研究成果。從留下的斷簡殘編中推測，直線思考的讀書人固然受到他們感召，但他們並非是能夠影響獨具創意人物的學者。畢竟凱撒來此的目的在於平息眾議。

二十五歲後旅居羅德斯島的凱撒，充分享受這裡溫暖的氣候及美麗的大自然。遠行至聳立於林德斯岬角的神殿、參觀停泊於港口中羅德斯引以為傲的海軍艦隊、欣賞島上藝術家技藝精湛的雕刻，或許他每天都過著這般悠閒自在的生活。現在被梵蒂岡美術館視為至寶的「勞康 (Laokoon) 群像」，就是當時羅德斯人遺留給後人的傑作。

坐小船須花費數小時才能到達的小亞細亞發生戰爭，凱撒自組軍隊匆忙前去應戰，旅居羅德斯島的生活也因此而中斷。蘇拉曾平定潘特斯王米斯里達茲之亂，在蘇拉死後三年，米斯里達茲趁著羅馬正為塞多留斯在西班牙的起義而大傷腦筋時俟機而起，因此一股不安的氣氛開始籠罩在小亞細亞一帶。

但是當時凱撒並未獲得羅馬政府的認同，因此經過短暫的混亂後，他只有先返回羅德斯島。直到西元前七十四年，他已經沒必要再回羅德斯島，因為他的舅舅奧雷留斯．寇達由於就任俾斯尼亞地方的屬省總督而前來小亞細亞。

凱撒十九歲時便曾以使節的身份前往俾斯尼亞王國。這時由於國王尼柯米提將俾斯尼亞王國交託羅馬後過世，羅馬決定將連接黑海與愛琴海的博斯普魯斯海峽戰略要地——俾斯尼亞王國納為屬省。以總督身份前去的是西元前七十五年的執政官奧雷留斯．寇達。得知舅舅即將到任的消息，凱撒決定離開羅德斯島，包括奴隸在內、十位精神抖擻而且毫無所懼的年輕人，連後面的頭髮都沒綁便捨棄「大學」，朝北往小亞細亞西岸的俾斯尼亞王國前進。

統治剛劃歸屬省的地區本就是件困難的任務，王政時代的統治方法是任命當地人為總督後，於其下再行編制。為了不讓習於王政時代的統治者受到異議份子的壓迫，羅馬的作法是盡可能保留王政時代的制度，尤其是敏感的稅制問題。就政治立場而言須減稅，而就經濟立場而言，則須確保統治屬省所需費用無虞，在這兩個立場中取得平衡後制定新稅制，是首任總督重要的課題。

奧雷留斯．寇達在西元前七十五年的執政官時期，作風穩健卻又能改革蘇拉保守的體制，以政治改革專家獲得極高的評價，被視為建立新屬省國家統治體系最適當的人選。但是寇達的不幸在於，在他全心進行政治改革之前，必須先投入軍事行動，因為俾斯尼亞東側的潘特斯王米斯里達茲此時開始入侵剛成為羅馬屬省的俾斯尼亞。也許米斯里達茲是擔心強敵羅馬從旁入侵吧！

儘管奧雷留斯．寇達以法學學者聞名且擁有出色的政績，但在戰場上的情況卻是截然不同。沒多久他被潘特斯軍打敗，本是俾斯尼亞總督的他卻落得逃離當地的下場，更糟的是最後他病死在逃亡地。戰爭才剛開始即嘗敗績的羅馬，不得不慎重思考應付米斯里達茲的對策，決定派遣執政官任期未滿的蘇拉派大將盧加拉斯前往平亂。原來因為與總司令官有親戚關係而成為幕僚的凱撒又頓失依靠，另一方面他也無法再返回羅德斯島。但是局勢瞬息萬變，此時突然從首都傳來將由他遞補原先奧雷留斯．寇達所擔任的神官一職的消息。

歸國

羅馬祭司階級的地位依序為最高神祇官(Pontifex Maximus)—神官—祭司—占兆家(Augures)，女祭司則屬於另一體系，凱撒在十三歲那年擔任祭司。雖然「李錫尼法」賦予平民在從政、任官、軍界、宗教界公平競爭的機會，但是祖、父輩即在元老院擁有議員席次的名門貴族子弟，仍然具有先天的優勢。特別是以強化元老院階級勢力為最終目的的「蘇拉改革」，更可明顯看出以元老院議員子弟為優先考量的對象；凱撒在舅舅死後遞補他的職位就是前述事實的明證。如此一來，二十七歲的凱撒成為神官，但這並不表示他的一切行動均與宗教有關，正如第I冊所記載，羅馬的祭司階級並非獨立於體制外，除了舉行祭典儀式者之外，其餘的人無異於一般市民。當時的祭司長梅特魯斯．皮攸斯與龐培在西班牙共同指揮塞多留斯之役。

無論如何，就任神官對二十七歲的凱撒來說，除了在祭司階級內地位的高升外，還具有其他意義。睽違三年的凱撒穿著純白的長袍，站在召開公民大會的羅馬廣場講壇上，成功地擺脫昔日眾人的議論。原意為純白的"Candid"，在今日西歐一帶成為「候選人」一詞的起源。

二十七歲的凱撒在通常起步於三十歲的羅馬官場，算不上是官職候選人。他符合資格的是軍團內的高級將領——大隊長的候選人，大隊長手下有六名百人隊長，也就是指揮六百名士兵的軍中長官，每一軍團均有十名大隊長。

凱撒當選大隊長一職，所以今後不須倚靠親戚關係就可成為幕僚的一員；他到任一位總指揮的軍團，均可擁有大隊長的職位。

雖說凱撒已略具社會地位，但他只是十五名神官之一，以及被視為戰略單位的兩個軍團的二十位大隊長之一，目前他的晉升並未受到矚目。即使已經二十七歲，朱利斯．凱撒晉升的速度也只限於此。

凱撒不僅在社會上算不上一鳴驚人，即使在他任職的軍事體系中也未受重視，這一點可由同年爆發的「斯巴達克斯」(Spartacus)之亂時，甫具大隊長資格的他並未參戰一事獲得證明。由出生於色雷斯的奴隸鬥劍士——斯巴達克斯所領導的大規模奴隸、農奴叛亂，勢如破竹地打敗執政官親自指揮的羅馬正規軍團，演變為威脅首都羅馬安全的大叛變。西元前七十三年爆發的斯巴達克斯之亂就這樣延續到西元前七十二年。

另一方面，蘇拉麾下的英才龐培打破人事慣例前往西班牙參戰，這次戰役因為塞多留斯捉摸不定的游擊戰奏效而未能結束，龐培及軍團在西班牙動彈不得。為應付再次展開軍事行動的潘特斯王米斯里達茲，羅馬又加派了蘇拉麾下第一大將盧加拉斯前往指揮，致使眼前羅馬無人才足以應付在義大利境內首都爆發的斯巴達克斯之亂，元老院只好將平亂之事全權交給法務官克拉蘇。他雖然隸屬蘇拉派，但軍事才能未受重視，一共率領八個軍團前去鎮壓斯巴達克斯。

八個軍團共有八十位大隊長，當時四十二歲、身為總指揮的克拉蘇是羅馬的首富，他也是在此時期開始舉債的凱撒最主要的債權人。克拉蘇極欲與龐培一爭高下，無論使用任何方法他都必須成功地平定斯巴達克斯之亂。

凱撒在二十八至二十九歲這段時期留在首都，未到前線。直到晚年他的健康狀況一直不錯，也許該歸功於他那時沒執行大隊長的任務吧！

西元前七十一年，羅馬市民終於再度恢復平靜的生活，沿著阿庇亞大道並排而立的六千名叛變奴隸被處死於十字架上之後，斯巴達克斯之亂終於告一段落。西班牙的塞多留斯戰役也在費時七年後告終，總司令官梅特魯斯．皮攸斯及龐培凱旋返回義大利；在盧加拉斯前去東方之後，羅馬軍也明顯地占上風。在這些令人煩心的問題一一解決後，羅馬市民便將焦點集中於龐培與克拉蘇的勢力爭奪上。

龐培與克拉蘇

龐培自西班牙凱旋歸國時年三十五歲；另一方面，因平定斯巴達克斯之亂，首度獲得軍事勝利而備受矚目的克拉蘇時年四十三歲。兩人皆被視為蘇拉麾下的英才，但他們的關係十分惡劣。龐培對克拉蘇不擇手段地斂財感到不屑，而克拉蘇則嫉妒年紀輕輕即成就不凡而聲名大噪的龐培。以馬留斯、辛拿為代表的「平民派」被打敗後的十二年間，一直是由蘇拉派，也就是由「元老院派」掌握大權，因此派系分裂暫時不致構成威脅；但他們在蘇拉派內部的勢力鬥爭，卻導致蘇拉辛苦重建由元老院所主導的共和政體逐漸崩潰。

龐培自西班牙返國後，要求元老院提名他為西元前七〇年的執政官候選人。凡具有羅馬公民權者在公民大會中均有投票權選出執政官，但推舉候選人則為元老院的權限。

最初，大部份的元老院議員都拒絕龐培的要求，因為如果答應他的要求，就是違反「蘇拉的改革」。正如第III冊所詳述，蘇拉為恢復以元老院為主導所建立的共和政體，不惜施行獨裁政治，因此必須盡可能給予元老院議員相同的領導權；如果因為某些特定對象勢力龐大而另眼相待，上述體制就無法發揮作用，因此蘇拉在政治生涯的每一階段都審慎制定年功序列制。

三十歲具有審計官(Quaestors)候選人的資格，當選後任職滿一年為三十一歲，此時就可在元老院占有議席；此後擔任元老院議員八年，在三十九歲時具備法務官候選人的資格，同時也取得指揮兩個軍團的戰略單位——一萬五千名士兵的「絕對指揮權」。法務官一職任滿一年後，大致皆可成為羅馬十個屬省中任一屬省的總督，處理屬省政治及安全防衛一、二年後，才能在四十二歲時具備羅馬最高的官職——執政官候選人的資格。此時元老院議員的人數倍增至六百人，再依每位議員的才能、勢力推舉執政官候選人，蘇拉認為依循這個模式就可以鞏固羅馬的統治核心。

龐培誕生於九月，而執政官的任期自一月一日起為時一年；換句話說，龐培在西元前七〇年的前三分之二的日子是一位三十五歲的執政官，即使一般人不以實歲計算而將他的年齡算作三十六歲，顯然依舊違反法律規定。而且，龐培自二十二歲突然受到蘇拉徵召之後便東征西討，二十五歲即破格接受凱旋式的歡迎，他並沒有審計官的經歷。戰績輝煌的他不需要刻意去擔任被視為政治生涯起點的審計官；因此，他雖然已經三十五歲卻連元老院議員的資格也沒有取得。未曾擔任法務官的龐培是以前法務官的資格前往西班牙戰地，若非如此，他就無法取得指揮兩個以上軍團必須具備的「絕對指揮權」，因

龐培

為當時元老院議員雖有六百位，卻沒有任何人的軍事才能凌駕年僅三十二歲的龐培之上。受到元老院破格任用且不負所託的龐培返國後，不僅資格、年齡不符，而且在本身不具元老院議員身份的情況下，再度破格要求元老院推舉他為執政官候選人，這次則因為他並未解散原先率領的軍團，以軍事力量帶給元老院無形的壓力。

龐培並未遵守由蘇拉制定的法律，也就是在軍事任務結束後就須將軍團解散，而克拉蘇也違反這項規定。克拉蘇也以擔任執政官為目標，而且他並無資格上的問題。雖然無法肯定他是否曾擔任審計官，但他的確曾任法務官，羅馬派遣他前去鎮壓斯巴達克斯之亂時，授予他「絕對指揮權」，在政治經歷或年齡方面均無不妥。而他身為元老院議員，也並未違反西元前五〇九年創立羅馬共和政體以來的規定，也就是執政官候選人必須為元老院議員。但克拉蘇要當選仍有一個難題——他的聲譽不佳。貪得無厭的斂財手段雖然使他成為羅馬首富，卻也讓他聲名狼藉。相反的，龐培以年輕的凱旋將軍之姿頗受市民歡迎，但元老院還未針對他的要求給予正面回應。

一向水火不容的龐培與克拉蘇決定在此刻聯手，他們達成一項祕密協定：克拉蘇想辦法讓元老院同意龐培為執政官候選人，而龐培則將支持自己的選票轉移給克拉蘇。這麼一來，西元前七十一年初冬，兩人順利當選為下年的執政官。自西元前七十五年的執政官奧雷留斯·寇達起，元老院已逐漸無法主導執政官的人選，「蘇拉體制」的崩潰在他們當選執政官一事中表露無遺。但一般平民並未考慮這些問題，對他們而言，有趣的不過是關係惡劣且名聲響亮的龐培與克拉蘇竟為選舉而合作罷了。

同一年或是下年的西元前六十九年，凱撒當選為審計官。在軍團內服役或擔任行政工作都有薪俸，而擔任始於審計官終於執政官的國家重要公職均為無給制，在羅馬從事無報酬的公職被稱為「庫魯斯斯．荷諾魯姆」，如果意譯就是「光榮的職務」。凱撒在三十一歲時終於站在「光榮的職務」起跑線上。

凱撒是每年選出的二十位審計官之一，而且任職地並非位於首都或跟隨戰鬥中的軍團；當選後隔年的一年任期內，任職地位於被稱為「遠西班牙」的伊比利半島南部。他的上司，也就是統治此地的屬省總督並非知名人士，他是在龐培平定塞多留斯戰役之後，被派遣到問題不多的屬省來。

當時的凱撒已不再是默默無聞的人物，三十歲的他也算是位名人，無論當選為二十位軍團的大隊長之一或審計官，由於他是以「光榮的職務」為目標的名門之後，即使他並非特別費心也能夠得到外界的支持。但當時三十歲的凱撒聞名於世的並非前述事蹟，而是他身為花花公子奢華的生活及因而背負的巨額債務。

第四章

青年後期 Juventus

西元前六十九年～前六十一年
（凱撒三十一歲～三十九歲）

起跑線

據說，凱撒就任審計官之前累積的債務總額高達一千三百泰連，這筆錢足以僱用十一萬以上的士兵整整一年，也足夠如盧加拉斯般極盡奢華而講究的美食家舉行一百五十次宴會。果真如此的話，當初他不顧一切地將海盜的贖金提高到五十泰連，或許是因為他根本打從心底就不覺得那是筆大數目。

那麼，他究竟把錢用於何處？這筆錢是在他進入政界前所借，因此並非做選舉經費，諸如為爭取民眾支持而舉辦劍術比賽或修建道路的費用等。因為凱撒家境並不富裕，所以這筆錢是向他人所借，至於他究竟用於何處，在參閱眾多史料後得知他大致用於下列三方面。

第一是花在自己身上。

眾人一致公認凱撒的讀書量在當時的知識份子中堪稱第一，連西塞羅也不得不承認這一點。當時的書籍書寫於昂貴的莎草紙上，自然所費不貲，而且他對讀書的興趣並非開始於他經濟寬裕時。

另一方面，年輕的凱撒也以注重裝扮而聞名。根本不知裝扮為何的人才會認為長袍不過是將白色的布料披覆於身而已；依白色毛料厚度的不同，在長袍最重要的衣褶部份作變化，而且愈薄的質料愈昂貴。

脫下正式的服裝長袍後，任何時候皆可穿著的短衣，雖然樣式極為樸素，固定都是短袖、長度在膝上的設計，但也正是如此才更要講究。第一是腰帶上的扣環，另外，短衣袖口也可另行裝飾。穿著短衣外出者只限於未成年的少年、一般平民及奴隸；身份地位特殊的成年人則於短衣外罩上披風，將披風固定於左肩的別針也是注重打扮者的另一項裝飾品。一般的短衣均為白色，可將外罩的彩色披風襯托得更出色，染色的披風價格昂貴，其中最貴的是紫色的披風，染料來自貝類，要一萬五千隻貝類才能取得一件披風所需的染料，所以只有凱旋的將軍才能穿實際上為紫紅色的紫色披風。紫色這個得來不易的顏色，在後來的帝政時代成為皇帝專屬的色彩。

價格次於紫色的是鮮紅色，只有元老院議員的長袍鑲邊，以及總司令官罩於短衣外胸甲上的大件披風才能使用鮮紅色。一般好萊塢製作的歷史影片中羅馬士兵都穿紅色披風，那只是為求色彩上的效果罷了。將線以原

元老院議員的服裝

（威卻里歐繪，十六世紀）

有的顏色織成布料則價格十分便宜，在共和時代的羅馬尚不知絲為何物。

羅馬時代男子的服裝雖只能分類為短衣、長袍、軍裝，但如果是注重打扮者依舊在可能的範圍內設法裝扮，當然，愈講究則愈花錢。

根據史學家的說法，凱撒借錢的第二個理由是他與朋友交際時慷慨的性格。除了友人之外，還有與名門中分封貴族的交際花費，世世代代為分封貴族者因出身名門，對凱撒而言，他們扮演著贊助者的角色，妥善經營與這些人的關係不僅是身為名門家長的義務，也是立足政界不可或缺的條件。

造成高額借款的第三個原因是凱撒送給情人們的禮物花費，他在這方面是出了名的慷慨，他親自挑選昂貴的禮物送給情人們。他雖出身名門但家中並不富裕，而且當時他對多采多姿的政治生涯絲毫不感興趣。另一方面，以古代人的眼光而言，他並非擁有如女子般勻稱五官的美男子，但是身材修長、骨架勻稱的凱撒，靈活烏黑的雙眼及優雅的舉止，使得他即使身處同輩的年輕男子中也格外地引人注目。再加上他詼諧幽默的談吐，也令人心情愉快。即使不送昂貴的禮物，他也深受女人垂青，而獲他贈禮者莫不欣喜，因為他並非為了廣受眾女子的歡迎而送禮，而是為了博得佳人歡心；女人能夠敏銳地察覺出兩者之間的差別。

總之，凱撒基於上述種種理由而負債累累地前往西班牙上任，由於任職的屬省並非多事之地，一年的任期平平淡淡地結束。他所擔任的審計官負責屬省經濟方面的工作，由於職務的關係得以到任職的西班牙南部各地旅行，其中一個地方就是古代被稱作「赫拉克斯(Hèraklès)

雙柱」，靠近現在的直布羅陀海峽的加地斯 (Gades)，當他停留這裡時，史學家們記載了如下的一段插曲。

自迦太基統治西班牙開始繁榮的商港加地斯，有座供奉半神半人的赫拉克斯神殿，相較於赫拉克斯神，在「出差」途中前往參拜的凱撒，對神殿中安置的亞歷山大大帝雕像留下更深刻的印象，並且獨自在像前說道：

「在我這個年紀時亞歷山大已稱霸世界，而我卻一事無成。」

這不僅是凱撒的自我反省，

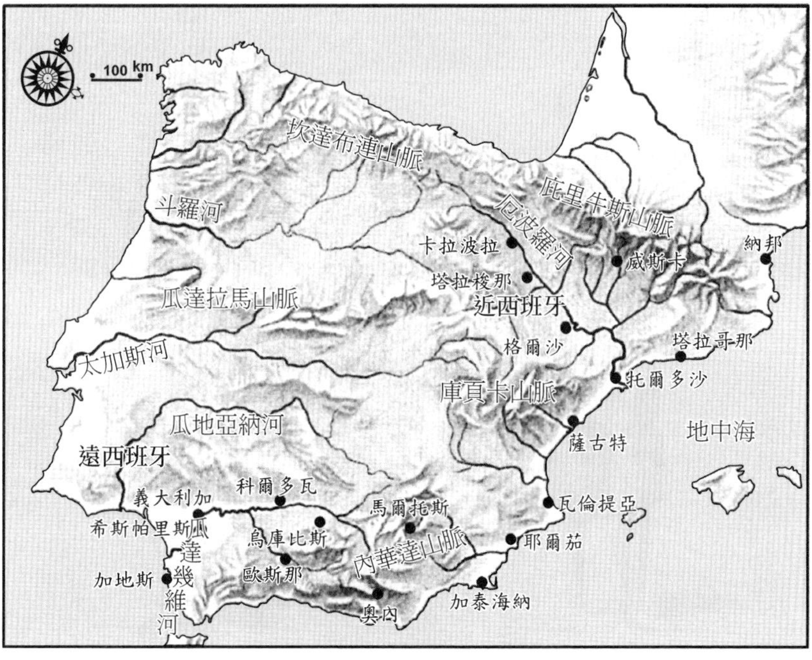

凱撒時代的伊比利半島

也充分反映出他身邊的人期盼他能反省而有一番作為的苦心。對他們而言，凱撒或許不必將亞歷山大大帝作為比較的對象，但眼見活躍的龐培與西塞羅，他們很希望凱撒心生警惕。長凱撒六歲的龐培已任執政官，也曾舉行二次凱旋式；同樣長他六歲的西塞羅，也因三年前在羅馬廣場喧騰一時的威列斯 (Caius Varres) 官司勝訴，取代赫爾廷修斯成為羅馬首席律師。

使共和時代末期的羅馬史更加多彩多姿的主角幾乎都已登場，而凱撒卻不在其中。

在凱撒自我反省的同時任期也已終了。表面上看起來，返國後他的生活方式與從前並無不同，依然是舉債度日、揮金如土，除了獲得花花公子

護民官（右）及平民的服裝（威卻里歐繪，十六世紀）

的稱號外，絲毫看不出他有任何反省或振作的行動。如果說有什麼改變，就是根據「蘇拉的改革」，他在審計官任滿後即被授予元老院的席次，他進入元老院成為身著鑲有紅色滾邊白色長袍的元老院議員。一向注重打扮的他所關心的是將紅色飾邊重疊等瑣事。

表面上看起來，凱撒的生活方式並無任何改變，但是如果仔細推敲，卻有蛛絲馬跡可循。自步入青年後期開始，他在言行上的改變也更加明顯，首先就是他的姑姑尤莉亞的葬禮。

宣示

羅馬人很重視家人，且為多神教的民族，當這兩種特質合而為一時，很自然地產生敬畏祖先的心理。羅馬社會對葬禮的重視程度勝於婚禮，尤其是曾擔任「光榮的職務」的國家要職者，死後即使不舉行國葬，按照慣例，送葬行列自家中出發後沿著通往都市中心的道路行進，在羅馬廣場或馬爾斯廣場，由近親代表在遺體前舉行頌揚逝者的追悼演說。除親人外，路過的平民也傾聽演說而加入弔唁的行列。除了重要人物本身外，其妻子及兒女也適用這項慣例。

自西班牙卸任返國的凱撒在姑姑的遺體前進行追悼演說，這位姑姑也是平民英雄馬留斯的妻子。致弔辭者通常是逝者的直系血親，但馬留斯的兒子在與蘇拉進行內戰時被捕身亡，而馬留斯並無其他子女，便由凱撒來致弔辭。

對於凱撒這次演說的內容，只能從古代史學家所記載的要點中得知一二，三十二歲的凱撒在演說中有相當大膽的發言。他說姑姑的母方家族與王室有淵源，而追溯父親這一方則與永生的眾神有關；換句話說，姑姑的娘家也就是自己所屬的朱利斯家族，追溯本源則和愛與美之神維納斯有關。在特洛伊(Troy)淪陷後，維納斯之子伊尼亞斯(Aeneas)率領眾人逃亡至義大利，這批群眾就是羅馬人的祖先。凡出生於羅馬及其周邊地區者均被視為自特洛伊逃亡者的後裔，朱利斯家族是被視為孕育羅馬阿爾巴隆加的名門貴族。對羅馬人來說，與女神維納斯有血緣關係並非無稽之談，因此凱撒在姑姑尤莉亞葬禮中大膽的行為並非是前述說法，而是另有所指。

重視祖先及家人的羅馬人葬禮，在送葬行列中除死者的遺體外，也有死者的祖先或家人的蠟製面具或雕像隨行；凱撒在姑姑尤莉亞的送葬行列中也讓姑丈馬留斯的蠟像隨行。蘇拉宣告平民英雄馬留斯為國家公敵後，這項命令一直未解除，儘管馬留斯已身亡，但將國家公敵的蠟像立於遺體旁仍是極其大膽的行為。因為蘇拉雖死，羅馬仍為蘇拉派人士所掌控。

在馬留斯死後的十八年，當曾經是平民英雄的馬留斯像出現在羅馬平民的面前，他們的內心一陣激動。在蘇拉宣布獨裁的十四年當中，馬留斯這個名字一直是個禁忌。而馬留斯的外甥凱撒在演說中完全不曾提及姑丈，那樣做是太過冒險了；但是他卻把馬留斯像展示在眾人面前。實際上，凱撒在暗地裡向世人宣示，將要重建被蘇拉摧毀的「平民派」。

同一時期，凱撒的妻子柯爾涅莉亞過世，凱撒為她舉行符合羅馬名門女子身份的葬禮，那時他在追悼演說中並未提及岳父辛拿，送葬行列中也沒有辛拿像隨行。因為辛拿雖是「平民派」大將，但馬留斯比他更具象徵性意義。

凱撒的舉動宣示了重建「平民派」的決心，但執蘇拉派牛耳的元老院卻毫無反應，因為羅馬當權者根本沒把這位甫獲元老院席次的年輕花花公子放在眼裡。即使是看到馬留斯像而眼眶含淚的民眾，對於以負債、光鮮的外表勾引女人而負盛名，裝模作樣地以一根手指搔頭的三十二歲凱撒，也不抱任何希望。無論如何，羅馬為蘇拉派的天下，蘇拉麾下受到各界認可的英才龐培，在輝煌戰績的烘托下，於政界無比活躍。他不但身負元老院的期待，更是平民羨慕的對象。一年後，龐培超越社會各階層成為國民英雄的機會到來，不僅是羅馬人，全地中海世界的人都在掃蕩海盜之戰中，將目光集中於年僅三十九歲的龐培身上。

龐培的抬頭

羅馬人的特性之一是即使成為霸權國家，也不會讓本國人民處理所有的事；其他民族如果有某方面特別擅長便委由他們處理，因此關於海上的事便交給希臘民族。腓尼基人(Phoenician)堪稱地中海世界的海洋民族，但腓尼基人在迦太基(Carthage)滅亡後，往來於敘利亞與埃及間的海域，成為地區性的水手。縱橫全地中海的仍是希臘民族。

只要是水手都了解隨時可供船隻停泊的基地之重要性。希臘人的殖民運動自西元前八世紀起盛行，所以希臘人的海港都市遍及全地中海，即使後來希臘國力衰敗，成為羅馬霸權統治下的一份子，他們在通商、航海這方面依舊十分活躍。希臘民族認為國家雖然滅亡而山川依舊存在，如果大自然能使人們言歸於好則共享山川也無妨。不久，希臘的水手甚至到達印度洋，發現所謂的季風現象。

但是「國家滅亡」對他們仍有影響。自港口出發航行於海上，可保障安全的共同體組織不復存在。如果在海上遭遇暴風雨尚有應付的自信，但如果遇到海盜，則能夠透過航海技術加以抵抗的程度有限。

另外，地中海與一般大洋不同，除海域狹小外，風向也不停地改變。因此無論航行技術多麼優良，都必須遷就地勢採取沿岸航行的方式。

但愈接近陸地航行，遭遇海盜襲擊的危險性也隨之升高，因為船體本身無法作太大的改變。一般船隻與快速船的速度差別在於船隻整體的重量。自附近島嶼後方突襲而來的海盜船，因為沒有裝載任何不必要的東西，速度類似比賽用的快艇，即使對航海技術十分自豪的希臘水手也無法應付。

保障霸權統治下諸民族的安危是霸權國的義務，羅馬人原為農牧民族，在海上遭遇暴風雨就一籌莫展。他們之所以必須消滅海盜，是因為地中海海域為他們霸權統治的區域之一。

羅馬早在海盜橫行日益猖獗的十五年前，就曾派遣軍隊至海盜的大本營西里西亞加以討伐，但是成效不彰。當時海盜船甚至出沒於義大利近海，更加肆無忌憚地四處橫行。尤其是一直與羅馬為敵的潘特斯王米斯里達茲援助海盜後，他們的裝備更加精良，連冬季也可在海上航行。羅馬無法運送士兵及武器至各屬省。地中海的物資流通遲緩，連自羅馬輸入的主食小麥數量也無法控制。此時，如何對付海盜已成為羅馬急迫的問題。

西元前六十七年的護民官蓋比紐斯 (Gobinius) 在公民大會中提出掃蕩海盜作戰方案，原始構想恐怕來自於龐培，這不僅是一個提案，更是個鉅細靡遺的實行方案。由於這個方案十分具體，連一般市民都能輕易判斷是否可行，所以極具說服力。護民官蓋比紐斯所提出的掃蕩海盜作戰計畫如下：

一、這次作戰中只投入由十二萬名重裝步兵及五千名騎兵所組成的二十個軍團。

二、動員軍艦五百艘。

三、總司令官之下由他任命十四名元老院議員為幕僚。

四、總司令官實行作戰的區域除海上外，更進一步深入海岸內部八十公里的陸地範圍。

五、支出一億四千四百萬塞斯泰契斯作為此次作戰所需的經費。

六、推舉龐培為總司令官。

七、此次作戰的期限定為三年，三年內總司令官對以上各事項均擁有「絕對指揮權」。

採行寡頭政治的共和國最忌諱的就是將大權集中於特定一人身上。對一心只想掌權的元老院來說，龐培即將擁有的權力實在太大，元老院大多數的議員反對這個提案，但也有少數議員表示贊成，例如自威列斯官司勝訴以來，對羅馬輿論極具影響力的三十九歲西塞羅，以及時年三十三歲的凱撒。

雖然海盜問題才剛波及羅馬，但在社會大眾所抱持的危機意識的壓力下，儘管元老院反對護民官蓋比紐斯的提案，但此案卻在公民大會中獲得壓倒性的支持而通過。一通過這個提案，原先上漲的小麥價格便急速下滑。由六百名元老院議員形成的集體領導制度，被一位出類拔萃的人物所摧毀。蘇拉一直執著於重建由元老院主導的羅馬共和政體，但這次的事件充分凸顯出這個政體無法應付西元前一世紀羅馬所面臨的各種現實問題。

為通過法案，眾人不惜在公民大會中損及元老院的權威，而龐培也不負眾望圓滿達成任務。海盜的巢穴散布於地中海全境，龐培首先掃蕩西地中海海域的海盜；最後，東地中海海域的海盜也在大批進駐的羅馬艦隊猛攻下被掃平。攻陷海盜的大本營西里西亞地方後，海盜被一舉殲滅。這次的勝利乃是羅馬毅然投入全力，以縝密的戰術展開快攻所致。掃蕩海盜之戰費時八十九天，在短短的八十九天內，龐培為霸權國羅馬樹立無上的權威。很快地在那一年，也就是西元前六十七年夏天，人們便得以安心航行於地中海，自義大利輸入的小麥也恢復平時的數量。

龐培在羅馬的聲勢急速竄升自不待言，飽受海盜侵襲神殿、劫掠都市而陷入絕境的希臘人，甚至將他視為天神般崇拜。

在三年的期限內龐培具有「絕對指揮權」，但他只使用了三個月。無論如何，龐培完美地達成任務。假如他忠於「元老院體制」，應該在凱旋返回羅馬時就交出「絕對指揮權」。西元前五世紀時，辛奇那圖斯(Cincinnatus)被任命為任期六個月的獨裁官，大權在握的他卻在十五天內驅逐外敵後就交出「絕對指揮權」，重拾田園生活。若非如此，就無法維持以元老院等少數菁英份子所主導的羅馬共和政治。

但三十九歲的龐培並未這麼做。另一方面，西元前一世紀的羅馬考量情勢也不需要他這麼做。

龐培成功地掃蕩海盜後並未返回首都。如果回羅馬固然享有凱旋式的榮耀，但在凱旋式後就必須交出「絕對指揮權」，所以龐培先不回首都而在公民大會中進行如下的提案。提案者正是被視為他代言人的護民官蓋比紐斯。這一次的提案，他甚至未事先請示元老院。

「撤換中東戰線的領導人盧加拉斯，改由龐培擔任原職。龐培並且得在必要時延長他現有的『絕對指揮權』期限，委派龐培平定引發中東紛爭的禍首潘特斯王米斯里達茲。」

這個提案再度遭到元老院大多數議員的反對，他們深怕將權力過度集中於特定一人身上。而將解職的盧加拉斯本身及外界均視他為蘇拉麾下的「接班人」，他一向奉行「蘇拉的改革」。總之，他徹頭徹尾是位元老院派人物。

自西元前七十三年盧加拉斯前往東方平亂後已過七年，但米斯里達茲戰爭卻沒有結果。正如第III冊所敘述，擁有卓越軍事才能但是官僚性格的盧加拉斯本身也難辭其咎，而戰事一旦延長，任誰都會逐漸產生厭倦之意。相較於市民們期望龐培能盡快結束此戰，元老院大部份的議員卻都不希望與自己立場一致的大將盧加拉斯被撤換。贊成這項提案者依舊是西塞羅與凱撒。之後，在三十五個選區皆投贊成票的情況下，通過將盧加拉斯解職、讓龐培繼續掌握大權的法案。元老院陷入孤立且充滿無力感的處境。

就任市務官

海盜的問題解決後，商業活動恢復熱絡，東方有龐培坐鎮，只須等待捷報傳來，西元前六十五年的羅馬充滿活力與祥和。時年三十五歲的凱撒也在「光榮的職務」，也就是政治生涯中到達第二個階段——他當選為市務官(Aediles)。三十五歲就任這個官職並非引人注目的升遷，雖有正面評價，但這只是順理成章的升遷罷了；不過，凱撒決心妥善運用這個堪稱營建官的職務，拉近與民眾間的距離。

凱撒就職後不顧其他三位同僚的想法，逕自進行各項大手筆的工程。首先是對西元前三一二年修築以來，地位日益重要，有「羅馬街道女王」之稱的阿庇亞大道進行大規模的整修工程。

另一方面，凱撒也不忘舉辦目的是要爭取民眾支持的鬥劍比賽。他僱用三百二十組共六百四十位鬥劍士，讓他們在右手臂戴上純銀的鎧甲，在陽光下具有閃耀動人的效果。他熱衷於舉辦鬥劍比賽，自己的確也樂在其中，元老院的大老們雖對此頗有微詞，但民眾卻是樂此不疲。

不過，凱撒在擔任市務官一年的期間內，個人的負債已成天文數字。雖然如此，他卻毫不在乎，完全不顧慮鉅額的借款足以拖垮自己。

債務的增加是因為上述各項活動都由凱撒自費進行，羅馬政府固然也有公費整修街道、為娛樂民眾而舉辦鬥劍比賽，但必須經過性喜質樸的元老院大老們批准。除金額有限外，以先提報者優先通過，厭惡這套程序的凱撒乾脆自掏腰包。自費投入工程端看個人的意願，依據羅馬的傳統是由富人承包公共工程。

凱撒善用修建道路、大手筆舉辦鬥劍比賽所累積的民眾支持，在原址重建十六年前遭蘇拉毀壞的馬留斯勝利紀念碑。市務官的職責包括修復古建築物及紀念碑文，但重建仍為國家公敵的馬留斯勝利紀念碑，已變成具政治意味的行為。元老院對此感到不滿，但也僅止於此，因為元老院無法在睽違已久見到紀念碑而落淚的民眾面前，再次毀壞這個紀念碑。

羅馬平民因為此事而將希望寄託於凱撒身上。在這種狀況下，對他而言第一個重要官職的任期屆滿，雖然他並無卓著的政績，但他以鉅額的債務博得平民的好感。

三十七歲真正起步

即使不是亞歷山大大帝、西比奧．亞非利加努斯 (Scipio Africanus)、龐培這類早熟的天才型人物，男人如果到三十歲還未起步便難有所成就。對傳記的作者來說，四十歲才「崛起」的凱撒的確令人難以下筆。

另一方面，因為凱撒在「崛起」的同時，也開始掌控整個羅馬，這種極為罕見的際遇成為傳記作家難以下筆的另一個原因。

實際上，四十歲之前的凱撒，幾乎完全沒有出現在近現代的歷史學家筆下的羅馬史當中，這麼一來便無法撰寫他的傳記。因此迫使撰寫凱撒傳記的歷史學家，必須先描述凱撒崛起與掌權同時，他究竟身處何種時代。結果，凱撒「崛起」之前的羅馬史便占了傳記的前三分之一。

而我撰寫的重點正如這一系列作品的大標題《羅馬人的故事》所揭示的，採人物與時代交錯描述的手法。一般凱撒傳記的作者在書中前三分之一所描寫的「凱撒身處時代」，我已在第III冊《勝者的迷思》中交代完畢。這位在崛起時就開始掌控羅馬的人物，在他「崛起之前」有何重要性，也未與他人作任何比較。因此，即使內容有所重疊，第III冊已提及的內容，在本書中則從凱撒方面加以描述，這類的內容就到此為止。總之，從以下的部份開始才算真正進入第

Ⅳ冊。第Ⅲ冊前三分之一的內容描述格拉古兄弟的事蹟，雖然這些事發生於凱撒出生前二、三十年，卻不能說與他毫無關連。天才之所以為天才只因為他能超越時代的藩籬，但天才之所以能超越時代也正是拜當時的時勢所賜。我覺得第Ⅲ冊《勝者的迷思》與第Ⅳ冊《凱撒時代（盧比孔之前）》之間有前述微妙的關係存在。

從撰寫通史的立場來看，自人物「崛起」時開始記載固然沒有不妥之處，但傳記卻必須將人物更真實地呈現，因此「真正開始起步」的時期也是不容忽視的必經過程。對凱撒而言，這個時期始於西元前六十三年，三十七歲起他才「真正起步」。那一年，乍看平靜的羅馬，因社會不安而引發著名的「加帝藍(Catilina)的陰謀」事件。

格拉古兄弟促使羅馬社會的矛盾浮上檯面，加帝藍事件的爆發，成為六十年後根本問題仍未解決的明證。

最高神祇官

西元前六十三年最高神祇官梅特魯斯．皮攸斯去世。這位老將曾於西元前八十三年趕往強行登陸義大利的蘇拉身邊參與內戰，之後也協助龐培在西班牙的「塞多留斯戰爭」中奮戰到底，堪稱蘇拉派的元老，被視為「元老院派」重量級的人物。正如“Pius”（指深具慈悲胸懷者）

這個尊稱，他是一位具有完美人格的貴族。最高神祇官為主持宗教儀式的祭司、女祭司、神官之首，在羅馬主持各項國家大典的宗教儀式中，最高神祇官一職不可一日或缺。

三十七歲的凱撒決定角逐最高神祇官一職，但唯有功勳卓著者才能擔任最高神祇官這個光榮的職務。凱撒的競爭對手均非等閒之輩，其中一位為塞爾維斯．伊薩利斯，曾於西元前七十九年擔任執政官，享有凱旋式的榮耀；另一位為魯塔提斯．卡多魯斯，曾於西元前七十八年擔任執政官，為元老院中堪稱「院內總管」的「第一人選」。這兩人的年齡均在六十歲上下，除此之外，三十七歲的凱撒尚有其他居於劣勢之處。

依據「蘇拉的改革」，西元前八十二年後最高神祇官一職改由諸位祭司以「商談」的方式決定。蘇拉一向對擴張元老院階級的權力及權威不遺餘力，擔任祭司者多半出身元老院階級，最高神祇官如果由諸位祭司以商談的方式決定，實際上是為了由元老院階級獨占這個職位。根據羅馬法律的規定，自西元前三六七年制定「李錫尼法」後，平民才得以角逐最高神祇官一職。

但為了貫徹「蘇拉的改革」，十年前凱撒也經由眾神官商量後才能擔任神官一職，顯然這一點不利於凱撒。相對於另兩位候選人過去輝煌的事蹟，他的經歷只限於審計官及市務官，此時，年輕反而成為不利點。

因此凱撒請擔任護民官的友人拉比埃努斯以再提案的方式，提出制定於西元前一〇四年的「圖密善法」一案。依據「圖密善法」，最高神祇官的人選由三十五個選區中抽出十七個選區投票決定。對外提出此案的護民官拉比埃努斯在公民大會中向大眾說明提案的理由，是為了打破元老院壟斷主持宗教儀式最高權力的最高神祇官一職，將權利歸諸全體公民，公民們自然毫無異議地通過這個提案。

但這個提案無法確保凱撒當選，在他擔任市務官這二年，雖然以大手筆舉辦鬥劍比賽而贏得民眾的支持，但他並不如兩位競爭對手般具有舉足輕重的地位，所以他開始進行競選活動。在向來不舉辦競選演說的羅馬，競選活動分為以下四類：

一、家庭訪談員——簡單來說就是做家庭訪談者，助選人員挨家挨戶拜託對方惠賜一票。

二、沿街拜票員——擁有投票權者只限於具有公民權的成年男子，在這些男子前往羅馬廣場工作或到市集時與他們同行，沿路進行拉票的助選人員。

三、沿街拉票員——第二項是在去程中進行；而第三項則是指在回程進行同樣工作的助選人員，他們在市中心等待符合條件的公民，於他們返家途中拉票。

四、名人勸說員——以對群眾深具影響力的人物為目標，設法說服他們的助選人員。

這些競選活動並非凱撒所獨創，前一年的西元前六十四年執政官候選人西塞羅也曾進行同樣的競選活動。

年齡符合規定而且以羅馬第一律師聞名的西塞羅並非毫無弱點，在首都揚名但出身市井的他，屬於祖先並非元老院議員的「新進者」。以自身血統為傲的元老院階級或多或少會以質疑的眼光看待這類「新進者」;而他又不像同鄉的馬留斯身為一位戰功輝煌的凱旋將軍,讓民眾瘋狂崇拜他,因此西塞羅非進行競選活動不可。

但出身小康又在律師這一行受挫,就任官職後卻債臺高築的凱撒,並不如以律師揚名的西塞羅,擁有僱用大批助選人員的經濟能力,他的選舉經費一如往常來自與日俱增的借貸。

選舉當天,當凱撒穿上候選人的純白長袍後,在玄關對送他出門的母親奧雷莉亞說:

「假如我沒有當選最高神祇官,就請您不用再等我回家。」

他的意思並非落選的話就絕望自殺,他大膽地與兩位重量級的人物共同角逐此羅馬最高榮譽一職;如果落選就無法在首都立足,勢必得遠赴國外暫避風頭,希望母親有這種心理準備。但幸運之神卻十分眷顧這位大膽的賭徒,那一夜,凱撒以最高神祇官的身份返家。

凱撒為何在如此年輕時爭取最高神祇官一職?事實上,沒有人料到他會成為候選人,元老院得知這個消息後也十分震驚。最高神祇官雖為光榮的職務卻無法掌握特權,年輕而充滿野心的菁英份子絕不會不惜借貸以爭取此職。儘管如此,擔任最高神祇官仍然具有下列優點:

一、最高神祇官為宗教界最高領袖。

二、擔任羅馬公職的人數均為複數,即使是執政官也有兩位,最高神祇官是極少數沒有同僚的公職。

三、最高神祇官可兼任其他公職。

四、羅馬公職均有任期的限制，而最高神祇官是唯一例外的終身職。

五、最高神祇官是唯一提供官邸的公職。

凱撒無論做任何事，他的目的都不只一個，他能夠很自然地將公共利益與私人利益合而為一，就任最高神祇官即為例證之一。他認為如元老院體制般的集體領導方式並無統治國家的能力，解散元老院體制後所建立的政治新秩序必須集權力與權威於一體。如果採取集體領導方式，那麼居領導地位的諸位元老院議員，或許在穿上紅色鑲邊的白色長袍後就足以樹立權威，畢竟元老院議員共有六百人；但如果居於領導地位者只有一位……。我想，毫不迷信而且較常人更具理性精神的凱撒，他認為宗教乃是統治國家的重要因素之一。

就任最高神祇官的同時，凱撒移居官邸，這並非為了遠離平民區蘇布拉的喧囂；官邸靠近羅馬廣場的中心，聲音的來源不同但喧囂依舊。在召開公民大會的日子，不管羅馬式住屋在建造時如何費心地與外界隔絕，外界的聲音依然堂而皇之地穿過外牆飄進無牆的中庭。而且官邸並不十分寬敞，根本無法與帕拉提諾丘陵上的豪宅相提並論，因為官邸原為王政時代國王的行宮所在地，承襲羅馬國力不振時所建造的規模。

無論如何，凱撒成為在羅馬市中心的羅馬廣場擁有宅邸的最高神祇官。如果說他的用意完全沒有考慮到常在此聚會的羅馬市民的心理，這是說不通的；此外，居住在羅馬廣場，民眾也較易與他親近，政治家的大門必須為群眾敞開。在朱利斯．凱撒被暗殺前，他一直住在這個官邸中。

反「元老院派」的第一步

在就任最高神祇官那一年，凱撒再度透過好友護民官拉比埃努斯舉發元老院議員拉比留斯，罪名是三十七年前，也就是西元前一〇〇年時，他身為殺害當時護民官薩圖紐斯(Saturnus)以及派系人士的主謀，這事件已詳述於第III冊《勝者的迷思》中，當時的護民官薩圖紐斯強行推動激進的改革，元老院為重選護民官而發表類似緊急事態宣言的「元老院最終勸告」，他卻以實力予以瓦解。

然而被舉發的元老院議員拉比留斯，在三十七年前雖然意氣風發地鎮壓對手，但在三十七年後的西元前六十三年，已是垂垂老矣的老朽，而且已成為一名無足輕重的平凡元老院議員。

不料市民們卻對這名三十七年前的事件主角，如今已齒危髮禿的老人寄予無限同情，好不容易從「新進者」中脫穎而出想為平民喉舌的執政官西塞羅早就洞燭機先，躋身這位元老院資深議員的辯護行列。凱撒和拉比埃努斯如果不想敗訴就必須改變戰略。

訴訟在羅馬廣場內某會堂的一隅展開，市民如潮水般湧入，突然有人奔相走告，聲稱強尼克羅丘陵上有一面紅旗迎風飛舞。

王政時代受鄰國伊特魯里亞人(Etrurian)來襲之後，羅馬如遭受外敵侵略時就會在臺伯河西岸的強尼克羅丘陵插上紅旗以警告市民。當看到紅旗飛舞時，人們均拋下手邊的工作返家，專心準備迎戰。西元前一世紀，羅馬霸權遍及地中海全境，雖有好幾百年未再起戰事，但這個習慣卻流傳下來。因此當聚集在法庭內的市民、律師西塞羅、被告拉比留斯獲知這個消息時，無論情報正確與否，均立刻離開法庭各自趕回家中。

不到一天的工夫便查出了此事純屬虛構。但之後開庭時，原告一副毫不知情的模樣，訴訟只能草草結束。

後世的學者認為這是凱撒眼見情況不妙而自導自演的一齣鬧劇。剛開始時，情勢的確對他不利，但最後仍以喜劇收場。如果將這個鬧劇視為年輕氣盛的凱撒幼稚的作為，那可就大錯特錯了，因為他的目的不僅僅是彈劾一位垂垂老矣的議員，而是另有更深的用意。

在此之前五十八年，也就是西元前一二一年，當時的護民官蓋烏斯·格拉古將長久以來不成文的規定化暗為明，制定了明確的法律，也就是「善普羅尼斯法」。根據此法，羅馬所有公民即使是被判死刑，也有到公民大會控訴的權利。

如第III冊所敘述，「善普羅尼斯法」是因元老院在羅馬史上首度發布「元老院最終勸告」而來。在這個緊急事態宣言中聲明，執政官可不經審判而格殺具有叛國行為者，而首位被視為暴徒的犧牲者就是蓋烏斯．格拉古以及他的黨羽。

立法者也有成為犧牲者的例子，「善普羅尼斯法」後來也無疾而終，而元老院卻在之後屢次發布「元老院最終勸告」。凱撒真正的企圖就是要凸顯「元老院最終勸告」的不合法。

元老院是羅馬政體中唯一不經選舉而組成的機構，在王政時代是由一群長老集體向國王進諫，到了共和政權時代成為勸諫機構，但元老院一向不具決定權。之後元老院因在布尼克戰役(Punic Wars)中發揮高度機能，而逐漸擁有決定權。在護民官之中，格拉古兄弟率先以身試法，頻頻抵抗元老院的強權，卻都鎩羽而歸，這是因為元老院握有「元老院最終勸告」這項法寶的緣故。

凱撒指稱元老院發布「元老院最終勸告」後，拉比留斯成為一位劊子手，他不承認護民官薩圖紐斯及其下的公民具有控訴權，未經審判就將他們殺害。凱撒在公民面前充分發揮他的膽識，讓眾人見證了「元老院最終勸告」的不合法；順利的話，元老院極可能拱手讓出這項法寶。而凱撒必須追究三十七年前的前塵舊事乃情非得已，因為當年正是針對代表公民的護民官發布「元老院最終勸告」的最後一年。

結果雖然是以鬧劇收場，並不意味著失敗。元老院本來應該只有勸諫權而無決定權，卻採取發布緊急事態宣言這種強勢作法，再度引發一個問題：元老院對羅馬公民是否具有不經判決就可以格殺的權力。這事引發了西元前六十三年造成四分之一羅馬公民陷於恐慌的「加帝藍的陰謀」事件。

「加帝藍的陰謀」

西元前六十三年時，魯奇斯．歐吉爾斯．加帝藍 (Lucius Sergius Catilina) 正值四十五歲的壯年時期。出身沒落貴族的他年輕時便在蘇拉手下嶄露頭角，他不僅具有武將的才幹，絕對服從命令而毫不循私苟且，因此蘇拉也視他為得力助手。蘇拉強行消滅「馬留斯派」時，加帝藍便身為陣前指揮之一。加帝藍雖然頗具將才卻心胸狹窄，在蘇拉死後，相對於雄才大略而且富貴加身的同輩人物龐培，他顯然遜色許多。

加帝藍也稱得上是一位創造時代的人才。西元前一世紀，羅馬躍居地中海世界的霸權國，活絡無比的經濟規模甚至超越迦太基，各式的商品，尤其是非日常必需的奢侈品由地中海海域輸入羅馬。以勇健俊美著稱的羅馬男子也躬逢其盛，對年輕人而言，是再多錢也嫌不夠花的時代。在領導階層的子弟之間，借貸已成為家常便飯。

然而借貸之後該如何償還的問題，影響波及甚廣。出身沒落貴族、手頭並不寬裕的加帝藍，為了滿足慾望也不得不借貸；但他深信龐大的債務足以毀人一生，因此在心態上較放不開。而小他八歲的凱撒，借貸金額當然比他更多，但是凱撒卻不以為忤，在借貸這方面凱撒顯然比較樂觀。

於是才華洋溢的加帝藍開始憎恨將他陷於苦境的社會，作風與性格也逐漸偏向晦暗孤僻。我個人認為，西塞羅在彈劾加帝藍時，用無賴漢、殺人犯、通姦者、背信者之類的批評雖未必全然可信，但西塞羅向來以辯才無礙之姿出馬，經常是為達目的不擇手段的。而加帝藍則是一絲不苟的人，如果真是無賴漢便罷，但有三千名同志願與他同生死則必非等閒之人，於是羅馬史上有名的「加帝藍的陰謀」便就此展開了。

加帝藍（想像圖：局部，十九世紀）

西元前六十五年冬天，選舉下年執政官的日子迫在眉睫。四十三歲的加帝藍雖然資格年齡均不足，卻躍躍欲試。選舉在公民大會舉行，決定候選人資格的卻是元老院。多數元老院成員對屬於激進派，而且高舉「註銷一切借貸」此一反經濟原理的加帝藍均無好感，傾向否決他的候選資格。當然否決需要理由，理由就是加帝藍擔任非洲屬省總督時期的貪污訴訟判決尚未明朗化。之後，判決結果公布，加帝藍無罪開釋，但卻已過了執政官候選人登記的期限。顯然判決有故意拖延之嫌，不管真相如何，加帝藍已耽誤了候選的機會。

可是他並未因此而死心，第二年仍然捲土重來；這次元老院找不到藉口。加帝藍順利成為西元前六十三年度的執政官候選人，公約的內容仍是債務一筆勾銷，和去年一樣。

當年的兩名候補對手都是強棒出擊，一位是西塞羅，以律師打出知名度，志在當上地方出身的執政官。祖先並無元老院議員的他，是一名「新進者」，有利之處是出生以來就倚賴的蘇拉派原屬於「元老院派」，元老院對稍嫌激進的加帝藍略為反感，可是對與自家緣分不深的西塞羅卻沒太多意見。

另一位競爭對手是蓋烏斯．安東尼。他的才華與為人並無太多過人之處，父親卻是西塞羅前一代的大辯論家，也是一位知名的法學者與律師。他父親的名聲對民眾而言並不陌生，所以他也蒙受其利。此外，他也從羅馬富豪克拉蘇手中獲得充裕的選舉基金。

結果是西塞羅和安東尼當選，加帝藍則居次席。

然而，加帝藍依舊不死心。在西元前六十三年十月二十日舉行的下年執政官選舉中，再度出馬。當時他的對手與去年相較並不足為懼，是由里斯．希拉努斯和里奇紐斯．木雷那兩位參選。不料投票結果，加帝藍仍是退居次席。但是就在隔年，擔任執政官兩人之一的木雷那因為違反選舉而被舉發。如果木雷那獲判有罪，次席的加帝藍就能順利遞補，此事讓元老院慌了手腳，一致認為必須避免借款一筆勾銷這種激進政策的實現，因此授意西塞羅為木雷那辯護，即使他尚在執政官任期之內。

違反選舉的罪名似乎確有其事，可是羅馬首席律師西塞羅要把黑的說成白的根本是易如反掌之事。木雷那獲判無罪，加帝藍遞補的美夢也因而粉碎。

絕望往往使一個人走上極端，尤其對愛鑽牛角尖的人更是如此。

支持加帝藍的不滿人士中，大概可分為兩種。

一是與加帝藍一樣出身良好，為了維持相當的生活水準，不斷舉債，以致債臺高築，苦不堪言，為了突破現狀只好採取極端的手段。尤其經濟活動活絡之後，貧富差距日益增大，不是任何人都像克拉蘇一樣那麼有能力見風轉舵。

另一種是蘇拉部下的一群士兵。他們跟隨蘇拉南征北討，退伍後授與田地成為自耕農，但有些人卻在從士兵轉換成農民角色中不能適應。如果是分到拿坡里(Napoli)近郊、平原遼闊的坎帕尼亞一地的算是幸運的；但是如果是分到丘陵綿延的托斯卡那一地的人，放下寶劍，取而代之的是拿鍬荷鋤，這的確不是那麼容易。

而蘇拉這個人，在整合旗下士兵戰力時不會怠慢；但在軍團解散或同袍結合上，卻不那麼積極。他是一名卓越超群、自信滿滿的武將；或許正因為如此，除非是大事或是他所關心的事，否則他都有點疏忽。

聚集在托斯卡那中心菲藍茲一地的舊士兵，在毫無協助之下，又要面對不習慣而且困難的工作，因此逐漸暴躁的他們與鄰近的農民發生衝突時有耳聞。以這塊沒有感情的土地來借錢抵押成了家常便飯，還錢必須打拼，可是討厭農事的他們根本提不起勁。失去土地再加上債臺高築，這種無可救藥的絕望，與被債務逼上絕路的貴族們是相同的。

加帝藍手下的這些人，還加上一些不滿現狀但是沒有住在都市的無產階級，因為他們沒有可抵押的資產，也不具備可借錢的身份。而為債務所苦的人，雖然有一些是分布在義大利各地的自耕農，可是為數不多，因為他們還擁有土地，只說為了投票，並不會特地來到羅馬。

加帝藍的「陰謀」當中，也未包含被稱為「騎士階級」的經濟人士，因為他們是被借錢的債主。

由此可知，西塞羅認知的「加帝藍的陰謀」並非集結了羅馬所有的不滿份子。只是，原本擁有羅馬公民權，而且不乏是有頭有臉的蘇拉舊士兵，為了投加帝藍一票而聚集在羅馬，畢竟引人側目。即使不著軍服，由走路方式也可猜出一二。另外，西塞羅身為現任執政官，組織了近衛隊，自己也在外衣上套上盔甲，閃閃發光，彷彿更提升了加帝藍危機四伏的狀況。「主謀」加帝藍則一如平常地在街道中行走，也出席了元老院，更刺激了這個事件的發生。

暴動在首都羅馬內四處蜂起，托斯卡那一地崛起的軍隊計畫進軍首都。此外，像蘇拉舊部下、集體移民加普亞一地的老兵們與鬥劍士聯手，南義的卡拉布里亞一地農民起義，北義波河以北的農民也蠢蠢欲動。南義和北義的暴亂，似乎是尚未取得羅馬公民權的人為了抗議蘇拉所興起的。

然而乍看之下，這個陰謀其實是有點空穴來風。主謀者當中具備指揮能力的除了加帝藍一人，其他都是起於托斯卡那一地的騷動而已。除了蘇拉老部下蒙利烏斯別無他人。事實上，加普亞一地或是南義、北義根本沒有首腦。即使提到造成羅馬境內騷動的主謀者成員，也是寥寥可數。

首先是廉托魯斯。他在西元前七十一年曾擔任執政官，但之後的行為似乎有違元老院議員規範，所以被逐出元老院。他一心期待能挽回失地，在西元前六十三年被選為法務官。其他還有兩名前任法務官、和一位年輕的元老院議員、年輕的貧窮貴族、騎士階級各一位。他們的共通點都是負債累累、走投無路。

暴動決定在十月二十八日這一天，因為這天是蘇拉戰勝紀念日，羅馬人都在盛大慶祝。本來的計畫是在當天先殺掉執政官西塞羅，在羅馬各地縱火，混亂之中再收回羅馬，同時迎接各地趕來的「義軍」，可惜計畫卻事先洩了密。

主謀群中無足輕重的某人，認定此舉必成功無疑，於是得意洋洋地向他心愛的女人洩露，不料這名女子卻偷偷前往西塞羅家中，一五一十地全盤托出。

西塞羅立刻召集元老院成員，當場說明傳言已久的加帝藍陰謀全部屬實，為展開鎮壓行動，要求下達「元老院最終勸告」。元老院議員之一的加帝藍也列席其中，一部份的議員顯得神色倉惶，但大多數的議員卻以沒有證據為由拒絕了西塞羅的要求。

當天的元老院會議，有一名議員遲到了。他解釋是因為妻子生產才遲到，那天是九月二十三日，出生的孩子正是屋大維，也就是後來的第一任皇帝奧古斯都。

之後的一個月間，「起事」之日迫在眉睫，加帝藍方面無顯著的行動。元老院沒有證據也都按兵不動。但是因為事先洩露了天機，元老院內及羅馬市中，每個人都在談論這個謠傳。

元老院議員之間，不少人也肯定加帝藍的才能，所以也有人認為必有黑手在後。

被視為黑手的第一人是克拉蘇。被克拉蘇視為眼中釘的龐培，在掃蕩海盜一舉成功後，遠征東方也成果輝煌。將宿敵米斯里達茲王逼到自戕，近日即將凱旋歸國。龐培與克拉蘇交惡之事，在羅馬境內可說人盡皆知。面對輝煌戰績且率驍勇軍隊即將返國的龐培，克拉蘇可說噤若寒蟬；於是有謠言說他趁宿敵回國前先拿下羅馬，暗中操縱加帝藍等等。而策畫必須要有資金，克拉蘇則為羅馬首富。

另外一位被視為黑手的則是凱撒。凱撒因債務被壓得喘不過氣來的窘況絕對在加帝藍之上，連元老院議員都認為他不會不想把帳一筆勾銷。尤其凱撒最近屢有反元老院的言行發生，趁這機會把他拉下來，對元老院派的人而言可說是一石二鳥的妙計。

事實上，「元老院派」中政客之一且頭角崢嶸的加圖，以三十二歲年輕氣盛之姿，一直緊咬著凱撒不放。

無論是克拉蘇或凱撒，都苦無確切證據；但是如果放任不管，也恐會惹禍上身。然而如何澄清謠言，兩人卻有不同的作法。

十月二十日深夜，不速之客突然來叩西塞羅的房門。西塞羅開門一看，正是元老院的有力議員克勞狄斯．麥提魯斯、梅特魯斯．西比奧兩人和五十一歲的克拉蘇。被邀入內後的克拉蘇在西塞羅面前拿出一個小包說：

「這是放在我門前的一疊信，我拆開收信人是我的那封，上面寫著趁慘事發生前速速離去等字。沒有寄信人姓名，還有其他收信人的信，我想應該拿來執政官這邊。」

隔天，十月二十一日，西塞羅緊急召集元老院成員。執政官站在議場中央，拿著一疊信，一一唱名，把信交給對方。而拿到信的人，被要求要大聲把信朗讀出來。克拉蘇率先以身作則。信的內容大同小異，而且也都沒有寄信人姓名。

進行的當中，凱撒一直坐在自己位子上寫信，然後交給一位僕人，又交代他一些事。僕人接過信後從元老院會場後門離開，這事自始至終都看在加圖眼裡，為了與第II冊《漢尼拔戰記》中出現的加圖有所區別，歷史學家把這位加圖稱為「小加圖」，因為他是前者的曾孫。

不久僕人就回來了，交給主人一封信，凱撒坐在自己位子上，默默地讀信。

小加圖等不及他把信看完，從位子站起來，指著凱撒大聲說：

「各位議員，你們看，那就是凱撒和外面的加帝藍一黨之間祕密聯絡的證據。」

凱撒鎮定地回答說：

「這只是我私人的信件。」

可是小加圖堅稱那是聯絡證據，得理不饒人。凱撒只好一副很無奈的樣子把信交給小加圖。小加圖瀏覽了信之後，立刻漲紅了臉，他把信丟回給凱撒，大罵說：

「你這風流鬼。」

並肩而坐的元老院議員們發出一陣爆笑。凱撒是眾所皆知的花花公子，而大家的笑聲則是朝向搞錯狀況的小加圖。那封被誤認為有問題的信件，則是塞維莉亞回應凱撒的甜言蜜語而寫的情書。塞維莉亞是小加圖的嫂嫂，沒有人不知道她也是凱撒的情婦，那時她的兒子布魯圖斯已經二十二歲了，連嚴謹的布魯圖斯家族也傳出風流豔史。

小加圖

「塞維莉亞對凱撒如痴如狂。」

這麼一來，原本對凱撒的所有猜疑都煙消雲散。前東德作家布雷希特 (Betolt Brecht) 也寫了上述的描述。凱撒製造緋聞的能力，真是無人能比。

隨著加帝藍決定的「起事」之日——十月二十八日漸漸逼近，托斯卡那及蒙利烏斯一地的有志之士逐漸整合。西塞羅召集元老院議員，向議員們敘述情況危急，強烈要求發布「元老院最終勸告」。可是出席議會的加帝藍大加撻伐，譴責執政官在毫無證據之下卻先私自行動。不過這次情況不同了，因為各地整軍備武已是不爭的事實，因此元老院最後還是決議發布「元老院最終勸告」。

如此一來，全權由執政官處理決定。一時沒有確切證據，也不能逮捕加帝藍，加帝藍在羅馬廣場境內依然故我的自由來去，即使譴責他破壞秩序，可是沒有其他理由採取進一步的行動。而加帝藍為了讓其他人證明自己的清白，竟然來到元老院議員麥提魯斯家中，要求允予寄身。在這樣僵持的狀態下，十月二十八日那天反而風平浪靜。

不過到了十一月六日，加帝藍開始有了行動。那天夜裡，他偷偷潛逃出麥提魯斯官邸，急急跑向某人家中；在那裡，以法務官廉托魯斯為首的英雄志士正翹首引領他的到來。席間沒有明確內容，只決定要殺掉執政官西塞羅。密談不久之後，加帝藍又若無其事地潛回麥提魯斯官邸。

隔天十一月七日清晨，被選為刺客的兩人將短劍藏在外袍下，到西塞羅家去。羅馬的重要人物家中，照慣例早上都有接見陳情者的習慣，他們想藉此混入其中謀殺西塞羅。可是西塞羅已有防備，早就暫停了早上的例行公事，兩名刺客也不得其門而入。連這小事都沒事先調查清楚，真是一次魯莽的行動。然而一個月以來都疑神疑鬼的西塞羅卻因此證實了凡事非空穴來風，當天就到元老院緊急召開會議。

十一月八日，全體人員應執政官西塞羅的召集來到會堂。當然包括了凱撒、克拉蘇、小加圖和加帝藍等人。

現在傾全力自救的西塞羅，並不是以往為被告辯論的辯護人，他是羅馬首席辯論官，四十三歲的西塞羅功力又升一級。他以下有名的辯論詞，在現代有時還拿來給高中生作為翻譯試題，此即名聞中外的〈加帝藍彈劾〉第一炮。

「加帝藍，你究竟要把我們的容忍濫用到什麼時候？對你自己這種有勇無謀的行為，要掩飾到什麼時候？為了實現你無窮的野心，下一次你又會採取什麼樣的方式？

帕拉提諾丘陵的夜警、羅馬市內的巡警、人民的恐懼、勤勉認真的市民們一致的討伐，還有元老院會議被迫不得不在安全之地召開（帕拉提諾丘陵上），現在在座的議員憂心忡忡，這些種種難道都不能使你驚懼，令你懸崖勒馬嗎？

你的陰謀不久即將水落石出。你或許尚且嘴硬，可是你的想法不久就要人盡皆知。昨晚你做了什麼？去了哪裡？共犯是誰？召集了什麼人？決定了什麼事？這些事實已經不再只是你的祕密了。

啊！光輝的過去呀！光輝的傳統呀！以前的元老院、執政官，未曾對恢復過往的秩序稍怠過，然而破壞者依然存在。不但存在而且正出席元老院。用他殺人犯的眼睛，看著我們每一個人，心想著要他生或死。而擁有無比權力的我們，為祖國不惜犧牲生命的元老院議員，卻要以身試法，接受此人好惡的判決，這又天理何在？

加帝藍，早在更久以前，你就應該被執政官逐出國門，更久以前，你早就惡名昭彰。以前，最高神祇官那西卡在沒有元老院或執政官的命令之下，也強行鎮壓不停彈劾共和政權的克拉蘇；然而今天，執政官對不停殺人放火、陷羅馬於混亂的加帝藍，卻要坐視不管嗎？……我們擁有對付你這種不肖之徒的嚴峻法律──『元老院最終勸告』，羅馬共和國賦予元老院適當的權限行使權力。我說得明白些，如果沒有行使這項權力，連我在內的兩名執政官，也沒有資格和能力位居其位。

現在，我與其咒罵對加帝藍的憎恨，不如站在他其實不配接受的憐憫立場上說話。加帝藍，你進入會場的時候，在這麼多你的親朋好友在內的元老院議員當中，有誰去向你打過招呼呢？這種異常的失禮情況是前所未有的。而你究竟在等什麼呢？不會是責難吧！其實大家已經用沉默抗議你了。而當你一就座，你鄰近的人接二連三的起身換位，你四周空無一人，這樣的恥辱，你如何能忍耐？你又是怎麼想的呢？

加帝藍，你想對付我嗎？我之前曾提議要把你流放。如果元老院決議的話，你說你也只好順從別無他法。不，其實我並沒有提過什麼特定的提案，為什麼呢？因為那有違我的作風。我想說的是你在實質上已經被流放了。

離開羅馬吧！加帝藍，讓共和國從恐怖中解放吧！我只求你一件事，離開羅馬吧！你還在等什麼嗎？沒注意到議員們都沉默以待嗎？是他們讓我把話說完的，還是你在等有人開口下達命令？難道你不明白他們的沉默，已表達了他們的想法？……朱比特神（Jupiter）呀！如果依你的預言，是羅慕路斯（Romulus）建造這個城市的話，那我們要向你祈禱。我們求你讓這名男子以及他的黨羽離開羅馬，離開羅馬的每一戶人家，離開首都四周的城池，離開美麗的葡萄田，離開每一份資產，每一位居民。他是誠實正直的人的公敵，義大利的毀滅者，心狠手辣，不知廉恥，惡黨的首腦，人神共憤，帶給我們人類無窮的苦惱，請你把他以及他的黨羽逐出羅馬吧！」

當天夜裡，加帝藍離開了羅馬。隔天十一月九日，西塞羅在元老院議會席上，如同發布勝利宣言般，得意洋洋地宣布加帝藍離開的消息。但是「餘黨」仍殘留在羅馬境內，而執政官西塞羅並沒有逮捕他們的證據。

此後，風平浪靜地過了二十天左右。離開羅馬的加帝藍，藏身在當時叫伊特魯里亞現在稱托斯卡那的地方，到同志聚結的蒙利烏斯家中，尚未有任何軍事行動。羅馬的元老院也一樣，雖然命令北義駐軍準備移動，可是軍隊對

西塞羅

加帝藍本人尚未採取任何行動，因為還沒找到任何叛國的具體證據。

話說到十二月某夜，有一群一眼就看出不是羅馬人裝扮的人造訪西塞羅家中。他們是住在阿爾卑斯山對面，南法屬省高盧一地某族的代表們來向西塞羅陳情，希望能獲得羅馬公民權。他們告訴西塞羅說，本來他們覺得希望渺小，正要回鄉的時候，突然廉托魯斯和他們接觸。廉托魯斯約定說如果他們幫加帝藍反抗成功，成功之後一定給他們羅馬公民權，可是他們一想到要加入叛軍陣容就毛骨悚然，於是選擇了報告西塞羅這條路。

西塞羅開始肅清餘黨。他要高盧人回應說，雖然想幫助加帝藍，但是不得不服從部落首領的決定，因此要廉托魯斯以及其他起事者聯合簽署誓文。大約十二月二日至三日的深夜，西塞羅才把這份具體書面證據弄到手。然後西塞羅立刻逮捕署名的廉托魯斯、卡提格斯、加比尼烏斯、史塔提利斯及另外一名共五人。署名之一的加西阿斯當晚正好離開羅馬，逃過一劫。

十二月三日，西塞羅召集元老院議員，揭示連署的誓文。也把抓到的五人帶進來詢問署名是否屬實，五人都承認是自己的簽名。

西塞羅此時正式公布這是一樁陰謀叛變。羅馬城內到處有現職法官或元老院議員被捕，一片騷動不安。在廉托魯斯家中，僕人們為了救回主人而集結起來準備行動，可是在趕到的親戚勸說下才暫時解散。菲藍茲附近菲耶左雷一地的加帝藍同志，當然不會見死不救，不知何時會突擊羅馬，大家均草木皆兵，四面楚歌。另外，那五人的罪刑也必須早日有一個了斷。

十二月五日，為了決定此事，元老院又召開了一次會議。無論是會場的議員或是聚集的公民，都異口同聲地要求處以死刑。

非常時期宣言的「元老院最終勸告」已經發布，它賦予執政官神聖的使命，在維持國家秩序的前提下，即使是羅馬公民也可以不經審判就處刑的權力。但西塞羅也為「法律人士」之一，在他心中，或許對「元老院最終勸告」這種不經裁判而且無視控訴權存在就可任意處刑的合法性感到不安，因此開會當天，他要求在場議員討論，裁決在討論後投票表決。換句話說，「元老院最終勸告」的執行責任，不是執政官，而是交給了元老院。

討論會上，首先發言的是擔任隔年執政官的希拉努斯。根據他的意見，贊成五人立即處死。另一位也是下任執政官的木雷那發言，他也贊成立即處死。第三位發言的是當選隔年（西元前六十二年）法務官的凱撒。這位三十七歲的下任法務官，推翻了前兩位的發言，原文稍長，但我全譯如下。在留給後世的凱撒言論中，這算是「處女作」。通常處女作對一位作家而言非常重要，是日後萌芽的初步，但他當然不只是一位作家而已。凱撒辯才無礙，從婉拒當時權力中心蘇拉即可看到，他的言行始終如一。

「元老院議員諸君：不只是各位，對所有的人類而言，在這決定可疑事物的關鍵時刻，我認為大家都應先摒棄憎恨、友情、忿怒、慈悲等情緒。要認清真實並非易事，尤其是追求一時滿足的某些人，判斷對群體是否為恰當的抉擇更是艱難。要重視理性的話，就要善用你的大腦。然而人往往在感情的控制下，作決定會流於感性，而沒有讓理性發揮作用的空間。

我請求各位回顧一下歷史。許多君主與人民都因過於憤怒或慈悲而自取滅亡，而我想喚起各位回想的是足以自豪、欣喜的我們祖先之所作所為。我們的祖先並未感情氾濫，凡事均以公正為前提。對馬其頓(Macedonia)戰役中佩魯修斯(Perseus)國王是如此，在對繁榮富庶的羅德斯島反抗時也是如此。我們的祖先在戰後並未有任何懲罰。為什麼呢？因為發動戰爭的是自己本身，誰也不能受罰。即使是發動過三次的布尼克戰役(Punic Wars)，我們的祖先也不改其志。加爾各答人屢次違反和平條約，但也都未被處以極刑。

因此各位議員，現在的我們也應採取無愧於先祖的理性決定。對廉托魯斯及其一幫人魯莽的行為如何處置，必須基於我們足以自豪的方式而不是出於憎恨。問題是採取什麼樣適當的處罰？就算是他們罪孽深重超出想像，我也希望能在既存的法律範圍內尋求適當的途徑。

在我之前發言的各位先生，除了慎選措辭外，也請說明我們共和國所面臨的危險。請描述那些戰爭殘酷的場面、敗者的下場、被玷污的處女和少年、父母懷中活生生被搶的嬰兒，勝者盛氣凌人欺凌婦孺、被搶奪一空的神殿。簡單地說，請如同親眼目睹般展示出這些只有武器及血淚的戰爭慘況。

我們在此辯論的真正目的究竟何在？是叫人們厭恨陰謀嗎？還是為了不存在的人物，用想像加諸他們的恐懼呢？

不是吧！如果是這樣的話，人類應自慚形穢才對。

但是，元老院議員諸君，並非所有人都能為人類生而平等、言行自由而謳歌。如果是社會下階層的人，你們會原諒他們因一時衝動而做的行為，但身為上流社會的人，卻不許他們為自己的行為辯解。由此可見，愈是上流階級，言行更受限制。換句話說，他們的態度不能太親切，也不能太可憎，更重要的是不能因憎恨而蒙蔽雙眼，一般人的憤怒對有權位者而言，就是傲慢或殘虐。

各位議員，我是這樣考量的。所有的刑罰都不能比犯人所犯的罪還要重，不過很多情況是後來才察覺的。人們議論刑罰的同時，往往忘了犯罪事件的本質，而只著眼在判刑輕重與否。

我對於剛才眾所熟知、德高望重的希拉努斯的發言，相信他是基於愛國情操而生，不是被怨恨矇蔽了眼睛，也相信他是站在客觀的立場。我個人也肯定他大公無私的性格。然而我對他的高見，如果不說它殘酷，那麼對可憐的弱者而言怎樣才稱之為殘酷呢？就算不說它殘酷，也不得不懷疑是否違反了國家法律。

下任執政官希拉努斯對造成國家動盪不安的大事當然有所顧忌，才會不惜要求處以極刑。但在這裡，討論會引起什麼恐慌並無多大意義。萬一真有什麼武裝暴動，有現任執政官果斷明快的處理也就足夠應付了。

對於採用何種刑罰的問題，我個人的考量是，在淚水與不幸當中，死亡與其說是刑罰，不如說更像是一種救贖。人類在活著的時候，已經歷過一切死刑犯所嘗受的苦難，如果一旦往生，既然無喜當然苦痛也解脫了。

希拉努斯，為何你不提議先處以鞭刑呢？難道『波魯奇斯法』不適用於羅馬公民嗎？如果用其他法律，判羅馬公民必須將此人流放的話，是不是就意味著不可以判他死刑呢？如果不是這樣的話，還是你覺得鞭刑比死刑重嗎？

任何判刑對犯了重罪的人而言，是要更重、更殘酷，還是更輕呢？希拉努斯，你對此的判斷，基於羅馬國家法律，你認為理直氣壯的理由在哪裡呢？

希拉努斯，你說這個審判，就一個叛國者是罪證確鑿。但是一般的人經常被時代、被命運、被世局玩弄於股掌之間，什麼樣的結局決定了他們生存的價值。可是各位議員，你們不然。因此，你們必須考慮到如果今天開了先例，往後會有什麼樣的影響。

任何惡劣的判例，最初的動機都有可能是基於善意。可是，一旦權力落入不成熟、不公正的人手中，再好的動機也可能導致最壞的結果，如果一開始就把罪證不充分的人定罪處刑，很可能會連累更多清白無辜者犧牲。

斯巴達人大勝雅典時，對三十位曾壓迫雅典的上位者，不經審判，強烈要求處以這些反體制者死刑。雅典公民覺得他們罪極至此也就欣然同意了。然而除了這三十名壓榨者之外，卻也連累了其他無辜的人，他們也受池魚之殃被判了刑，於是城內一片風聲鶴唳，公民們才驚覺自己的淺薄，以至於今天成為他人的奴隸。

我們的時代或許不至於如此無知，可是當初開始剷除當權派蘇拉一派時，不是也有很多羅馬公民異口同聲譴責他罪該萬死嗎？這正是羅馬人心開始荒蕪的徵兆，利欲薰心的一些人，不僅想把豪宅占為己有，連一壺一褸都不放過，於是便密告屋主，使蘇拉的『死刑名冊』更洋洋大觀。原本以為事不關己的人，隔天赫然發現自己也在名單之列。這種情形是蘇拉派的人沉溺於物質享受，以至於咎由自取。

如果這無的放矢之人是這位執政官西塞羅，那我大可放心。然而在大都市裡，有許多性格相異的人共處，如果別的執政官在別的案例中，對矯飾的陰謀也信以為真，而亂用職權，會導致什麼樣的後果呢？如果開此先例，其他執政官會以有先例可循為由，動用『元老院最終勸告』的尚方寶劍，有誰可以阻止悲劇發生呢？

各位元老院議員們，我們的祖先英勇善戰，但從未失去分寸。他們對於好的事情，從不會傲慢地不去向他國學習。從薩謨奈族引入攻防武器，從伊特魯里亞導入官職標章。換句話說，無論是盟友或仇敵，只要是好的東西，絕對忙不迭將它引進。與其排拒這些東西，他們採取了仿效的措施。

共和國建立之初，承襲希臘人的方式，多用鞭刑，死刑也大肆採用。然而隨著國家日益富強，人民發言機會增加，顧慮到這種方式有可能波及無辜者，所以成立了『波魯奇斯法』，即使是罪犯，也為他們開啟了一條流亡逃生之道。各位議員，基於這種考量，我希望提出反論，採取緊急措施。我們的祖先以智慧及德行把羅馬從一個蕞爾小國建立成今日的泱泱大國，與他們相比，現在我們手中握有更大的權力，因此在行使時更不得不慎重其事。

結論是，因為擔心對後世影響而釋放犯人嗎？當然不是，如此一來恐怕更會助長加帝藍一黨的茁壯。因此以下是我的建議。沒收那五人的財產，每人分別監禁在不同的地方，不准他們在元老院或公民大會上發言，如果違背的話，則視為國敵，處以適當刑罰。」

凱撒一番慷慨激昂的演說，動搖了原本堅持要將他們判處唯一死刑的元老院。下任執政官希拉努斯首先撤回前面的發言。贊成凱撒提議的議員當中，還包括西塞羅的弟弟。連向來以「元老院派」自居的保守派克拉提斯也建議不妨把判決日期延期。議長西塞羅的改口似乎箭在弦上，尤其趁現在非武裝政變尚未發難之前。但是此時小加圖要求發言，這位三十二歲「元老院派」的辯士，咄咄逼人，開始陳述反對凱撒的意見。

「元老院議員諸君：我的想法與凱撒大相逕庭。我們現在迫切解決的問題是一個非比尋常的重大問題；這一點，可能凱撒與支持他的人還不是很清楚。大家都忘了這五人所犯的罪是對國家、對父母、對神殿、對家園發動了戰爭。優先討論的不是如何定罪的問題，而是如何防止類似重罪再度發生。

如果是其他的罪條，在犯案之初就應處罰，但本例不同。防止再犯為優先考量，所以即使尚未釀成悲劇也應有所裁決。我想提醒已在神前發誓的各位，坦白說，在你們心中，比起國家利益，你們更重視的是你們的家園、別墅、雕刻、繪畫吧！如果你們想要和平快樂地享受這些你們很珍愛的物質，多少也要為國家前途想一想。我不是在說貨物稅或特別稅金的事，我想喚起各位注意的是，我們的自由、我們的生活正在一個天秤上……我認為意圖犯罪本身就應受到處罰。……各位，這裡的問題所在，不在於我們的祖國多麼偉大，我們的祖先多麼英明，而是我們所有的財產，是要繼續留在我們自己手中，還是要任它落入敵人之手。如果因為某人寬大慈悲的演說而有所動搖，那是我們暫且忘了語言的真義，把揮霍他人財產的行為謂之自由，企圖行惡的意念稱之勇氣，如此下去的話，共和國必瀕臨存亡之秋。如果把掠奪他人財產的行為讚為自由，把寬容對待橫搶稅金的人視為我們的傳統也就罷了，可是關係到我們血統的事，我絕不輕饒。我不容許釋放少數宵小，而犧牲了循規蹈矩的良民。

辯才無礙的凱撒剛才談到生死的問題，就我個人接收到的認知是：重視身後之事，但生前卻生活在暗無天日、孤獨暴力的恐怖世界之中，好人與壞人的命運可謂天壤之別。他提議沒收壞人財產、監禁壞人等作法，很明顯的，他也認為把那群壞人留在羅馬，恐怕餘黨間藕斷絲連，甚至會買通下階層人士，無法徹底清除吧！凱撒似乎認為只有首都有叛徒，義大利其他地方沒有，因為疏於防禦的地方，原本就不易產生叛徒吧！可是凱撒的想法，從防禦的角度而言值得商榷。各位，今天你們所審判的人不是廉托魯斯幾人而已，而是加帝藍一行黨羽。而且不要忘了，如果我們堅持原則，對方便氣勢減弱；相反的，如果我們有所忌憚，對方反而趁勝追擊，日益強大。

我們的祖先蒙利烏斯曾大義滅親，處罰過自己的親生兒子，因為他的兒子違抗總司令官父親的命令，強行進攻。一位年輕有為的青年，卻因自己的愚勇而犧牲生命。

而現在，你們卻對比蒙利烏斯之子更低劣的人判刑一事感到躊躇。……在這期間，我們或許已遭受四面楚歌的困境而不自知。加帝藍一行人正計謀取我們首級，其他人也在城內蠢蠢欲動，而且公然行動。我們不得不早一步尋求對策。

因此我有個提案。叛徒造反使國家瀕臨危機，而且這個計畫將導致殺人放火、對國家與全市民施暴，已是罪證確鑿的事，誰都認為他們罪該萬死。為了忠於祖先信念，我主張他們應處以極刑！」

小加圖慷慨陳詞，元老院議員心中又開始波濤洶湧。多數議員均讚賞小加圖正義凜然。投票表決之前的最終辯論是執政官西塞羅的任務，他的辯論當中明顯可見他也有所動搖。針對凱撒搬出「善普羅尼斯法」，羅馬公民不可在無裁決、無控訴權之下處死的說詞，他提出連叛國賊都還要視為羅馬公民一說有待商榷，可見法律專家西塞羅也改變了初衷。可是促使西塞羅改變的不是野心而是虛榮心。相對於西比奧、馬留斯、龐培全副武裝的抵禦外侮，身為上位者一員的西塞羅，卻虛榮地身著長袍馬褂就想要捍衛疆土，原文冗長的最終辯論，以下只節譯最後一部份。

「我犧牲個人一切，一心只想保疆衛土。就我這樣的行為，對各位只有一個請求，也就是把今天的發言、我擔任執政官期間的作為都記在心裡。如果你們能銘記在心，在這同時，我就像是受到銅牆鐵壁般保護一樣。但是，如果叛徒們斷絕我的希望，我想將我的兒子託付給各位，如果你們能記起這個年輕人，他的父親曾置死生於度外救國救民，那麼他本身的安全及前途都有了保障。

在討論這個議題之初，各位都以認真無畏的態度陳述己見。不要忘了問題重心關乎全羅馬市民及各位妻小的人身安全，城內、家鄉、神殿，也就是所有羅馬共和國的命運。你們並不猶豫將你們的決定付諸行動，我身為執政官，有生之日都將以國家興亡為己任。」

西元前六十三年十二月五日的元老院會議，獲得壓倒性的票數，決議將五人處以死刑。執政官西塞羅也確認了「元老院最終勸告」的實施權限。西塞羅與小加圖如凱旋歸國的將軍一般，步出議場受到人群的歡呼，但凱撒則不然。走出議場時，被久待的人們丟擲臭罵。如果不是及時趕到的友人帶他脫離險境，可能他早被圍毆至死。十三年後凱撒越過盧比孔河(Rubicon)時，元老院悔恨不已，當初如果置他於死地，就無將來的禍害。

當天晚上，西塞羅站在牢內五名罪犯面前，將加帝藍同黨廉托魯斯一行人處以極刑。在沒有審判，也沒有控訴權之下處死。

西塞羅在十二月底，執政官在任的最後幾天，被譽為「國父」之榮。另一方面，凱撒為了避免再被人群圍毆，一直躲在官邸足不出戶。

對於獲知同志被處死卻未有進一步行動的加帝藍，西塞羅動用了「元老院最終勸告」，將他定為叛國暴徒，由西塞羅同事安東尼率領兩個軍團自南北上，北邊由梅特魯斯率領三個軍團南下，合計三萬人馬鎮壓，而加帝藍僅有一萬二千名殘兵對抗，並且大多是奴隸、貧民，既無武器也無武裝。加帝藍讓他們回鄉，最後與加帝藍共生死的人不過三千名而已，或說至少有武器及武裝的有三千名左右。

沒有人知道加帝藍率領這三千名同志有何打算，將往何處，因為最後他們都同歸於盡，無人可供記錄。可能是從菲藍茲附近沿著亞諾河到庇里托亞，想越過阿爾卑斯山逃到高盧。不管怎樣，在前往庇里托亞的時候，被羅馬正規軍團團團圍住。

兩軍交鋒，展開一場激烈的戰鬥，就時間而言，很快就結束了，加帝藍在敵陣中壯烈犧牲，其他三千名士兵也全軍覆沒，無一人被生擒，也沒有人背部中刀，全部都是胸部、頭部被刺身亡。這是西元前六十二年一月底的事情，也是「加帝藍的陰謀」落幕之時。

西塞羅四次彈劾加帝藍的言論，由親友阿提克斯所開的出版社出版刊行。對他而言，也許是當作文官勝武官的一個紀念品，可是當時像西塞羅一樣深知言論留下記錄之必要性的人不多，除了他還有另外一位。

「偉大的龐培」

西元前六十二年，對羅馬人而言，應該是苦難結束，和平快樂的一年。事實上，首都羅馬、義大利全境的人在表面上也都一如往昔地安居樂業著，可是水面下卻波濤洶湧。「元老院派」瓦解了「加帝藍的陰謀」，防患於未然，正沉浸在勝利的謳歌中，另一方面也非常擔心自東方凱旋歸國的龐培動向。此外，當初對以西塞羅為首的「元老院派」強行鎮壓政策拍手叫好的公民，在看到五人處死之後，三千名士兵也無一倖免的慘劇後，也開始後悔是否真有必要置人於死地。這時，年僅二十四歲的塞勒斯特在後年所著的歷史傑作《加帝藍的陰謀》一書中也有類似的反省。是年三十八歲就任法務官的凱撒，就充分利用了人心的動向。

法務官自從「蘇拉的改革」事件後增加為八名定員。身為八人之中的一名，當然知道如何善用人心。不只如此，連沉醉在勝利當中的西塞羅和「元老院派」也被操縱在他的股掌之間。

法務官凱撒在公民大會上抨擊身為「元老院派」長老，久占元老院「第一位」的加圖魯斯，位高權重卻經常缺席，因此以怠慢職務為由建議更換，由龐培取而代之。「元老院派」對這提案的態度強硬。與其說介意換掉加圖魯斯，不如說是要元老院無視於意氣風發的軍隊與民意拍手叫好將第一寶座讓給龐培，是件極度危險的事。

話雖如此，也不能引起市民運動來達到目的，這是種笨拙的作法。所以主導元老院集團堅持指導體制的「元老院派」，不得不一改以往的作風，以爭取民意為政策，成立新法。小加圖在公民大會上提出建言廢止「小麥法」。「小麥法」原是把低於市價許多的小麥分配給少數特權份子，現在小加圖建議取消人數的限制，如此一來，定能使下階層市民雀躍不已。不過一旦此法成立，原本特權份子有三萬人左右，一下子躍增為十倍，約三十萬人左右。所需費用一年約七百五十萬，勢必造成財政赤字。「元老院派」向來把健全的財政奉為圭臬，這麼一來，可謂腹背受敵，因為在此同時，龐培平定東方，把地中海沿岸收為羅馬版圖，猶如當年亞歷山大大帝一般英姿煥發，率領大軍凱旋歸國。

龐培在西元前六十七年大力掃蕩海盜後，以小亞細亞西岸都市愛菲索斯為首，向東繼續征戰。對忠心善戰的部下，為了獎勵他們五年來的辛勞，除了薪水外還發給如下的獎金。

士兵一律六千塞斯泰契斯，百夫長十二萬，大隊長一百萬，審計長五百萬，軍團長一千八百萬。

如此的大手筆，在羅馬史上可說前所未聞，由此可證明當時的地中海世界，東方比西方要富裕許多。羅馬的歲收拜龐培東征之賜，一躍為二倍之多。看在一般市民眼中，四十三歲的龐培當然令人崇拜不已。另外，龐培途經雷斯波斯島時，也列席參加詩人座談會，在羅德斯島，被哲學家們團團圍住；在雅典，則慷慨捐助修復露天劇場等，所以他的回途可說集各種榮耀於一身。

這對國家羅馬而言，當然是可喜可賀，可是對「元老院派」的人來說則是一大隱憂。早熟的天才龐培年僅四十三歲，已經歷過了凱旋式和執政官，五年來長期握有總司令官大權，擊敗海盜，東征西討，這樣一位四十幾歲的少壯派代表，下一步要追求的是什麼呢？令「元老院派」忐忑不安。

在義大利半島南端布林迪西登陸後，龐培會忠於「蘇拉的改革」中所決定的事項，解散率領的軍隊呢？還是破例被允許違反「蘇拉的改革」，從此飛黃騰達？是否這次會無視於蘇拉的法令，如同二十年前蘇拉排除萬難一樣，率軍進軍羅馬，發布獨裁政權呢？萬一龐培心有此意的話，那他一定會在西元前六十三年進行非法武裝政變布置一切。不許一人專政、堅持集團指導制度的「元老院派」深知此點，所以對龐培的凱旋歸國，與其說是高興，不如說是憂心忡忡。

在龐培回國之前，發生了一件令元老院議員還有全羅馬市民不能稍稍釋懷的事件。

醜聞

西元前三一二年，克勞狄斯一族出錢出力建設羅馬，鋪設了阿庇亞大道（Appia，古羅馬軍用道路），使克勞狄斯族在羅馬的名流貴族中地位更為尊貴。如果只限定一個時代，那麼像西比奧·亞非利加努斯一門或是法比烏斯·馬克西姆斯一門，以及共和時期的華雷利烏斯一族、艾米里斯一族都名噪一時，然而克勞狄斯家族一直都活躍於羅馬的歷史舞臺上，幾乎各時代都有家族成員躋身羅馬政治高層，克勞狄斯家族為世人公認的貴族名門。隸屬於這名門之布魯克魯斯家的家長為三十三歲的男子普布里斯·克勞狄斯·布魯克魯斯 (Publius Clodius Prucrus)，他與凱撒第二任妻子龐佩雅 (Pompeia) 的婚外情曾引起軒然大波。

每年接近十二月時，執政官或是法務官等擔任國家要職者家中，由女眷開始準備祭祀波娜 (Bona Dea) 女神的慶祝活動。十二月一日夜裡舉行祭典，膜拜專司生產的女神，只有女性才能參加這項祭典，即使是身為一家之主的男人也嚴禁參加祭典，舉行祭典的家庭當晚，包括奴隸在內的所有男子都必須到別處作客。

就任法務官的凱撒家中，祭祀波娜女神的事在他母親奧雷莉亞的領導下，他的妻子龐佩雅也開始召集羅馬上流社會諸位貴婦人。當天，克勞狄斯喬裝成女人混入其中。

在祭典進行當中屋內一片昏暗，迷失方向的克勞狄斯被凱撒家中恰巧路過的女奴隸發現，而且她已看出在家中四處徘徊的是一名喬裝女性的男子。

奧雷莉亞得知這個突發事件後立刻停止祭典，命令女奴隸將這名可疑份子趕走。奧雷莉亞一眼便看穿他的身份，因此她並未將克勞狄斯送交守夜的警衛而僅是將他趕走。奧雷莉亞雖然什麼也沒說，但參加祭典的其他女性都在混亂中從女奴隸口中得知不速之客的名字，於是便在返家後告訴她們的丈夫。

這事件已演變為醜聞。首先，有男人擅闖不准男性參與的祭典場所，此舉已構成對女神的褻瀆。其次，闖入的地點不僅是高官的住所，當年凱撒已任職法務官，而且一年前榮獲最高神祇官的職位，這種褻瀆女神的行為竟發生在羅馬宗教界領袖的官邸當中。反凱撒派人士誇大地指稱此事已不只是醜聞，也是最高神祇官怠忽職守所致。這事件爆發後，等著看好戲的除了身為凱撒同僚的元老院議員外，還包括一般市井小民。因為在此之前一直私通他人之妻的凱撒，首次嘗到妻子與他人私通的滋味，所有人都興致高昂地期待好戲上場。凱撒決定與妻子離婚。

上流社會婦女的服裝
（威卻里歐繪，十六世紀）

由於反凱撒派人士對這事不肯善罷干休，因此將克勞狄斯送上法庭。但奧雷莉亞出庭作證時卻回答當時太暗無法看清闖入者為何人，凱撒家的女奴隸證詞也和她如出一轍。

輪到凱撒作證時，他答稱當晚並不在場，所以無法提供任何證詞。檢察官便追問他為何與妻子龐佩雅離婚，凱撒答道：

「凱撒之妻絕不容懷疑。」

眾人因此啞口無言，之後便無人再請凱撒提供任何證詞。

如果當時我在場的話，一定會一面笑一面驚訝於凱撒竟能面不改色地說出這句話，甚至可能會對他說：「任性妄為的分明是你自己嘛！」但元老院的大老們之所以啞口無言其實也不難理解。在羅馬，愈是上流社會的女子愈能擁有財產權等，因此政治婚姻的比例相當高，堪稱世界霸主的羅馬領導階層中有許多人為懼內者，漢尼拔時代的大加圖 (Cato Major) 在元老院議員前演說時，曾開玩笑道：「堪稱世界霸主的諸君之上，還有另一位名為妻子的霸主。」實際上，他們曾經想對妻子說的話卻被凱撒搶先說出。無論如何，凱撒似乎因為上述話語而化解了原本可能被免除最高神祇官一職的危機。看起來，克勞狄斯也將因證據不足而獲判無罪，但西塞羅一出馬情勢就再起變化。

被告一方的律師以克勞狄斯家奴隸的證詞為辯護依據，指稱當晚被告身在距羅馬一百公里外的別墅。但西塞羅卻指出，當天早上，克勞狄斯曾到西塞羅家拜訪，在半天之內根本無法來回百里，陪審團必須在奴隸及前執政官的證詞中擇一採信，被告的不在場證明似乎已經開始動搖。此時克拉蘇開始行動，經濟實力堪稱羅馬第一的克拉蘇暗示將給予陪審員經濟利益以收買人心。多數歷史學家認為這項舉動是為了解救克勞狄斯，但正如其後陳述的理由，我認為其實這次獲救的是凱撒。無論如何，判決的結果以有罪的二十五票對證據不足而無罪的三十一票，出身名門貴族的年輕男子被釋放。此後，克勞狄斯發誓一定要報復西塞羅。

自醜聞中脫身的凱撒，以前法務官的資格等候統治屬省的職務，他被任命於西元前六十一年間擔任西班牙南部的屬省總督。當凱撒在審計官任內便曾任職於稱作「遠西班牙」的西班牙南部，但這次在他上任時擁有指揮兩個以上軍團的「絕對指揮權」。他並非龐培那種少年得志的人物，但已經三十九歲的朱利斯．凱撒，總算也在羅馬政壇踏出成功的第一步。有了統治屬省的經歷，那麼舉行凱旋式或擔任執政官都已垂手可得。

然而本該盡速前往西班牙的凱撒卻無法跨出家門，債權人蜂湧而來，聲言除非凱撒還錢否則他們絕不離開。這些債權人的心情不難理解，因為凱撒所積欠的金額已成天文數字。如果是生性認真且苦於借貸的加帝藍，恐怕非得發動百回政變吧！好在凱撒還有克拉蘇的幫忙。根據歷史學家的說法，克拉蘇是他最主要的債權人，克拉蘇不但將償還的期限延後，同時擔任其他債務的償還保證人。有了身為羅馬首富克拉蘇的保證，債權人終於答應離開。貴為屬省總督的凱撒總算能出發前往任職地。

約自當時起至今日的二千多年以來，歷史學家及研究者拼命探究卻無法解開的兩個謎團，也就是凱撒與金錢及女人之間的關係，試著找尋這兩方面的答案也是件頗有樂趣的事吧！一個人如何處理這兩方面的問題，應該也是衡量他胸襟的方法，而醜聞的產生也經常與金錢及女人有關。

凱撒與女人

閱讀古今史學家及研究者的著作，令人會心一笑的是他們同樣都對凱撒十分著迷。信奉基督教史觀的人無法批判他，因為耶穌是在他之後出現的人物；而奉行馬克思史觀的人面對他不容忽視的生存價值，也不得不承認社會底層結構是由社會上層結構所決定。共產主義前東德的作家布雷希特筆下所描繪的凱撒十分生動，我想，看了他以那樣的筆法描寫凱撒的一生，其他人大概無法提筆了吧！但是凱撒使他們著迷的理由在此無法一一列記，因為如果想全盤了解凱撒這個人，須從他的言行仔細地推敲；總之，他不是個容易了解的男子。但有一點值得注意，即古今史學家、研究者、作家絕非對他一無所知，在他們的字裡行間透露出一個訊息：凱撒似乎深獲女性青睞，而且她們當中沒有任何人對他心懷怨恨。

古羅馬評斷美男子的標準，正如年輕時堪稱「秀色可餐」的龐培、眾人公認俊美為世所罕見的首任皇帝奧古斯都，以及哈德良王所寵愛的安提諾般，須具備如女子般勻稱的五官，這一點應該是受到希臘雕刻的影響吧！如果以此為標準，那麼凱撒絕對不能算是美男子，年輕時兩頰便有明顯的皺紋，四十五歲以後髮際向後移，必須將中間的頭髮向前覆蓋來掩飾他的禿頭。另一方面，在四十歲掌控羅馬之前，他並不富裕而且經常借貸，也尚未擁有足以滿足女人虛榮心的權力，即使如此，許多女人依然被他深深吸引。

根據許多史學家的描述，凱撒的身材削瘦高眺、舉止優雅，是一位風度翩翩的美男子，但當時羅馬有一名男子古曼，無論是容貌或風度均十分出色。從他的著作中隨處可見他學識與諷諭、幽默完美地組合，不難想見他是位言之有物而且風趣的男子，但如果能忍受他自吹自擂的癖好，那麼即使是西塞羅都稱得上是言談風趣的人。

但容我借用某作家的話，只有凱撒擁有讓所有上流社會的貴婦人自願列隊等候他青睞的魅力。例如凱撒的第一債權人克拉蘇的妻子提多莉亞，因丈夫龐培赴東方指揮作戰而獨守空閨的慕琪亞，以及身為龐培副將必須同往東方的蓋比紐斯的妻子羅莉亞；光是留下記錄及姓名者就已如此可觀。雖然聽起來十分不可思議，據史學家指出，元老院三分之一的議員之妻皆曾與凱撒私通。他的情人當中除了克麗奧佩脫拉 (Cleopatra) 之外，最有名的當屬塞維莉亞。塞維莉亞是後來暗殺凱撒的主謀者布魯圖斯的母親，在她改嫁之前一直都是凱撒的情婦。

凱撒的情人皆出身羅馬上流社會，換句話說，她們經常會在美容沙龍或高級服飾店相遇，但她們之間並無任何嫉妒或爭執，宛如依次排隊般柔順地等待，心甘情願地作他的情人，如果有什麼消息也會即刻互相通知。

但並非所有女子都能成為凱撒的情人，他與當時羅馬社交圈中最負盛名的克勞蒂亞便無任何瓜葛。

克勞蒂亞是在舉行波娜女神的祭典當晚喬裝女性闖入凱撒官邸的克勞狄斯的妹妹，出身羅馬極負盛名的貴族世家。身材窈窕又頗富教養的她與盧加拉斯離婚後，又立即與梅特魯斯結婚，相繼與元老院中的權貴人士結婚，加上詩人加圖魯斯詩中的女主角及女同性戀皆以她為創作靈感，使得克勞蒂亞備受矚目。不同於蘇格拉底時代雅典的女性，羅馬女性可出席宴會，在宴會中有專職的舞孃表演舞蹈，上流社會的貴婦人通常不在宴會中跳舞，克勞蒂亞毫不在乎這項傳統而在宴會中翩翩起舞，此舉頓時成為羅馬社交圈談論的焦點。專門評論西元前一世紀羅馬名人的研究者指出，克勞蒂亞特別喜歡有名的男人，在「加帝藍的陰謀」事件中聲名大噪而奠定地位的西塞羅也是她眉目傳情的對象，而西塞羅也欣然接受美人的青睞。她對凱撒這位「花花公子」並非毫無興趣，但凱撒只把她當作普通朋友而非情人，也許是因他不喜歡她那種驚世駭俗的生活態度吧！事實上，十年後，由於克勞蒂亞不滿年輕愛人離她而去，因而控告對方侵占及毒殺，在這訴訟中擔任辯護律師，藉由盡情嘲笑她的言行獲得勝訴的就是西塞羅。由此事得知，縱橫情場的凱撒對女人並非來者不拒；同時，他之所以能擄獲眾女子的芳心，主要也是因為他鍥而不捨地追求。只要是女人，絕對無法抗拒窮追不捨的男人。

無論如何，凱撒的確輕易贏得不少女人的芳心，史學家及研究者羨慕他的並不只是因為他深受女人的青睞，如果只是具有女人緣的話，那麼鬥劍士或演員也能辦到，他讓許多傑出男人羨慕的地方在於他的情人皆不怨恨他。具有女人緣固然是男人的夢想，但男人心底真正的願望是如何避免被喜歡自己的女人怨恨。

這是因為一個成熟的男子並不希望引發醜聞，而醜聞往往產生於女人憤怒時；女人之所以憤怒是因為受到傷害，那麼究竟在何種情況下女人會受到傷害呢？

在前述克勞蒂亞為原告、西塞羅為辯護律師的「卻里斯官司」中，從西塞羅的辯辭中得知，女人之所以會憤怒地不惜引發醜聞，是因為她供養的男人無情地拂袖而去，與她斷絕關係。但凱撒與不了解女人心態的卻里斯完全不同。

首先，凱撒以贈送昂貴的禮物對他心愛的女人展開追求攻勢，這也成為他巨額借貸的原因之一。只有身為人妻者會認為，如果贈禮將增加借貸金額的話倒不如不送禮；除此之外，所有的女人都喜歡男人的贈禮，並對此而感到自豪。凱撒曾送給塞維莉亞價值六百萬塞斯泰契斯的珍珠，一時成為羅馬女人談論的焦點，如果此事屬實，這筆錢已足以在帕拉提諾丘陵購買兩棟豪宅。

其次，凱撒從不對外隱瞞情人存在的事實，他的情人已是公開的祕密，但正因為連她們的丈夫都知情，根本算不上是什麼祕密。連在東方作戰的龐培及蓋比紐斯都知道妻子外遇的事實，因此並未釀成醜聞。正因為一切公開，即使成為凱撒的情婦，她們也毫無怨言。

第三點，如果單就史實的記載而言，凱撒與相繼成為他情婦的女人之間從未真正斷絕關係；換句話說，他始終沒有和她們劃清界限。

即使凱撒與二十年間身為他公開情人的塞維莉亞不再是戀人，他依舊盡量滿足她的需求。在塞維莉亞的兒子布魯圖斯向龐培靠攏後以刀劍相向之際，凱撒仍在打鬥結束後擔心布魯圖斯的安危，在得知他生還後立即通知塞維莉亞。另外，在克麗奧佩脫拉正式成為他的情人後，凱撒依然照顧塞維莉亞的生活，甚至將國有土地以低價讓售給她，這是身為公職人員不該有的行為。至於塞維莉亞的兒子布魯圖斯對這一切究竟作何感想，那又是另外一回事。

另外，凱撒與其他女人也未真正斷絕關係。例如，當他與妻子共同出席宴會或其他場合時遇見舊情人，因為他與她們隸屬同一階級，因而照面的機會自然不少。如果是一般男人在面對這種狀況時，為避免尷尬便昧著良心裝作不認識地走過對方身邊，但凱撒並非如此。他請妻子稍等，竟然就在眾人的注視下大方地走向舊情人，溫柔地牽起她的手問道：「近來可好？」對女人而言，最大的傷害莫過於被忽略。

如果是情人的話倒還可以忍受，而身為人妻者又作何感想？其實兩者之間並無太大差異，妻子與情人之間並非光以贈禮與否來區分，一旦成為正室，地位就受到眾人的肯定。而且回家之後，凱撒便告訴妻子，今天在元老院會議中西塞羅誇張的演說有多麼滑稽，他刻意不提之前大方問候情人的事，妻子根本無從發火。雖然這是舊話重提，但對女人來說，最大的傷害莫過於被男人忽略。

誠如義大利某位作家所言，凱撒「不只是受到眾女子青睞，而且具有讓這些女人絲毫無法怨恨他的稀世本領」。前述論點也是我根據史實推敲而來，女人與大眾就這一點而言可說完全相同，因為有時候人類的心態與性別、人數毫無關係。

凱撒與金錢

對古今的史學家及研究者而言，還有另一個至今仍無法解開的謎。令人不解的與其說是凱撒「為何」欠下巨額的債務，倒不如說是他「如何能夠」借到如此巨額的款項。

在進入這個主題之前必須先確認一件事，就是不管從任何的記錄或史書來看，凱撒的借貸金額都像天文數字般龐大，但作為抵押的蘇布拉私人住宅及拉比寇的別墅卻始終未被債主接收。根據當時羅馬上流社會的經濟狀況看來，即使接收上述不動產依然不足以清償他的債務，但也只有先把它們當作抵押品收回。也許是受到堪稱家庭主婦楷模的母親奧雷莉亞的影響，凱撒在家中過著樸實的生活，同時他堅守不讓債務影響到家庭的原則。但即使在古代，如果想在毫無抵押品的情況下借錢，只有依靠高利貸或特殊的管道，對凱撒而言，「特殊的管道」就是克拉蘇。

為何凱撒非但深具女人緣，而且她們對他毫無怨言。探究這一點的史學家及研究者幾乎清一色皆為男性，但除非站在女人的立場思考這個問題，否則他們終究無法解開這個謎。凱撒在尚未掌權前如何能夠借貸巨額款項，關於這一點的探究與前述的問題類似，除非如地方上富有的知識份子普魯塔克，或由大學負擔研究經費供現代研究者全心考察，否則根本不可能找到令人滿意的答案。總之，有必要先探究債權人的心態以及其他的借款方式。

凱撒最主要的債權人便是馬庫斯．里奇紐斯．克拉蘇(Marcus Licinius Crassus)，他除了借錢給凱撒外，還向其他債權人擔保凱撒必定會清償債務，甚至可說是凱撒唯一的債權人。比凱撒年長十四歲的克拉蘇在父親那一代就已是羅馬首富，到他這一代時，財富之多甚至高達國家預算的一半。至於克拉蘇如何累積驚人的財富，正如第Ⅲ冊《勝者的迷思》中所描述的，他在拍賣沒收自死刑犯的資產時，將價格壓低後競買入手，或在發生火災的房屋即將倒塌前以極低價買入。金錢對不擇手段增加財富的克拉蘇而言究竟有何意義，就這一點而言，凱撒似乎能夠洞悉克拉蘇的心態。借款額不多時債權人居於強勢而債務人居於弱勢，但借貸金額十分龐大時則情勢完全逆轉，凱撒深諳上述微妙的變化。

當借貸金額不多時，一切只是單純的借貸行為，對債務人來說沒有任何保證；但如果借貸金額增多情況則大不相同，一旦背負巨額借款便如同獲得了「保證」。與其說巨額的借款是債務人煩惱的根源，倒不如說已成為債權人莫大的困擾。一個人之所以能忘卻債權人的嘴臉，往往是由於他的債權人過多的緣故，因此要盡全力自保的不是債務人而是債權人。在凱撒即將前往西班牙就任屬省總督時，卻因債權人欲討回借款而無法動身，此時出面向其他債權人擔保者正是克拉蘇。此後，即使原來並非出於本意，但幫助凱撒立足政壇者就是克拉蘇。對克拉蘇這類債權人而言，值得慶幸的是即使在古羅馬時代，如凱撒這種債務人畢竟是極少數，大多數人皆如加帝藍般生性正直，深信過多的債務將導致自身的毀滅。

許多現代的研究者認為，這個時期的凱撒因為積欠的龐大債務而受制於克拉蘇，但我敢十分肯定事實並非如此，有證據顯示凱撒比克拉蘇更具有行動的自由。在凱撒所著的《內戰記》中載有如下的一段內容，現在將它直譯於後：

「於是凱撒向大隊長及百夫長借錢，然後將這些錢當作獎勵金發給全體士兵，這種舉動堪稱一石二鳥。為避免自己血本無歸，眾指揮官便全心投入戰事；而士兵們為報答總司令官的慷慨而奮勇作戰。」

凱撒或許在銀行界是個極不受歡迎的人物，但由前述數行的內容得知，他將籌借而來的錢用於何處。送給眾女子的禮物所費不多，他的錢主要還是用在修復街道、舉辦鬥劍比賽以及選舉造勢活動等，他大費周章借得的錢並非用來累積本身的財富。他不像西塞羅不惜借貸也要在帕拉提諾丘陵上購置豪宅，在義大利各地購置八棟別墅。他對不動產的關注，僅限於以擴大羅馬的心臟地帶羅馬廣場為開端的公共事業。即使是建於臺伯河西岸的私人庭園，他也在遺言中聲明要捐給羅馬公民，他甚至毫不在意自己的墓地所在。事實上，他並沒有自己的墓地。

反凱撒派人士無法將金錢引發的醜聞和他扯上任何關係，他並未將錢中飽私囊，因此他的金錢來源也不容旁人置喙。另一方面，他雖身為借貸者卻是「強勢的債務人」，能讓克拉蘇一直以金錢援助的人唯有凱撒。後世的某位研究者指出，朱利斯·凱撒是以他人的金錢成功地進行他的革命事業。

凱撒並非在受制於債權人的情況下，以改造國家為最終目標而迅速掌握大權。

第五章

壯年前期 Virilitas

西元前六〇年～前四十九年一月
（凱撒四十歲～五十歲）

四十歲立足政壇

波娜女神的祭典當晚，凱撒家遭到輕率的年輕人闖入，在等待這樁事件的判決結果，以及因被催討債款而困居家中的情況下，延遲了他的出發時間。而南西班牙在凱撒的屬省統治下，自西元前六十一年的春天至西元前六〇年初，只剩為期不到一年的時間，這時凱撒是三十八歲到三十九歲。他之所以不到一年就回國的原因，是因為他已經清楚知道屬省總督要做什麼，也很清楚有了這個經歷後，自己要再做些什麼。

凱撒就任於當時的「遠西班牙」（南西班牙），那裡沒有居民造反，大致上沒什麼問題。安定時期的屬省統治中，只是明示政策，加以組織，確實執行政策的顧問機關；即使總督本人不在，也能毫無阻撓地統治當地。

屬省總督凱撒所明示的是一種稅制改革。這種改革並非徹底改革稅制，只不過是對依據屬省法繳納屬省稅的義務人和享有羅馬公民待遇、不繳稅也可以的殖民都市人民這兩者，作個明確的區別。以前的屬省總督總以為增稅才是有利國庫的方法，而無視於這兩者的區別。如果沒有一套公開的稅制，就容易產生徵稅官恣意妄為的事。羅馬所課的屬省稅為收入的十分之一，絕非重稅，然而令許多屬省人民感到稅重難擔的原因，是因為不得不依照徵稅官所要求的付稅。再者，投標制度中握有選舉徵稅官權力的屬省總督會認為增收多少賦稅，是自己的權利，這樣的行為甚至已經成了代代總督的慣例。當上了屬省總督，就能累積一筆財富，那個時代就是如此。因此，大家都想去油水似乎比較豐渥的東方屬省，而被分派到西方屬省的，則被認為是中了「貧窮籤」。

中了貧窮籤的凱撒，雖然處於債臺高築的情況，但他並未增收南西班牙屬省的稅，而是採行減少徵稅官恣意搜括的空間。結果，增收成了減收。但是，政治鬥爭似乎成了法律論爭，對以法立國的羅馬人而言，既然有了先例，今後也就如此照辦了。拜這個公開減稅之賜，無需繳納屬省稅的居民，在欣喜、感謝之餘，紛紛向總督呈上獻金。獻金的金額究竟有多少，並不清楚，不過倒是有助於緩解借款的壓力。

此外，為了籌組實行這項政策的智囊團，凱撒積極錄用當地的人才，魯齊烏斯·克爾內利烏斯·巴爾布斯即是其中的代表。西班牙在漢尼拔(Hannibal)家族的統治下，開展了繁榮時代，在伊比利半島(**Iberia**)南端的港市加地斯住著擁有羅馬公民權的居民，他們究竟是移居西班牙的羅馬人子孫呢?還是取得羅馬公民權的迦太基人子孫呢?學者的看法並不一致。但無論是何者，都是與羅馬上流社會無關的人物;不過，卻並非與文明無關。

巴爾布斯不僅具有實務能力，也具有與西塞羅一起談論事物的教養;凱撒回羅馬赴任時也帶巴爾布斯同行。這位西班牙人，往後就如影隨形地在凱撒身旁。隨侍在凱撒身側而成為凱撒人馬的巴爾布斯，一直扮演微妙的交涉要角;凱撒遇刺的四年後，他甚至還當上了執政官。

在積極錄用當地人才、組織顧問機關施政的期間，凱撒親自率領軍團，專心致力於統治伊比利半島大西洋岸葡萄牙(Portugal)的霸業。因此那一帶的居民自然沒有反對羅馬的舉動，甚至還打算為羅馬霸權擴展到他地稱霸的事舉行凱旋式。

凱撒透過炫耀誇示馬留斯派、大肆主辦鬥劍比賽之舉，了解到自己在羅馬市民間頗有人緣。但是，他也知道這樣的人緣與支持是不能劃上等號的。凱旋式是用來表揚擊退羅馬敵人或擴張羅馬勢力的功績所舉行的榮譽儀式。對回到任地後，想參選執政官的凱撒而言，如何將人緣轉變為支持就成了不可忽視的權宜之計。因此，他並未徹底實行稱霸伊比利半島西部一帶的計畫。因為只要能獲得凱旋式的舉行資格就已經足夠了。然而，此時也是凱撒首度親眼目睹了大西洋。

在此情況下，凱撒預見應做之事而歸國赴任，但羅馬迎接他的氣氛，與他在西班牙時所預測的大不相同。因為日漸意氣軒昂的「元老院派」，對凱撒的期望一直抱持嗤之以鼻的態度。追溯「元老院派」意氣軒昂的原因，開始於一年前龐培的義大利歸國。

約在西元前六十二年底，在一般平民的喝采與元老院的不安下，龐培和十個軍團六萬名士兵在布林迪西登陸。在「蘇拉的改革」以後，規定羅馬軍團的總司令官，如果從北邊歸國時，必須在盧比孔河(Rubicon)解散軍團；從南邊回來就任時，則必須在抵達布林迪西時解散軍團。總司令官和士兵們約定在首都羅馬的凱旋式中再會，並要他們暫且先回故鄉。總司令官自己只率領少數的隨從回羅馬，直到凱旋式舉行為止，才能進入首都城內。「元老院派」的不安在於龐培以四十歲中旬的年紀，就已經一掃海盜，甚至完成稱霸東方諸國凱旋而歸，他是否願意乖乖地交出十個軍團的兵力呢？二十年前，蘇拉在布林迪西登陸後，不解散軍團，一路攻至首都，殲滅「馬留斯派」，一舉施行獨裁政治。有關於他的記憶，至今仍鮮明地烙印在多數元老院議員的腦海裡。

但是，蘇拉的政治目標是由元老院主導建立寡頭政權；龐培雖然被視為蘇拉門下的英才，但他是軍事人才卻不是政治人才。現代某位英國研究者甚至形容道：「與其稱他是野心家，不如說他是虛榮家。」野心是想達成某件事的意志，而虛榮則是想博取眾人稱讚的願望。

早熟的軍事天才——龐培，二十幾歲起就慣於接受別人的喝采與讚賞，很自然地養成虛榮的習性。登陸後不久就解散軍隊的龐培，只帶著軍團長、大隊長等不到五十人的隨從，沿著布林迪西的阿庇亞大道北上，向羅馬前進。沿路上聚集前來目睹這位名將的人，一直到羅馬的街道，慕名前來的人隨處可見；在接近首都時，龐培身後已經聚集一大群隨行的人。目睹這個景象的西塞羅就曾經說過：只要龐培願意，就算沒有軍團的助陣，他也能發動政變。西元前六十一年一月底，龐培抵達了羅馬城外。

但是，「元老院派」在這步的戰術錯了，他們因為高估自己的實力，而消除自己對龐培的疑慮與不安。睽違羅馬五年凱旋而歸的龐培，按照規定滯留在羅馬市外，但是卻向元老院提出了以下的要求：

一、允許舉行凱旋式。
二、認可龐培為西元前六〇年執政官的候選人。
三、允許配給屬下官兵耕地作為「退休金」。
四、承認龐培稱霸後再組織的東方(Orient)各屬省同盟國的組成案。

關於第一點，元老院毫無疑問地同意了。元老院順應龐培需要足夠時間準備盛大豪華的凱旋式要求，決定在那年的九月舉行凱旋式。

但是，有關第二點的要求卻讓元老院感到很為難。西元前六〇年的執政官，將在西元前六十一年夏季所召開的公民大會中選出；執政官候選人的登記，規定必須由本人出面才行；候選人登記書要放置於卡匹杜里諾山丘，而且只能由國家公文書館收受辦理。因此，對必須留至凱旋式舉行才可以進入城內的龐培而言，除非犧牲風光的凱旋式，否則事實上他根本無法遞出候選人登記書。

關於第三點配給耕地的要求，「元老院派」採取態度曖昧的戰略，這使得總司令官龐培在屬下面前顏面掃地。不過由於元老院方面也沒有理由拒絕這個要求，所以龐培和士兵們都還繼續抱持著希望。

在第四點的要求中，同樣顯示「元老院派」的決定具有左右局勢的力量。總司令官雖然有稱霸地的組成權，但是須經由元老院承認才可以實行；如果得不到這項承認，對龐培而言，是使自己在所征服地顏面盡失的事情。而「元老院派」之所以會擺出這樣的強勢姿態，是因為兵權離手的龐培絕非可怕的人物。

「元老院派」的組成也是大有來頭的。經過幾番波折，羅馬的政體終於在西元前五十九年移轉為共和政治。這個稱為元老院、由三十歲以上具才能與豐富經驗的數百人，不經過選舉，擔任實際上的統治，屬於少數領導制的政體。在這種寡頭政治中，必須盡可能公平地給這群少數領導者均衡的領導機會。如果有人獨占這個機會，都將使得這種制度無法發揮它的機能。由於元老院深感龐培是個特例，在他的年齡資格還不符合進入元老院時，就賦予二十九歲的他「絕對指揮權」，並且在掃蕩海盜時，破例一口氣允諾他三年的任期；如果這項任務也成功了，就立刻給予他稱霸東方的無限期用兵大權吧！不過，想維持集團領導制的「元老院派」，覺得有必要稍微抑制這樣的作法。小加圖就是這種看法的代表。

那些贊成小加圖的元老院議員，表面上所持的意見相同，實際上所抱持的看法卻各自不同。「元老院派」的有力人士盧加拉斯，基於第III冊《勝者的迷思》提及的理由，對龐培憎恨不已。對他來說，只要能損傷龐培面子的事都舉雙手贊成。

在一致堅持元老院體制的「元老院派」中，還有另一位有力人士——西塞羅。西塞羅之所以贊成採取詆損龐培威勢的作法，本意實出自於在「加帝藍的陰謀」中，當時自我吹噓要「以文官進行壓制」，屬於知識份子的西塞羅，是沒有軍團的文官，而他也具有以非軍事的言論力量，防範未來政變的自負。就他的立場來說，能夠挫挫象徵軍事領袖龐培的銳氣，未嘗不是知識份子的一大快事。想法可說是三個人各有三種版本，但相同的是，這三位元老院的有力議員，都不約而同地擋住了誇耀勝利的龐培去路。

但是在羅馬，遠征歸國的將軍，按照慣例必須在公民大會中發表有關遠征報告的演說。雖然說有直至凱旋式舉行才能入城的規定，凱旋式還是決定在九個月後舉行。閃耀著勝利光芒的將軍，而且是像龐培那般的勝將，沒有理由讓他在這九個月間完全沒有與市民接觸的機會，因為市民們也早就期待為帶給自己勝利的人物，獻上掌聲、歡聲與讚賞。

西元前六十一年二月，元老院給了龐培與市民們這個接觸機會。由於顧慮到龐培在參加公民大會之前必須先舉行凱旋式才能進入城內，所以就將場所改在城外的弗拉米尼烏斯競技場。對龐培來說，這樣一個面對市民的機會，應是他抗議元老院恩將仇報的絕佳時機；但是，龐培這位男子原本就不太擅於演說。再者，此時的他，正因掃蕩海盜、稱霸東方，對國家有無人能及的貢獻而感到萬分自豪。太過自滿、趾高氣昂的結果，往往容易流於欠缺與人溝通的意願。據在旁聆聽的西塞羅所描述的，那是一場無法給貧困者希望，無法讓富者安心的演講。「平民派」對龐培毫無實效的批評，絲毫起不了半點共鳴；「元老院派」對他也採不信賴的態度。於是，演說就在全體市民反應冷淡的情況下結束了。儘管將軍龐培所散發出勝利風采的魅力，仍然深植一般市民心中，但是這場演講已成了「元老院派」輕視龐培的決定性因素。

凱撒向任命地西班牙出發是在這場演講後不久的事。但是，即使在凱撒一年後歸國時，龐培的境遇並沒有好轉的跡象。讓龐培顏面盡失的原因是，元老院讓羅馬人連續二天只顧著沉浸、狂熱在豪華的凱旋慶祝中，而對他所提出的第三與第四點要求，依然沒有答案地擱置著。

但是龐培並沒有束手度過這一年，他也嘗試了幾種對策。一是試著透過「元老院派」，試圖攏絡小加圖。由於妻子慕琪亞與凱撒間出軌的事情，早已經傳到東方，所以龐培在歸國的途中，就已經和她離婚了。恢復單身的龐培表達了娶小加圖的妹妹為妻的意思，但是卻被小加圖不客氣地拒絕。在地中海一帶聲名無人可及的四十五歲凱旋將軍，卻遭受三十四歲的元老院議員如此冷淡的對待，這件事成了市民們的笑柄。因此情緒欠佳的龐培，便避居阿爾巴(Alba)的別墅，而在首都失蹤了。

西元前六〇年，早就歸國赴任的凱撒，他內心所決定的事已經很明確——他冀望下一年的執政官位置。但是，選舉在那年的夏天舉行，必須在選舉前完成候選的登記，並且得到元老院的認可。由於法律上規定候選人登記要由本人申請，所以他必須在這之前舉行凱旋式，以取得進入城內的許可。也因此，凱撒在歸國之後，立刻依據規定，自己留在城外，派遣一位代理人進入城內，向元老院請求舉行凱旋式的許可。

然而，粉碎了龐培參加執政官選舉意圖的「元老院派」，對凱撒也採用同樣的戰略。

雖然與對龐培的理由並不相同，但凱撒也是被「元老院派」視為危險人物。凱撒目前的力量還不到以軍事力為後盾的地步，但是從五年前他歷任公職的情形看來，他的言行舉止完全偏向於打倒「元老院體制」，這樣的舉動全看在「元老院派」的眼裡。三年前在「加帝藍的陰謀」時，西塞羅在凱撒的提案與小加圖的反對這兩種意見的爭辯中，說了下面這段話：

「元老院議員諸君：在盡量提出各種提案之後，現在我們必須做的是檢討何種為合適的方案。首先，檢討凱撒的提案，他算得上屬於『平民派』；採納他的提案，顯然就會少掉一般市民憤怒、暴力式抗議的場面了。」

總而言之，凱撒在三十七歲前後時，已經被認為是元老院議員中反「元老院派」的核心人物，也因此三年後的「元老院派」，當然不願意給予凱撒姑息的機會。

凱撒遭遇了和龐培相同的處境。要舉行凱旋式，就不得不放棄西元前五十九年的執政官位置；要想擔任執政官，就必須犧牲對羅馬男子而言屬於最高榮譽的凱旋式，他被迫作這樣的選擇。有別於龐培的凱旋式是第三次，執政官是第二任；與龐培不同的是，對凱撒來說，凱旋式和執政官都是第一次降臨的機會。然而，就在凱撒的躊躇中，截止日期迫近了。

凱撒終於下定決心了。他只在坐騎上選了一匹凱旋將軍所騎的白馬，這顯示他在下決心之餘，多少還是對凱旋式的舉行有所眷戀。凱撒驅馬穿過城門，立刻前往卡匹杜里諾山丘，向國家公文書館提出執政官候選人的登記。元老院也不得不認可他。身為法務官、前法務官的屬省總督，加上具有接受凱旋式充分而實質的軍事成績，因此，他的候選人資格不得不受到承認。四十歲的凱撒，捨名取實，在榮譽與權力之間，選擇了權力。

但是，即使擁有候選人資格，也不一定就能當選。不得不承認凱撒候選資格的「元老院派」，也一致推出了另外兩位足以與凱撒抗衡的候選人。屬於「平民派」的凱撒向來仰賴一般市民的支持，但是現階段平民對他的態度，與其說是支持不如說是慕名，而可以將慕名轉換為支持的凱旋式，如今又已被犧牲。了解現狀的凱撒穿著白色外衣，站在羅馬廣場的演說臺上時，已經考慮到當候選人，並不等於實際的當選。

「三巨頭政治」

凱撒與龐培在何時、何處、以何種方式取得聯繫，並沒有人知道。或許凱撒曾經拜訪龐培在阿爾巴的別墅，兩人的年紀僅相差六歲，當然不可能互不知道對方的存在。雖然兩人在知名度上有一段差距，但是龐培卻有充分的可能對凱撒有好感。七年前，當龐培掃蕩海盜，接著遠征東方時，元老院就反對將大權託付給他，贊成的只有西塞羅和凱撒。龐培對自己在遠征途中，凱撒和妻子慕琪亞上床之事，認為是和慕琪亞不夠莊重有關，因此這件事，並沒有造成兩個男人間的心結。

兩人締結了祕密協約。龐培動員舊部屬，幫助凱撒當選；而當上執政官的凱撒，必須給予龐培的舊部屬農地，以及承認龐培組織的東方再編成案。於是，凱撒確實當選了。

但是在兩者的聯合關係中，龐培和凱撒的勢力關係並不均衡，龐培比凱撒的實力要強出許多。因此，凱撒提出加入克拉蘇的三者聯合構想。研究學者大多認為邀請克拉蘇加入，是因為凱撒無法無視於他最大債權人的緣故。在「凱撒與金錢」一段中已經陳述過理由了，在這裡就不再贅言。我個人認為，身為最大債權人的克拉蘇既然無法拋棄凱撒這位不良債務人，就只好選擇繼續幫助凱撒了。凱撒想藉著克拉蘇的加入，平衡自己與龐培間的不平等關係。邀請克拉蘇參加應是極為容易的事吧！因為克拉蘇對龐培有敵對的意識，就像如果知道龐培多吃了口羹，他也非多吃一口否則就睡不著似的。或許讓龐培答應克拉蘇參加，是有點困難，兩人間的交惡是眾所周知的，因為龐培常常看不起克拉蘇；但是，克拉蘇可是經濟界的龍頭。龐培也知道自己能否稱霸東方，順利統治東方，和經濟界的援助有相當的關係。而克拉蘇也很清楚，在此處助上一臂之力，就能擴大自己所代表的「騎士階級」（經濟界）的市場。

就這樣，西元前六〇年的春天到夏天這段期間，歷史上有名的「三巨頭政治」成立了。年方四十的凱撒，壓倒性地獲選為執政官。「元老院派」所推派的兩位人選中，只有畢布魯斯好不容易擠進第二位。但是，凱撒當選後，「元老院派」有將近半年的期間，不知道「三巨頭政治」的存在。有必要保守「三巨頭」的祕密，因為這和羅馬人所習慣、熟悉的政體是截然不同的。

提起凱撒的創舉，古今的史學家莫不一致公認「三巨頭政治」之舉，但是提及對此舉的評價，可就不太一致了。縱觀古今，大多數人認為這是三個實力者利益相交的同盟關係。就龐培與克拉蘇兩人的關係而言，我個人贊成這樣的看法；而有關凱撒的情形，則是大致以眼前的利益為主，這樣的同盟關係很符合他的利益，這點我也毫無異議。

然而如前面論及「女人」和「金錢」等項所提到的，凱撒這個男人，做一件事不會只有一個目的。

也就是說，將私利與他利甚至公利密切結合在一起的技巧，是他的特色。因為他認為私利的追求與實現，要藉由他利乃至公利的應用，才有可能百分之百實現。

這樣的想法並非因為凱撒是天才才想得出來，我們大多數的人，也在不經意的情況下，每天這麼做，全力做自己應該做的事。藉私利↓他利↓公利的行事模式，是相當符合人類本性的自然過程。文藝復興時代的政治思想家馬基維利 (Machiavelli) 也是一位強烈主張「公民權」的人。也就是說，即使身為公僕，也應該肯定他追求私利。因為唯有大家共同認可私利的追求，才能為公利的實現提供更健全、更恆久的基礎。

自「三巨頭政治」這個新政治形勢的建立，凱撒順利當選執政官，面對「元老院派」的反對勢力時，仍能確保他任期內的強勢執政這個私利；而就他利方面而言，對「執政黨」的豢培及克拉蘇產生了利益誘導的作用。那麼，凱撒所認為的公利是什麼呢？

凱撒從年輕時就屬於反「元老院派」，從他以前到現在的各種言行，皆可顯示這點。此時，他明顯有意圖要打倒「元老院派」所堅持的由元老院主導共和政體。但是，如果以為凱撒的立場是單純的反體制，那可就錯了。因為自格拉古兄弟以來，從前的「反體制」是屬於護民官的勢力。

出身名門貴族的朱利斯．凱撒並沒有當護民官的資格。護民官這個職位設立於西元前四九四年，最初是以保護平民權利為目的而設置，所以貴族沒有權利任職。另一方面，如果有原屬於平民出身，而且祖先曾擔任執政官的這類平民貴族，他的護民官資格則受到認可。格拉古兄弟、塞多留斯、龐培以及克拉蘇，都是屬於有資格的平民貴族。

但是，如果凱撒有資格擔任護民官，他能夠以護民官的身份推行反體制的運動嗎？我想是沒辦法的。因為凱撒注意到反體制這件事是在強勢體制之下才能成立的。在格拉古兄弟的時代，還延續著羅馬與迦太基間三次戰爭的實際功績，「元老院體制」依然穩如泰山。在格拉古兄弟時期，當護民官對抗僵硬堅固的體制，是相當具有震撼效果的。但是，在那之後的七十年，體制已漸漸呈現疲軟無力的弱勢現象。一遭遇問題，就得靠馬留斯、蘇拉以及龐培，這些傑出的個人力量，成了「元老院體制」解決問題的支柱。

探究其中原因有兩種：一是元老院階級僵化現象。二是與先前由元老院主導的共和政治時代相比，羅馬的疆域已經更為擴大了。從前的話，羅馬公民和來自近郊擁有羅馬公民權者透過在羅馬召開的公民大會，選舉出執政官以下的公職，這種方式不但有意義而且具可行性。然而，隨著領土擴張到全義大利半島，西元前九〇年前後起，住在那裡的自由民全都拿到了羅馬公民權，透過公民大會的選舉，變得不太具有意義且不太有可行性。而且在那之後，羅馬公民的居住地域也明顯擴大。散居於地中海全域的羅馬公民人數，也一時大增。這些人之中，究竟有多少人會為了一年一度的執政官及護民官選舉，千里迢迢地趕到首都羅馬呢？西元前一世紀的羅馬現狀，幾乎只有住在首都以及附近的羅馬公民行使公民權。

於是，長期的制度必定衍生出當事者才能及力量的衰退。表面上堅固無比的「元老院體制」，事實上並不堅固，在凱撒看來，是沒有再建立反體制與元老院抗衡的價值。蘇拉改革目的，也在於強化這個「元老院體制」。因此在現實情況中，與其站在反體制勢力的先鋒，攻擊既有的體制，不如致力於新制度的樹立較有意義。

我甚至認為，「三巨頭政治」就如同現代的高峰會議。儘管聯合國在不分大小國均擁有一票的大會組織之外，也基於現實考量增設安全理事會，賦予各成員拉丁文"veto"所意指的否決權。然而，今日的聯合國，不要說是統治了，連協調能力都無法令人信服。相對之下，宛如大國聚會的高峰會議，並不採取否決權。凱撒當年提出「三巨頭政治」的想法，主要是為了恢復統治能力，如果今日的高峰會為了因應冷戰後的變化而加強政治性，大概也是那個模樣。「三巨頭政治」和今日的高峰會都不是正式的機構，而且也和深信結合眾人智慧，事情才能圓滿達成的民主共和式思考背道而馳。附帶一提，羅馬政體中只有執政官與護民官的否決權受到承認，護民官藉由否決權的濫用，往往造成羅馬國內政情不安定。

由凱撒所主導的樹立新秩序這個改造國家的第一步，並非開始於戰勝龐培的西元前四十八年。越過「盧比孔河」，並非開始於西元前四十九年，而是開始於西元前六〇年「三巨頭政治」的樹立。也有幾位現代的研究者清楚地指出：

「由元老院所主導的羅馬共和政治，因三巨頭政治的出現而崩壞。」

但是，當時注意到這個徵兆的人相當少。恐怕就連龐培和克拉蘇也是在不了解「三巨頭」制度的真正意義之下加入的吧！但是，他們兩個人都知道，「三巨頭政治」在羅馬的政體中是從來沒有出現過的異類，因此有必要盡可能地保密。事實上，「三巨頭」的成立有半年之久未被察覺，甚至連自認為情報非常靈通的西塞羅也沒發現。那是因為他始終被凱撒沒有表情的撲克臉矇騙了。一直對凱撒當上最高位執政官存有戒心的「元老院派」發言人西塞羅，早就名列為凱撒安撫的對象了。他派心腹巴爾布斯拜訪西塞羅，這裡直接摘述西塞羅自己寫給密友阿提克斯的一段話：

「據巴爾布斯說，凱撒需要我的協助。凱撒本人曾對他這麼提過：『我什麼都聽從西塞羅和龐培的判斷，並且打算致力於改善龐培和克拉蘇的關係。』如此說來，我們『元老院派』如果能與龐培保持良好的關係，那麼與凱撒建立良好的關係並非夢想。這麼一來，仇敵化解為同志，民眾也能平靜度日，我也可以有個安穩的後半輩子。」

由於巴爾布斯的拜訪，漸漸解除了西塞羅的警戒心，他又寫道：

「馴養龐培後，凱撒更容易馴養吧！」

但是，西元前五十九年一月一日，就任執政官的凱撒就顯現出不慣於被人馴養的器度。

就任執政官

統治者的器度在於他的一朝之計，是否能成為百年之計。西元前五十九年，步入四十歲的凱撒，除了借錢和討好女人之外，還有其他方面的能力，這是讓一般羅馬市民印象深刻的。

朱利斯．凱撒初任執政官時，不只是「元老院派」，就連穩健的市民當中，也有人擔心他是復辟的激進派。凱撒第一步就是著手平息眾人的疑慮。為了強調自己並非羅馬傳統的破壞者，他恢復了共和初期的傳統慣例——不分得票高低，兩名執政官每日輪流執掌軍團總指揮權；若是同在首都時，政務也是一個月交接一次，而且在不擔任政務上最高司令官的當月，隨侍在執政官身旁的十二名侍衛不得握持

持權杖侍衛的服裝
（威卻里歐繪，十六世紀）

代表公權力的權杖。

樹立起自己不是破壞羅馬傳統者的形象後，凱撒的下一步卻是沒有人料想得到，而且也沒有人預期得到的「執政官布達」來達到打擊元老院派的目的。當時稱為「阿庫塔．迪烏魯那」、「阿庫塔．些那托斯」，直譯的話，可譯為《日報》或《元老院議事報》。元老院中所進行的議事、討論、決議等，全部將張貼在會議隔天的羅馬廣場牆上。在口述筆記廣為使用的羅馬社會中，由於速記的技術普及，只要有心的話，施行起來是相當容易的。後世的學者們稱此為新聞傳播的開始。不過，按照現在的解釋，應該說CNN式的電臺被搬到元老院會議場去了，這樣的比喻更為適切。

以往的元老院會議說起來是類似會員制，元老院所進行的討論、決議，都是關起門來舉行的，一般市民要想知道其中的內容，只有聽打開門走出來的議員們在公民大會中的發言才能得知；而凱撒將此公開化。有權者握有給予情報的權利，誰都沒有理由反對執政官的這項決定，元老院只有默許了。

「阿庫塔．迪烏魯那」制度對元老院而言是一種打擊，特別是對西塞羅而言更是一大打擊。西塞羅有寫作的習慣，常常推敲事物，發言是在議場外反覆推敲過後才說出口的。由友人經營的出版社所出的手抄《辯論集》，也是經過他一番深思修改後才發行的。有個著名的例子是，曾經由西塞羅辯護，但案子終落得敗訴，因而亡命馬賽的人，在讀過那本為自己辯護的《辯論集》後，說了一番微詞。他感慨地指出，西塞羅如果當初能這般地辯護，我就不至於淪落到這個地方、每天吃魚了。經過CNN式的電視臺逐一報導後，以往那些專做推敲、描寫工作的編輯、傳播人士，生意因此大受影響。由於凱撒導入《日報》制度，使得元老院所把持的特權之一崩潰了。

即使在輪休的時間，凱撒也沒閒著，他利用和自己同派的護民官巴第紐斯，以護民官立法的形式提出法案。因為元老院的反對懸而未決，將龐培當初征服的東方諸國再編組案，也是經由這種方式而政策化。即使元老院拒絕承認這項政策，只要由護民官擔任議長，舉行平民大會就可通過；依據「霍田西法」，可將平民大會中通過的提案政策化。龐培也因此在睽違三年後恢復名聲。這項表面上僅僅是對龐培和克拉蘇有益的法案，事實上在他們「兩頭」互利誘導的關係帶動之下，促使了屬省經濟活動的活絡化。屬省的活絡化也與首都以及全體羅馬世界息息相關。

凱撒在逢自己負責政務的那個月份時，還不忘提出執政官立法的形式。其中之一，直譯的話只能譯為「朱利斯判例法」，如果是意譯，則可稱為「朱利斯國家公務員法」。大抵而言，是一種對羅馬統治境內的公職人員如何面對職務，訂定了一百一十多項條目的律法。

這個法律在六百年後集大成為羅馬的全法，查士丁尼一世的《羅馬法大全》也收錄此法。可見得這是在羅馬國存續期間一直具有效力的法令。

但是，根據解讀這個法令的方式，更可以窺見對所有事不抱持單一目的的凱撒，是多麼深謀遠慮了。

首先，任公職者不得收受一萬塞斯泰契斯以上的贈物，一萬塞斯泰契斯等於一名士兵三十五年的薪資。可見這法案的目的，與其說是淨化中、低級公務員的公共倫理為目的，不如說是為了要斷絕長期以來，一直為元老院議員獨占，以屬省總督為首的高級公務員的貪瀆。再說，如果規定舉凡贈禮，即使金額少也一概不可收受，豈不是對人性過於無知嗎？凱撒企圖削減元老院權力的作法還有：違反法令者，除了會被處以收賄罪之外，一旦罪名確立，甚至必須撤除元老院的議席。從這項法令同樣收錄在《羅馬法大全》中來看，可知是條長期存有效力的法令。

另外，即使淨化公務員倫理，也不保證統治就能稱心順手，被管理者的想法，也是重要的考量因素。被管理者的想法是受什麼所左右呢？無論古今，這個問題的答案該是取決於稅金了。在凱撒就任西班牙屬省總督時，便曾將改革稅制列為統治的重要事項。在他於羅馬稱霸擔任最高職位的執政官時，再度提出這個問題。「朱利斯國家公務員法」中的一項，顯示了他是多麼重視稅制的公正與否，這是即使到現代也不可輕忽的問題。

依此條例，擔任屬省勤務的國家公務員有公開納稅者名簿的義務。納稅者一覽表張貼在各屬省主要都市的兩處，以及首都羅馬的三個地方，每個人都能夠一目了然地得知消息。藉著公布從屬省總督以至一般公務員及屬省民的納稅義務，來排除賄賂以及其他各項不法事情。因為唯有無私無弊，才能減少當地官員中飽私囊，也就可以避免職權濫用的情形發生。此外，以往有些專門借錢給無法繳納稅款的人，放高利貸以發橫財；例如，連西塞羅也對布魯圖斯(Brutus)

高達百分之四十八的高利貸愕然不已。但是將納稅者名簿公開化後，貪圖高利貸的人生意可就難做了。凱撒的這項法令中，將超過年利百分之十二視為高利貸，並加以禁止。

而違反者的結局就是等著被剝奪元老院的議席。凱撒的考量，當然使得元老院的權力一落千丈。

面對這一連串的打擊，「元老院派」也並非毫無抵抗。這派的重臣盧加拉斯，將自己所持的反對意見，透過《日報》呈現在全市民的眼前，他反對由凱撒立案的法律中，明顯輕視元老院的行徑。執政官凱撒的還治之道是，在第III冊《勝者的迷思》中曾經介紹過的在盧加拉斯有名的宴席上，故意裝作若無其事，一邊又竊竊私語談論他手中握有盧加拉斯在任職小亞細亞屬省總督時的不法證據。於是，這名年五十七歲，曾是蘇拉門下第一勇將的盧加拉斯，在下一次的元老院會議，半句話也沒吭一聲。

對付「元老院派」的年輕議員小加圖這個沒有屬省總督經驗的三十六歲青年，就不能用這種威脅的手段了。小加圖仗著年輕力壯，以長時間演說來阻撓議事的進行；然而，執政官還是暢行無阻地完成了議事任務，因為命令守衛帶走妨礙者是被認同的合法行為。凱撒命令守衛將喋喋不休的小加圖帶出議場，關進牢裡，等小加圖獲釋放，已經是議事結束以後的事了。

「農地法」

執政官任期進入第三個月的西元前五十九年三月，凱撒終於如願以償地提出了法案，那就是格拉古兄弟以來的「農地法」。

對政治家而言，也有棘手不願碰觸的政策。在羅馬，有關公民權和農地改革的法令，就屬於這類政策。無論是既得利益者堅決反對或是此法案成立後將導致新獲益者的出現等等，從何處、如何獲取利益，實在是件難以掌握的事。因此即使得到支持，也只不過是不太徹底的支持，這個性質成了這類法案的共通點。因此，每當這類法案被提出來時，羅馬境內便會發生流血，甚至落入提案者遇刺的混亂中。

「朱利斯公民權法」是在西元前九〇年的「同盟者戰爭」中，不管大家是否贊成，就強行通過成立的。剩下來的難題，是自從西元前一三三年格拉古兄弟以來，就頻頻與流血動亂有密切關連的「農地法」；況且，自從西元前一〇〇年的護民官薩圖紐斯遭殺害以來，四十一年之中，再沒有人有勇氣提出這項建議，而朱利斯．凱撒準備再提出這項法令。

共和政治下的羅馬有兩種管道可以訂立政策：一是西元前五十九年以來所採行的方法，也就是經元老院表決通過，而且經公民大會通過；二是即使元老院反對，只要公民大會通過，就有可能政策化，這是根據西元前二八七年「霍田西法」所採行的辦法。在第二種情形中出現的，表示「公民大會決議」意思的拉丁語，就是現代義大利語裡所沿用的「國民投票」。因此，從前的元老院決議與現代的國會決議是不同的，現代的國會是由選舉當選的議員所組成的；而古代羅馬的元老院，組成人士無需經由選舉洗禮。

自西元前一三三年提伯留斯．格拉古以來，對「農地法」常釀成輿論的原因有二：一是既得利益者害怕失去既得利益，二是這項法令的通過常訴諸第二種方法，也就是護民官率先挺身，斥退元老院的反對聲浪，然後訴諸公民大會決議，這是相當明顯的反體制作法。

凱撒為了一償通過「農地法」的宿願，首先試著藉由第一種方法。因為凱撒與在元老院裡沒有議席的護民官——格拉古兄弟以及薩圖紐斯不一樣，凱撒擔任元老院會議中議長席的執政官。

凱撒向元老院所提出的「朱利斯農地法」，在七十年前逼死了格拉古兄弟，它近似於「善普羅尼斯農地法」的修正案。雖然是以農地改革為最終目的的法令，但是非常忠於羅馬法中保障私有財產權為基本權利的精神，無論農地改革的範圍有多大，也一概不列入私有地。重新分配的對象始終只限於國有地。因此，即使因「農地法」而取得土地，也等於是借用國家的土地。

國有地的借用上限，戶長為五百尤格（一百二十五公頃），其他以兒子名義借用的，每個兒子可借用二百五十尤格。但是，一戶人家的全數借地，不許超過一千尤格。

目前借用一千尤格以上的人，必須將多餘的部份歸還國家，國家則依照歸還土地的面積，

策——「小麥法」，使三十萬之多的人受益，可見失業問題依然是羅馬社會的現實問題。

三、為因應民眾將超過一千尤格以上的不法借用地歸還國家時所需支付的補償金，以及重新分配土地需先行投資的款項，決定動用龐培當時從東方回國時納入國庫的二億塞斯泰契斯銅幣，作為因應的財源。

於是，每次一提到「農地法」，就以將造成財源問題為由而反對的「元老院派」，這下子可無計可施了。

四、將發放不法借用地歸還的補償金額額度，劃為財務官的權限。

在第I冊中也提到，財務官除了負責人口調查外，也負責國庫的收支。說起來就像是財政部，補償金的基本額度就操在他們手上，這件事說來也算是理所當然的。但是，凱撒卻另有計畫。財務官的任用一般是選自元老院中有執政官經驗的傑出人士，「給予財務官權限」這一點，可說是凱撒對元老院的懷柔政策之一。

五、設置處理有關借用農地重新分配案的常設委員會，由二十位委員組成，提案者不得為委員會的成員。

在格拉古兄弟的「農地法」中，委員會由三位委員組成，他們兄弟倆也是委員之一，顯示這項農地改革是由護民官所主導的反體制運動。相反的，凱撒自己不參加委員會，而且委員人數增至二十人，其中一人明顯地是屬於「元老院派」的西塞羅。凱撒選擇了強調非黨派的方式，來進行農地改革。

此外，將坎帕尼亞一帶排除於國有地重新分配的對象之外。這個地方以拿坡里和龐貝為中心，土質的肥沃度堪稱為義大利第一，這一帶早被元老院有力人士借走了；事實上，已經被他們當成私有地使用了，大農園就比鄰著邊境。

凱撒的「農地法」是如此地顧慮不刺激到元老院，然而，元老院內討論的結果，反對的聲浪依然占大多數。想死守由元老院所主導共和政治的「元老院派」，認為「農地法」實在是一個反體制運動。西塞羅也持反對的態度；至於小加圖，又再度像上次一樣，發表長篇大論，企圖妨礙議事。第一天，凱撒讓小加圖發表長篇大論，等他的演說結束時，已經是日落時分了，元老院會議就散會了。

第二天，執政官凱撒在小加圖又開始滔滔不絕時，呼叫守衛將小加圖帶出議場外。凱撒向坐在位子上的元老院議員說：

「元老院議員諸君：我懇請各位擔任『農地法』的裁判官、審判者，這項法令對國家而言無比重要。希望元老院徹底討論後的決議，能夠在公民大會中公布。但是，如果你們沒有這項行動的意願，就表示沒有能力處理這事，恐怕最後只有交由市民們決定了。」

凱撒決定強行突破現狀，而保密至今的「三巨頭政治」也在此時公開化。

有關當日公民大會的情形，根據也是現場證人的西塞羅書簡，我試著重新描繪如下：

「在南國羅馬，即使已值三月時分，陽光依然肆無忌憚地灑落下來，從羅馬廣場的中央稍微偏北的地方，有一座長二十四公尺、寬十公尺的演講壇。它的前方，有一片露天的集會場。那天，龐培所動員的舊兵一大早就集合在那裡了。對他們而言，這件事關係著往後的生活，所以即使沒有龐培的動員，他們也會參加吧！圍繞著露天集會場的神殿以及會堂的柱廊和石階，滿是貧窮、身著短衣的公民。在三公尺高的演講壇前方及左右兩側，是身穿鑲著紅邊白袍的人，一看就知道是元老院議員，這些羅馬的支配階級，包圍著演講壇。」

那天公民大會的議長席是由執政官凱撒擔任，因為他特意選輪到自己負責國政的三月份，才召開公民大會。當然，同為執政官的同僚畢布魯斯也出席了，畢布魯斯是反對農地改革的「元老院派」執政官。七十年來，每次只要觸及這個問題，勢必以流血事件收場。「農地法」是否能成功，就在今天的此地就可分曉了。贊成派與反對派也隨著情況的進行，有一觸即發之勢。

執政官平時所著服裝與元老院議員並無二致。身穿鑲著紅邊白色官袍的凱撒，一站上三公尺高的演講壇，高度正好和聚集在神殿柱廊的人群差不多；而在露天場裡的人，可就要以仰望的角度看他了。就凱撒所處的位置看來，他是最適合主導這個場合的人，他首先要小加圖上臺發言。

一上演講臺的小加圖，又想以冗長的演說來妨礙議事的進行。但是這次不需要凱撒親自出馬，眾人馬上了解這是阻止法案通過的滔滔大論，立刻湧至臺前，發出憤怒的聲音；有一些人甚至衝上講臺，將演說中的小加圖拉扯下臺。幸好有些強壯的元老院議員護著他，讓他退出場外，才沒釀成血濺當場的結局。

凱撒自己什麼也不必做就成功地把小加圖排除在外了，他指名同為執政官的畢布魯斯為下一位發言人。自一月一日就任執政官以來，就一直被凱撒耍弄的畢布魯斯，內心雖然對凱撒不滿，但是眼前公民們對小加圖的敵意，使他感到畏怯；於是他輕聲細語地說道，依據占卜，今天並不適合決定這個法案。話一說完還來不及接下句，就惹來市民們的啞然失笑和噓聲，於是他自動步下演講壇。

凱撒指名克拉蘇為下一位發言人。同為「三巨頭政治」一角的克拉蘇，僅以簡短的演說，敘述自己贊成的意見之後，就步下講壇。市民們以熱烈的掌聲回應，因為克拉蘇贊成的事情，正是「騎士階級」（經濟界）所贊成的。

第四位發言人，凱撒指名龐培上臺。這時凱撒採取一種更有效的方法。他並非徵求龐培的贊成演說，而是這位「三巨頭政治」中的一頭，逐條朗讀出「朱利斯農地法」的項目，以贊成與否的方式，逐一詢問龐培的意見。對不擅演說的龐培而言，凱撒的這種作法，令他感到是對自己的一種體諒與照顧。

每當凱撒朗讀一條項目，被詢問的龐培回答「贊成」時，群眾立刻報以如雷的掌聲與歡呼聲。即使整篇項目都朗讀、對答完畢了，凱撒還不讓龐培走開。凱撒轉頭對龐培說：

「僅有法案的成立是不夠的，在以後的實施階段中，必須有人負起監督的責任，希望您能接受這個任務。」

還沒等龐培的回答，他就轉身對市民們說：

「如此的重責大任，我們怎能不懇請偉大的龐培擔任呢？你們說是不是呀！各位！」

市民們「哇……哇……！」地眾聲呼喊著。

龐培這位虛榮家，在歡呼集於一身的當時，情緒高亢，竟忘了自己不擅演說而開始發表起來。他說，如此受到執政官與公民的託付，實在感到光榮之至；除此之外，他也表示了「農地法」成立的必要性。演說的尾聲，龐培用這句話做結語：

「如果有人執劍刺向這個法案，我龐培定化為盾牌加以阻擋！」

聽見這句話，市民們又響起「哇……哇……！」的歡呼聲。情勢的急遽變化，讓「元老院派」意識到一股危機感，便強行派出另一位執政官畢布魯斯，站上臺前去講話，宣布他執政官職權中擁有的否決權。凱撒以蓋過畢布魯斯說話的聲音說道：

「市民諸君：如果沒有執政官畢布魯斯的同意，就算諸君多麼強烈盼望，這個法案依然無法推動實行。」

群眾已經按捺不住了。畢布魯斯望見向演講壇蜂湧而至的群眾，不僅放棄動用否決權，還就此一路落荒而逃。古代的一位史學家就曾對這件以這種局面收場的事，說了一句非常諷刺的幽默話：

「至此，競賽就在敵方全部退場的情況下結束了。」

「農地法」是經由凱撒深思熟慮而成立的；但是，「元老院派」可沒有那麼容易就放過。訴諸公民大會，採取強行突破的凱撒，還讓原案中沒有的修正案也通過了。其一是，元老院議員有尊重公民大會決議的義務；其二是，原案中未提及的坎帕尼亞地方，也列為不法借用地的歸還地。凱撒接二連三地使「元老院派」不得不屈服，這可激起了小加圖反凱撒的怒焰，他堅持即使遭到流放的處分，也不願承諾前項的義務；不過，最後他還是在西塞羅的遊說下屈服了。其他的元老院議員，儘管心中有所不願，也全數許下了尊重公民大會與公民大會議決事項的誓言。如此一來，「朱利斯農地法」與格拉古兄弟的「農地法」截然不同，它並不是反體制運動的成果，而是所謂「朝野兩黨協力贊同」的政策，也就是無流血事件的成功。

西塞羅覺得待在羅馬似乎沒有可做的事了，就想到別的村莊走走，並且專心從事筆耕生活，他在給友人的信中提到這個打算。而屢遭挫敗後喪膽的畢布魯斯，即使還處於執政官的任期，也一直避居在私邸裡沒出門。

羅馬自建國以來，記年代的方法就沒有稱說幾年的方式，而是以誰與誰當執政官紀年。公民們認為這一年（西元前五十九年）並非凱撒和畢布魯斯為執政官，而笑稱是朱利斯與凱撒為執政官的年份。西元前五十九年四月，「農地法」中由二十人組成的委員會開始展開活動。由於同僚畢布魯斯的退場，自西元前五十九年四月起至任期結束的十二月為止，為期九個月的期間，就成了凱撒一人掌管國政的局面。

高盧屬省總督

事實上，在凱撒獨自擔任執政官的西元前五十九年前後，並沒有浪費蹉跎。對克拉蘇的利益誘導之舉尚未解決。凱撒提出了「屬省法」中有關屬省稅徵收業者法的修正案。羅馬的屬省稅徵收稱為「普布利加努斯」，是由私營業者施行的投標制度，得標的「普布利加努斯」，有義務將徵稅的三分之一，先支付給國家，作為預繳稅款。屬於「普布利加努斯」的「騎士階級」（經濟界）中，以克拉蘇為代表人物，他很早以前就要求希望能廢止預繳稅款，但是卻因元老院反對而無法實現。凱撒想實現這個計畫，面對元老院的反對理由「如果廢止屬省稅徵收業者預繳三分之一稅款，就太便宜他們了」，凱撒必須提出其他的理由。

凱撒提出下述兩點理由：

一、以往的「普布利加努斯」皆以預期中的預繳稅款為投標價，因此自然造成屬省稅本身的增額；然而，沒有理由向屬省居民徵收超過義務範圍的稅收。如果能廢止預繳稅款，才能實現屬省稅的公正性。

二、屬省廢止預繳稅款後剩餘的部份，將獎勵轉為公共事業投資之用；克拉蘇本人也表達願意負責此事的意願。如果這項計畫能夠實際達成，將可促進經濟活動活化。

屬省稅徵收業者法的修正案，終於經過元老院的認可。克拉蘇在「騎士階級」（經濟界）面前做足了面子。

接下來，該是龐培出場的時候了。龐培稱霸東方世界的重編組案已經通過了；付給舊士兵土地之事，也已經因「農地法」的成立而解決了，所以這對龐培而言，是第三次的利益誘導。然而，對於這件事，凱撒在考量龐培的私利時，也考量如何與羅馬國家利益共存的解決之道。

在龐培所完成將臨地中海的東方世界收納為羅馬霸權之下的大事業中，唯獨沒對埃及下手。原因是儘管埃及與羅馬遙遙相隔，卻是羅馬的友好邦國。話說當時十歲的克麗奧佩脫拉之父托勒密 (Ptolemaios) 十二世，被首都亞歷山大城 (Alexandria) 的居民逐出國境.，這時羅馬的不干涉主義也就無法持續下去了。因為從保障羅馬的國防安全而言，埃及是很重要的一環。於是凱撒決定讓這個亡命義大利的國王，在羅馬軍隊的保護下，收復埃及王位。得到元老院喻為「羅馬公民的友人及同盟者」的國王，就在龐培舊幕僚中的一人領兵之下，恢復了王位。因此龐培讓埃及成了自己的保護地，他成了"Patronus"（保護者）。埃及王為了表達謝意，給予龐培三千泰連，凱撒三千泰連。凱撒將這三千泰連的半數，歸還給克拉蘇銷帳，剩下來的另一半，就當作是埃及王家欠自己的債務。

在執政官凱撒的盡力下，除了埃及王之外，還有另外一位異邦領導人也得到「羅馬公民的友人及同盟者」之稱，那就是日耳曼民族的族長——阿利歐維斯圖斯，他為了使羅馬能承認日耳曼人已經渡過萊茵河，定居於河西側這個既成事實，而與羅馬結下了友人同盟的關係。

此事的實現要歸功於凱撒，而在第二年開始的「高盧戰役」(Gallic Wars) 中，真正令凱撒初逢敵手的，就是這位阿利歐維斯圖斯。

終於，輪到凱撒顧及私利的時候了。然而，在明顯做這件事之前，他已經先由穩固自己的基盤做起了。

凱撒和第一任妻子柯爾涅莉亞所生的女兒——尤莉亞已經訂婚了，但是凱撒廢除這樁婚約，將尤莉亞嫁給了龐培。這樁婚姻成了羅馬人口中最佳的話柄，不過並非肇因於二十二歲的新娘與四十七歲的新郎間的年齡差距。在羅馬，年輕女子與壯年男子的婚姻並不是什麼稀奇的事，之所以引人議論紛紛的理由，在於原本造成龐培單身是因為凱撒的緣故。龐培因為得知妻子和凱撒之間的事情，才選擇和妻子離婚的。因此人們在談論這些事的口氣，與其說是糾彈醜聞，不如說是抱著樂觀其成的態度。凱撒這位男人，具有不會沾惹情人怨恨與憤怒的特異才能，即使醜聞曝光，也能以令人欣慰而不惹人厭的結果收場，這非得要相當特異的才能吧！

三年前，在街頭巷尾慶祝波娜女神祭典當晚，發生了入侵事件，凱撒的妻子，毫不遲疑地大肆誇大和凱撒離婚之事，當上執政官的凱撒是處於獨身狀態。這時他想要結婚的對象，是元老院中的有力議員——魯奇斯．庫爾普尼烏斯．皮索的女兒庫爾普妮亞，她的實際年齡不詳，不過和凱撒的婚姻算是初婚，所以或許庫爾普妮亞和凱撒的女兒尤莉亞年齡相仿。當上岳父的皮索，雖然不是什麼有卓越才能的男子，但也多虧他如學者般溫厚的性格，因此甚少有衝突。當然，這對凱撒而言又是樁政略婚姻。如果政略婚姻會導致不幸的婚姻，那可就言之過早了，龐培和尤莉亞的婚姻很幸福；而具有遇到困難也不失耐性、不推卸責任的凱撒，或許對妻子而言，是位難得的好丈夫也不一定；但是，凱撒和僅守著一個妻子的龐培不同，由這點看來，他還真是個極為不貞的丈夫。

藉此鞏固基盤的凱撒，以忠實的護民官巴第紐斯為提案者，提出了「有關凱撒屬省統治權的巴第紐斯法」。

在凱撒還是執政官候選人階段時，「元老院派」對他的敵意我們已經敘述過了；但是即使「元老院派」最後通過凱撒執政官候選人的資格，也並不意味著「元老院派」就打消了壞心眼。當時的羅馬，在執政官選出以前，已經由元老院決定了執政官任期結束後就任的屬省。這也是「元老院體制」中的一項特權，目的是為了防範執政官就任後濫用選擇的權力，因此在執政官尚未就任的階段就由元老院來決定。由元老院所決定的凱撒「任地」，直譯的話就是「森林與街道」。總而言之，就是負責義大利境內的森林與街道管理。因為是屬於建設局及農林局之類的事宜，所以用不著使用軍團。「元老院派」之所以想出這個聽都沒聽過的任務，主要是已經考量到，即使無法阻止凱撒當上執政官，也不讓他握有軍事力量。凱撒最初對此並未採取抗議的態度。因為能當上執政官才是先決條件。然而，一過了西元前五十九年的下半年後，六個月後的就任地就成了現實的問題。「巴第紐斯法」的目的，就是觸及任地變更的事宜。而那時，凱撒也明確地向「元老院體制」遞出挑戰書，以當時他所處的有利條件來說，他已經預見了此法的通過。「有關凱撒屬省統治權的巴第紐斯法」，這個提案是要將凱撒卸任執政官後的任務，由負責森林與街道，變更為「阿爾卑斯山以南的高盧」屬省，也就是北義大利和伊利利亞屬省，是現在的斯洛伐克和克羅埃西亞兩屬省。此外，任期為五年，並且可以擁有三個軍團權力。

當然，「元老院派」一致反對，元老院中也有游移不決的議員，受到凱撒岳父皮索的遊說，在贊成票上舉棋不定；但是以小加圖為首的「元老院體制堅持派」，對此相當反對。小加圖在元老院的議場，當面指責凱撒利用女人，使用這種污穢的技倆。

但是，「三巨頭政治」在這個時候發揮了它的功效。龐培和克拉蘇明顯地作出贊成的決定，不過依然無法改變元老院的大勢。結果，凱撒又是採用強行突破的方式，召開公民大會。龐培和克拉蘇的贊成意見如實地反映出來，而「巴第紐斯法」也獲得通過。由於透過公民大會的會議，具有將通過案政策化的效力，所以即使元老院反對，也無法排擠「霍田西法」，他們只有接受、承認公民大會的決議了。

之後，不到一個月的時間，「阿爾卑斯山以北的高盧」，也就是現在南法的屬省總督梅特魯斯猝死。凱撒也沒放過這個機會，他在「有關凱撒屬省統治權的巴第紐斯法」中，提出附加了南法屬省的修正案。已經承認原案的元老院，自無反對的理由；於是，凱撒就成了三個屬省的最高責任者。依據「巴第紐斯法」，四十二歲的凱撒所握有的權力，列舉如下：

一、擔任保障北義高盧、伊利利亞與南法高盧三屬省的安全以及統治的總督。
二、任期為五年。
三、三個軍團加上屯駐南法的一個軍團，總計為四個軍團的軍事力量。
四、全部幕僚人員的任命權歸由總司令官凱撒。

「元老院派」只覺得無能為力，就連向來喜好政治的西塞羅，也在之後的三個月，蟄居家中別墅，專心從事筆耕生活。另一方面，凱撒為了處理諸多事務，而過著忙碌不已的生活。

確保心腹

凱撒的當務之急，就是遠赴高盧就任後，也能遙控羅馬政界。屬省總督只有留在任地的屬省才擁有軍團指揮權，即使知道首都正醞釀著不利自己的行動，但是只要越過羅馬和屬省邊界的盧比孔河到首都去，就會失去屬省總督的地位和軍團指揮權。而如果沒有遙控權，將會像龐培一樣在東方奮鬥五年之後回國了，不只是顏面無光，還淪落到險些無法付給部屬們「退休金」（土地給付）的下場，而成為龐培第二。不過話又說回來，由於龐培有個致力強化元老院體制的恩師——蘇拉，所以「元老院派」還不至於敵視他；而凱撒的情況可就不同了，「元老院派」

完全視他為敵人。因此，對凱撒而言，遙控權的爭取更加重要。

在「三巨頭」的會談中，還決定了隔年，也就是西元前五十八年的執政官——凱撒的岳父（雖說是岳父，年齡上卻差不多）；另外一位是被稱為龐培右臂的蓋比紐斯。集合龐培的舊部屬和支持「平民派」凱撒的一般民眾選票，完全左右了公民大會。會談的結論，果真反映在公民大會當中。他們兩人當選了，而由「元老院派」推派出來對抗的人馬，吃了一場慘不忍睹的敗仗。

隔年的執政官穩是自家派的這兩人當選，凱撒還是認為不夠充分。儘管皮索和蓋比紐斯的忠誠心沒有問題，但他們兩人的政治能力卻是值得懷疑的。再說，提到政治能力，「三巨頭」中占一席之地的克拉蘇也不能夠完全信賴；而龐培則耽於和年輕妻子的生活，在阿爾巴別墅的時間比在首都羅馬的時間要多得多。要達到遙控的效果，勢必要物色一位與「元老院派」的急先鋒小加圖年齡相仿，而且能夠與西塞羅相抗衡的年輕行動家。凱撒的眼光是什麼時候盯上那位男子的，不得而知，然而他的確是這項任務的絕佳青年。

三年前，在波娜女神的祭祀之夜，以女裝出現入侵凱撒家，引起大騷動的克勞狄斯·布魯克魯斯，他對凱撒被詢求證言時，始終表示不知情的態度，只是感到萬分感激而無恨意；而對質疑其「不在場證明」的西塞羅，卻是憎惡，甚至誓言復仇。來自羅馬名門貴族克勞狄斯一門的年輕人，具有天賦的才能，但是卻也有目標意識薄弱，屢屢隨處濫用才能的缺點，在禁止男子進入的祭祀中扮女裝侵入，也是這種行為之一吧！已經步入三十歲後半了，處理這方面的事，依然是不成熟的男子。他的下一個願望是，捨棄貴族的地位，成為平民的養子，參選護民官的選舉，這又是史無前例的醜聞。

說是「醜聞」，是站在自認為元老院階級才是羅馬領導階級的「元老院派」的立場。對他們而言，捨棄組成元老院階級的最純粹要素——名門貴族的地位而成為平民，實在是件令人難以想像而且忌憚的唐突之舉。不管是平民要成為名門貴族的養子，還是貴族想成為平民的養子，在羅馬必須先得到最高神祇官的認可。最高神祇官是終身職，三年前，這個地位就被凱撒占住了。「元老院派」認為即使是凱撒，也不會答應這種事，但他們完全想錯了，凱撒允許這件事。接著，在下道公民大會的障礙欄中，克勞狄斯也跨越成功，得到公民大會的承認結果。克勞狄斯．布魯克魯斯的名字，變為頗富平民風的稱呼——普布里斯．克勞狄斯。如果以這個名字參選登記護民官選舉，並得到「三巨頭」的支援，一定可以當選的。於是，凱撒在擔任執政官時，一直為自己左右手的巴第紐斯護民官任期屆滿後，凱撒也確保克勞狄斯當上受自己意志支配的護民官。然而，這位出自名門貴族的護民官——普布里斯．克勞狄斯，和原本就出身於平民的巴第紐斯不同，得注意駕御之道。凱撒使用克勞狄斯對付「元老院派」，乃是一種以毒攻毒的招術。

如同眾人所言「朱利斯與凱撒執政的年度」，那是凱撒一人活躍的年代，西元前五十九年也即將邁入尾聲了。可是，攫獲人先入為主的觀念是相當可怕的，後來那些得不到自由的人，即使身處於由凱撒一手掌控的西元前五十九年羅馬「三巨頭政治」，也還一直認為在背後操刀指揮的是龐培。年齡上的差距僅有六歲，年輕時即已出道的龐培，在當時所累積的聲譽評價，是凱撒所遠不能及的。因此「元老院派」中，血氣方剛的年輕人想暗殺的對象，不是凱撒而是龐培。

三年前「加帝藍的陰謀」時代，西塞羅當密探所用的男子，在巴第紐斯即將任期屆滿之時，向他密告了暗殺龐培的陰謀。巴第紐斯很快地向執政官凱撒報告。凱撒留意了密告者出示的陰謀者一覽表，在幾位年輕能幹的元老院議員名字後面，還寫著現任執政官畢布魯斯、「元老院派」重臣盧加拉斯，最後連西塞羅的名字都在上面了。凱撒笑著問護民官巴第紐斯：「就只有這些嗎？」護民官答道：「還有一個人。」這個人正是年二十七歲的布魯圖斯。護民官之所以隱藏了布魯圖斯的名字，是因為凱撒和布魯圖斯的母親塞維莉亞間的愛人關係，是眾所周知的事實，顧慮及此才沒寫出他的名字。

無論如何，執政官凱撒沒有驚擾元老院，就將這件事解決了。密告者不但沒有領到酬勞，還被關進了牢裡。不過，這樣的處罰不過是一種示眾、公布的方法，當然也向參加這項暗殺計畫的人暗示：你們的計畫已經走漏風聲了，暗殺行動並未被實施。而了解到自己原來是受到母親愛人的恩惠，布魯圖斯心中作何感想呢？這個另當別論，至少依他那老實的性格，必會將此視為一種緣分而愉快地接受下來。

《高盧戰記》

說到高盧戰爭，古今中外恐怕沒有人能不看凱撒的《高盧戰記》就寫出描述。無論是參考史料或基本史料，都少不了《高盧戰記》。這本書的客觀程度為何？我打算在下一冊參考文獻的部份再敘說，這裡就先省略了。在敘述由凱撒當總指揮的高盧戰役前，先在文章前介紹一下凱撒所寫的《高盧戰記》，這也未嘗不是件有趣的事。有道是「人如其文」，然而我認為他的文章，很能作為敘述戰役進行時加以活用、引用的原文；在此，我想先介紹其他人的評論。這二千年來，史學家們對凱撒的業績，意見分歧，然而對凱撒的寫作能力，卻一致發出讚嘆之聲。他真是一位即使在二千年後，依然有文庫本重複印刷、再版，為他實現寫作夢想的男子。也因此，有關這本書的評價，也就如沙灘之沙，多得數不盡。而在這一部書裡，我無法一一地介紹每個評論，因此，便從古今二代中，分別挑選了一位評論者。以西塞羅和小林秀雄為代表，應該無不妥之處吧！

西塞羅——西元前五十一年記

「這幾卷作品，好比人完全脫掉身上的衣服，以裸體純粹展現，在這不加修飾當中，產生了一股魅力。

凱撒或許是為了提供史料給寫歷史的人，而撰寫這本書；但是，蒙受其惠的，大概只有將其中諸事拼湊剪下做裝飾，以這種方式寫歷史的笨蛋。對於深思熟慮的賢明之士而言，反倒令他們失去了寫歷史的意欲。」

小林秀雄——西元一九四二年記

「我知道朱利斯・凱撒寫下了《高盧戰記》這本書，但是最近近山金次先生翻譯的書出版後，我才首度有機會閱讀了解這本有名的戰記。看了一些些，馬上就忘卻其他事情，一氣呵成地讀完了它——這本書就是這麼地有趣。不過，更正確地說，那是因為羅馬軍一直沒讓讀者有中途休息的時候。當然，沒有半點的讀後感浮現，我感到很滿意。我難得在最近做了較理想的文學鑑賞……。

我並非忘了必須開始書寫有關《高盧戰記》的內容，而是這部作品，對我而言雖然說是文學，但卻如同古代美術品般地震懾了我；我在失神之餘，文風也就變得如此迂迴、拗口了。凱撒在記述上的正確性，已經從學者的勘察結果印證得知了；就如同那些學者勘察時，自地下掘起羅馬戰勝紀念碑的碎片，而發出感嘆之聲——我讀《高盧戰記》時也是如此。放在現代文學裡來看，你可以感受到它那粗糙的石面，深刻剛健的雕刻線條。

將它與現代文學擺在一起看之後，你會發現，文學這東西，並非我們原本以為的那樣具有文學性，這是我看《高盧戰記》的感受。從前，語言是被刻在石頭上、被烙印在瓦礫上、或是用筆抄寫下來，就如同一種器物般，被謹慎地處理，文字這個東西可想而知是多麼具有份量。這實在是值得生活在今日這個時代——拜鉛字與滾輪印刷之賜，語言完全失去實質性，而且化作觀念的符號穿梭於人們想像之間——的我們，好好地想一想。不顧及讀者的思慮，只是自我滿足式地呈現力與美的形式，這種現象在文學裡愈來愈少見了；再這樣下去，文學就將在讀者的解釋和批判下，與其糾紛後妥協，之後終至於氣悶而絕。《高盧戰記》不過是在兵馬倥傯間，火速寫給元老院的實地報告書。而我又為什麼想要讀這敘事詩的傑作呢？譯文又相當地拗口。不過，這一點也不打緊，就像被發掘出來的雕刻表面上有腐銹般的樣子，我一下子就能感受到原文是什麼樣風格的名作。對那些為政治、為作戰而服役的老練戰士來說，戰爭本身即是某種巨大的創作。高盧戰役這個創作，就是凱撒最通曉的材料吧！以所熟知的材料，不摻雜感傷和空想而汲汲地揮筆，這又是大詩人的工作原理。《高盧戰記》創作外的餘談能如詩般觸動我，這絕非不可思議之事。我聽見草履足聲，感到時光的飛逝。」

雖為生於迦太基的奴隸，但是被公認為有文才，而揚名於羅馬的喜劇作家德倫西，他的作品曾是凱撒在宴席助興的材料。彷彿接連句，西塞羅第一個開口後，凱撒又接著說道：

「閃爍著光芒的德倫西與梅南多洛斯，同樣在首席文人中占有一席之地。因為他是愛好精闢、清新文體的人。」

"Puri sermonis amator"（愛好精闢、清新文體的人）這句話，才是真正應該獻給凱撒的讚辭。我想凱撒的文體，可以統括成下面三個辭句：

簡潔、明晰、精練的優雅。

為什麼包括莎士比亞、布雷希特以及美國劇作家索托．懷爾德，書寫凱撒時卻不寫高盧戰役時代的凱撒，也許是不願成為西塞羅口中的「笨蛋」吧！莎士比亞或許是因為只讀普魯塔克(Plutarch)的作品，但是現代作家中的布雷希特或是懷爾德，則是確定讀過《高盧戰記》與《內戰記》，在他們面對凱撒那簡潔、明晰與精練優雅的文章時，可能也會覺得毋需添墨了吧！

然而，接下來要試著敘述高盧戰役的我，恐怕要成為西塞羅所輕蔑的「靠黏貼拼湊諸事來寫歷史的笨蛋」，因為凱撒是寫給了解狀況的同時代人看的。二千年後的人自然無法擁有與凱撒同時代的人一樣的理解程度。此外，身為東方人的我，也不可能與孕育自羅馬文明的西方人有相同的理解程度。儘管各種事情是黏貼拼湊的，我還是試著去貼近凱撒的敘述方式，乃至於他的聲音。因為我想寫的是凱撒這個人，而他的聲音正表現在他所寫的文章裡。

《高盧戰記》沒有前言，也沒有導言部份，一下子就以下面這句話作為開場白：

「縱觀全高盧可分為三部份。第一是比利時人住的地方；第二是亞奎提諾人住的地方；第三是高盧人住的地方。他們稱為克爾特人，我們稱為高盧人。」

這可讓歷史學家、研究者有種「被打敗了」的感覺。因為對於以文章為表現手段的人而言，不寫前言、沒有導言部份，直接進入本題，是他們想做卻做不到的夢想。希羅多德、修西狄底斯、波力比維斯、李維斯、塞勒斯特、普魯塔克等，他們總是會把執筆目的置於文章的開頭或是文中的某處。選擇以文章為表現手段的人，應該知道不同讀者會對自己的作品有不同程度的了解。但是儘管早有這樣的認知，還是無法很乾脆、爽快地完全不提書寫的目的。讀者顯然不至於認為自己一定非循著作者鋪好的軌道上前進，如果沒人告訴自己：軌道在這裡，他們也不會陷入不安。作者一旦提示了書寫目的，就能安心地繼續寫下去。因此，前言、導言等的存在意義，對讀者而言並不大，反倒似乎是為了作者而存在的。

對作家而言如此重要的事情，凱撒卻完全沒做。既沒有放在起首處，也沒有在文中提及。不只是《高盧戰記》，在稍後所寫的《內戰記》，也沒有前言或導言部份，而直接進入本題。凱撒這種書寫方式一直沒變。

這是什麼原因呢？

是否真如同某些研究者所說，凱撒「的確擁有貴族般精神」的緣故？

還是如同西塞羅所說，因為凱撒喜好「裸體般純粹的文體」？

還是如同小林秀雄所說，因為凱撒是個「無視讀者思維，只求自我滿足」的人？

如果根據「文如其人」這個觀點來看，三種說法都是正確的。雖然我認為都對，但也不能不考慮其他另外的可能性，也就是凱撒並非不寫前言或導言部份，而是因為「不會寫」的緣故。他是一位達意的作家，所以並非在技巧上無法辦到，而是礙於其他的理由而無法寫。關於這一點，如果一併考量他為何希望在北義、南法和伊利利亞，有五年的三屬省總督任期，或許更能進一步了解這一點。

在《高盧戰記》開頭的文章中，凱撒對羅馬的高盧問題，並非始於他擔任總督的西元前五十八年，而是在三年前就已經見到徵兆而提出說明。

凱撒稱為高盧的地方，是萊茵河流域以西的地方，根據現在的地理概念，也就是除南法以外的法國全境，包括比利時、盧森堡、荷蘭的南部、德國的西部，以及瑞士一帶，也就是後世的西歐。

凱撒時代這個地方的未開發程度，是以現代眼光難以想像的，森林、沼澤、河川占有比耕地要多許多的絕大部份。不過，由於水源豐沛且氣候不嚴寒，因此根據學者的推算，約能生產足夠供給一千二百萬人的農產品及家畜。凱撒將這個地方概分為三，即使是未開發地，也因為土壤豐沃而有人口聚落，因此有十個以上勢力較強的部族；如果加上小部族，就有近百個部族的分立，離統一的情況尚有段遙遠距離，這是西元前一世紀高盧的現狀。

對此處高盧的威脅並非來自南方的羅馬屬省——希臘人居住的城市馬賽(Marseilles)。不同於羅馬化剪著羅馬風味短髮的南部高盧人，羅馬人口中的「長髮高盧」——住在中部和北部的高盧人，他們所受的威脅是來自東方。在萊茵河東側的森林深處，居住著日耳曼人(德語：Germane)。與萊茵河西方不同，即使同為森林與沼澤，在萊茵河東方的氣候還是較嚴苛。為了供給一萬人口的生活所需，只靠籌措糧食的方法是不夠的。對沒有東西可吃的人來說，湧向有食物的地方是很自然的事。於是每逢糧食籌措困難時，越過萊茵河的「蠻族入侵」，就成了例行的舉動。

凱撒所記錄屬於比利時人居住地東北部高盧的絕大部份，在西元前一世紀左右，已經被渡過萊茵河來此定居的日耳曼人所占據。也因此萊茵河下游處的民族移動相當頻繁，而在萊茵河的中游及上游，由東至西，渡河而來的日耳曼人有增無減。

日耳曼侵略攻擊的作法比較容易得勝的原因，多少和高盧人部落分立未能團結有關。居住在萊茵河西岸的日耳曼人族長阿利歐維斯圖斯，請求羅馬元老院賜予「羅馬公民的友人及同盟者」的稱號，使其權力獲得相當程度的承認，也是因為部族間爭執不休的高盧人敗色濃部族向日耳曼人求助的緣故。日耳曼人利用高盧人自己彼此間的爭執，彷彿是滴落在紙上的墨汁般擴

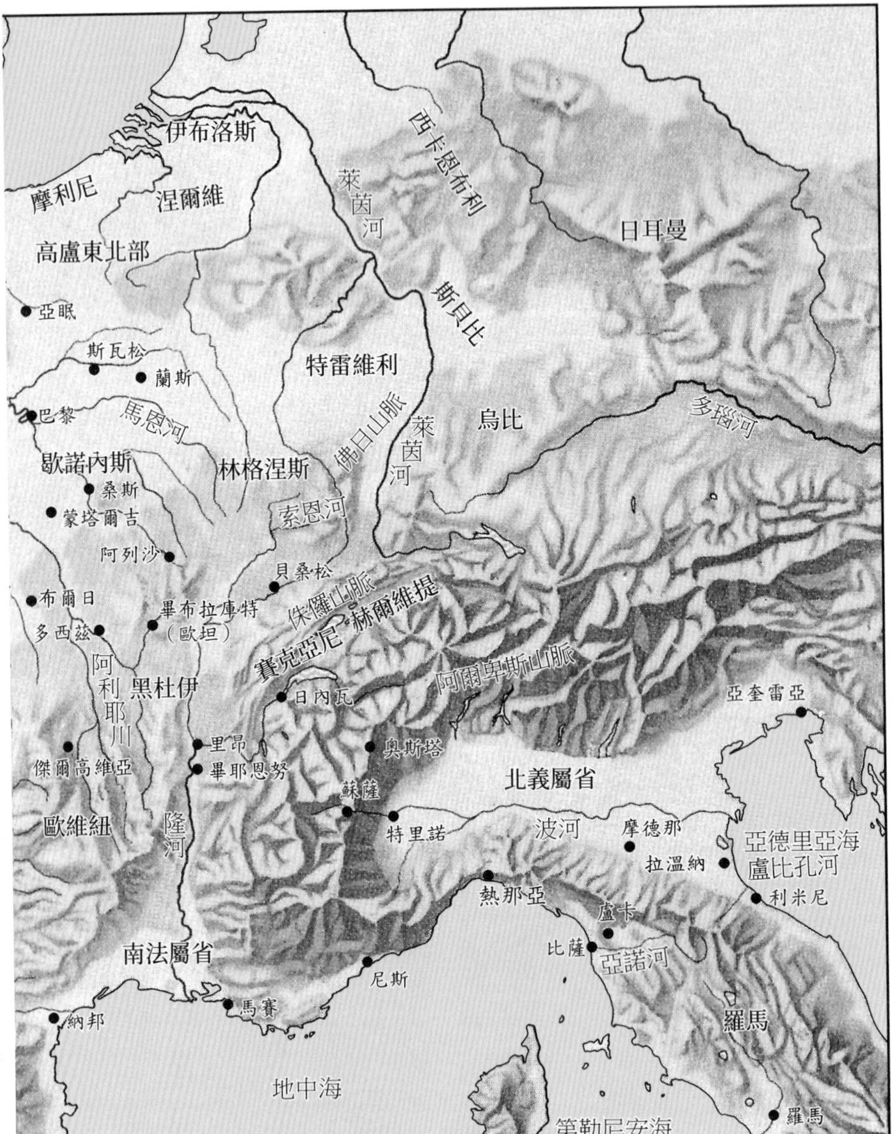
伊布洛斯
摩利尼
涅爾維
高盧東北部
亞眠
斯瓦松
蘭斯
巴黎
馬恩河
歐諾內斯
桑斯
蒙塔爾吉
阿列沙
布爾日
多西茲
畢布拉庫特
（歐坦）
阿利耶川
黑杜伊
傑爾高維亞
歐維紐
里昂
畢耶恩努
隆河
南法屬省
納邦
馬賽
林格涅斯
特雷維利
佛日山脈
萊茵河
索恩河
貝桑松
侏儸山脈
賽克亞尼
赫爾維提
日內瓦
西卡恩布利
斯貝比
烏比
日耳曼
多瑙河
阿爾卑斯山脈
奧斯塔
蘇薩
特里諾
北義屬省
波河
摩德那
拉溫納
亞奎雷亞
亞德里亞海
盧比孔河
利米尼
熱那亞
盧卡
比薩
亞諾河
尼斯
羅馬
地中海
第勒尼安海

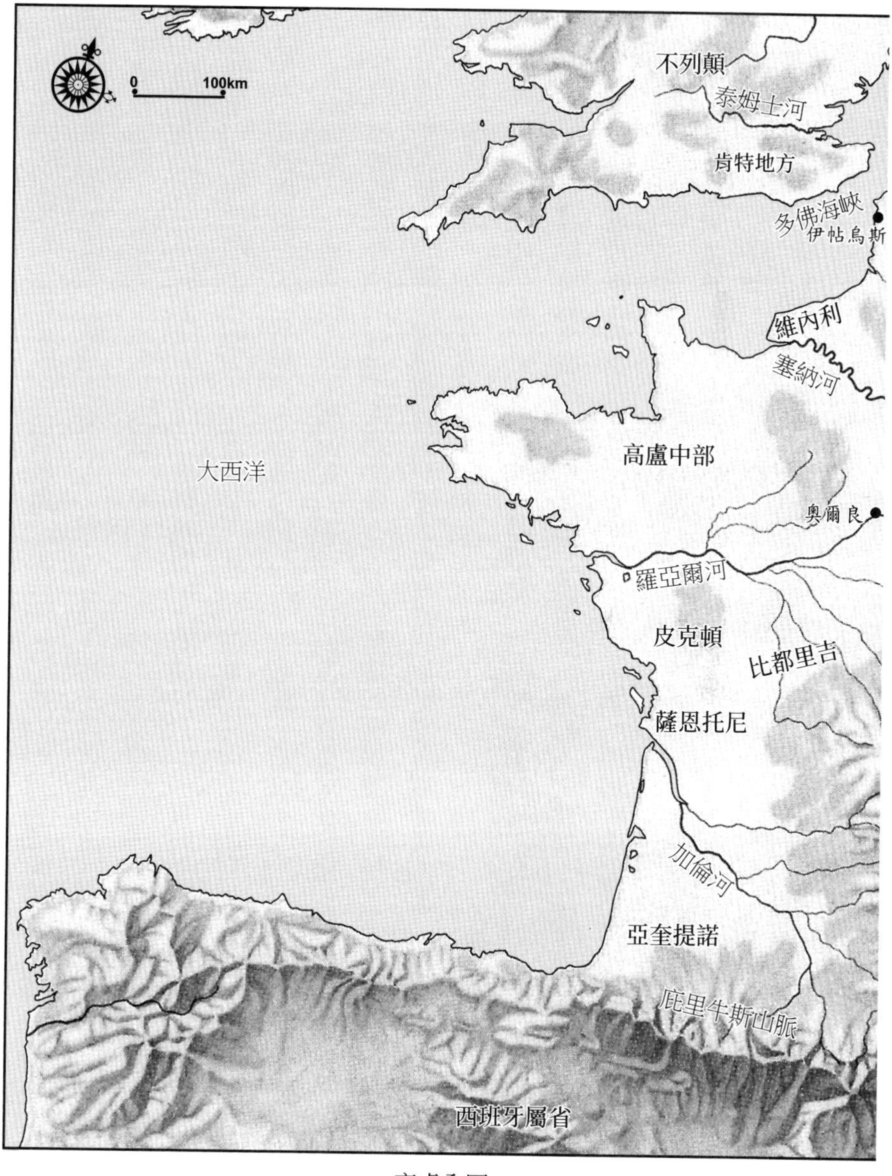
0
100km
不列顛
泰姆士河
肯特地方
多佛海峽
伊帖烏斯
維內利
塞納河
高盧中部
大西洋
奧爾良
羅亞爾河
皮克頓
比都里吉
薩恩托尼
加倫河
亞奎提諾
庇里牛斯山脈
西班牙屬省

高盧全圖

散開來，開始向萊茵河的西方浸透。

因此而感到受不了的是居住在列曼湖（法語：Lac Léman）東邊的赫爾維提族。赫爾維提這種稱呼至今仍被使用，就是指瑞士人。與日耳曼人相爭而敗北的人，感到有股來自東邊的壓力推擠著他們，於是決定逃向更西邊、更瀕臨大西洋的高盧最西部不列塔尼亞地方。

包括小女孩、鄰近小部族等同行的舉族遷移，總共約三十六萬八千人，其中的九萬二千人是青壯年，身負戰鬥工作的男子。遷移準備在二年前就已經開始了，自備的食糧為二個月份，而且毫不眷戀地燒掉十二個鎮和多達四百個村落。問題是，要從哪個方位朝西方移動呢？

有兩條路：一條是由集結地傑內瓦（現在的日內瓦）直接通往西邊的道路；另一條是由傑內瓦的一條道路沿著隆河（Rhône）到南邊，可進入邊境的羅馬屬省。接著，再穿過稱為「阿爾卑斯山以北高盧」的羅馬南法屬省的北邊，由歐維紐族地方再度進入高盧，沿加倫河北上，至目的地不列塔尼亞。

第一條直接前往西邊的道路具有捷徑的優點，但是卻必須穿過黑杜伊族等強悍部族居住的地帶，通行穿越通常會惹來戰事。如果走第二條道路，雖然須大費周章繞南方的路迂迴而行，但是如果能得到羅馬屬省的認可，就能將在接二連三的戰鬥中犧牲人命的風險減到最低。

赫爾維提族的首領決定將開始遷移的日期，定在西元前五十八年的四月，他向羅馬的屬省總督請求批准通過屬省。那年的總督是凱撒，他對這項請求明確地拒絕了。拒絕的理由有二：一是可公開說明的理由，二是不可公開說明的理由。

第一，三十萬的人、行李車和家畜，不可能毫無滯礙地通行而過。站在保障屬省人民的安全與屬省防衛的立場而言，只有拒絕了。

第二，凱撒其實一開始就反對這項遷移活動。赫爾維提族所決定的目的地——不列塔尼亞地方，並非無人之地。那裡長年居住著皮克頓族和薩恩托尼族，而這兩族也沒發出任何邀請的訊息。因此，即使途中能擔保沒有戰事，卻能預見到達目的地之後可能引起的戰爭。如果這是導火線，使戰亂擴及至眾多部族分立的全高盧，將會產生大批的難民，難民可能會逃向南方沒被捲入戰亂的地區。凱撒負責位於南方羅馬屬省的事務，自然沒有給予通行許可的理由。

但是，此時凱撒心中一定有一種想法吧！那就是一年前，在自己還是執政官時，接受日耳曼人領袖阿利歐維斯圖斯的請求，給予他「羅馬公民的友人及同盟者」的稱號，實在是一種反效果。承認他是羅馬的同盟，實是將他納入羅馬的統治之下。因此，這個日耳曼人就以為對高盧人可以不太在意，隨心所欲做自己想做的事也無所謂。遭受日耳曼威脅的赫爾維提族，不得不捨棄先祖傳下來的土地。

赫爾維提族並沒有因為被凱撒的拒絕而打消遷移的想法，他們不得已採用第一個提案直接西行的計畫。但是，在尚未開始正式遷移時，早已與住在遷移方向的其他高盧部族之間發生衝突。於是赫爾維提族的遷移計畫再度改為南行。凱撒接到這份報告的時候，人在羅馬，還沒前往任地。

高盧戰役第一年

西元前五十八年
凱撒四十二歲

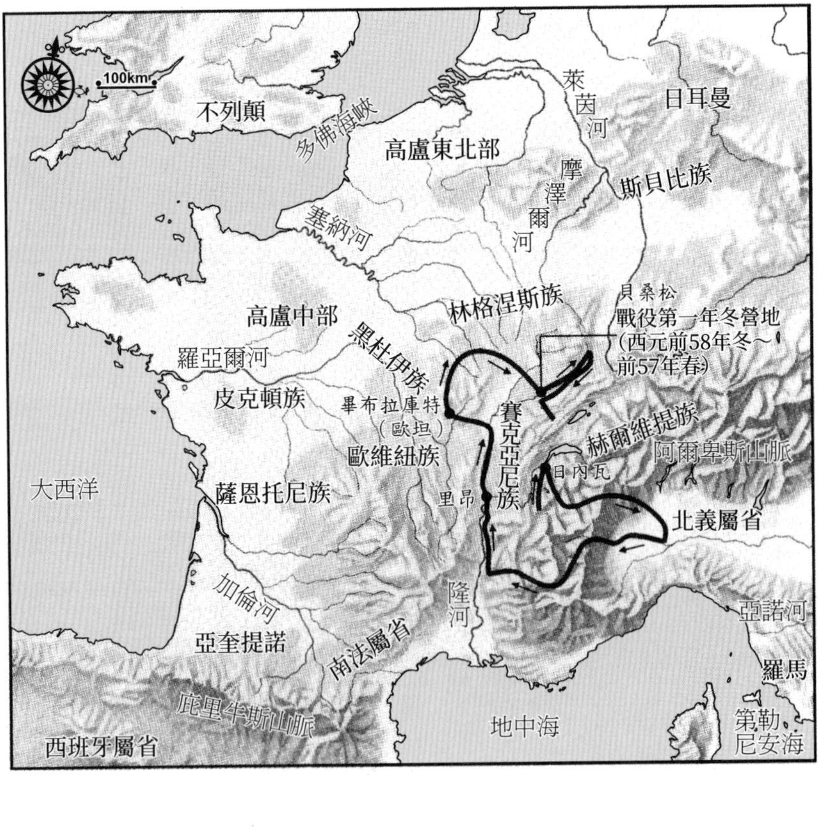

照說具前執政官資格身份的人即將赴任屬省總督，羅馬境內會舉辦連日的慶宴，然後再由家族、親戚及眾多"Client"（被保護者）歡送，風風光光地出發，這樣的事應是很平常的。屬省總督被賦予羅馬的軍事責任，如果能在防衛國家的任務上有所建樹，對同門的男子或"Client"而言，可就有被拉拔的期望了。此外，羅馬男子喜愛「莊重」這個詞彙，所以在出發就任屬省總督的這件事上，也必須莊重。凱撒將有長達五年的期間無法回羅馬，因此舉辦一場既莊重又盛大的出發場面，是理所當然的。但是，將屆四十二歲的凱撒，在離開羅馬時，除了對自己很親近也很牽掛的母親——奧雷莉亞叮嚀頻頻，以及明確指示接下來的工作之外，並沒有再花時間準備其他的事情。他的出發場面既不隆重也不盛大，甚至沒有引起市井羅馬人的注意，就這樣簡單樸素地結束了。因為他在拒絕赫爾維提族的請求之後，立刻緊隨著數名騎兵急忙向北馳去。

這數名騎兵分別是凱撒親自任命的副將——拉比埃努斯，以及基於羅馬良家有將子弟託付給他人，以訓練武將的習慣，而託付給凱撒的年輕人。這群年輕人中，有「三巨頭政治」中克拉蘇的長男、與凱撒有親緣關係的狄奇阿斯·布魯圖斯、凱撒的姪子昆托斯·佩迪斯，他們都在二十五至三十歲之間，年輕是這群貴族子弟共同的特徵。貴族出身一開始就享有將官的待遇；然而，對才剛來接受武將訓練的人，似乎無法賦予全權重責。因此，凱撒讓平民出身的拉比埃努斯擔任將官們的領導。與凱撒同年紀的拉比埃努斯在開始從事政治活動的前五年，也就是西元前六十三年，就與凱撒兩人齊心協力。從「元老院派」的眼裡看來，他是只會惹麻煩的同僚，因為那一年，拉比埃努斯擔任護民官。

西元前五十八年春，赴任地後的凱撒緊急召集管轄下的四個軍團——第七、第八、第九、第十軍團。距離較近的只有第十軍團，其他三個軍團位於現代義大利的東北部地方，屯駐於古代的重要基地亞奎雷亞。即使四個軍團合起來，也不過僅有二萬四千名的兵力。這個時候，凱撒已經命令再編組第十一與第十二兩個軍團。軍團的新編成必須經由元老院的許可，他判斷時間上並不那麼充裕。凱撒沒等從亞奎雷亞出發的三個軍團到達，也沒等另兩個軍團的重新編成。他只下了指示，要到達與編成後的軍團追上他，而他自己只率領第十軍團，越過阿爾卑斯山。然後在由列曼湖經日內瓦流出的隆河岸邊停了下來，一副若無其事的樣子。他還未越過高盧和羅馬屬省的疆界，而是在邊界的地方現身。

即使只是這樣，就很夠讓赫爾維提族感到驚慌了。他們派出使節，要求凱撒准許他們通行羅馬屬省內，這是三月底的事情。凱撒當時並未給予使節答覆，只是委婉說道：由於需要時間考慮，請過半個月後再來。這是為了爭取時間。在這段期間內，凱撒為了防止他們由中部高盧向南邊屬省入侵，就在隆河南岸圍起長達二十八公里、高四．八公尺的防衛柵，防衛柵前方還挖掘了一條濠溝。這項工程由第十軍團的士兵擔任。然後，在四月十五日那天，才對來訪的赫爾維提族使節斬釘截鐵地回答拒絕他們通過屬省。

於是，赫爾維提族又再度陷入了混亂。他們覺悟到如此一來，只剩下西行一途了。他們請求住在西方的黑杜伊族去說服住在那條路線的賽克亞尼族。黑杜伊族是中部高盧中最強大的部族，而且也與羅馬擁有友好國的關係；部族的有力人士中，甚至有人被授與羅馬公民權。

黑杜伊族的首領了解赫爾維提族的困境，便說服賽克亞尼族讓他們通行。說服成功了。然而，三十萬人的移動要不生任何枝節倒也是件難事。不得已借道而行的一方與無可奈何讓其通行的一方，兩者間所起的小摩擦一下子就擴大開了。混亂的波濤甚至殃及黑杜伊族的土地，黑杜伊族後悔自己居中協調，但是為時已晚。那段期間，凱撒與他的軍團絲毫沒有放鬆對南法的監視。因為在文官控制的「元老院體制」之下，羅馬軍在國境尚未遭受侵略的情況下，不可以隨意出動，而必須專心致力於防守保衛的工作。

但是，由於赫爾維提族的通行所造成的混亂，有超越混亂演變成戰亂的趨勢。亂了方寸的黑杜伊族向約定互相防衛、有同盟關係的羅馬求援，也就是向距離高盧最近的羅馬總督請求派遣援軍。

屬省總督凱撒在這種情況下，理應依照元老院的指示；但是那時，他判斷沒有再等下去的時間了。西元前五十八年五月，凱撒與他的軍團越過南法屬省邊界，進入高盧，進入之後立刻在魯古都努（現在的里昂）與黑杜伊族的代表會面。高盧戰線成了羅馬與黑杜伊族的共同戰鬥。不過，與高盧人的合作是凱撒不太放心的「信賴關係」，但是這與對敵方不信任而發動的戰爭不同。在政治上，有時即使對敵方也不得不信賴。凱撒在高盧同時展開了戰爭與政治兩方面並進的措施。

賽克亞尼族與黑杜伊族的領土境內，有一條阿拉烏河（現在的索恩河），它是一條由北方流入隆河的支流之一。由於水流和緩，可以用筏渡河。根據凱撒派出的偵察兵帶回來的報告，赫爾維提族正群聚在那條河，有四分之三的人已經渡河，剩下四分之一的人還留在原來的岸邊。凱撒只率領三個軍團，半夜離開了駐軍營地。

在遭遇突襲，全體被分為二的狀況下，赫爾維提族人自然不是羅馬軍團的敵手。留在原地岸邊的赫爾維提族，被殺的被殺，能逃的則逃。已經渡河到對岸的同族人束手無策，於是戰鬥就這樣結束了。

然而，凱撒在這段期間也並未浪費時間，他要造一座橋。軍團兵搖身一變為工兵，一天的工夫就造好了一座橋。

赫爾維提族一見到羅馬人的技術能力，大吃一驚，便派遣使節向凱撒要求講和，並傳話表示願意遷移至凱撒所指定的地方居住。凱撒以提供人質為擔保及賠償黑杜伊族損失為條件，答應了這項求和。但是使節並不贊成這樣的條件。使節在表示己方只有接受他方人質的習慣，並無提供人質的習慣之後，隨即揚長而去。於是交涉決裂。凱撒派出六個軍團追蹤往北方前進的赫爾維提族。半個月來追蹤的距離，雙方一直保持不超過八十公里以上。而這段期間對凱撒而言，衍生出的問題是有共同戰鬥關係的黑杜伊族所提供的軍糧，常常耽擱，不過凱撒對這件事，也以信賴的態度來掩飾他不信任的疑慮。無論如何，黑杜伊族所派來加入的四千名騎兵，對原本在騎兵戰力上就不充分的羅馬軍而言，是不容忽視的戰鬥力。再者，赫爾維提族以騎馬民族之名廣為人知，這對與赫爾維提作戰的凱撒而言，是相當重要的助力。此外，凱撒是在敵人的陣地戰鬥，武將輔以政治家的力量都是不可欠缺的。

對在敵人陣地戰鬥的總司令官而言，最直接的課題是兵糧的確保，這一點幾乎與戰鬥指揮有同等的重要性。戰爭並非為了自尋死路，乃是為了生存而戰。如果戰爭開始轉變成自尋死路的行為時，就會喪失原本清醒的理性和立身之地，於是一切都會變得瘋狂；如果能明白戰爭是為了求生存，那麼也就能維持組織的健全性。而其中連一個士兵都懂而且最清楚明白的要項，就是糧食的確保。凱撒一輩子也不會忘記它的重要性。

羅馬軍團決定每十五日，就有以一日一公斤為份量的主食小麥及其他配給。細目為八百五十公克的小麥、一百五十公克的油脂、二十公克的乳酪再加上少許的醋。士兵們接到配給後，分成十人左右的小班，各自炊煮開火。只要配給的發放比預定日期遲了，即使是士兵也知道是兵糧的不足。追隨在變更行進路線的赫爾維提族之後的凱撒，即使有時遇到大好戰機，也不得不中止追蹤，因為配給預定日遲了兩天，無法確保有充分的兵糧。

在東北方十八羅馬哩（約二十七公里）處，坐落著黑杜伊族的首都畢布拉庫特（靠近現在的歐坦），因此為了確保兵糧，凱撒率軍團往東北行。然而一個參加羅馬軍的高盧騎兵與敵人私通，於是赫爾維提族又掉過頭返回而行。也許是因為羅馬軍一直未活用接二連三的好戰機，而讓赫爾維提族小看了他們？或是赫爾維提族想切斷他們的兵糧補給？赫爾維提族首度挑起對羅馬的戰火。軍團後背遭受攻擊的凱撒，立刻應敵迎戰。

當步兵軍團皆登上附近的山丘時，凱撒就派出騎兵團迎敵。就在騎兵對抗敵人的攻勢時，由沙場老手所組成的四個軍團，已依照羅馬軍傳統的三列陣形在山腰配置妥當了；在後方則配置了新編成的兩個軍團以及由羅馬公民兵以外的士兵所組成的職業機動部隊。而裝載帳篷等物品的輸送車隊，則隔離於山丘的頂端，以免士兵分心。羅馬兵在整個山丘做了這樣的配置。

羅馬軍分中隊、大隊、軍團，各有指揮官坐鎮；而高盧人的陣形，卻採希臘式全軍密集的隊形，從山丘下方發動猛烈的攻擊。

這場戰鬥的陣形是依照凱撒的命令排出，稱得上是背水一戰吧！由於布陣於山丘坡地，所以要逃走並不是件容易的事。相對於一遇到情況不對，能立刻揮鞭策馬的騎兵，凱撒自己做了步兵化的帶頭示範。他寫道：

「這是為了主張同等犧牲、斷絕士兵們對逃亡的期待。」

如此一來，就只有戰鬥一途了。所幸步兵主要武器之一的擲槍，從山丘斜坡射向敵方那支大型密集隊伍的命中率相當高，這支大型密集隊伍也因此而潰散了。羅馬第一軍的全體士兵一窩蜂地拔刀狙擊潰散的敵軍。

對陷入守勢的高盧兵而言，還有一項不利，那就是羅馬軍的擲槍前端已被改良成彎曲的式樣，在穿過敵人的盾牌時，會掛在上面，目的就是要讓敵軍很難將它從盾牌上拔起。在與赫爾維提族的戰鬥中，這樣的目的又見效了。中了二公尺長槍的盾牌，簡直毫無用武之地，高盧人丟棄了盾牌，在無盾牌防禦的情況下戰鬥。

於是，原本較凱撒三萬士兵多出三倍、占有優勢的赫爾維提族，也開始向後退，然後又不得不退守了。然而在一．五公里後方山丘上追擊退守敵人的羅馬軍，由於右手未持盾牌，因此遭到了其他與赫爾維提族共同行動的高盧部族士兵攻擊。見到這個情勢的赫爾維提族，也從原本的落荒而逃，轉為下山再戰，於是羅馬軍成了兩面迎敵的局面。不過，正因為面臨這個局勢，讓三軍的陣形得以靈活發揮。第一和第二列迎戰赫爾維提族，第三列則迎戰新敵，兩方戰鬥，開啟了攻防的第二部。

勝負分曉時，已是日落以後的事了。高盧人也是相當驍勇的，從第七時（下午一點）開始至戰鬥近尾聲的日落時分，沒有一個人逃走。生還的高盧人當晚便敗走往東北方向行去。

凱撒無法立刻追擊他們。據他記載，為了照護傷兵及埋葬戰死的士兵，羅馬士兵禁止外出活動達三天

現在	羅馬時代
6時（午前）	黎明
7時	第1時
8時	第2時
9時	第3時
10時	第4時
11時	第5時
12時	第6時
13時	第7時
14時	第8時
15時（午後1時）	第9時
16時	第10時
17時	第11時
18時	日落
19時–21時	第一步哨時 又 第一夜警時
22時–24時	第二步哨時 又 第二夜警時
1時–3時	第三步哨時 又 第三夜警時
4時–6時	第四步哨時 又 第四夜警時
6時	子夜

羅馬人的一天（計器——水時計、砂時計、日時計）

之久。但是，也沒有理由因為犧牲人數眾多就讓軍隊裹足不前。第四天，全軍再度展開追擊。那三天，是不是為了要讓歷經五小時激戰的士兵能休息喘氣呢？不可忽略的是，凱撒並非帶領親手拉拔的軍團戰鬥。第七、第八、第九、第十軍團並非是他一個一個挑選，編組而成的軍團，只不過是由前任指揮手中承繼過來的軍團；第十一、第十二軍團雖然是新編成的，但也未經凱撒挑選過。而藉由高盧之役的戰鬥，這些軍團成了凱撒拉拔、親近的部屬。他不是個會選部下的領導者，而是個能靈活運用部屬的領導者。要能靈活運用部下，就必須適時地給與部下所需要的東西。

也許是凱撒考慮過，即使休息三天也無所謂吧！在畢布拉庫特的戰鬥中，赫爾維提族遭受了無法東山再起的重創。那些生還的人，打算逃往林格涅斯族；而凱撒早就派遣使者，傳達幫助逃亡者將被視同逃亡者一般，皆為羅馬敵人的訊息。經過三天的休息後，羅馬軍再度展開追擊時，赫爾維提族已陷入無法南行、也無法西行、東北邊也無遁逃之地，無食糧供應的狀態。於是，他們只好向凱撒請求原諒。

在他們交出人質與武器的情況下，講和成功了。凱撒命令他們重新返回捨棄了的土地。不過，由於他們在捨棄祖先之地時，就已毫不留戀地燒了家園和田地，即使回去也只有坐以待斃。凱撒下令給予南法屬省的高盧人一些糧食援助，在這批糧食食盡以前，要將燒掉的城鎮和村落重建起來。凱撒這麼做的理由，是因為如果赫爾維提族的土地閒置無人居住的話，將有被渡過萊茵河前來定居的日耳曼人占領的危險。

從三十六萬八千人的初次遷移到回歸原來土地時，僅剩十一萬人。於是瑞士人又繼續住在瑞士了。如果不是這樣，現在法國的某處可能會被稱作瑞士也不一定；也或許瑞士人就消失無蹤了。

日耳曼問題

解決完赫爾維提族問題後，凱撒才歸營，就收到了高盧諸部族首領們的戰勝祝賀。他們在徵得凱撒的同意後，於畢布拉庫特召開高盧的部族首領會議。雖然由赫爾維提族的遷移所產生的混亂已經收場了，但是今後的高盧該如何是好呢？這是會中所討論的議題。凱撒並沒有出席這場會議，不過，會議的議長是黑杜伊族的首領迪比奇阿庫斯；這號人物可是出了名的親羅馬派，因此凱撒在其中操縱的可能性很高。總之，高盧部族首領會議結束後，代表們拜訪凱撒，陳述會議的結論，希望凱撒能實行這項結論提及之事。

簡單地說，就是代替高盧與日耳曼交涉。越過萊茵河的日耳曼民族，剛開始不過只有一萬五千人，但是在急遽增加之下，現在達十二萬人之多。萊茵河以東生活環境的嚴苛，從激增為十二萬人的數目就可想而知。而現在侵入萊茵河以西的日耳曼人族長阿利歐維斯圖斯的力量非常強大，欺壓鄰近的高盧族，甚至高盧民族中最大的黑杜伊族，也被強行要求交出人質，以及每年繳交貢金。對高盧人而言，讓日耳曼問題複雜的原因是，與同為高盧民族之黑杜伊族互競勢力的歐維紐族和住在高盧東部的賽克亞尼族來往，有招致日耳曼人至高盧開啟戰火之虞。於是以與羅馬友好的黑杜伊族為首，請託凱撒來解決他們解決不了的日耳曼問題。黑杜伊族的首領迪比奇阿庫斯，向凱撒說了下面一番話：

「如果凱撒和羅馬不給予任何協助，高盧全族將仿照赫爾維提族這個前例，只有開始向更遠的地方移動了。

但是，因著對您凱撒和對您軍團的信望，以及基於前些日子的大勝與羅馬之名，相信您一定能夠阻止更多的日耳曼人再渡萊茵河，解放全高盧，免受阿利歐維斯圖斯所帶給我們的屈辱吧！」

黑杜伊族的首領說完話，其他部族的首領們也異口同聲地期望，要求凱撒接受這項任務。凱撒對這樣的請求，首先說了些鼓勵的話語，接下來所說的，直譯的話就是「約定將妥善處理」。凱撒這裡的「妥善處理」，所指的是「執行」的意思。

凱撒回答「妥善處理」的理由，他依照自己慣用的條列方式書寫如下：

一、即使被稱呼為羅馬友人的黑杜伊族，也不得不如同被奴隸般，向日耳曼人提供人質，這樣的情況對羅馬本身是相當不名譽的事。

二、如果日耳曼人渡過萊茵河大舉湧入高盧，這對羅馬也是一件危險的事。因為，如果比高盧人更未開化、更好戰的日耳曼民族，征服稱霸高盧，不只會令人想起金布利族和鐵脫尼族的前例，眼見他們入侵義大利。與日耳曼人交情親近的賽克亞尼族居住地帶與羅馬南法屬省邊界，只隔了一條羅馬河。

三、阿利歐維斯圖斯力量之強大，已經超過周圍其他部族所能忍耐的界限。

不過，凱撒對日耳曼的策略，首先還是選擇以商談的方式來解決。但是，在要求會談所派出的使節上，阿利歐維斯圖斯做了如下的回答：

「如果我有必要和凱撒會談，應當由我去凱撒那裡拜訪。話說回來，是凱撒認為有會談的必要，所以應該是他過來我這裡才對。還有，我不會不帶軍隊前往有凱撒軍團的高盧之地，況且軍隊的移動並非易事。」

然後，日耳曼人的首領還相當驚訝地附加一句話：

「身為羅馬將軍的凱撒，為何要對日耳曼人戰鬥所得的高盧之地表示關心呢？真叫人難以理解。」

對這樣的反應，凱撒再度派出了使節。這次他讓使節將會談的議題帶過去。

一、不再讓日耳曼人渡過萊茵河、遷居高盧。

二、釋放黑杜伊族的人質。

三、不讓黑杜伊族以及同盟部族，經歷屈辱的戰爭。

如果能依照這樣的要求實行，阿利歐維斯圖斯和他日耳曼的部屬，就能享有與凱撒以及羅馬國的友好關係；如果不能如願，那麼按照羅馬法，身為南法屬省總督的凱撒，絕對會不惜手段來保護羅馬利益與友邦子民的利益。凱撒絕不會對不法欺侮黑杜伊族的人，不施予任何處罰而置之不理。

阿利歐維斯圖斯也很快地送回了答覆。

「『勝者為王』是戰爭的鐵則。羅馬國也常以自以為是的方式來統治手下的敗將。我從不向羅馬進言該如何如何對待戰敗者，也因此，我沒想到羅馬人會教我如何處置戰敗者。黑杜伊族決定以武器和我方戰鬥後失敗，正因為戰敗，才被課以年貢金。凱撒造成我莫大的損失，由於他來到高盧，才使得年貢金減少。我並無歸還黑杜伊族人質的意願，如果沒有其他正當理由，能夠繼續繳交年貢金，自然就不會開啟戰事。但是，如果有理由的話，即使他們擁有羅馬友邦的稱號，也是沒什麼用。而凱撒在斷然宣稱不放過不法者的同時，應該也曾想到，到目前為止與我敵對的人，還未曾有不衰敗滅亡者。如果凱撒有進攻的意思，那麼，就儘管進攻吧！連凱撒都日日不忘訓練武備，這正證明了他承認十四年來，不曾因安居而有所鬆懈的日耳曼子民是多麼地驍勇。」

阿利歐維斯圖斯的這番回答，無疑是最後的通牒。再者，情勢有了急遽的變化。也許是日耳曼首領的強硬態度漸漸地反映出來了吧！首先是先前渡過萊茵河前來的日耳曼人開始不安分了，凱撒很快就收到他們即將發動襲擊的報告。接著，又收到日耳曼民族中最強悍的斯貝比族正渡河準備大舉集結的報告。凱撒判斷是因為書信的往返，浪費了太多的時間。絕對不允許已經定居的日耳曼人和新來的日耳曼人相會合作。凱撒向全軍下達出陣的命令，目的地是阿利歐維斯圖斯所在之處。凱撒一開始，就採第二種行軍速度。

在第II冊《漢尼拔戰記》中也敘述過，羅馬人是做什麼都喜歡手冊化的民族，就連軍團的行軍速度也分成三種。然而，這是多達數萬軍力的行軍，以日速，也就是依照每天的行走距離，可分為下面三種：

一、平時的行軍——五小時，走二十五公里。
二、強行軍——七小時，走三十至三十五公里。
三、最強行軍——不論晨昏，盡可能地走。

通常士兵們身上都背負了將近四十公斤的武器及糧食。羅馬軍的主力——重裝步兵，在身高上不如高盧人及日耳曼人，但卻都是身手矯捷強健，若非如此就無法擔負重任。

向東追蹤日耳曼人的凱撒軍團行軍速度，出發當初是採第二種的強行軍，而這也在三天後被迫有所變更。開始進軍的阿利歐維斯圖斯正朝貝左提歐（現在的貝桑松）移動，這樣的報告傳了進來，貝桑松為賽克亞尼族的根據地，這是當然的事。食糧和武器的貯藏也很多，地勢也如同以量角器畫出的圖一般，河川包圍著位於山丘上的城鎮。這塊地區絕不能落入敵手，如果交給敵人，那麼凱撒軍隊的兵糧補給就得仰賴有百里之遠的黑杜伊族之地了。將行軍速度提升至第三種的凱撒軍隊，不一會兒就到達貝桑松，而且輕而易舉地得到這個地方。賽克亞尼族一方面出席高盧族長會議，一方面又和日耳曼人走得很近；而凱撒的電擊作戰，迅速得讓他們連想都沒法想。這也是凱撒採用最強行軍的另一個理由。

在貝桑松做了數天的準備與休息時，期間，有些與日耳曼人在生意上有往來的高盧商人，向凱撒的士兵報告有關日耳曼人的情報：日耳曼男子的魁梧體格、靈活運用武器的技巧與勇猛；戰場上的日耳曼人，他們雄偉的體格與銳利的眼光，震懾得令人無法動彈等等。羅馬兵直接與日耳曼人對決的歷史，必須追溯至馬留斯時代，也就是四十年前的事。原本羅馬男子的個子就比較矮，連高盧人也對此嘲笑揶揄。驚恐很快地浸透了軍團全體，之後的敘述，我想直譯《高盧戰記》來代替。

凱撒諷刺和幽默感洋溢於字裡行間的寫作功力，實屬絕品。

「這樣的恐慌，先是發生在因和凱撒沾上邊而參加此次戰役，缺乏戰場經驗的年輕將官身上。他們當中有些人，向凱撒提出有急事不得不離開的休假要求；有些人則因恥於被視為膽怯而留了下來。但是即使留下來，也無法裝出朝氣勃勃的樣子，不是坐在帳篷裡一個人獨自流淚，就是和同伴們聚

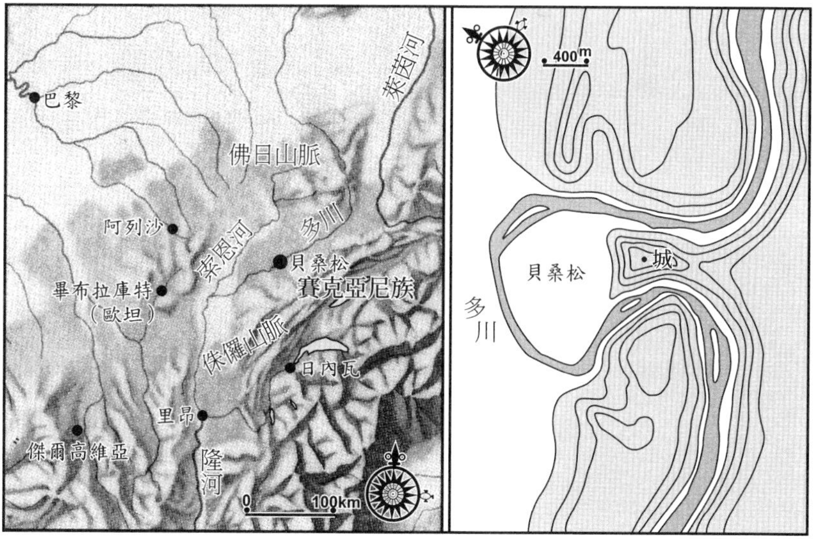

貝桑松位置圖

集在一起，互相感嘆自己所遭受的命運。宿營地滿是蓋遺言書封印的聲音。這樣的恐慌，甚至漸漸地滲透到原本應已習慣沙場的熟練士兵、百夫長以及騎兵團長身上。不願讓別人窺見自己已經陷入驚恐的人說道：『日耳曼人並不可怕，日耳曼軍所在之處，有艱險的路程及深邃的森林，那才是可怕呢！』有的人則說：『要將軍糧運到那樣的路，真是令人擔心呀！』還有人甚至向凱撒發出緊急報告：『如果總司令官凱撒下達撤離宿營地的出發命令，士兵們拒絕舉軍旗前進的可能性非常大。』

事情至這個地步，凱撒召集包括百夫長在內的全體將領列席作戰會議。」

通常在作戰會議上，列席的有軍團長和大隊長，百夫長中只允許指揮第一大隊第一中隊的首席百夫長出席。這一年，由於凱撒率領六個軍團，那天的作戰會議中，連平常沒有出席資格的三百名百夫長也被召集。平常的作戰會議約是一百三十人左右，而那天有四百三十人出席。這顯示了凱撒意圖在當天的作戰會議中，立即傳達所有的軍勢。接著譯文如下：

「在作戰會議席上，凱撒首先痛叱大家對戰略抱持批判、質疑態度，然後又說道：

『在我擔任執政官的時候，阿利歐維斯圖斯極力爭取與羅馬建立友好關係，而現在為什麼毫無理由地破壞原本期望的關係呢？我自己深信，他如果非常理解我的要求，並且了解這項措施的公正性，就不會認為我和羅馬公民違反了對他的承諾。即使他被瘋狂所驅使而挑起戰事，你們又何須驚恐？為什麼要對你們自己的勇敢和我的判斷抱持懷疑呢？在我們的父執輩一代，羅馬就曾經和日耳曼民族開戰。那是在馬留斯毀滅金布利族與鐵脫尼族的時候，後來還有奴隸戰役（日耳曼人很多），但是他們之所以能與羅馬軍激戰，也多是從羅馬人處學得的戰術及軍規。由這些例子看來，明顯地，只有不屈不撓的意志，才是在戰爭中致勝的最佳武器。事實上，長久以來無由地害怕日耳曼人的羅馬人，與日耳曼人對決時，是可以打敗他們的。雖說是日耳曼人，連赫爾維提族有時還戰勝他們，兩者是同樣的民族，而那個赫爾維提族，不正吃過我們的敗仗嗎？……

將內心的恐怖推託在行軍路途艱險和擔心欠缺軍糧的人，只能說是沒考慮到自己目前處境的放肆、冒昧。因為那些人，如果不是不信任總司令官的責任感，就是擅自說些並未徵求總司令官意見的事。身為總司令官的我，已經考慮過這些事情，也在這方面做了若干考量。兵糧之事，由賽克亞尼族、雷烏契族與林格涅斯族提供，而且現在正值農作物收成季節。有關行軍的路程，等行軍開始，你們再自己親身確認吧！

此外，有人在背地裡竊竊說道，即使我下達出師的命令，士兵們也不會服從，軍旗也不會尾隨在後。我對這樣的風聲並不介意，因為帶不了兵的將軍，不是因為戰略錯誤而招致幸運遠離，就是因為被財欲所驅使，做出不正當的行為。我的公正與無私，已經印證在我的前半生中；我的幸運也在對赫爾維提族的勝利中顯示出來了。

現在，將我本想再過一段時候才告訴大家的事情，先公布出來。明天晚上，一進入第四步哨時，我就離開宿營地，這也是為了明瞭在你們的心中是榮譽感和義務感戰勝呢？還是恐懼、疑慮戰勝了？即使沒有跟隨前來的人，我也會只率領第十軍團出發。第十軍團的忠誠度是不容置疑的，而在那之後，第十軍團將成為我的近衛軍團。』」

這充分顯示凱撒掌握人心的技巧。無需多言，即使對方是女人，也會被他說動。凱撒當晚的演說，立刻傳遍宿營地，所有士兵的士氣為之一變。第十軍團的士兵在自己指揮官的指揮下，向凱撒宣誓了自己的忠誠與義務，並且宣告完成了出征的準備。其他的軍團也同樣地派出指揮官向凱撒道歉，保證以後再也不批判總司令官的戰略。凱撒接受了他們的致歉，承認他們仍為他的部下。

士氣高漲時，就得好好活用，經與黑杜伊族首領迪比奇阿庫斯商量的結果，決定行軍路線雖為平坦之路，但須繞道七十五公里的路程，並且依照作戰會議中宣布的日期與時刻出發。經過七天的強行軍後，根據偵察兵帶回來的情報，阿利歐維斯圖斯在距離三十六公里之處。

知道凱撒正逐漸接近的日耳曼首領，派使節傳達凱撒可至自己支配的土地，雙方舉行會談的意思。凱撒也應允了。會談地在兩軍之間的寬廣高地上，日期定在五天以後。阿利歐維斯圖斯提出兩個首領皆不帶步兵，只帶騎兵的要求，凱撒也答應了。因為日耳曼人對有名的羅馬重裝步兵深懷恐懼。日耳曼人的軍隊主力不是步兵而是騎兵；但是，凱撒軍的騎兵團是由以黑杜伊族為首的高盧騎兵所組成的。在高盧人的保護下與敵方將領會談，令凱撒感到不安；於是他換下高盧騎兵，而改指派第十軍團的重裝步兵為追隨赴會談場所的騎馬隊。第十軍團的士兵笑著說：「凱撒雖然約好要將我們升格為近衛隊，但是現在將我們升格為騎兵，這又是更好的待遇啊！」羅馬人是很喜歡開玩笑的。

兩方互相接近，在登上高地之路的三百公尺前，凱撒命令騎兵團待機，阿利歐維斯圖斯也同樣這麼做。之後，按照日耳曼方面的要求，凱撒只率領十名騎兵，驅馬前進。這又是接受阿利歐維斯圖斯的要求，以騎在馬上的姿態展開會談。所使用的語言，應該是高盧語吧！阿利歐維斯圖斯在高盧生活了十四年，已經通曉高盧語了，凱撒方面，則由與凱撒有私人情誼的高盧人擔任祕書工作。

會談首先由凱撒發言，發言的要旨如同交換的書簡所說的。凱撒以下面的發言做結：

「不坐視與自己有友好同盟關係的民族衰敗下去，並且致力於更繁榮、更名譽之途，這是羅馬國民的傳統。因此任何一位羅馬人，都無法對與己方有同盟關係的黑杜伊族被奪走、喪失所有物之事，視若無睹。我只是要再重複託付你的使節所帶回去的要求，請勿再對我的同盟部族——黑杜伊族做出可能會導致戰爭的挑釁動作；請將他們被迫送過去的人質送還，並且也歸還俘虜。我不要求將已經遷居至高盧的日耳曼人遣返，但是，至少可以立誓不得再渡過萊茵河。」

而阿利歐維斯圖斯的反對，也重複了在書簡中所提及的立場。不過他強調，日耳曼人並非擅自越過萊茵河、侵略高盧，而是被高盧人召喚才渡河而來的。他甚至要凱撒別出手管羅馬南部屬省以外的高盧，如果出手就會引來戰事；雖然凱撒說發生戰事就會破壞了與羅馬的友好關係，但是他自己卻不這麼認為。如果凱撒死於戰場上，羅馬的許多貴族會感到高興；如此一來要得到他們的好感自然就容易多了，這是日耳曼人的說詞。連羅馬的「元老院派」與凱撒各執己見之事，也在他們的掌握中，真是情報專家。

在凱撒開始提出反論的時候，跟隨阿利歐維斯圖斯前來的日耳曼騎兵，便開始接近凱撒帶來的騎兵，並且扔擲石頭，情勢一下變得十分危險。凱撒中止了發言，返回到己方的騎兵處，命令他們立刻離開這裡。雖說第十軍團的步兵所向無敵，但敵方可是純粹的騎兵。將培養出來的士兵做無謂的犧牲，這種事只有重視面子的指揮官才做得出來。

恐怕凱撒在舉行會談之前，已經判斷戰鬥必至的結果了。他是要藉由這個會談，讓將士以及在遠方的羅馬，接納這場在全力避免後依然發生的戰鬥吧！接著，真如同他的預測，兩軍互相逼近戰爭。

但是，阿利歐維斯圖斯並不急著在自己的領地內開戰。一開始，他先驅使占優勢的騎兵，去切斷凱撒軍方面的兵糧補給路線。凱撒並未上當，他在敵陣的附近築營，預備挑起會戰。然而雖已迫近敵陣，但是敵方並未出營。凱撒又再築第二個營地，繼續加以挑釁；敵方雖然派出少許兵力，並且可見出營應戰的樣子，但是還沒有到全軍出戰的地步。

凱撒無法理解究竟是怎麼回事，詢問俘虜以後，才恍然大悟，原因是源自日耳曼民族有請已生子的女性占卜是否為出戰時機的習慣。據說這一次所抽到的籤顯示：沒有月亮的新月期間訴諸戰事，日耳曼人並不會得到勝利的眷顧。當然，凱撒利用了這一點，決定第二天清晨就展開決戰。

日耳曼方面的戰力究竟如何？凱撒並未告訴我們。但是先前他曾提到十二萬人，從凱撒描述的「相對於敵人的龐大數量，我軍顯得人數很少」這句話中，可見兩方的兵力。特別在騎兵方面，凱撒方面仰賴高盧的四千名騎兵，敵方的六千名騎兵則處於絕對的優勢。再者，日耳曼民族的戰鬥方式不同於羅馬人，通常連女性都會一起被帶到戰場。這樣的作法，也許正顯示了日耳曼民族的流浪型民族性，以及期待由女孩子的激勵和哀求，讓男子們奮勇站起的習慣。面對凱撒毅然決然的挑戰而不得不出迎的阿利歐維斯圖斯，也讓乘載著女孩子的馬車隨行，如此阻斷士兵們的後路，可說是一個背水之陣的布局。

另一方面，凱撒所採用的陣形，比起背水之陣，就顯得較有餘裕了。首先，六個軍團分別配置軍團長，指揮的工作由凱撒擔任，因此他們無需做指揮官的工作，而是負責監督每個士兵的作戰狀況。於是，每一個士兵都確信只要自己願意奮戰，這樣的英勇矯健，一定會傳到凱撒的耳中，看在凱撒的眼裡，他們帶著這份確信上戰場去了。

在高盧戰役的第二戰中，凱撒雖未布下背水之陣，但是卻使用了正確掌握敵情的戰術。見敵陣的右翼較為薄弱，就由那裡展開先制攻擊，原本實力較差的地方，又遭受對方的先發攻擊，簡直是連擲槍招架的時間也沒有就潰散竄逃。再者，日耳曼人和高盧人很類似，即使在戰爭開始時的突擊力很強烈，卻有隨著戰爭耗時愈久，氣力也跟著衰減的缺點。凱撒也未忘記針對此弱點加以痛擊，而凱撒之所以能夠使用臨機應變的戰術，是因為羅馬軍的構成統一為中隊、大隊、軍團的順序；即使戰術有所變更，各隊依然能夠因應配合而獨自行動。凱撒對這種羅馬軍的構成傳統，並未稍加改變，而是更有效率地活用了。日耳曼人和高盧人一樣，慣用以希臘式的大型密集隊形展開戰鬥。這種隊形，即使前方的攻擊力很強，兩側卻是不成氣候；再說，日耳曼的騎兵每個人單獨的力量很強，但是日耳曼人的指揮官，並不懂得活用統合騎兵團的機動力量。

儘管如此，敵方在眾多人數的兵力下似乎占了優勢。羅馬軍的右翼正遭受比自己多出二倍以上的敵人攻擊，而陷於劣勢；扭轉這危機，解救右翼軍的是小克拉蘇。他是「三巨頭」之一克拉蘇的長男，這位青年將領被委任指揮騎兵團的任務，他發覺到第三軍列的士兵們並未被靈活運用，於是就率領他們去支援右翼。這正是勝敗的決定性關鍵。

終於敵軍皆轉身而逃。日耳曼人逃向距離戰場七．五公里的萊茵河，凱撒親自率領羅馬的騎兵團展開追擊。騎兵的後面則緊隨著隊伍毫不凌亂的步兵軍團。日耳曼人尋獲筏或小舟後渡河的人很少；阿利歐維斯圖斯的兩個妻子和一個女兒被殺，另一個女兒被俘。被他們捉去的高盧人，全都回復了自由身。

這場戰爭的結果一傳開來，原本想渡過萊茵河，正向河附近集結的斯貝比族，放棄遷居高盧的打算，而返回自己原來的土地。阿利歐維斯圖斯雖然逃至萊茵河以東，但是也在一年後寂寞地死去了。

高盧戰役的初年，就打了兩場勝仗的凱撒，提早在九月中旬讓全軍以冬季紮營的形式長時間休息。羅馬軍在高盧的初冬營地，決定設在賽克亞尼族的根據地貝桑松；由那個位置，可以清楚地從高盧監視萊茵河對面那邊的動靜。冬營地的最高責任委託給副將拉比埃努斯，凱撒自己越過南方的阿爾卑斯山；他所負責管轄的地域達三個屬省，因此擁有自南法經北義至現在斯洛伐克的廣大地域。凱撒一方面巡視那裡，另一方面準備執行屬省總督另一項任務——內政和司法的工作。

西元前五十八年的戰役，有諸多事項成了影響後世的發端。在此特別值得一書的是，羅馬人稱為雷努斯河的萊茵河，在凱撒的安排下首度明確地劃為羅馬的基本防衛線。此外，河川和海比山脈為更佳防衛線這樣的概念，成了羅馬人戰略的最初基礎。

那段時期的羅馬

當人必須託付別人事情的時候，可分為兩種人：一是詳細交代指示別人所託付的事；二是將任務交給別人，卻不交代細節指示。這與是否對別人完全信賴，幾乎無關。前者是自己本身得到細節指示後，才覺得辦事容易的人，而後者則是相反。凱撒完全是屬於後者。然而，採循後者的情況，多少有些賭博的意味，不順利的情形也很多，這時委託人就得自己處理善後。只不過，「不順利」除了可能是全部不行，也有可能是某方面行但某方面不行。因此，在作善後處理時，究竟是該立刻處理，還是可以再拖一陣子，便成了一項重要的判斷。出身名門貴族卻自請成為平民的養子，立志擔任向來只限平民或是格拉古兄弟之流的平民貴族才能出任的護民官，並且處處與元老院作對的克勞狄斯，在曾經助他一臂之力的凱撒眼裡，便是屬於後者。

前往高盧的凱撒要求克勞狄斯盯好「元老院派」，但是，護民官卻做了超過盯好「元老院派」以外的事。第一個目標是西塞羅。

克勞狄斯敵視西塞羅的理由有二：

一、在波娜女神祭那晚，以女裝侵入凱撒住宅的裁判中，西塞羅粉碎了克勞狄斯不在場的證據，險些讓克勞狄斯被打入有罪之名，他因而懷怨在心。

二、西塞羅只是出身於地方，本應屬於祖先中無出任執政官的非元老院階級，卻非但成為羅馬人口中的「新進者」，還儼然擺出一副「元老院派」代表的樣子，並且買了坐落於羅馬最高級住宅地帕拉提諾山丘上豪邸中的豪邸——克拉蘇的豪邸，而因此得意自喜。克勞狄斯對這種一步登天的人，產生了出身名門者對他的輕蔑。

真心話原本就只能放在心上，如果暴露了本意，目的恐怕難以達成。凱撒託付他盯好「元老院派」的任務，同時也給了他武器，也就是給了他做某事的旗幟、名義，那就是凱撒自己在「加帝藍的陰謀」時所提出，卻並未受承認的——羅馬公民應有控訴權；克勞狄斯將「未經公民裁判所判決的死刑是違法的」這件事再抬出來。

西塞羅在克勞狄斯和平民建立認養的親緣關係後，有了不好的預感，那個時候凱撒還在羅馬，西塞羅便將自己的不安告訴他，商量該如何是好。西塞羅與凱撒兩人雖在政治思想上對立，但是就學問教養方面，卻是比誰都來得投緣，很談得來。明知凱撒是捧克勞狄斯出頭的人，還和他商量，我只能感嘆西塞羅是個好人。

凱撒向西塞羅提出願意任命西塞羅為幕僚人員之一，來高盧以冷卻世間喧囂輿論的建議。在這之前，「元老院派」的另一個人，也是很嘮叨的小加圖，凱撒已計畫分派他負責埃及王放手的塞浦路斯 (Cyprus) 羅馬屬省化的任務，將他自羅馬隔離。如果能將西塞羅也自羅馬隔離，就能達成盯住「元老院派」的目的。小加圖所持的力量，是清廉的名聲以及一開始演說就不知疲倦的體力；而西塞羅所擁有的力量，則是能夠博得大眾喝采的偉大雄辯。如果能除去這兩個人，「元老院派」的力量也就大幅減少了。但是，西塞羅只把凱撒的建言當作是一種善意，並沒有接受；因為他相信，萬一有什麼事發生，龐培會為他出馬。

西元前五十八年三月，護民官克勞狄斯提出了將未經裁判即處死擁有羅馬公民權的人，判以驅逐罪的法條。其中未提及西塞羅的名字，然而，五年前的「加帝藍的陰謀」中，未裁判加帝藍的五人同志，即將他們處以死刑的責任者，正是那年的執政官——西塞羅。克勞狄斯的目標是西塞羅，任何人都看得很清楚。四十八歲的西塞羅為了自克勞狄斯的攻勢中保全而出，便想請出龐培幫忙。但是，龐培並不想和前來阿爾巴別墅訪問的西塞羅會面。「三巨頭政治」之一的克拉蘇也只是顧左右而言他。原是處於「三巨頭」庇護之下的執政官，然而他們兩人都在西塞羅的面前，閉上了門窗。元老院也僅是以同情的態度看待此事。絕望的西塞羅心想市民會站在自己這邊吧！於是他披頭散髮、穿著喪服向羅馬廣場走去，並且叫住行經的市民，向他們訴說自己的委屈。然而，五年前那些曾經喝采、稱他為救國英雄的市民，竟然都避開他，改道而行。

克勞狄斯所提出的這條法律的投票日，預定在三月二十日舉行。西塞羅在前天夜裡就離開了羅馬。不過，他心想雖說小加圖不在，但是「元老院派」也沒有理由就這樣通過克勞狄斯的法案，於是便在距羅馬不遠處邊走邊等待。只是，結果卻更為惡劣，得知西塞羅逃脫的克勞狄斯，又追加了下條項目，並且就此通過了。於是西塞羅的資產不但被破壞、沒收，就連如果進入國境七百五十公里以內，也會立即被逮捕。因此他也不可能逃到北義大利或是西西里島(Sicily)。含著眼淚，依依不捨地告別家人的西塞羅，只好由布林迪西渡海至希臘去了。在這段期間，護民官一聲令下，帕拉提諾山丘上的豪邸化成了灰；那塊土地也在克勞狄斯的提案之下，決定建蓋一座掌管自由之神的神殿。西塞羅所擁有的兩棟別墅，也被沒收，拍賣光了。

原本就是「寫信魔手」的西塞羅，在這個被驅逐的處境裡，發出了許多信到各地，當然包括在羅馬的龐培；就連在高盧打仗的凱撒也成了他發信的對象。而感嘆自己遭受流放之變，希望能早日幫助他歸返羅馬的內容，成了所有信件的共通之處。「愛哭蟲西塞羅」這個綽號的由來，也是源自這時期的信件。從僧院的書庫發掘出西塞羅《書簡集》的，是中世紀末期的義大利詩人佩脫拉克，他是中世紀文藝復興時代的代表文人，也是醉心於西塞羅的哲學論者。但是他也坦承，在看到這些書簡，尤其是流放國外的書簡時，的確使他對西塞羅的評價大為動搖。就連對西塞羅極具好感的《列傳》的作者普魯塔克，也批評他不善忍受逆境。然而換個角度來看，其實這不也是「具人性」的意思嗎？

高盧戰役第二年

西元前五十七年
凱撒四十三歲

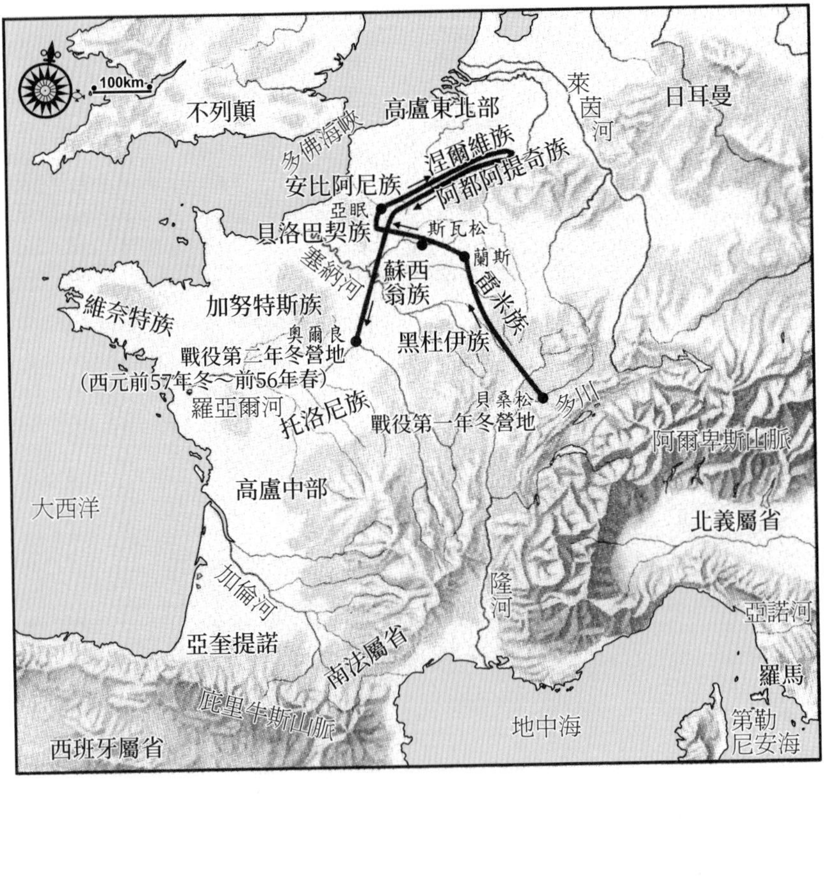

塞納河東北

凱撒將全部高盧大致區分為三個部份。凱撒不像後世的殖民帝國那般，幾乎無視住民與生活樣式不同，只以直線型區分，而是將語言、風俗習慣、住民的相異，甚至連自然環境的差異都列入考量後，區分出三個部份。

其中之一，是由流入大西洋的加倫河南側至庇里牛斯山脈，也就是在法國的西南部，亞奎提諾族所居住的一帶。這個地方，離已是羅馬屬省的南法相當近；而比起北邊的高盧，這是一個挾庇里牛斯山與西班牙為鄰且關係較濃厚的地方。

其中之二，是說希臘語的克爾特人、說拉丁語的高盧人所集中居住的地方。北邊以塞納河與馬恩河為境，東方則以摩澤爾河 (Mosel) 為境，南法屬省和亞奎提諾地方則為南邊的邊界，屬於中部高盧。按現在的說法，就是包括法國一半以上、德國西側部份以及瑞士地帶。住在這片廣大地方的人，在古代即與希臘、羅馬有所接觸，多少和文明有所接觸。南法的馬賽是與羅馬幾乎在同一時期建國的希臘人殖民都市國家。希臘人擅長經商，馬賽繁榮的原因之一，就是與居住內陸高盧人通商的緣故。之後，隨著羅馬的強大，羅馬人與挾阿爾卑斯山鄰住於北義大利的高盧人關係，往來也愈加頻繁。黑杜伊族與羅馬有同盟關係，部族中的有力者還享有羅馬公民權。凱撒高盧戰役的第一年，戰場就在中部高盧東側一帶的地方。

剩下的最後一個部份，是以塞納河、馬恩河、摩澤爾河為南境；西北至東北處以多佛海峽、波羅的海、萊茵河為境，就現在的觀點而言，是從法國東北部經比利時到荷蘭南部一帶的地方。渡過萊茵河的日耳曼人，已經定居這一帶很久，凱撒將這地方分類為相對於高盧人而言，屬於具日耳曼民族血緣的一帶。羅馬人稱住在這裡的人為比利時人(Belgae)，表示包括比利時人在內生活於此地的住民，他們是高盧人中最具戰鬥力的。理由之一是，凱撒認為「比利時人住在距『人性化』的南部羅馬屬省相當遙遠之處，商人也不到那裡，因此接觸奢侈品軟化精神文明的機會，也就非常少」。「人性化」這個字眼是採直譯的方式，現代的譯者會譯成「文明化」。凱撒認為比利時人最具戰鬥力的第二個理由是，他們與住在萊茵河以東的日耳曼民族爭鬥之事已是家常便飯了。即使原本出身自同一民族，但是對移居較久，並且定居生活下來的人而言，新來的加入者就是敵人吧！這樣的比利時人就成了凱撒迎接第二年高盧戰役時的對手。

西元前五十八年至前五十七年的冬營期，正當凱撒致力於南法與北義兩屬省的統治時，比利時人蠢蠢欲動的傳報訊息愈來愈頻繁。凱撒在貝桑松冬營副將拉比埃努斯所發出的報告中，證實了此事。凱撒決定編組兩個新的軍團。新編組軍團士兵的募集工作，在凱撒管轄下的北義屬省完成。由於這次也是未徵求元老院許可而進行編組，因此沒有理由召集來自盧比孔以南義大利的志願兵。與前年那兩個軍團的新編成一樣，這次又是凱撒自費供應維持，還買了努米底亞騎兵及克里特的士兵等具特殊技能的外國傭兵，以支援隊名義加入。此外，凱撒也積極採用具羅馬軍傳統、能成為忠實伙伴的當地兵，高盧戰役中的當地兵是以黑杜伊族為首的高盧地方羅馬派部族。凱撒軍的總數有八個軍團四萬八千，加上外國傭兵五千，再加上高盧當地四千名騎兵，總計五萬七千名。另一方面，比利時人的戰鬥兵力總數是將近四十萬的龐大戰鬥力。

凱撒沒等這兩個新軍團的編組完成，就派遣幕僚佩里阿斯，擔負起率領已編成軍團前赴當地的任務，他自己在考慮好兵糧的準備與補給方法後，就趕快越過阿爾卑斯山。到了副將拉比埃努斯駐守的貝桑松冬營地後，凱撒首先做的就是用盡各種方法，盡可能地蒐集當地的情報。

根據蒐集到的情報顯示，至今仍未與羅馬人接觸的比利時人開始摩拳擦掌的理由如下：

一、他們認為只要羅馬的霸權入主高盧中部後，羅馬軍的下個目標，將會是在高盧東北部的己方領土。

二、出於「既然不許日耳曼人入侵，當然也就不能讓羅馬人入侵」的這般氣概。

三、在這個弱肉強食的地方，他們認為如果羅馬的勢力進入，強的部族將攻擊弱的部族，並且使他們屈服從屬，這隱憂讓他們感到害怕。

有著這個一致想法的比利時人，顯得相當團結。他們以蘇西翁族的首領葛魯巴為總大將，藉侵入高盧中部之舉，策動對羅馬先發制人之計。

知道這些事的凱撒，判斷如果有所延誤將會產生嚴重的後果，就立刻捨離基地，與軍隊走了十五天的強行軍，到達了比利時人的領土邊境。

住在距邊境最近的雷米族，由於沒想到凱撒軍如此迅速就到達了，立場立刻動搖。雷米族馬上派遣使節，誓言服從恭順，並且協助羅馬軍的軍糧補給。不戰而勝乃為兵法的基本法則。凱撒相當感激與蘇西翁族有友邦關係的雷米族的歸順，他們所送來作為人質的部落中有力人士兒子，也因此受到至羅馬留學的厚遇，於是雷米族就成了凱撒的同盟者了。並且，由雷米族方面所得到的情報也較為正確。凱撒因此知道了比利時人的戰力，除去雷米族之後，敵方兵力總數為二十九萬六千人；也知道他們和住在萊茵河以東的日耳曼人有共同戰鬥的約定。其中，對凱撒有利的是，知道比利時大軍一共是由十二個部族組成的聯軍。儘管如此，這三十萬大軍一舉出動了。

凱撒沒等對方進攻過來，就率領全軍，越過流向諾維歐杜努（現在的斯瓦松）以北的索恩河，先攻打敵方的前陣，再進攻敵方領地內。渡河後，馬上在那裡修築陣營地。

將敵地內的陣營地築於河川附近高地上的理由，凱撒對此的說明如下：

「陣營地要具有地勢上的有利點。背有川流，使得面對敵人攻擊，守衛背後的同時，雷米族及其他支持者的兵糧補給能不受到威脅。由於在河川之上設有橋梁，所以能渡橋而來的對岸就成了要塞，凱撒派給幕僚撒比努斯六個大隊，以為警備之用。再者，陣營地的前方低地處，左右築起三・五公尺高的防柵並且挖掘五・四公尺寬的塹壕。」

明顯地，這是基於不讓敵人包圍築於高地陣營地所做的考量。剛好在河川對岸的陣營地前面，有一片如寬廣平野的寬廣濕地，在這方面也有削敵之勢，凱撒軍就在這樣的陣營地，等待比己方多出五倍的敵人。

由北側進軍而來的比利時軍隊行軍路線上，有雷米族的城鎮，與凱撒的陣營地有十二公里的距離，比利時軍隊首先襲擊那個要塞城鎮。

凱撒寫道：比利時人與高盧人的戰法類似。全軍壓境，一起向防柵上的防衛兵投擲石頭，趁防衛兵們害怕、防躲，各自以盾牌擋在頭上，如縮頭龜之狀時，再接近防柵，點火燒門，並且越過柵欄。這樣的戰法就龐大的軍力而言，實為具有效果之法。他們在攻擊雷米族的行動中，也使用了這個戰法。馬上，凱撒就接到了由防衛部送來的援助要求。

對凱撒而言，當然不會就此不理。不僅不能助長敵人聲勢，對於剛結成友邦的雷米族，也有必要給予投靠羅馬是得利的感覺。凱撒立刻派遣努米底亞與克里特的士兵、馬羅卡(Mallorca)諸島的投石兵，此舉具有增強防衛能力、削弱攻擊方面的效果。放棄攻擊雷米族城鎮的比利時軍，以凱撒陣營為目的地，南下而來。由羅馬軍陣營處望去，十二公里的廣大平原上，盡是比利時軍隊群集的帳篷與焚火升起的煙。

起初，凱撒是想避開會戰的，因為他見到敵人的數目眾多、勢力強大，判斷這並非訴諸會戰的適合時機。因此，僅派出騎兵反覆交戰，以觀察情勢，這招具有相當的成果，連步兵的士

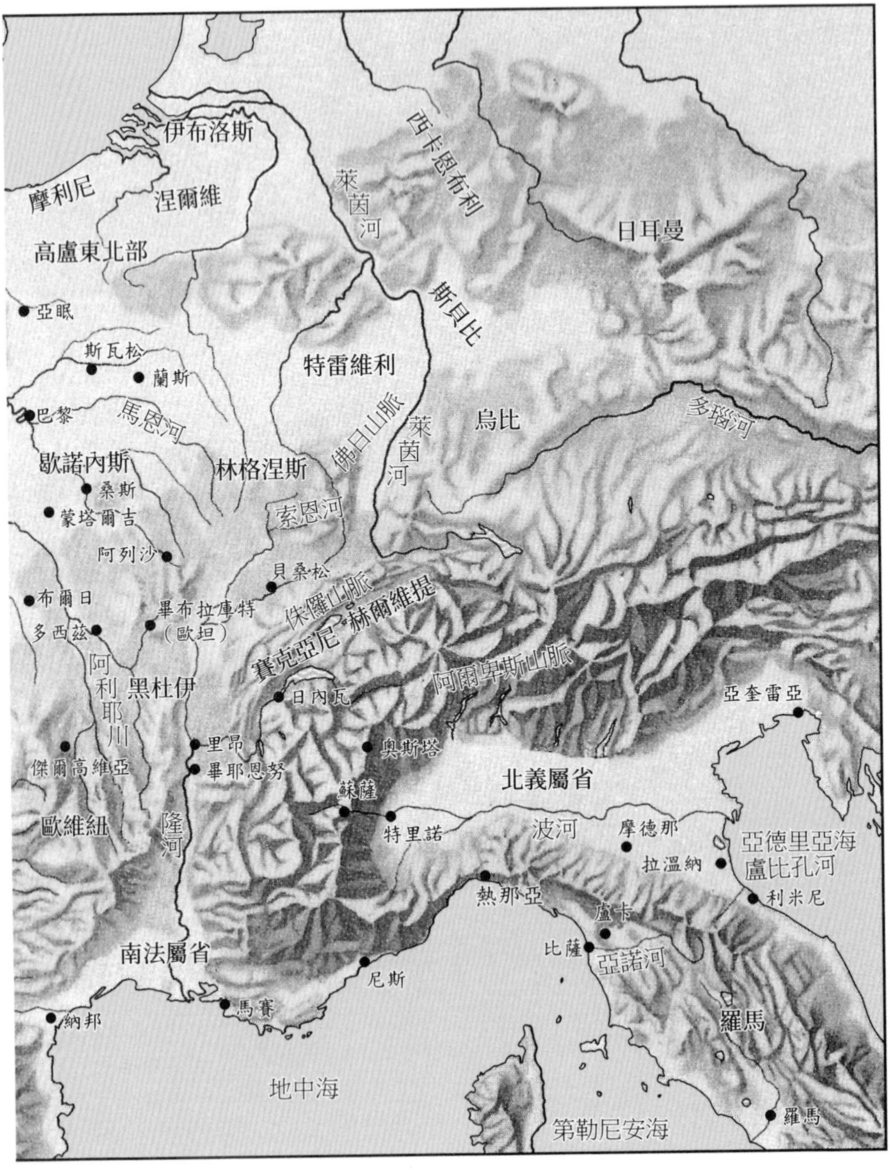
伊布洛斯
摩利尼
涅爾維
高盧東北部
萊茵河
西卡恩布利
日耳曼
斯貝比
亞眠
斯瓦松
蘭斯
特雷維利
巴黎
馬恩河
佛日山脈
萊茵河
烏比
多瑙河
歐諾內斯
林格涅斯
桑斯
蒙塔爾吉
索恩河
阿列沙
貝桑松
布爾日
畢布拉庫特
(歐坦)
侏羅山脈
多西茲
赫爾維提
賽克亞尼
阿利耶川
黑杜伊
阿爾卑斯山脈
日內瓦
亞奎雷亞
里昂
奧斯塔
傑爾高維亞
畢耶恩努
北義屬省
蘇薩
歐維紐
特里諾
波河
摩德那
亞德里亞海
隆河
拉溫納
盧比孔河
熱那亞
利米尼
盧卡
比薩
南法屬省
亞諾河
尼斯
馬賽
納邦
羅馬
地中海
羅馬
第勒尼安海

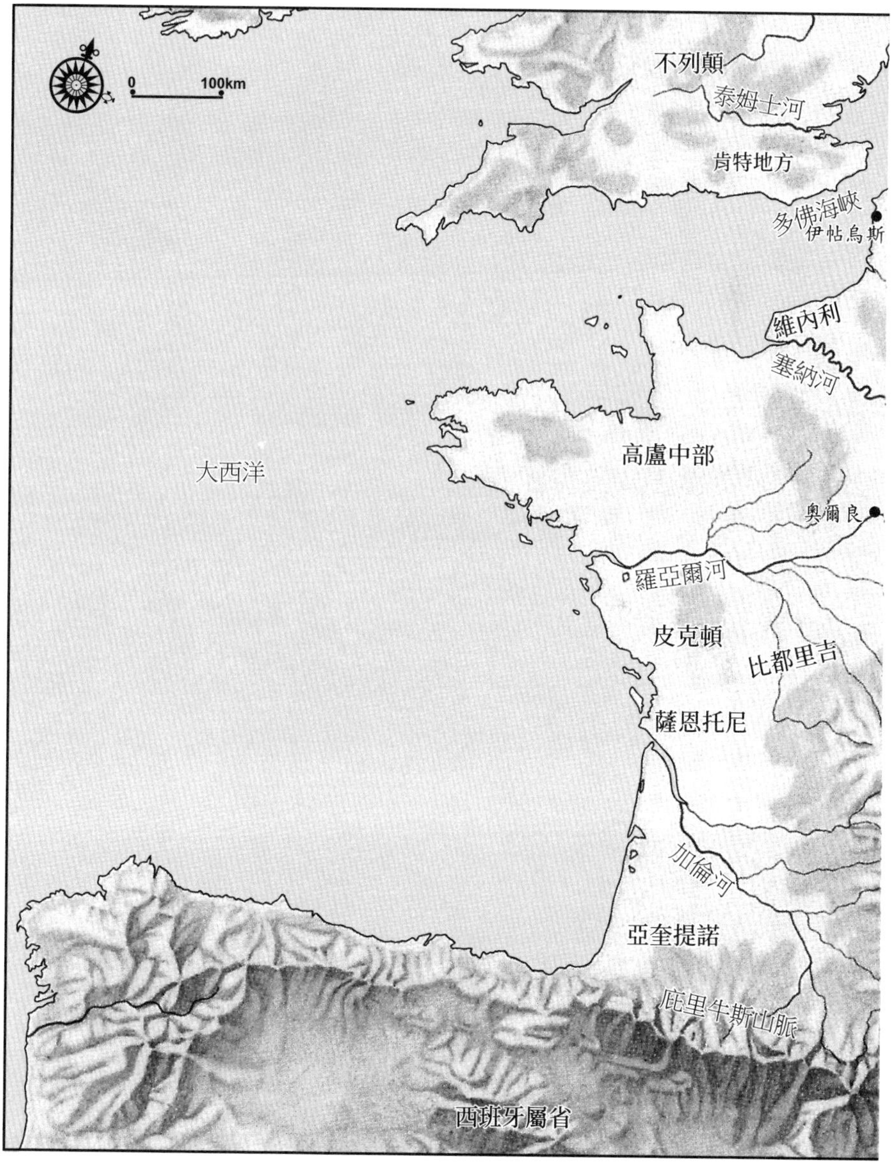
0
100km
不列顛
泰姆士河
肯特地方
多佛海峽
伊帖烏斯
維內利
塞納河
大西洋
高盧中部
奧爾良
羅亞爾河
皮克頓
比都里吉
薩恩托尼
加倫河
亞奎提諾
庇里牛斯山脈
西班牙屬省

高盧全圖（再次刊載）

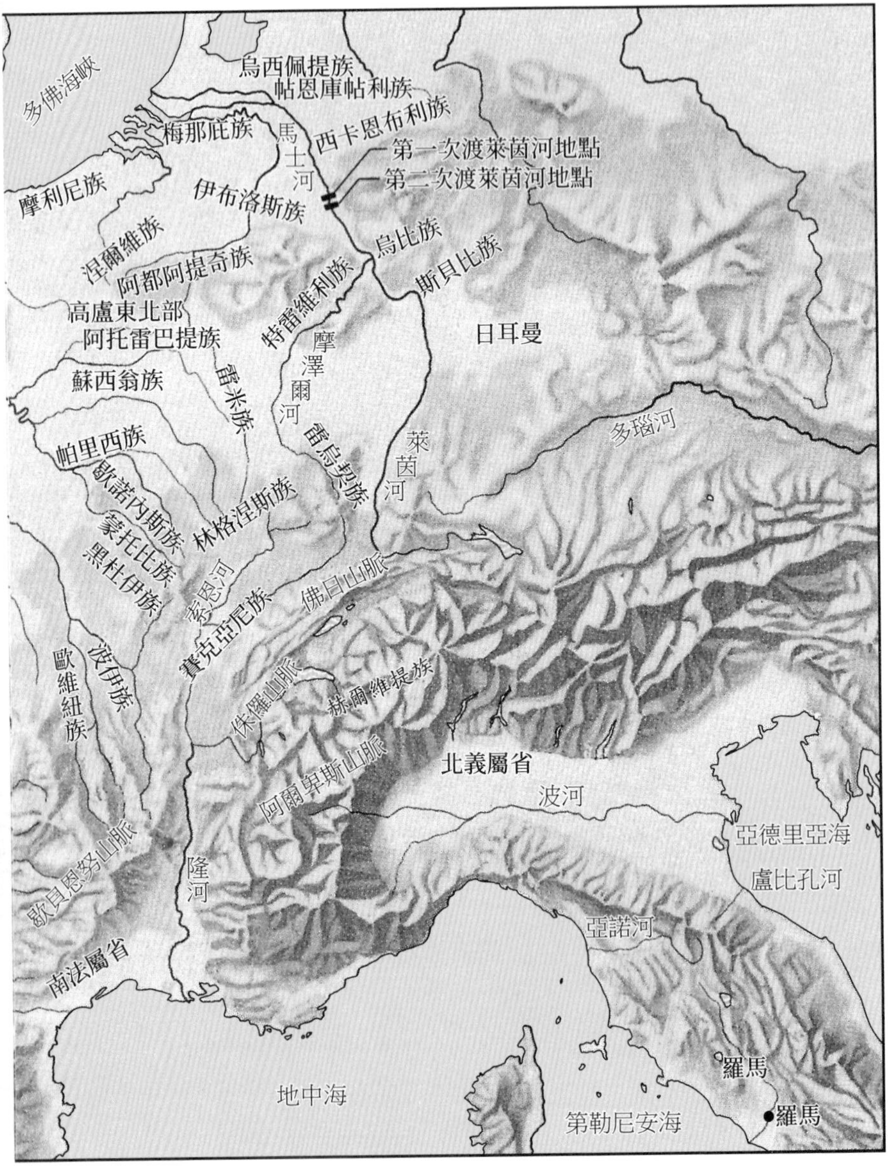

烏西佩提族
帖恩庫帖利族
多佛海峽
西卡恩布利族
梅那庇族
馬士河
第一次渡萊茵河地點
第二次渡萊茵河地點
摩利尼族
伊布洛斯族
涅爾維族
烏比族
阿都阿提奇族
斯貝比族
特雷維利族
高盧東北部
阿托雷巴提族
日耳曼
摩澤爾河
蘇西翁族
雷米族
多瑙河
帕里西族
雷烏契族
萊茵河
歇諾內斯族
林格涅斯族
蒙托比族
黑杜伊族
索恩河
佛日山脈
賽克亞尼族
波伊族
歐維紐族
侏羅山脈
赫爾維提族
阿爾卑斯山脈
北義屬省
波河
亞德里亞海
歇貝恩努山脈
隆河
盧比孔河
亞諾河
南法屬省
羅馬
地中海
第勒尼安海
羅馬

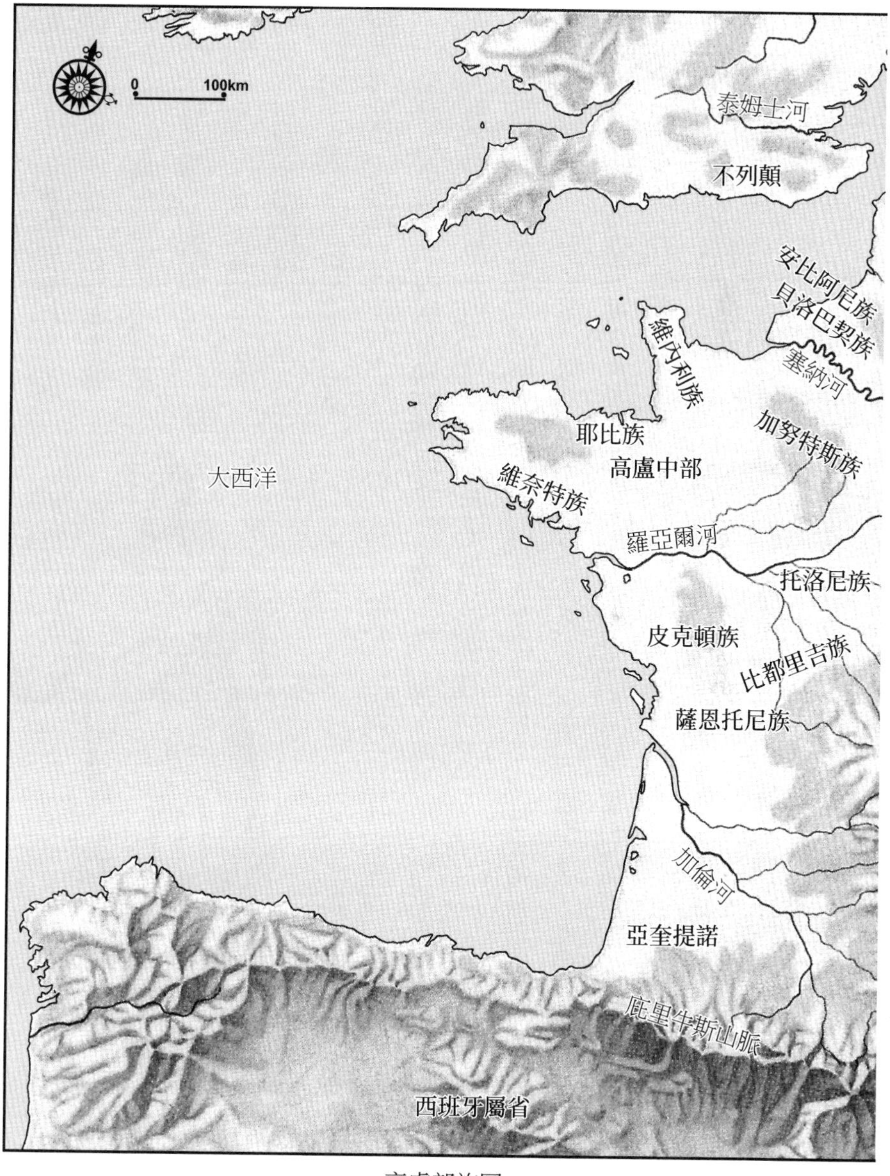
0
100km
泰姆士河
不列顛
安比阿尼族
貝洛巴契族
維內利族
塞納河
耶比族
加努特斯族
大西洋
高盧中部
維奈特族
羅亞爾河
托洛尼族
皮克頓族
比都里吉族
薩恩托尼族
加倫河
亞奎提諾
庇里牛斯山脈
西班牙屬省

高盧部族圖

氣也為之一振，凱撒才決意會戰。但是，凱撒的務實性並非僅靠士兵的士氣，已建築在當地左右的防柵與塹壕，也發揮了防止戰場擴大的作用。於是，比利時軍為了攻逼過來，必須繞道寬廣濕地帶的兩側，進入被隔開、劃分了的戰場。一個狹小的戰場，對擁有眾多兵力那方反倒不利。而實際上的戰況正如凱撒預期般地展開了。

羅馬最高司令官的服裝

凱撒為新編成的兩個軍團準備與兼具守衛工作，留在陣營地，他派遣六個軍團，約三萬六千人到戰場，而敵方則一口氣投入了三十萬的全員。

比起被羅馬軍砍殺打倒的人數，比利時軍所蒙受的損失，反倒是被自己的同胞在混亂中壓死的情形較多。放棄正面攻擊的敵方，採取分為左右，進軍河川的方式，他們打算渡河，進攻橋連結處的陣營要塞，再從背後進攻本營。凱撒立刻將六個軍團調回陣營地。同時，他自己則領先率領努米底亞的騎兵和輕裝步兵全員到對岸去。渡橋到對岸去的凱撒軍，情勢已呈迎擊渡川而來的敵方之勢。在全員無法一起渡過的情況下，敵人自然也就僅投注少許的戰力。對凱撒而言，只要好好地制服他們就足夠了。

儘管正面攻擊與背後突擊都告失敗，比利時軍也還殘留後路，就是不斷重複地咬牙從正面和背後攻擊。然而，這樣行動的可能性，也在凱撒的考量範圍內。

羅馬軍首先就考量了兵糧的確保與補給路線之事，而高盧、比利時、日耳曼人，卻只考慮到在當地籌措戰時的補給。西元前五十七年的比利時人，各部族皆由自領地向遠地戰鬥。戰勝敵人、分獲軍糧之事，在羅馬人的抵抗下，成了不可能的夢想，而小麥尚處於未成熟的季節。為數眾多的士兵之間，也有了內鬨的情形。凱撒先前布好的一著棋——命令友邦黑杜伊族蹂躪比利時人中實力最強的貝洛巴契族領地一事——這時也開始產生了效果。戰況不佳、兵糧不足，加上掛心原自領地，各部族因此同意暫先回去自領地，在當地互相聯絡繼續作戰。

戰略雖獲得共識，但是選在半夜出發卻不可行。退卻之勢已幾近敗走了。凱撒也沒讓這個機會逃掉，確認敵方即將撤兵的隔天早晨，凱撒就發出了追擊命令，要佩迪斯和寇達所率領的騎兵團先出，再由副將拉比埃努斯率領的三個軍團跟進。被羅馬軍追上的比利時軍的後衛，也很果敢地應戰了；反倒是走在前頭，前進中的本隊顯得驚慌，士兵們的隊伍七零八落，紛紛向四面八方逃逸。而隨伺在側的羅馬兵，彷彿布下網似地，將他們殲滅了。在沒有危險的狀態下結束殺戮的羅馬兵，依照凱撒的命令，在日落前歸營了。

凱撒等了又等的各個擊破的時機終於來臨了。而這個戰法，必須在敵人尚未忘記敗走的恐怖時實行。第二天早上，凱撒就拔營了，目的地是諾維歐杜努。那就是比利時軍總大將葛魯巴的出身部族——蘇西翁族的根據地。軍團被命令採第二種的行軍。

以急行軍到達目的地的凱撒，想盡早攻陷這個城鎮，然而敗走的士兵卻早已進入這個城鎮。凱撒覺悟到只有靠攻城戰了。但是凱撒並沒有時間從容地展開戰鬥，於是活用了羅馬軍所擁有的技術力。

被稱為「迴廊」的，是一種長四公尺、寬二．五公尺、高二公尺，附有車輪的移動戰車。頂部覆蓋了潮濕的皮或布匹，即使被火弓箭射中也不怕引燃。移動方式是靠戰車內部的士兵移動腳步來決定前進或後退。如此一來就可毫無危險地接近敵人。這種「迴廊」一起移動的樣子，就像成群的蟲子集結。另外還準備了稱為「移動塔」的攻城器物，這也是如名字所示般，為移動式的，而且塔高和防衛用的城壁差不多，士兵們要借助梯子才能登上去。

這些攻城兵器，對住在現在法國東北部的高盧人而言，都是第一次見到的東西，都是龐大規模，令人望之畏懼的兵器；再加上見識到羅馬人很快地就製造了為數眾多的兵器，這種技術力著實令他們感到懾服。此外，被羅馬兵追擊時候的恐怖感，還栩栩如生地殘存著，降服的使者到凱撒那裡談和時，事實上攻城兵器的準備還未完全結束。

凱撒裝出是受了雷米族九牛二虎之力的關說，才接受他們的降服要求，還要包括族長葛魯巴的兩個兒子在內，以及其他有力人士的兒子作為人質，並且提供武器，這樣才達成講和。各個擊破的第一目標達成了。凱撒毫不猶豫地又將矛頭指向比利時人中，素有最強之稱的貝洛巴契族的領地，位於現在巴黎北方一百公里的地帶。

進軍到距目的地五羅馬哩（約七．五公里）處時，貝洛巴契族的所有長老，都將兩手往

百夫長

重裝步兵

騎 兵

輕裝步兵

羅馬士兵的服裝（威卻里歐繪，十六世紀）

高盧戰士

前伸出，做出一副恭順的表示，等待著凱撒。長老們向凱撒解釋，原來己方就沒有與羅馬兵刃相向的意思。羅馬軍在城鎮附近築搭宿營地之後，連女人、小孩也都將雙手伸在前面，乞求和平。與凱撒同行的黑杜伊族首長迪比奇阿庫斯也來說情。說貝洛巴契族與黑杜伊族是有友好關係的，但是因為受到反黑杜伊族者的唆使，才有反羅馬的舉動；再說，加入比利時人聯軍，不願屈服於凱撒，生活在羅馬霸權之下的強硬派人士，已經逃往不列顛（現在的英國）去了，留下來的卻是穩健派人士，因此希望凱撒能接受他們的講和要求。

凱撒內心雖急著能夠講和，但是表面上卻擺出一副完全是看在居中人協調的面子上。終於和貝洛巴契族也以講和收場，由於貝洛巴契族是一強力的部族，所以要求多交出六百名人質，再誓言武器與領地內的要塞歸羅馬軍後，凱撒才進行下一個目標。接著又得到了安比阿尼族的恭順歸附之後，剩下的就是素有高盧東北部最強部族之稱的涅爾維族了。對多以騎兵為主戰力的高盧人中，涅爾維人較獨特，他們是以步兵為主戰鬥力的部族。

根據凱撒所得到的情報，他們平常就不許商人出入、禁止葡萄酒及奢侈品輸入、對男子施以武術訓練，簡直就像過去的斯巴達人。光是戰鬥要員就有五萬人。當然，沒聽過要和凱撒講和之事。

凱撒所率領的軍隊，這次往更東北方去。現在就是要越過法國國境，進入比利時人領地內。這裡是商人、羅馬人都沒進入過的地方。夏天時，在那一帶瀰漫著從晦暗森林與沼澤處飄來的霧靄。根據雷米族所提供的情報，光是戰鬥員就有七萬五千名之多的敵人，正在那裡的某處靜候著呢！

進入涅爾維族領地，行軍三天後，凱撒從原住民那裡得知，距羅馬軍側不到十五公里的河川對面，有全體敵軍。敵人為以涅爾維族為中心，加上鄰近中小部族所集結成的聯合軍隊，女人、小孩和老人皆已到羅馬兵無法侵入的潮濕地帶避難了，因此可想見他們正在為預期的戰鬥等待時機。

凱撒派偵察兵和百夫長所組成的一隊人馬先行，調查適合駐紮陣營地的土地。剩下的全軍也尾隨其後，然而，投降後加入凱撒軍的比利時人與高盧人中，有人對涅爾維族密報羅馬軍的行軍方式，說在軍團與軍團之間，挾有載軍用貨物前進的輸送車隊是羅馬軍慣用的行軍順序，所以只要攻擊其間就可成功。

涅爾維族步兵主力的組成，是分布在由森林與沼澤地難以望見的高盧東北部地勢，而如果考量以往他們為防止以騎兵為主力的日耳曼人侵略所採取的方法與計策，就能理解涅爾維族之所以會接受密報進言的理由了。防阻騎兵的方式是每年切下幼樹的前端，讓下方的樹枝能繁殖得較茂盛，橫生張結，並且在下方移植薔薇木，成為人工設置的天然防柵。這座天然的牆垣，愈是經年累月，愈是茂密，這座牆垣不只能阻止騎馬，還能讓對方看不清對面隱藏了什麼人，擁有如此完美的防衛牆效果。第一軍團、第一軍團的輸送車隊，第二軍團、第二軍團的輸送車隊，如果依照這個平常的羅馬式行軍順序，那就相當適合涅爾維族採行突擊戰術。

但是，凱撒認為，與其因襲不需擔心敵人來襲時的行軍法則，不如考慮對敵時的行軍方法，還來得更為重要。於是他把手邊八個軍團中的六個軍團，在通常行軍時所擔負的近四十公斤物品，幾乎都搬上了輸送車，變得輕便多了，只讓軍團先行，而輸送車隊則尾隨在後，輸送車隊之後跟著新編成的兩個軍團，兼任輸送車隊的護衛與行軍後衛的工作。如此一來，即使遭遇敵人出其不意的攻擊，軍團兵也無需顧慮防衛輸送車隊，而能夠立即應戰。自方陣營裡有密告者之事，是凱撒後來才知道的。他並非事先知道有密報者，才做行軍順序上的變更。

偵察兵與百夫長關於陣營地設置地點的選擇並沒有錯。因為他們並未察覺在不到一公尺深河川對面被灌木所掩埋的低丘地上，有敵兵隱藏其中。沒多久，走在步兵軍團之前，先到達陣營設置預定地的騎兵團，發現了河川對岸的騎兵，立刻渡河攻擊。只是，他們並沒料到在那背後還有一大群敵方的步兵。因為通常軍隊都讓騎兵先行，因此很容易也就認為出來應戰的敵方騎兵與己方一樣，是屬於先行軍。

結果，羅馬軍遭受到出其不意的突擊。隨後抵達的六個軍團眼睜睜看著雙方騎兵正在激戰，但當務之急卻是加緊完成設營的工作。當他們忙著在河川這岸紮營的同時，輸送車隊也陸續抵達。說時遲那時快，敵人一看見輸送車隊的身影，立即按照原先計畫，一舉傾巢而出。超過七萬名的士兵，以怒濤之勢指向河川。在河川附近草原的凱撒騎兵，如被放逐般四散，大隊的敵軍向羅馬兵壓過來；此勢來得驚人地快，正處於設營作業中羅馬兵的前側與右側，很快地就被敵人包圍了。

凱撒必須一次同時做所有的事，像是揭起紅色的戰鬥旗，此為向士兵們發布跑至置放武器的場所、將武器帶在身上的命令；吹鳴集合喇叭，此為要求在陣營地做設營工作的人中止工作，並蒐集設營必要材料回來。除此之外，還必須吹鳴為整列用的喇叭聲、鼓舞士兵們的演說也屬必要。然後，還得吹鳴告知戰鬥開始的喇叭聲。話雖如此，當遭敵方急襲之際，這些事情幾為不可能的事。凱撒並沒有執著於這些不可能的事，實際上，多虧有兩件事解救了這種危險的狀態。一是士兵們擁有在戰鬥上的知識與經驗，受過訓練與實際體驗鍛鍊的他們，不需任何命令或指示，也知道在此情況該如何行動。二是規定在設營作業中必須離開麾下軍團的軍團指揮官們的適切判斷。他們即使沒有總司令官的命令，也能立刻察覺狀況，自動地加入軍事行動。

見此情況的凱撒，判斷只需命令緊急要事即可。於是他在下過重要命令後，便驅馬追上了進攻至最前線的第十軍團。在鼓勵士兵們數語之後，便向與敵兵僅有擲槍之距的第十軍團，下達了戰鬥開始的命令。其他軍團也配合地進入戰鬥狀態。

與在最前線戰鬥的士兵一樣，凱撒一直在最前線。鼓勵過第十軍團後，他馬上驅馬至隔鄰的第九軍團。沒有準備的時間再加上敵人極激烈的襲擊，羅馬士兵連舉隊旗、穿盔甲、持盾牌的時間都沒有。他們各自取了劍後，發現映入眼簾的隊旗並非己隊之旗，但是仍往那周圍聚集、戰鬥，一邊尋找自己所屬的部隊，一面唯恐錯失戰鬥時機。

「我軍的戰陣如此分布。這並非學校裡所教授的戰術，而是隨戰場的地勢與狀況的危急而有所因應。各軍團因為必須對抗眼前的敵人而各自分離，前面提及的天然牆垣也阻礙了他們尋找隊友。在選擇配置備軍地點之事時，也無法適時地將軍團送往必要的戰線。也就是說，連指揮系統的統一都無法維持。就這樣，在非常不利的狀況下展開了戰鬥，關係著勝敗的因素也以各種形式出現。」

此時的戰鬥之初，凱撒軍的騎兵和輕裝步兵有一部份的人節節敗逃，羅馬兵逃走的消息，並未影響後來的變化，消息只傳到高盧東北部一帶。

儘管凱撒無法在自軍背後陸續發號統一的指令，但卻都能將驅馬縱橫戰場、分開戰鬥的軍團送達到合適的場所。在最前線戰鬥的士兵，因為只見到眼前的敵兵，即使沒有天然牆垣的妨礙，也不會注意到友軍的動態，而觀察大局，適時適所地調動士兵，以發揮自軍戰力的優良效率，這等考量是總司令官的任務。並且根據狀況，如果認為圓陣較通常的方形隊形佳時，就要即刻下達命令。並且，凱撒毫不猶豫地也盡了首席百夫長的職務。在苦戰中的軍團裡，凱撒奪走一個後衛士兵的盾牌，因為他一直連盾牌也沒拿地駕馬，所以只好拿旁邊士兵的盾牌，然後就這樣到最前線去，一一呼叫百夫長的名字，激勵大家往前衝，總司令官如此的英姿，令士兵們感到鼓舞萬分，而顯得果敢起來，戰況才轉向對羅馬有利的局面。這一有利情勢的明顯展開，是因為輸送車隊的後衛兼行軍護衛的兩個軍團出現，以及成功攻陷敵人陣營地的副將拉比埃努斯，給空手的第十軍團送來了支援。

由於左、右手都得到了援助，原來感到受困的士兵，心境頓時一變，連原本受傷倒在戰場的士兵，也開始舉起盾牌又站起來戰鬥了。曾經敗縮的騎兵、輕裝步兵，以及隨行軍團的奴隸，也加入了戰線。然而，涅爾維族果然也不負比利時人中最勇猛之名，驍勇地戰鬥，即使同伴倒下去，依然能站在那屍體上繼續戰鬥。

但是，高盧人的突擊力雖然厲害，在耐力上恐怕是羅馬兵占優勢。戰爭進入後半段，羅馬軍顯得銳不可擋。激鬥中，即使其他的部族逃走了，唯獨他們還繼續留在戰場上戰鬥，戰爭就在涅爾維族男子如山的屍體堆積下結束了。

在這場激戰中，涅爾維族的成年男子全根絕了，到潮濕地帶避難的涅爾維族老人、女人與小孩，派使節向凱撒投降。據使節所言，六百位有力人士中，存活者僅有三人；六萬個戰鬥員中，存活者有五百人。

凱撒並沒有要求他們提供人質，就認可了這項講和，並且承認他們有回歸原住地的權利。而且，命令鄰近的諸部落不准攻擊或侮辱涅爾維族。在凱撒的想法裡，發起戰鬥之事本身並非有罪。

儘管涅爾維族的戰鬥力壞滅，但是在戰鬥中有其他部族先逃走了，因此凱撒所分類的高盧東北部，並未完成稱霸的工作。埋葬了戰死者、治療負傷者後，凱撒又率領殘餘的軍隊，向東北進軍。原本響應涅爾維族而參戰的一萬五千名阿都阿提奇族士兵，逃回了自領地，根據雷米族送來的情報，他們的戰鬥全員應該有二萬人。並且，他們所居住的城塞，素有天然防衛與森然戒備之誇。周圍絕壁圍繞，只有一處是三百公尺寬的微緩斜坡，這個地方被當成城塞的出入口。敵人躲在這個險要之地不出來。要打破現狀，只有靠活用羅馬軍的攻城技術了，凱撒這麼想。軍團兵搖身一變成為工兵，開始製作龐大的攻城兵器。做了「移動迴廊」、「移動塔」，還做了稱為「公羊」的破城槌，從城塞上方遠眺羅馬人製作這些東西的人，大聲地嘲笑：

「羅馬人呀！你們做這樣的龐然大物，打算如何以小小的身軀使它移動呢？」

高盧人常常嘲笑羅馬人矮。然而，他們的嘲笑聲，卻在見到攻城兵器向城塞接近時消失了。不只是消失，第一次見到如此多龐大規模的兵器，他們的臉色轉為蒼白。

不過，這些攻城兵器尚未被活用，戰局就結束了，因為阿都阿提奇族派來請求講和的使者。講和的理由是，能夠製造如此龐大的兵器，並且動用它，可見羅馬人一定是得了神的佑護。但是，使者除了期待凱撒如傳聞般對投降者網開一面，也帶來他們唯一無法接受的條件——解

移動塔

龜甲車

移動迴廊

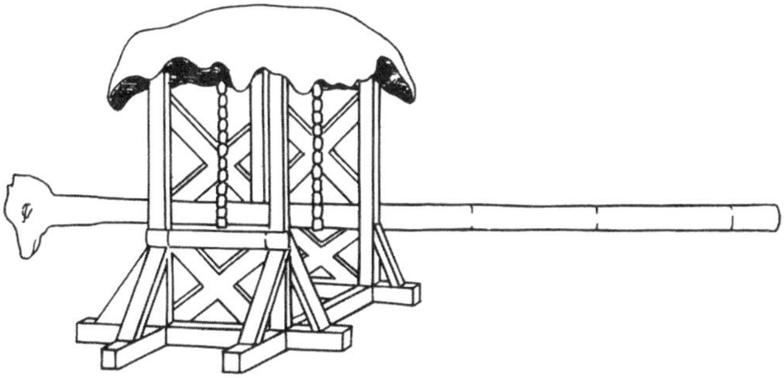

公羊（阿利耶斯）

除武裝。使者強調自衛力的必要性。

然而，凱撒答道：

「我之所以原諒、饒恕敵人，並非敵人有被饒恕的資格，因為那是我的作法。如果在『公羊』還沒叩城門以前，你們就投降的話，我或許可以接受你們不解除武裝的投降吧！但是，只要並非如此，講和之事就得等解除武裝之後才能談。就和涅爾維族一樣吧！你們可以告訴其他部族：攻打已經向羅馬講和的部族，就等於是反抗羅馬。」

使者帶著這個回答返回城塞後，從城塞投出了大量的武器。但是，還有三分之一尚殘留在城塞內，這是後來才知道的。不過，凱撒遵守了約定，與阿都阿提奇族的講和，當天便成立了。

當天夜裡的第三步哨時，也就是過半夜的時刻，拿著隱藏武器的男人，從城塞出來，襲擊在陣營地睡覺的羅馬軍。經過這夜的激鬥，最後四千個敵人被殺了，剩下的也被迫趕進了城塞。

第二天早晨，羅馬軍從已無人防守的城門，進入了城塞內，把剩下的戰鬥員與居民，都當成奴隸賣了。根據凱撒所收到的報告，被賣為奴隸的人口總數為五萬三千人之多。

羅馬人，特別是強烈意識到自己是羅馬人的凱撒，非常重視誓約。羅馬人屬多神教，自然不是與神的契約，而是人類間的誓約。即使是對不同的人種，也承認為同等之人，因此要相信交換的誓言。

發動戰爭之事，凱撒並不認為這是有罪的；但是一旦破壞誓約，攻打對方，很明顯地這就構成了罪。他認為背棄與人相約誓者，應該受到做奴隸的命運。

凱撒完成高盧東北部一帶的稱霸後，率領一個軍團至大西洋岸高盧地方的小克拉蘇，成功獲得維奈特族以下七個部族的恭順，這個消息也傳了進來，這七個部族提供人質，並誓言承認羅馬的霸權。

如此一來，全高盧就成了凱撒所說的「和平」了。凱撒的戰果也傳至萊茵河東岸，那個地方也有交出人質，派遣使節表示願意歸順羅馬。由於凱撒覺得有統治屬省的必要，想盡早越過阿爾卑斯山，就告訴他們的使節，明年春天再來吧！

那年軍團的冬營地，凱撒決定選在加努特斯族和托洛尼族住的高盧中西部。看準了籌措最前線冬營士兵的冬天兵糧，凱撒向南出發。

收到凱撒送來的西元前五十七年戰鬥報告書的羅馬元老院，決議舉行十五天對神明的感謝祭。凱撒在《高盧戰記》第Ⅱ卷的結束部份，寫下了「這是以往沒有的事」。當年龐培打敗潘特斯王米斯里達茲時，元老院為褒賞他的戰績所決定的感謝祭為十二天。當然，凱撒是作風明快的都市人，他並沒有說出從前最多為十二天，而自己卻得到十五天等等沒品的話。只是寫道十五天的感謝祭為破天荒的頭一遭，但是從字裡行間流露出那虛榮心正微笑著。所謂虛榮心，就是想到被認為優秀而感到歡喜的心情。

前面我已經提到了龐培與其說是野心家，不如說是虛榮家。另一方面，凱撒與其說是虛榮家不如說是野心家。但是他的虛榮心可不比龐培要來得小。即使是小，也和龐培差不多。不，或許應該說比龐培大。但是，凱撒的野心比起他超乎常人的虛榮心，更為巨大。我消遣式地製繪了下圖，希望諸君思考，期望他人讚賞與即使得不到他人讚賞也執著於達成目標的想法這兩者間的關係。不要僅把眼光放在野心和虛榮心的負面，而是去注意它的積極面。

那段時期的羅馬

凱撒高盧戰役的第一年，西元前五十八年，是「三巨頭政治」順利發揮機能的一年，擔任執政官的兩人，都是與「三巨頭」息息相關的人物。使用護民官克勞狄斯盯著「元老院派」的策略，派小加圖至塞

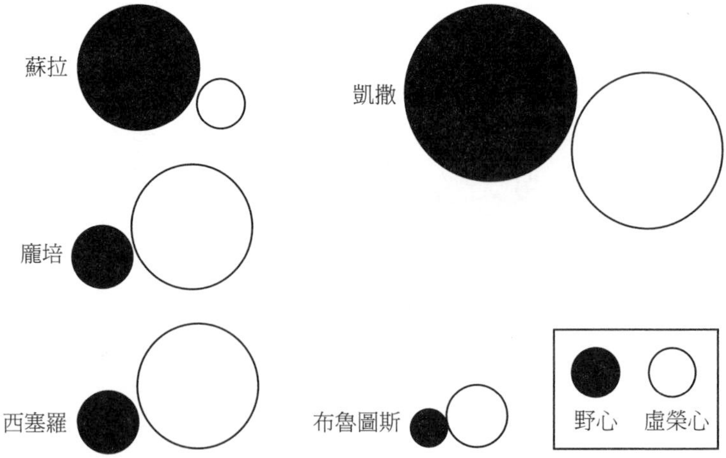

浦路斯赴任、驅逐西塞羅，成功地排除了這兩位「元老院派」的論客。但是，高盧戰役的第二年，西元前五十七年，局勢一轉，成了「元老院派」反擊的一年。允許「元老院派」這麼做的要因有幾個：

一、龐培的消極性

那年的龐培年僅四十九歲，實際的年齡雖是四十九，可是精神年齡卻彷彿羅馬預備役屆六十的退役年齡般，甚且有六十多歲的傾向。他認為與相親相愛的年輕妻子尤莉亞在一起的生活，已經相當滿足了，但那不過是他自己對自己的欺瞞，龐培實際上有了隱居的心態。他很少至羅馬，也很少去妻子尤莉亞的父親那裡；在他的腦子裡，一直存有在「三巨頭政治」中獲利最多的是凱撒這樣的疑念。因此，在西元前五十七年的執政官選舉中，他並沒有積極的動作。這年的兩位執政官之一是既是龐培的敵人又是西塞羅的親友——「元老院派」推出的廉托魯斯當選。另一位當選者是梅特魯斯，這個人是屬於凱撒派的。

二、護民官克勞狄斯的狂妄

驅逐西塞羅，一了私怨的克勞狄斯，做了比凱撒指示還過火的事。以盯好元老院為由，一一成立了無視元老院的過激政策。根據社會福利政策的「小麥法」，克勞狄斯將對貧民階級的小麥低價格配給，改為免費給付。此外，他為了保持退任護民官後自己的勢力，甚至自費僱用、組織了私警團。並且，將原本存在於羅馬以職能區別的工會，化為政治組織。因為如果能藉由工會來操控團體的行動，就可輕易地左右公民大會和平民大會的動向。

雖然這樣的決定受到大眾熱烈的歡迎，但是十年後，這三項都被獨裁官凱撒廢止了。連屬於「平民派」的凱撒都要廢止這些作法，而這三項法條在成立之初，不只是「元老院派」，連西塞羅口中「深思熟慮的人」也對此給予惡評。克勞狄斯的狂妄讓龐培皺起了眉頭，他疏離了穩健、有良心的人，結果造成對「元老院派」有利的形勢。

三、小加圖的歸任與解除西塞羅的驅逐令

即使小加圖回到任地，也未必能讓「元老院派」再奮起。小加圖的曾祖父大加圖，曾經彈劾擊敗漢尼拔的英雄西比奧．亞非利加努斯。被稱為「大」加圖的加圖，是個舌鋒銳利的論客，但是由於他頗為幽默的說話方式，還是具有吸引聽眾的魅力。相反的，小加圖徒有銳利的舌鋒卻完全無幽默感。雖然他和大加圖同樣是不貪污的政治家，但是由於無幽默感，使他並不得人氣。他雖能憑藉三十八歲的好體力，發表長篇演說，但是只令聽眾感到不耐煩而已。羅馬人絕對比希臘人擁有更良好的幽默感。

西塞羅的演說與小加圖不同，他具有隨處幽默一下的才能。並且能夠適時撫慰聽眾泫然欲泣的心情；此外，他還擅長對一般人說話時，穿插具效果、富學識的引用，很令人佩服。而最具說服力之處，在於西塞羅內心那股燃燒著的憂國熱情。他用何種方法，將這股憂國熱情付諸於行動呢？多數的人並不關心他所採用的方法是對是錯，只要他有深為憂國的心就夠了。對西塞羅而言，得到如此的反應也就夠了。

解除對四十九歲西塞羅的驅逐令，在九個月後實行了。首先受影響的是，驅逐他的克勞狄

斯風評大落。二是西塞羅前來拜託時，佯稱不在家而不與他見面的龐培，在半年過後，開始後悔了。三是西元前五十七年，擔任執政官的廉托魯斯，為他親友西塞羅積極地運動。在高盧的凱撒也寄來了同意解除驅逐令的信件。原本凱撒的意圖是，只要這位「媒體代表」離開羅馬就行了，因此他甚至還邀請西塞羅來當自己的幕僚；即使西塞羅接受了，他在戰場上恐怕也會成為累贅，可能會被派留守屬省的工作吧！拒絕這個邀請的西塞羅，結局落得被驅逐，徒然在希臘嘆氣的結果，身為友人的凱撒也思索著：就這樣結束，好嗎？總之，反對解除西塞羅驅逐令的，只有以暴力行動、風評跌落的克勞狄斯一人；因此，這件事的實現應該是輕而易舉的。

西元前五十七年八月初，公民大會中通過了由執政官兩人共同提案，解除西塞羅的驅逐令。九個月前，壓倒性多數所決議的事，在不到一年的時間裡，同是公民大會，這次也是壓倒性的多數同意。西塞羅從朋友那裡得知通過的可能性很高，因此早就到義大利附近來等待了；驅逐令一解除，他馬上就歸國。八月五日，西塞羅就在布林迪西登陸，可以想像他是多麼地歸國心切了。他幾乎是沿著阿庇亞大道，一路奔馳北上的。隔別九個月，終於得返首都的西塞羅，當天即為市民們的熱烈歡呼聲所包圍，宛若凱旋的將軍。

角色都到齊了，對「三巨頭政治」的反擊開始了。「元老院派」努力不重犯西元前六〇年讓龐培失勢，但卻對凱撒姑息而使其藉由「三巨頭政治」逆轉得勝的挫敗經驗。另外也設法攏絡因為西塞羅歸國決議所獲得的民意支持，無意修正克勞狄斯所成立的三法，因為民眾對這三項法令有著高度的支持。此外，西元前五十七年，「元老院派」還做了另一點巧妙的安排——

並非反擊「三巨頭」，而是謀圖離反「三巨頭」之間。「三巨頭」中的克拉蘇，不管他也無所謂，因此離間策略的主要對象是龐培與凱撒。

「元老院派」認為由元老院主導的共和政治才是羅馬的政體，應該持續下去，凱撒則一向反對如此僵化的統治能力。至於龐培的政治理念雖然從沒明確過，但可以確定的是，他是在一心想重建由元老院主導的共和體制的蘇拉麾下開始發跡的。對元老院派而言，凱撒是自己一派，是個危險人物；相較之下，龐培就沒那麼具威脅性。正好凱撒此時又身陷高盧戰役中，這對「元老院派」來說，實在是莫大的好時機。

西塞羅的提案首先在元老院中提出，得到元老院的贊同後，再於公民大會中提出；這是由龐培擔任確保今後五年首都羅馬與義大利所需糧食一職的法案。羅馬於西元前二四一年第一次布尼克戰役中，戰勝了迦太基，取得西西里島成為屬省之後，就捨去了主食小麥的自給自足。這麼說來，不就等於是糧食局局長嗎？如果這麼想可就錯了。羅馬小麥的輸入來源，必須依賴海上輸送的海外屬省及同盟國；因此，確保糧食的最高責任者，就是掌握羅馬海軍的最高責任者。必要時也可以根據自己的判斷，甚至有徵用商船的權限。

但是，羅馬以往並沒有如此重責大任的存在。確保糧食的工作，不過是由市務官這等年輕的官職人員來擔任。之所以加上海軍總司令官職，是為了吸引龐培上鉤。擁有兩個軍團以上戰略單位的指揮權，當然意味著有「絕對指揮權」。十年前與海盜作戰，擁有大勝利功績的龐培，這次表面上名為擔任確保糧食的職務，卻令人自然地覺得是當海軍總帥。

羅馬非以海運立國，自然不屬海軍國家。因此自費負擔海軍之事，可以說是沒有。如有需要，即向同盟國或屬省要求派遣支援造船。如果西塞羅所提出的法案通過，龐培就成了羅馬人中，唯一能夠隨心組織海軍的人了。這件事搔得年近五十的龐培自尊心有些癢。

西塞羅提出的法案成立了。龐培面露感動，表示將努力做好這件重責大任的事，接受了這羅馬史上初次的大權。

「元老院派」的反擊，表面上並沒有反「三巨頭政治」的樣子，因此更能得到效果。如果動搖穩固的凱撒和龐培之間的關係，原本就不適合政治生態的龐培也能促進他的非政治化。事實上，那年夏天所舉行的下屆執政官選舉中，「元老院派」推派的候選人以最高票當選，「三巨頭政治」派的，則好不容易僅有一個己派的菲利波斯擠進入圍圈。但是危險的是，兩名執政官的位子都被屬於「元老院派」的占走了。

屬於「三巨頭」派的在法務官選舉中，八人中也僅當選兩人。在執政官選舉中，僅以些微的差距屈居次席的耶諾巴爾布斯，甚至宣布在自己當上執政官時，要解除凱撒高盧屬省總督的職位。

在此情況下，被克勞狄斯驅逐後沒收的資產，還給了西塞羅；燒掉的帕拉提諾山丘用地也還給西塞羅；並且新居的建築費用也決定採國家賠償。西塞羅以其他兩棟別墅也蒙受其害為由，要求修繕費，也得到了允許。西塞羅再度成為活躍於首都羅馬的最有力人士。

也許是恢復精神了吧！龐培開始著手他遠征東方時即有的夢想——羅馬最初的常設劇場。

由舞臺眺看觀眾席

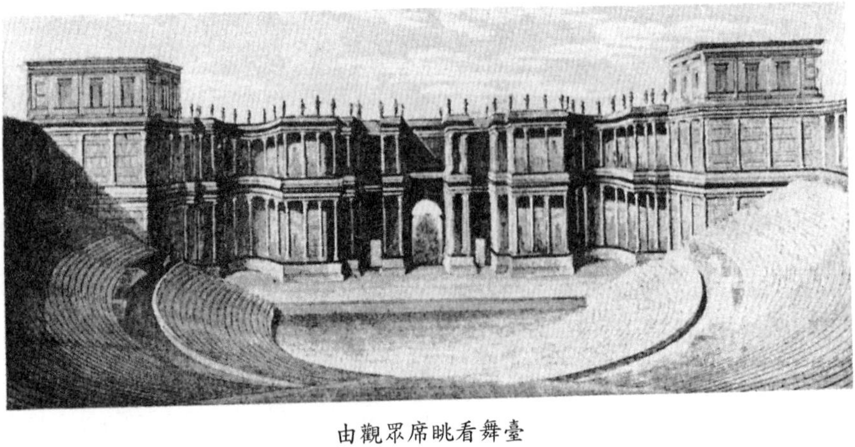

由觀眾席眺看舞臺

龐培劇場的復原圖

由於羅馬人向來輕蔑希臘人的戲劇，所以在羅馬只有每當上演時才搭建木造劇場。羅馬人常積極於其他公共建築物的建設，但是一直到西元前一世紀中的這個時代，還沒有常設的劇場。有鑑於此，龐培在希臘看到壯觀的石造半圓劇場後，決定也在羅馬建造這樣的劇場。只不過，為了避開被視同如希臘人軟弱而招致批評，他要在大劇場正面觀眾席的最上部，加蓋一座獻給維納斯女神的小神殿。如此一來，由龐培建造的羅馬最初常設劇場，也就能夠藉著獻神之名建造了。這座稱為「龐培劇場」的大型建築，建築在羅馬城外寬廣的「馬爾斯廣場」。

西元前五十七年，一切都如「元老院派」所想的進行，但是唯獨有一點，我認為是犯了錯誤。那就是出於對抗克勞狄斯所組織的私警團，容許米羅這個膚淺的男子組織暴力團體。

兩個暴力組織在同一個場所並存而不起衝突，這可真是不可思議。互相打著「平民派」與「元老院派」的名字，比起單純暴力團體衝突的情況更糟。在首都羅馬市中心，暴力、爭吵幾乎已成家常便飯。這給一方面處理戰事，卻不乏首都情報的凱撒有了反擊的理由。因為，連首都的治安都無法維持，正顯示「元老院體制」的統治能力不足，也無需再多舉他證了。

「盧卡會談」

現在的北義大利，當時為稱作「阿爾卑斯山以南的高盧」屬省，擔任此地統治與防衛的屬省總督官邸在拉溫納，位於距羅馬與屬省邊境的盧比孔河三十五公里以北的地方。西元前五十七年至前五十六年的冬季，巡視屬省的凱撒，自西元前五十六年後，就常落腳於拉溫納，過著絲毫不鬆懈注意羅馬政情變化的日子。

西元前五十六年三月，他在拉溫納邀約「三巨頭」之一的克拉蘇。據研究者所說，由於此時期的凱撒負擔了四個軍團的編成，如果要歸還以前積欠克拉蘇的債務，還是要再向他借呢！總之，是債務人叫債權人過來的，因此在這樣的情況下，兩人的關係相當特殊。雖說如此，受羅馬式教育的凱撒，相當重視對年長者的禮儀。四十三歲的凱撒寫給五十七歲的克拉蘇一封懇切的邀請函，克拉蘇也給予回應，順著弗拉米尼亞大道，一路北上向拉溫納而去。近月底時，兩人一起繞過拉溫納。首先，經艾米里亞大道向西北行，再由羅馬軍基地摩德那鎮越過亞平寧山。越過南側山頭所到達的城鎮，就是盧卡。

即使在現代依然保有羅馬樣式的教會，呈現一幅美麗靜謐風貌的小鎮盧卡，位於由佛羅倫斯通過比薩(Pisa)注入第勒尼安海的亞諾河稍偏北處。在以亞德里亞海(Adriatic Sea)側的盧比孔河、第勒尼安海側的亞諾河與屬省為界的羅馬，盧卡屬於屬省這邊。對如果越過界線就喪失屬省總督權利的凱撒而言，這是他僅能與自羅馬而來的龐培會面的最佳地點了。

會談地決定在盧卡，以及會談的時期決定在四月初，皆是考慮到雙方的時間。已成為「糧食局局長」的龐培，有到羅馬小麥輸入來源之一的薩丁尼亞島視察的計畫，海上的旅行期訂在四月，出港地在比薩。從比薩至盧卡，只需往北行走平地二十公里。自羅馬沿奧雷里亞大道一路北上的龐培，坐上了在比薩等著的船，如約地赴盧卡。

這場歷史上稱作「盧卡會談」的三巨頭會談，並沒有如四年前，亦即西元前六十年的三巨頭會談一樣祕密進行。據說當時托斯卡那的小鎮盧卡上，僅僅跟在羅馬要人身邊持權杖的侍衛人數，便達到一百二十人。可見除了「三巨頭」之外，也有許多要人出席。光是元老院的議員就來了二百人，簡直就像高峰會議般盛大。凱撒轉而反擊「元老院派」的回敬酒，這回可是在眾目睽睽之下堂堂正正地施行。只是，會談只由龐培、克拉蘇、凱撒三人進行，也未召開「共同記者會」，所以會中同意的事項，只能從後來羅馬的政情發展來推斷。

結束會談的「三巨頭」，分別往不同方向走了。克拉蘇往南回羅馬，龐培往西回薩丁尼亞島，而迎向高盧戰場的凱撒，則是往北越過阿爾卑斯山。

「盧卡會談」中的決定事項，從後來的發展來看，有下列幾項。這些事項，如果根據內容來推測，完全是四十三歲凱撒的主意，再由四十九歲的龐培與五十七歲的克拉蘇同意而下決定的事吧！這在研究者之間，看法倒是挺一致的。

一、在西元前五十六年所舉行隔年（也就是西元前五十五年）的執政官選舉中，龐培與克拉蘇兩人同為候選人。動員舊部、再加上羅馬一般公民的票，龐培可以說鐵定當選。然而為了使代表經濟界，卻無名望的克拉蘇也一定可以當選，凱撒讓士兵們休假，回羅馬參加投票。不過，選出執政官的公民大會，通常在夏季召開，但是夏季是戰鬥的季節，自然無法給軍團休假。於是，將這年的選舉延期至冬季，便成為龐培和克拉蘇的任務。

龐培和克拉蘇出任執政官的經歷可以追溯到西元前七〇年，因此並不違反蘇拉改革中嚴正規定，至少須間隔十年才能再度競選執政官。關於這一點，「元老院派」也無話可說。顯然凱撒是打算以不落人話柄的方法，藉由執政官這個羅馬最高的官職，暫時箝制「元老院派」。不過，「盧卡會談」的真意是下述第二項。

二、執政官結束一年的任期後，第二年即以前執政官之名，赴任屬省總督。但是羅馬的屬省，一言以蔽之，就是指現在仍未開發的西方與富裕的東方，幾乎所有的前執政官，都希望盡可能地到豐饒的屬省去赴任。其中也不乏有在執政官的任期內強力推動，作出對自己隔年所赴任地的有利情勢。為了除此弊害，自蓋烏斯．格拉古的「善普羅尼斯法」成立以來，決定執政官隔年赴任的地方，應該在執政官被選出前就決定。無論誰當上執政官，那個人隔年的任地，如果是馬其頓屬省，也是先前決定好的。決定方式由元老院制定草案，再由公民大會承認。

但是在「盧卡會談」中，「三巨頭」自己做了決議。將在西元前五十四年成為前執政官的龐培，他所赴任的屬省是「遠西班牙」與「近西班牙」兩屬省，也就是現在的西班牙全境。克拉蘇所擔任的屬省是敘利亞 (Syria)，也就是現在的敘利亞和巴勒斯坦 (Palestine) 地方。此外，兩人的任期也無視於慣例，一開始就定了五年的期間。當然，凱撒的高盧屬省總督任期也順理成章地配合延長了四年，直到兩人任期結束的西元前五〇年底。

並且也決定「三巨頭」可使用的軍事力各為十個軍團。凱撒當初分配到的是四個軍團，加上他自費負擔四個軍團共編成了八個軍團，如果能得到元老院許可承認這四個軍團，就能比照正規的軍團，得到國家給付的費用，這才是凱撒的用意，並且又多爭取兩個軍團的編制權。

三人皆在西元前五〇年底任期結束前，擁有自由支配十個軍團的大戰力。比起西元前六〇年當時「三巨頭政治」中，龐培的軍事力、克拉蘇的經濟力、凱撒的民眾支持這般的組合，西元前五十六年的組合中，三人皆擁有軍事力，呈現出濃厚的軍事同盟色彩。但是，凱撒也有他的必要理由。

（一）凱撒朝北、龐培朝西、克拉蘇朝東，各率領十個軍團，對首都羅馬是無言的壓力。就連「元老院派」也無法不意識此事。

（二）龐培掌管兩西班牙，不僅意味著這個地區和平地確立在羅馬之下。而控制伊比利半島就控制北非。此外，克拉蘇所負責的敘利亞屬省，壓制鄰近大國帕提亞(Parthia)，可說確立了以幼發拉底河為此地防衛線極重要的屬省。而萊茵河以北的防衛線，則由凱撒親自擔任。

藉由「盧卡會談」更強化了的「三巨頭政治」，在見解膚淺的人看來，可能只認為那是三強為實現私人利益所組的同盟。的確，三個人在實力上各有凌越元老院體制的實力，也就是有強化私利的企圖；但是，也同時與確立羅馬防衛線的公共利益相關。五年的任期、十個軍團的強大戰力，的確有實施此事的必要。三強共同確保防衛線，所以必須平等分權。

「盧卡會談」中決定的第三件事項為「媒體對策」。龐培答應要對西塞羅進行遊說，但是凱撒並不認為這樣就夠了。

有些具野心的年輕人，投奔到出身於地方卻揚名於首都的西塞羅那裡，因此西塞羅便將這些前途有為的年輕人託付給凱撒拜託凱撒，讓他們在高盧任職。在戰線的凱撒，甚至也送來了滿是玩笑的信：

「送誰來都可以，只要是你培養的人。如果他們希望的話，也可以當高盧的王，再附上雷普塔耶（作者註：此為何意並不清楚）也行。如果認為在我身邊能夠捉住幸運的話，就別客氣地送過來吧！」

這是凱撒回給西塞羅的信。一方面從事戰爭，一方面必須負責屬省統治工作的凱撒，非常需要事務官僚的協助，能夠活用這樣的關係，無疑地對地方典範的佼佼者西塞羅而言，是感到有面子的光榮之事。

然而，凱撒最給西塞羅面子的地方，在於任用西塞羅的弟弟昆托斯為幕僚之一，並且讓他擔任軍團長的大任。昆托斯還與好友阿提克斯的妹妹結婚，但是夫妻關係並不好，在政界、律師界也毫無表現，可說是相對於賢兄的愚弟。儘管如此，非常有兄弟愛的西塞羅，很想替弟弟做些事情。於是，已經四十好幾，而且健康也有問題的昆托斯．西塞羅，就成了凱撒所任命的最前線指揮官之一。

高盧戰役所帶來的勝利與勝利的光輝，甚至使反凱撒極為強烈的元老院，也決定舉行史無前例的十五天謝神祭。勝利的消息燃燒著羅馬青年的心，許多上流社會的子弟，更渴望在凱撒底下從事戰役。參加高盧戰役，成了一種流行現象。

總之，凱撒從這時候起，就一手照料以前愛人們孩子的武將訓練。凱撒底下，擔任軍團長或大隊長等將官階級職位的年輕人，他們的母親多半是凱撒愛人名簿榜上有名的。在寫給元老院的報告書以及在《高盧戰記》中，凱撒都明白地記載部下的功績。從前的戀人將兒子託付給自己，而自己也不負所託，凱撒會因此而感到愉快吧！也許正因為凱撒沒有親生的兒子，才能讓他像父親一樣照顧他們吧！

不過，再怎麼說，之所以讓西塞羅弟弟參加這個集結了羅馬良家子弟，冬營期還邀請高盧人演出希臘悲劇娛樂士兵的高盧戰線，終究是凱撒冷靜考量的結果。與其說是要藉厚待弟弟博取哥哥西塞羅的歡心，實質上是將他弟弟當為人質。有了人質，也好控制在首都西塞羅的言論，這是凱撒的目的。

然而，尋找西塞羅殘留下來的許多信件，絲毫不見懷疑他弟弟被當成人質的蛛絲馬跡。西塞羅發自內心地感謝凱撒。尤其見到凱撒所寫有關弟弟戰功之事，更是打從心底高興。這可以證明凱撒這個男人，做一件事情不會只有一個目的。不過，這樣的作法之所以能成功，也是基於實行的人確信幾個目的，凱撒實際上以西塞羅的弟弟當人質，作為因應西塞羅的對策。但是，西塞羅為弟弟出乎意外的驍勇善戰感到驚訝與歡喜，凱撒也同樣地感到驚訝與歡喜。若非如此，即使情感起伏激烈依然能保持頭腦清晰的西塞羅，怎會如此就被欺瞞過呢？

「盧卡會談」所通過的同意事項付諸實行之前，也就是會談後不到一個月，「盧卡會談」

的成果即清楚地顯示出來了。在盧卡光明正大舉行類似高峰會議的會談本身產生了效果。元老院議員中，旗幟顏色不鮮明的人士，有往「三巨頭」靠攏的傾向。即使當初為了配合凱撒軍團冬營期已經延到十二月舉行的執政官選舉，因為行程而必須再延到隔年的一月中旬，也很少有人反對。西元前五十五年一月，如同在盧卡的協定，龐培和克拉蘇兩人當選了執政官。「元老院派」所推派的候選者，以大幅之差落選了。

雖然當選的時間晚了，當選後同時就任的執政官——龐培與克拉蘇，並沒有浪費實行「盧卡會談」決議之事的時間。

三月，凱撒派的護民官特列波紐斯，提出了「特列波紐斯法」，承認隔年，也就是西元前五十四年後，龐培與克拉蘇分別赴任西班牙與敘利亞屬省，並有五年的任期，以及十個軍團的編成權。小加圖的反對演說，甚至在元老院也沒造成任何回響，可說很輕易地就得到元老院會議的同意許可。

稍後，執政官龐培與克拉蘇以共同提出的形式，提出「龐培．里奇紐斯法」。這個法案中，將凱撒高盧屬省總督的任期，延長至西元前五〇年底，並且承認他有十個軍團的編成權。同樣的，反對者僅有小加圖，因此甚至連沒舉手表決就通過了。

「三巨頭政治」所支配的國政顯得很完美。執政官兩人、法務官八人、護民官十人中的八人，全都為「三巨頭」派所占。而「媒體」也保持沉默。「盧卡會談」以後，有關首都羅馬的政情，西塞羅曾向前年的執政官、赴任屬省的好友廉托魯斯發牢騷道：

「一群挾軍事力和金錢的同伙人，他們之所以甚至能支配羅馬人的倫理，與其說是靠他們的力量，不如說是他們的敵人不夠果斷且低能，那伙人甚至已經預料在元老院內，能幾無反對地通過了。如果在公民大會的場合，可就沒那麼簡單了。這就是凱撒要在任期結束之前，想辦法延長任期或競選連任，以俐落手法解決的原因。」

西塞羅也是元老院議員，因此他也應是不果斷且低能人中的一位，然而他並未提及此語。西塞羅這個人，是羅馬史上最有知識的人，同時也是辯論家、作家；二千年來就像定說一般，然而他卻是位不擅於自我批判的男人。

西元前五十六年和前五十五年的兩年間，也許是「盧卡會談」的影響大大地籠罩了羅馬吧！大抵一切皆在平穩中度過。龐培所建造送給羅馬市民的大劇場也完成了。為慶祝這最初石造劇場的落成，羅馬舉行連日的馬戲團秀，民眾感到十分滿足。凱撒也就無需費心首都的政情變化，而能夠專注於高盧戰役。但是，就在這個時期，凱撒在戰場收到母親奧雷莉亞的死訊。

高盧戰役第三年

西元前五十六年
凱撒四十四歲

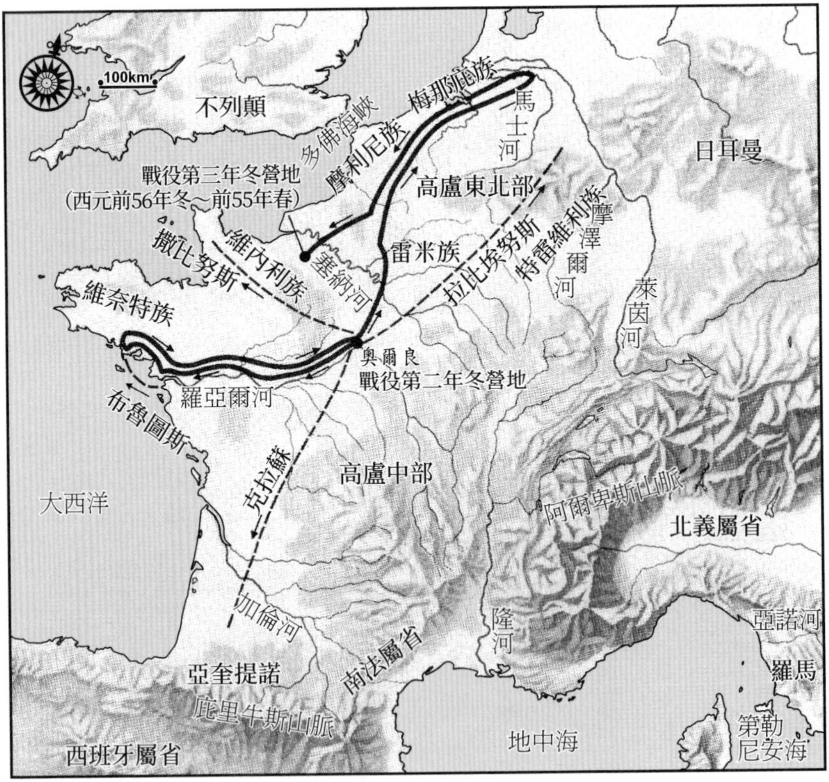

一九七〇年代末我帶著年幼的兒子去滑雪，隨著愈接近分隔義大利與法國的阿爾卑斯山，原本在特里諾之後的寬敞道路也漸漸變窄，不便的程度令人不可思議。我想也許是因為已經登上阿爾卑斯山的緣故吧？若非如此，就是為了要防範他國的侵略。如果答案是後者，都已經是航空時代了，那樣的想法未免太不合時代了吧！空中飛彈必能無誤地命中，再派陸軍進攻，就能征服了吧！邁入一九八〇年代後，同一條道路變得寬敞、便利了，改良成與國內的道路一般。我在那個時候，第一次深切地感受到歐洲共同體這樣的願望是可以成真的。

朱利斯．凱撒在《高盧戰記》的第II卷，就對西元前五十七年的戰役敘述，以「高盧轉為和平」之語做結。之後看來，他是不是出言草率呢？對他而言，因為未交戰的部族提出了人質，表示恭順的誓約，所以才這麼想的吧！在《高盧戰記》的第III卷，也就是關於西元前五十六年的戰役敘述，由邁入冬營期前，命令幕僚之一的葛魯巴壓制住在阿爾卑斯山民族之處提筆。而之所以派葛魯巴這麼做的理由，是為了確保越過阿爾卑斯山的義大利與現在法國的高盧之間的通商自由與安全。因為這些山岳部族強奪商品，並且強要求高額的通行稅。

葛魯巴所率領的第十二軍團和騎兵，奉命壓制的地方是由現在的特里諾北上至奧斯塔，再由那裡越過阿爾卑斯山而行的路程。另一方面，凱撒每逢春天就越過阿爾卑斯山的道路，那條路已經成了當時的幹道。為了滑雪，我每年冬天都要行經由特里諾向西登行至蘇薩山谷的道路。我想，凱撒是打算從南邊的熱那亞、特里諾的西邊和北邊，將三條道路開發為聯結義大利與高盧之間的道路。通往熱那亞以外的兩條道路，自古就被推測為漢尼拔越過阿爾卑斯山的兩大可能路徑。

總之，羅馬軍向高盧移動的路徑，已經有了兩條；而凱撒想確保由這兩路北通的意圖，也已在他所寫的保護通商自由與安全中表現出來了。但是，商貿往來也會帶動文明的交流。這也因此會讓受進出的一方，往往有緊張的反應。然而，這件事也顯現出，凱撒擺脫了羅馬人向來以阿爾卑斯山為北邊防衛線的一貫想法。阿爾卑斯山脈在凱撒的看法中，已經不是疆界了。

就短期來看，這樣的嘗試是失敗的。一時壓制成功的葛魯巴，正率領羅馬的一個軍團，進入當地的冬營地時，遭三萬名山岳民的襲擊，為了不使士兵有太大的犧牲於是選擇撤退。但話雖這麼說，這並不是一件軍事上必要、不可缺的挑戰。對於因為盧卡會談，而比平時晚進戰場的凱撒而言，目前有必須優先解決的事項在等著他。

大西洋

凱撒將只誓約恭順、提出人質的諸部族所居住的高盧西部中所置的冬營地，交給普布里斯·克拉蘇，他是「三巨頭」之一克拉蘇的長男。這位克拉蘇和他只知賺錢與羨慕他人的父親相比，是讓羅馬人竊竊私語道犬父虎子，身心上皆流露出凜凜風采的青年。凱撒之所以重用這個青年，並非牽就於對他父親的託付，也不是因為他母親是凱撒的愛人之一。而是端賴於青年克拉蘇的才能，深切地愛其才能的緣故。《高盧戰記》中每當提及這位青年將領時，就從記錄「青年克拉蘇」、「年輕的克拉蘇」字裡行間，流露出對這位年輕部下的愛護之情。另一方面，年輕的克拉蘇也對凱撒的信賴投以相當的回報，像是將許多正確的情報送抵在遠方的總司令官處，就是他的回報之一。

大西洋岸一帶的高盧諸部族有摩拳擦掌之勢，凱撒身處義大利卻能正確地掌握這項情報，就是這個緣故。但是凱撒選擇了先鞏固「三巨頭政治」，而這件事的前提是，必須使一度處世消極的龐培離開羅馬，前去解決優先任務。所以，一直等到盧卡會談結束，凱撒才直奔高盧。到達青年克拉蘇所防守的冬營地時，凱撒已經處於可下決定的狀態了。

冬營中最難的事，莫過於常常捉襟見肘的糧食補給問題。想確保剛稱霸的高盧在糧食上的補給，這倒是非常困難的，因為距南法屬省太遠了。當初的預定是，僅向誓約恭順的高盧西部諸部族購買小麥，但是仍有不足。在沒有辦法的情況下，與第七軍團同身處於冬營地的青年克拉蘇，要部下隊長到周邊的部族向他們購買。

不料，前往維奈特族的兩人遭到了逮捕。維奈特族是住在現在法國不列塔尼亞地方的部族，常操船在大西洋一帶作威作福，並與不列顛（現在的英國）保持聯絡，是這一帶的強大部族。正因為強大連氣勢也很高。他們表明要以這兩位捉來的羅馬隊長，交換被當人質的己方同胞。但是，在克拉蘇尚未做出回答前，高盧西部一帶皆已知道這件事了。根據凱撒的評價，「高盧人是做什麼事都很衝動的」，其他的部族也逮捕了前來購買小麥的羅馬士兵。因為維奈特族派遣使者至周邊一帶，要這些部族對羅馬軍採取同樣的步調。然後，再向青年克拉蘇派出使節，要求以團體交涉的方式交換人質。

凱撒在義大利時已經收到了這份情報。但是有「盧卡會談」擋在那裡，因此立刻命令青年克拉蘇，在流注維奈特族領界南側大西洋的羅亞爾河河口，建造多艘船隻，並由南法屬省徵集舵手、船員。關於人質交換之事，凱撒要求在他抵達之前，先不做任何回應。

當凱撒到達當地時，情況正如凱撒所指示的那樣。而以維奈特族為首的高盧西部諸部族，也已作了要與羅馬軍戰鬥的準備。凱撒公正地記下了他們的想法：「與其淪為羅馬人的佣人，不如選擇承繼祖先留下來的自由。」此外，高盧西部部族決意戰鬥的理由，並非是不切實際的，他們的考量可基於下列五點：

一、他們已經覺悟到，逮捕前來購買小麥的羅馬士兵，無法輕易嚇退羅馬軍。

二、河川多、濕地多的這一帶地勢，對當地人而言，是很有利的。

三、羅馬人是不慣航海的民族。

四、在不易確保兵糧的地方戰爭，應無法長期作戰，因此羅馬軍遲早必須揚長而去。

五、他們預料，在維奈特族的召喚之下，不只是大西洋岸的諸部族，住在高盧北部西北地方的摩利尼族、梅那庇族，以及與多佛海峽彼岸的不列顛也會有支援部隊的到來。

但是，比起他們決意向羅馬軍挑戰的立場，凱撒接受挑戰的決心也絲毫不弱。凱撒揭示以下五點，表明了縱使有諸多困難，也有開戰的必要。

一、無法饒恕這種不當拘留羅馬人的行為。

二、一邊舉著恭順的誓約，卻違背前約舉反旗之罪。

三、交出了人質卻變節。

四、集結許多部族共謀的危險性。

五、如果不斷然處理此事，恐怕對高盧的其他地方也會造成惡劣的影響。

凱撒所計畫的戰略稍後再述。凱撒可使用十個軍團的戰力，龐培與克拉蘇也認可；不過由於是二年後的事，現在的兵力只有八個軍團，不足五萬人。於是，分為五面的戰線展開了。

一、派與副將拉比埃努斯騎兵團，命令他前往東北高盧。以位於萊茵與摩澤爾兩河一帶的特雷維利族的領土為目的地，並在途中確認羅馬同盟部族雷米族的忠誠之後，使他們擔負起如果日耳曼人想趁機越過萊茵河時，出面阻止的任務。

二、將十二個大隊的步兵七千餘人，以及手邊全部的騎兵交給年輕的克拉蘇，命令他前往南邊的亞奎提諾地方。他們所擔負的任務是，事前阻止從這個地方沿大西洋岸北上，去幫助維奈特族的援軍。

三、給予幕僚撒比努斯三個軍團，為壓制居住於現諾曼第地方的維內利族，命令他往北行動。

四、對於與青年克拉蘇一樣，獲得凱撒深深眷愛的「年輕布魯圖斯」，他則率領了造船完畢的軍船團，背負著自海路攻打維奈特族的任務。但是這位布魯圖斯，與那位馬庫斯・布魯圖斯不是同一人。

五、然後，凱撒自己率領剩下的全軍向西行。以由陸路攻打維奈特族為目的。

由此戰略可以得知，凱撒的頭腦裡正確地烙印著高盧全境的地圖。在這個時期的戰役裡，有奠基於正確情報的明快戰略，以及為達成此戰略的足夠兵力，並且認可兵力自主性地發揮，因此即使沒有凱撒親自出馬，各軍團長也能充分運作。出生以來首度被賦予戰役責任的狄奇阿斯・布魯圖斯，年僅二十八歲。

在五個戰線中，與敵方戰事最少的是凱撒所率領的步兵軍團。根據他們到達當地後的調查，想由陸路逼近滿是敵軍的城塞，相當困難，只好等待海軍的到達了。維奈特族所築的城塞，多為築於突出海上的山岬突端處，滿潮時當然無法通行；退潮時，船更有擱淺的危險。如此一來，海、陸的攻城戰皆為行不通之事。為了突破這個現狀，羅馬軍展開大規模的土木工程，意圖接近；而敵人也將武器、食糧、士兵等載上大船，朝附近同樣地勢的城塞移動。就這樣夏天過去了。羅馬的海軍之所以遲來，一方面因為天候惡劣而被困在港口，即使出了港，也是大洋、猛浪，在連港口都很少的大西洋中航行，這件事本身就很困難了。到了夏末的時候，在已經放棄利用土木工程接近而只有等待的凱撒面前，出現了羅馬海軍的蹤影。目睹此景的維奈特族，也集中了二百二十艘船，在港口後側準備突擊。

從崖上視戰的凱撒，是不是覺得己方的船比高盧船不適於大洋中的航行呢？簡單來說，將圓西瓜朝正中剖開，再挖掉其中的肉，這是高盧船；橫側面長樣子似甜瓜的是羅馬船。凱撒雖然下達製造大量船隻的命令，但是所做出來的都是適於地中海航行的單甲板平底帆船。這並非為了在大洋航行，而是為了打海戰。堅固無比的維奈特族船隻，即使撞上羅馬船依然安然無恙，因為船相當高，所以只能使用風帆。也就是說，羅馬船附有一種稱為槳的馬達，而高盧船卻以帆布為命脈。二十八歲的年輕指揮官抓到了這點。請大家回想一下，第一次布尼克戰役時代中對抗海軍國迦太基時，羅馬人所想出的「卡拉斯」鐵鉤（參見《羅馬人的故事》第II冊）。並非海洋民族的羅馬人，對船並無根深蒂固的看法；因為沒有既存的概念，即使在船上加些奇怪的裝備，也是可以接受的。

不列塔尼亞地方的海洋民族——維奈特族自不必說，前來支援的摩利尼、梅那庇部族和不列顛的援軍，他們皆精於製造耐北海的堅固高船技術，同時也擅於在狂風濤洋中的操船技術。羅馬軍在海戰的前半段，見到敵方自在地駕駛大船，讓箭由高空落下，而己方卻要時時小心別和敵船撞上了，免得船身損毀，一直不敢靠近與他們對決。這樣的情景看在從崖上觀戰的羅馬兵眼裡，自是相當憂心吧！但是，抱著必死之心的羅馬船漸漸接近敵方，投擲出新兵器，戰況於是有了改變。雖說是新兵器，但也並非是新的構想，而是羅馬人擅於應用的結果。

那是一端附有長而堅韌的繩索，用於攻城時的投擲式鎌刀。但是勾掛在石壁或防柵的情況，只要能勾掛、固定就行了，因此沒有必要磨尖、磨亮。不過在西元前五十六年的那場海戰中，鎌刀磨得相當銳利，以達到能勾掛就可切斷的目的。在接近敵船時投出此物，投擲纏繞在敵船帆柱上的繩索，再全速搖槳向遠處駛去，如此就可切斷繩索。高盧船並非以槳所划行的單甲板平底帆船，因此僅能靠帆布移動。張開此帆的帆柱、繩索被切斷了，帆布就落在甲板上，帆布也無法再用了。帆布沒辦法使用，也不能以槳代用，因為船身過高。

帆布無法使用，動彈不得的高盧大船，很快便遭羅馬的數艘中型單甲板平底帆船包圍。只要上了敵人的船，就如同在地上戰鬥了。之後，如同凱撒所寫的：「士兵每個人的戰鬥能力決定了勝負。」由士兵的戰鬥力來看，羅馬兵的勇猛是超群的。

見到這個戰況的變化，還未被切斷帆柱的高盧船，想利用風勢逃走，無奈正巧當時風平浪靜，只要還有帆布在的船，就免不了遭到以槳全速前進的細身平底帆船的追擊。對在數量上占優勢的羅馬船隻而言，高盧的大帆船不過是犧牲品。羅馬最初在大西洋的海戰，自上午十點至日落仍然持續著，就在敵方僅有數艘脫逃船隻的情況下，羅馬獲得了全勝。自此之後，青年布魯圖斯被視為海戰的專家。

這場海戰的勝利，不只根除了維奈特族投注在戰爭中可使用的戰鬥力，也削除了派遣支援的其他沿岸諸部族力量。他們不只失去了戰鬥員，還失去了船。沿大西洋至北海一帶的居民，屈服在羅馬的霸權之下。使節來到凱撒之處傳達投降意旨。

凱撒決定對主導沿岸諸部族共同戰鬥的維奈特族從嚴處置。他的理由是：「要讓野蠻人覺悟到不尊重外交關係的錯誤。」對凱撒而言，不當拘留和背棄誓約，都是違反了不同民族交流時不可欠缺的規則。他在敘述高盧人的宗教及風俗習慣時，從未出言指出這些是不如己方之處等話語，而是將這些視為他們特有的東西，也就是視為他們的文化，加以尊重。四年後，凱撒從高盧對手那裡嘗到了唯一的撤退經驗，他在那時失去了自己的劍；高盧人便將那把劍當成勝利的紀念，祭祀在自己的神祠中。隔年再度成為霸者的凱撒見到這個光景，身邊的人都建議他將這不名譽的記號取下；但是，凱撒說：「既然已經成為信仰的對象，那就放著吧！」文化是個人的東西，要怎麼想是個人的自由。然而，文明卻是人種、膚色、風俗習慣不同的人相互交流時需遵守的規則、儀節，不可以按照自己的自由喜好去做。簡單來說，就是在生存的禮節冠上了崇高的「文明」二字。在這方面，凱撒的作法一向明快。現代人常出現的優柔寡斷之舉，在他身上全見不到。明白寫下「野蠻人」的凱撒，判處維奈特族長老死刑，並將族人全數賣為奴隸。

那段期間，凱撒派遣至東、北、南三方的軍團，也無需請求總司令官出馬，就可達成任務。也許凱撒一點也不擔心的，只有派至東方萊茵河的副將拉比埃努斯一人吧！凱撒相當信賴這位平民出身的同年齡將領。雖說如此，派遣至北邊諾曼第地方進行壓制的撒比努斯和至南邊亞奎提諾地方的青年克拉蘇，他們的戰鬥風格除了反映各自的性格之外，戰果也充分地完成所託付的任務。撒比努斯故意誇張羅馬軍的苦境，並放出風聲，好讓敵人安心，再以萬全的準備迎接想趁勢襲擊的敵軍，以費時但慎重的戰法獲得了勝利；另一方面，年輕的克拉蘇採無休息的積極戰法，對付地窄人多、被凱撒視為占高盧三分之一的亞奎提諾地方，逐一壓制割據此地的諸部族。

但是，他們和凱撒一樣，並不消滅戰敗的部族，而是接受投降、締結講和，要求對方派出講和保證的人質。以青少年為人質，這是羅馬常採取的方法，他們到義大利各地的有力人士家裡接受家庭招待與教育，他們在被教育為傾羅馬者的同時，也學習了文明為何物。這些青少年成長歸國後，也多活躍於本國的各個領域中。

由於部下的幕僚們充分發揮作用，夏末時即解決了與維奈特族的紛爭，凱撒決定在進入冬營前，將事情一次做個了結。多虧海軍的奮鬥，凱撒所率領的步兵軍團才免於疲累。因此他派遣援軍至維奈特族，決意壓制居住於現在比利時至荷蘭南部的摩利尼族與梅那庇族。在全高盧境內，唯獨他們還未派使節向凱撒表達恭順之意。然而，時序已邁入秋季。凱撒雖然將此視為易如反掌之事，然而實際上，進攻高盧最東北部並不像預期那般容易。敵軍見無法與羅馬軍正面抗衡，便採取了其他的戰略。

萊茵河下游一帶，現代雖然在比利時與荷蘭這些先進國的開發之下，顯得極為現代化。但是在西元前一世紀時，還是森林、不見底的沼澤與濕地帶密布之地。得知羅馬軍接近的居民——日耳曼系的高盧人，將自己的所有物及所有居民，藏匿在森林深處。因此，羅馬軍抵達時，並未出現敵人的蹤影。但是，羅馬軍才開始設營作業時，敵軍就來襲了。於是凱撒命令將森林的樹木，依序從前端砍倒。

砍倒的樹立刻被用來建造圍柵，提供危險時的庇護所。接著又繼續砍倒柵欄前的樹，將砍倒的樹木作為圍柵，再前進砍倒樹木、築圍柵，這樣的作業一直連續著。透過這樣的作業方式，幾天之後，圍柵保護下的長道已經能夠通往森林裡了。

在這道保護之下前進至森林裡的羅馬軍，能夠得到敵人所藏匿的糧食與家畜，而敵軍則是一路逃竄至森林的深處。在這個原本天候就不佳的地方，這段期間正逢降雨、刮風頻繁的季節。要繼續執行在森林裡的作業，非常困難。在皮製的帳幕中，士兵們也無法入睡，凱撒於是決定撤退。但是此時的行動，與其說是進攻，不如說是近於實地調查的遠征，想必凱撒一定知道萊茵河以西高盧的安定，遲早是日耳曼的問題。這與下一年的戰役有關連。

高盧戰役第四年

西元前五十五年
凱撒四十五歲

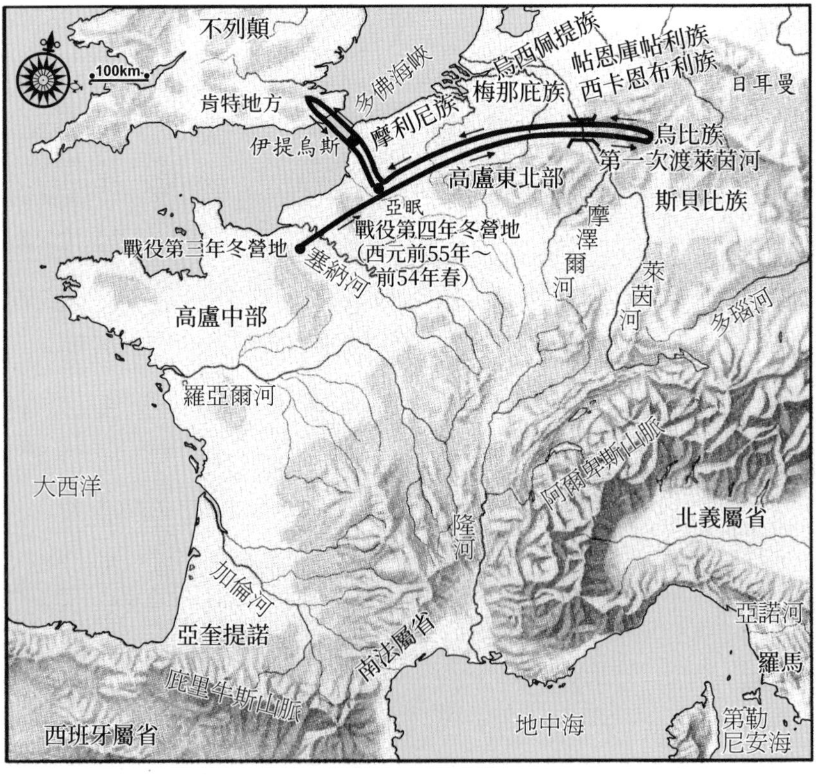

這一年，西元前五十五年，如同「盧卡會談」所同意的，龐培與克拉蘇擔任執政官。每年冬天照例南越阿爾卑斯山，在屬省統治中度過冬天的凱撒，在「三巨頭政治」充分發揮機能下，比平常更早越過阿爾卑斯山，回到高盧。正在高盧冬營的軍團，有必要早日會合。因為凱撒接獲日耳曼人中較弱小的兩部族，正渡萊茵河往西方移動中的報告。從凱撒以「日耳曼人」一詞指出他們也是諸部族裡的共同體，可以看出他很明白部族之間的角力，是越過萊茵河，甚至影響高盧的根本原因。

日耳曼民族中最強的部族，要屬廣布於萊茵河中游東部的斯貝比族。全部族可分為上百個共同體，每年每個共同體都要徵集一千名戰鬥員，總勢力便達十萬人的戰力。這十萬人都是侵略攻擊外國的要員；存留在國內的人，除了自己的家族以外，也要養活出征者的家族。第二年再交換國內組與國外組。透過這項制度，生活與戰鬥各自獨立。斯貝比族的共同體中並不承認私有地，並且不允許在同一土地定居一年以上。牛乳與肉為主食，因此相較於耕作，狩獵要算是男人的主要工作，自然養成流浪的習性。

也許是以肉為主食的緣故吧！他們長得又高又壯，平日的武術訓練也有所成就，每個人都顯得勇猛。只不過他們的生活形式並不如從前的斯巴達人那般規律正常。他們不在乎居住於寒地，身上的衣服僅有毛皮。而且由於毛皮並不豐富，不足以纏裹全身，有許多部份會露出來。就羅馬人的眼光看來，那是半裸，是要沐浴或是下水時的裝扮。

他們並不會限制商人的活動，但是賣的不是自己生產的東西，而是為了賣強奪來的東西。

葡萄酒的輸入只會讓人軟弱，因此被列為禁止品。至於馬匹，並不仰賴他地壯碩的高頭大馬，而偏好本地所飼養的小型健壯馬，能夠自在地駕御馬匹，必要時隨時可下馬戰鬥。

斯貝比族即使戰勝，令其他部族屈服，也不像羅馬人那樣建設殖民都市，在當地進行融合，而是清楚地區分征服者與被征服者的關係。也許為了顯示這個意念，所以他們常將自己領域的周圍處，放任為荒蕪之地。因為他們認為那樣的荒地，正是證明自己的強勢。凱撒聽說那片不許其他部族進入的無人荒地，範圍廣達九百公里。

居住在萊茵河以東的日耳曼人中，雖非最強但屬最大的部族是烏比族，烏比族居住於較斯貝比族更上游之處；由於這個部族住在萊茵河附近一帶，與高盧人的交流頻繁，較為文明。斯貝比族多次向烏比族開戰，但終因對方的人口多得無法驅逐，只好改為要求每年繳交貢金。斯貝比族的侵略集中在萊茵河下游，也就是北方，因為他們已經放棄征服烏比族的念頭了。結果導致斯貝比族侵略目標轉向烏西佩提族與帖恩庫帖利族，這二族為了躲避被征服、奴役的命運，就渡過萊茵河，湧向高盧去。

洞悉整個情況的凱撒，認為西元前五十五年的戰線，僅是針對日耳曼。不過，目的並非在於稱霸萊茵河以東，而是事先要處理高盧人善變的個性。凱撒說過，高盧人是流言的奴隸，流言總添加了自己所期望的色彩，並且相信這樣的流言。話雖如此，凱撒並未向高盧人洩漏自己這樣的看法，而是只針對騎兵戰力作號召，這是考量到日耳曼人精良的騎兵戰力所做的措施。他也研判必須在事態未擴大之前加以解決，於是率兵向東前進，自諾曼第地方的冬營地出發，越過塞納河後前進東北，穿過比利時，橫切過荷蘭南部，再由德國西北部抵達萊茵河是他所計畫的行軍路線。很明顯地，他是以日耳曼為目標地。

得知凱撒接近的烏西佩提族與帖恩庫帖利族，急忙派遣使者至凱撒那裡。甚至以哀求的口吻表示：「為斯貝比族追逐而被迫遷移，只有到萊茵河以西的地方居住，別無他法了。」但是哀求的口吻中卻帶有如遇萬一，將不惜與羅馬一戰的決心。凱撒回答道：「並不承認守不住自領地的日耳曼人遷居萊茵河以西，如果沒地方可住，可以去說服烏比族，請他們讓出土地。」正為斯貝比族的專橫困擾不已的烏比族使節，也於此時造訪凱撒陣營。那天，使節表示將回部族與大家商討這項提案後就回去了，之後凱撒再度與使節商談。這段期間，凱撒將行軍的距離減至數公里，但是並沒有停止前進。只是命令先行的騎兵團不要發動戰事，因為凱撒希望在交涉進行中不要有戰事發生。

但是，當和戰的雙方以微妙的關係持續時，竟然發生日耳曼騎兵攻擊羅馬騎兵的事件。遭到突擊的羅馬方面，損失七十四名騎兵，凱撒捨棄這邊的和談，召集軍團長，要大家別白費時間。那天與敵人的距離尚有十二公里。

可憐的是，日耳曼兩部族長老隔天一大早就為了昨天的事件，前來向凱撒說明、謝罪。凱撒命令拘留這些長老，並且下令屬下全軍出營。在出發的行軍順序上，以前些日子戰鬥受挫的騎兵團擔任後衛。離開營地時，已經呈現出羅馬軍特有的戰鬥陣形——三重列組的行軍。

平日即使未臨戰鬥，也以每小時五公里速度行軍的羅馬部隊，在不到二小時的時間，就到達了日耳曼兩部族的宿營地。日耳曼人遭到意外的突擊，羅馬軍突然出現。由於長老們不在，欠缺指揮者，在此情況下，宿營地中盡是同行女子、孩子的哭號和驚嚇聲。前些日子失去同袍的羅馬兵，憤怒地湧進來。日耳曼人的宿營地，並不同於羅馬人以壕、柵等四邊圍住的堅固地帶，而是以運貨的馬車圍住周圍，內部則只搭建棚幕。即使有勇敢抵抗者，也因為同伴們的混亂，而無法發揮戰力。在此情況下，所能做的只有放下武器與軍旗，向四面八方敗走，逃走的人朝萊茵河去。凱撒派前些日子猶感怨恨的騎兵去追擊。眼前就是河了，許多日耳曼人被殺。羅馬軍除了少數負傷者外，沒有人員戰死。

那天，有多少日耳曼人被捕？凱撒並沒有記載，總數四十三萬的日耳曼兩部族，是被殺了呢？還是逃脫了呢？凱撒以殺戮的字眼而非以戰鬥的字眼來書寫與日耳曼兩部族的對決，如果是未與十萬敵軍交戰就達到了目的，這真是場大成功。

但是，保障外交使節的身份應是文明人所遵守的事，這樣的作法與凱撒從前所秉持的方針，是不是有所矛盾呢？實際上，得知這場由殺戮得來的勝利，羅馬元老院的小加圖對凱撒提出了彈劾，認為在交涉進行中，出其不意地襲敵是違反規則的，提議應該將凱撒交給日耳曼人。但是，那年以執政官龐培為首的陣線並未同意，因為在講和交涉中，己方也遭敵方騎兵殺害，損失了七十五名騎兵。凱撒對當時長老們為謝罪的訪問之舉，記錄如下：「對我方而言是幸運之事。」但終究還是一次沒有宣告交涉破裂便發動的攻擊。

然而，姑且無論是否違反文明人的禮節，這種問題，無論在政治上或軍事上，對當事人來說都不是容易選擇的事。以為尚處於休戰狀態卻遭不意突擊而被殺害的七十五名羅馬騎兵，實際上並非是羅馬公民的騎兵，而是認同羅馬霸權，參與同盟的高盧部族軍。但是只要加入羅馬軍，屬於凱撒的指揮下，就可同被視為羅馬公民的士兵。因此，一方面面臨七十五名騎兵部下被殺，一方面面臨不知結果的交涉，這對總司令官凱撒而言，只好採集合軍備的動作了。此外，如果凱撒置部族友人在日耳曼被殺之事不顧，一定會影響到其他提供士兵的高盧諸部族。與日耳曼人交戰的凱撒，眼中並不是只看到日耳曼人，而是經常將身後的高盧人也納入考量而一邊與日耳曼人作戰的。

凱撒在西元前五十八年、緊接著是西元前五十五年，兩度大勝日耳曼。羅馬人所獲得的兩大勝利，對高盧人是有相當大的影響吧！

結束了對日耳曼人的戰爭後，回到營地的凱撒，下令釋放被拘留的長老們。但是，長老們得知自己部族的命運後，害怕即使被釋放了，恐怕從前搶奪過的周邊高盧人會乘機報復，而要求能待在凱撒這裡，凱撒應允隨他們的自由。於是，凱撒幾無間斷地開始實施渡萊茵河的計畫。對羅馬軍來說這是當然之事，然而對羅馬人而言卻是頭一遭。

有趣的是，凱撒寫道：用舟或筏渡河，這對凱撒本身以及對羅馬而言，是不安全同時也「不名譽」的方法。這是因為不願學當年迦太基人漢尼拔渡隆河時所用的方法？還是因為日耳曼民族渡萊茵河侵略高盧時，常使用小舟與筏，因此不願因襲野蠻民族的作法？不知道凱撒是怎麼樣的想法。為了做給日耳曼人與高盧人看，凱撒利用萊茵河做了一場宣傳。唯有煽起人們好奇心的作法，才能擴大效果。而對未開化之民，最能引發他們好奇、關切的，莫過於羅馬人所擁有的技術能力了。

渡過萊茵河

凱撒所考慮的是之前無人想過的，在河寬水急的這條大河上，建造一座橋，然後渡橋進攻日耳曼。透過他的描述，說明了這個「名譽」渡河方法中橋的構造與建造法，彷彿現場監督般，生動且詳細地呈現出來。根據這個敘述，後世也造了許多模型。這個萊茵河最初的建橋地點，在現在德國的波昂與科隆之間。

橋的建造作業依下列的順序進行：將兩根四十五公分粗、且長度超過河深的木材前端削尖，再自六十公分的間隔處相互固定綁緊。將這兩根綁好為組的木樁，用滑車沉下河去，再使用打入機，固定在河底；但是並非採行平常所用的垂直打入法，而是為了削弱水的阻力，採用類似屋頂傾斜般的打入方式。與這組兩根木樁平行，於十二公尺距離的對側，也以同樣的方法再打入另一組兩根的木樁。這兩組木樁之間，架設粗六十公分的橋桁，前端各由活栓鎖固定在兩根木樁之間。這麼做出來的橋墩，一來使用的材料是木材，愈含水愈堅固，二來建造方法很牢靠，也能充分耐水壓。

一一地打入橋墩，上面再跨上橫木，然後堆積木柴、重疊鋪張成底。除此以外，在橋墩的側邊也打入木柵欄，柵欄不僅可以舒緩水流的壓力，同時兼具遇敵方駕舟想破壞橋時的防禦效果。

材料到達的十天後，萊茵河最初的橋建造完成了。凱撒在橋的兩岸設置充分的警備隊，率軍渡過萊茵河。

為什麼凱撒在此地設橋呢？這樣的疑問自然浮現出來。關於這點他並沒記載，所以只能靠推測。我猜想是基於下面三個理由：

一、距離渡過萊茵河侵入高盧，遭殺戮的日耳曼兩部族很近，適於渡河乘勝追擊。

二、到了這一帶，源自阿爾卑斯山的

凱撒所建的萊茵河橋（建設中的想像圖）

萊茵河流注平地，因此能夠遠眺對岸的日耳曼，遭遇敵方渡河立即急襲的危險性也就降低了。

三、日耳曼兩部族的生還者所逃竄之地——西卡恩布利族距離此地很近。

到了一個世紀後的帝政時代，這一帶萊茵河西岸的羅馬軍事基地，已到了綿延如珠串的程度，忠實回應了凱撒認為萊茵河才是羅馬防衛線的教諭。這裡面包括德國的首都波昂以及科隆等城市，名字上都還保留有當年拉丁語的色彩。再談些題外話，第二次世界大戰後西德的首都設於波昂的原因，或許是在想與希特勒訣別的戰後德國人心中，潛藏著想隸屬於萊茵河西方的願望吧！邱吉爾在糾彈希特勒統領的德國人時，就常用當年以萊茵河為防衛線的古羅馬人也沒有的口吻，稱呼他們為萊茵河對岸的非文明人。

話題再轉回二千多年前的當年。二年後，凱撒決定再次渡過萊茵河。那時的渡河地點也是選在波昂與科隆中間，比第一次稍微上游、距離波昂較近的地點。顯示這是充分了解這一帶地勢才選擇的渡河地點。

無論如何，在萊茵河上架設日耳曼人沒見過的橋，羅馬軍戰備技術的運用，獲得了成功的宣傳效果。日耳曼人甚至在羅馬軍建設的期間，並沒有妨害的舉動，只是逃入森林裡不出來。向萊茵河以東進攻的羅馬軍，首先迎向西卡恩布利族居住地。這時候，許多日耳曼部族已經派遣使者向凱撒要求友好與和平，凱撒要求提供人質為先決條件。他在逃走的西卡恩布利族之地，待了數日後將之夷為平地。之後，對烏比族的長老承諾如果斯貝比族前來攻擊時，羅馬軍將給予協助。凱撒意圖離間居住於萊茵河以東的日耳曼民族。

根據烏比族傳來的情報，日耳曼民族中最強的斯貝比族，得知凱撒渡過萊茵河之事，正後退至黑森林深處等待。凱撒達成渡河的目的後，決定回高盧。橋在渡過之後就加以破壞。

多佛海峽

在羅馬軍最初架橋進攻日耳曼這個宣傳行為的餘波影響下，那年，凱撒又決定在近夏末時，再嘗試一次引人好奇的進攻——越過多佛海峽，進攻不列顛，這也是羅馬人最初的冒險。

凱撒進攻不列顛的理由是，在高盧的戰鬥常是由於不列顛人的支援而發生的，因此有必要切斷這個支援。但是，凱撒並不將隔多佛海峽而居的不列顛人，看成與萊茵河以東的日耳曼人一樣。渡萊茵河是對日耳曼人與高盧人的示威宣傳（Demonstration），而渡多佛海峽進攻不列顛，是考慮將不列顛納入羅馬霸權的緣故。對於該年後半年的決定，凱撒這麼寫道：

「真正的進攻只憑季節是不夠的，登陸島（凱撒已經知道英國是個島了）、了解當地居民的性格、當地的地勢、港口等，還要調查這些連高盧人也不知道的事項，才能更有助於進攻。」

凱撒活用商人以為情報來源。然而連哪裡有生意可買賣，就往哪裡去的商人，提到不列顛，也只知道是面對高盧的坎提烏姆（現在的肯特）地方。除此以外，不列顛全島的面積、居民的性格以及人口數、他們的戰鬥方式、統治方式、大船可以靠岸的地理位置等，對這些問題他們完全不知。西元前一世紀的英國，是商人也無法通行的遠隔之地，因此只好靠自己實地調查了。

但是，與以日耳曼為對象時的渡萊茵河不同，不列顛人與凱撒並無直接交戰的經驗，因此無法期待以勝利的實績達到嚇阻敵方行動的效果。而為了避免暗中摸索的冒險行動，凱撒派出一位適合這項任務的部下——波爾歇努斯前往偵察。凱撒自己則利用等待偵察結果的時間，進軍摩利尼族之地，也就是現在法國的最北部。因為由此地越海峽登陸不列顛，是距離最近之處。凱撒所穿越的這個海峽後來被稱為多佛海峽，僅能靠船航行。如果當時的羅馬人有造海底隧道的技術，就凱撒對不列顛的意圖來看，他會毫不猶豫地挖掘海底隧道吧！因為進攻不列顛與渡萊茵河不同，並不是示威宣傳。前去偵察的波爾歇努斯由船上觀察了五天，蒐集有用的情報後就返回。凱撒開始聚集登陸作戰時的必備船隻。

在等待進攻不列顛的船隊整備期間，聽聞進攻之事的不列塔尼亞諸部族，派遣使節至凱撒處，表達承認羅馬霸權，並願意提供人質來表明心意。當凱撒接受了他們，使節帶著這個答覆歸返不列塔尼亞時，凱撒讓二年前他所信賴、曾經是部族首領的高盧人寇米烏斯同行。寇米烏斯的任務是告知大家凱撒即將發動進攻了，希望能多拉些部族站在羅馬這邊。幸運地，正好住在不列塔尼亞出港地的摩利尼族中，許多人都誓言服從凱撒。於是，凱撒在渡多佛海峽時也就能毫無後顧之憂地勇往前行了。

第一次的不列顛遠征，準備了下列的規模：隨行的有第七、第十軍團，再加上騎兵。輸送則首先由八十艘運輸船負責運送兩個軍團。然而，因為風勢強勁，只能進入離港十二公里處，就以剩下的十八艘運輸船，讓騎兵團分乘，另外追加幾艘軍船。從高盧戰役開始就在凱撒指揮下戰鬥的這兩個軍團老兵，才一萬人，依照凱撒所說的，他並非真的要遠征而是要做調查。八個軍團中有六個留在高盧。有必要將他們留下，為了防止渡過海峽之後回不來，將六個軍團分送至必要之地。軍團長魯福斯率領半數防守出港地的周邊。軍團長撒比努斯與同僚寇達率領剩下的半數，擔任壓制住在現在比利時的摩利尼族之一部與梅那庇族的任務，目的是要慣於大洋生活的他們，斷絕妨害羅馬軍渡多佛海峽的念頭。

凱撒是從何處出發的呢？他自己也未明載。也許是由摩利尼族使用的港口，高盧語為內側港之意的伊提烏斯港吧！古代的推測是這樣的。但是，也並非就絕對是如此，不過就現在法國的布洛鈕(Boulogne)一帶來考量，當然不是在敦克爾克，也不是在距離最近的加來(Calais)。羅馬人並非基於地勢的考量，擇地開港後再出港，而只是利用高盧人所使用過的現成港口吧！

凱撒在這個港口等待順風，在半夜後出港，命令乘載騎兵團的船隊隨後過來。於是，隔天上午十點，最初的羅馬船抵達了不列顛的海岸。邱吉爾認為大英帝國的歷史就從此時——西元前五十五年八月二十六日開始的。然而，以此為大英歷史的開始，似乎有欠威嚴。

船終於抵達了北邊類似預定地的海岸。狹窄海岸的背後，聳立著高挺的山崖，山崖的一面有全副武裝的不列顛人正等著。他們從斜崖上丟擲槍、箭，射向站在海岸的人。由於凱撒自己並未提及在何處靠岸的，這只能做個推測。我想他們曾抵達有名的多佛白色山崖下吧！總之，凱撒發覺此地並不適合作為登陸地點，因此，他放棄登陸，在海上等待後續船隊到達，一直到三點。等待的時候，他召集了軍團長及大隊長，有調查之行經驗的波爾歇努斯也參加所召開的作戰會議。會議的主題是剖析比預料中更激烈、易變的潮流，以確立戰略。而總司令官凱撒所掛念的，是如何一旦在陸地或海上有狀況的情形下，能同時發布所有的命令，而且命令又可正確、迅速地被實行。

午後近三點，風與潮流變得適於航行，於是到達的後續船隊也一起隨行再次出發。行經約十一公里處，有連接平野的海岸，就在平野前方的海岸下錨，以進行調查。但是，此地也有不同於臨海山崖的另一種不利情勢正等著羅馬軍。

凱撒記載著：蠻族——也是邱吉爾祖先的不列顛人一定從陸上追蹤羅馬軍的動態，因為當羅馬軍想登陸時，從平野有類似騎兵與兩頭戰車襲來。羅馬軍面臨下列諸點的困難：

一、乘載士兵的運輸船隻船底很深，只能在距海岸相當遠的海上停泊。
二、在指揮官、士兵皆未充分了解地形的土地上登陸作戰，將會吃虧。
三、在沉重武器剝奪雙手靈活運用的情況下，還得跳海接近岸邊。
四、因應這個情況的不列顛士兵，採由岸邊或是攻入海中的積極戰法，來妨礙羅馬軍的登陸。

總之，在陸地上所向無敵的凱撒手下軍團兵，在這個完全不同的戰場，無法發揮往常般的勇猛敏銳，只顯得因驚恐而動彈不得，見到這個情況的凱撒心生一計。

和運輸船一起，凱撒也將軍船投入戰線。軍船不同於帆船與運輸船，能藉著槳活動比較靈活。此外，船底淺可以較接近岸邊。凱撒在這些單甲板平底船 (Galley) 上，裝載了投石器、石弓器，讓船和海岸線保持平行，然後從船上攻擊敵人。這種就連小型傳令用的舟、搖槳式的單甲板平底船，所有的船都動員應用的戰法，果然產生了相當好的效果。不列顛人第一次見到單甲板平底船以及所裝載的兵器，驚慌得往後退去。

即使如此，羅馬士兵依然裹足猶豫而沒跳海前進。見此狀況的第十軍團旗手，就站在船上，舉起雙手向神祈禱自己的決心並求護佑軍團之後，大聲叫道：

「縱身跳吧！戰友們，如果不願將這面銀鷲旗交給敵人，至少我們要對國家與總司令官盡責。」

說完這句話，旗手就立刻跳入海中，邊舉著軍團旗游起來了。同船的士兵也尾隨其後，見此情況的他船士兵，也一一地跳下了海。

沿著海岸線的激戰開始了。羅馬士兵在無法組隊、無法確保立足之地，甚至無法在自己旗隊之下戰鬥的狀態下，依然驍勇善戰。他們往距離自己最近的隊旗集中，以距離自己最近的船為盾進行戰鬥。但是，不列顛人知道到何處為止是淺灘，見到對此全然不知所措的羅馬兵，他們總能適確地加以追逐、攻擊。見到同伴陷入苦戰，凱撒又心生一計。原為裝載兵器的單甲板平底船，全部改乘載士兵。於是，搖槳上淺灘的船，將士兵送至海岸後，士兵再跳下來，這是現代也採用的登陸作戰方式。只要腳能著陸，戰鬥就是羅馬士兵的看家本領了。他們立刻組隊，以指揮系統明確的形式展開攻擊，不列顛人只有逃走一途了。但是這個好機會並未被善用就結束了，因為負責追擊任務的騎兵團所搭乘的船隊還沒有到達。

不過，一時落荒而逃的不列顛人，派出使者向凱撒要求講和，表示願意派出人質、服從命令。與使者同行的，還有凱撒派遣前去做事前工作的高盧部族長寇米烏斯，他在不列顛還沒從事外交交涉，就被當成俘虜抓起來了，此次返回是因為獲得釋放。

凱撒對如此簡單就手到擒來的不列顛人所要求的講和，並未考慮到有慎重處置的必要，而輕易地接受了講和的要求。他如此輕易接受的理由是：搭載騎兵的十六艘船隻，眼看就要抵達不列顛的海岸了，卻遭到暴風雨，而順流被沖到西南邊，結果又回到了大陸。凱撒只得帶領無騎兵的兩個軍團一萬人，留在這個進攻地。這是發生在登陸後第四天的事。

但是惡運並未到此結束。當晚為滿月，在大洋的滿月之夜，是潮水漲落差距最大的時候，而羅馬人不知此事。凱撒命令停泊在岸邊的單甲板平底船，受到急激漲潮的海水衝擊；在海面拋下錨的運輸船隊，也因強風猛浪的侵襲，而不知如何是好。結果，許多船遭到破壞；還有些船，因為繫錨的繩索斷掉或流失，造成無法航行的情況。

這個情形當然使得士兵們意志消沉，因為沒有返程回家的船了。修繕的工具也被沖入海裡。再說，由於打算回高盧冬營，因此兵糧的貯備很少，甚至沒有考慮補充的方法；況且，在無騎兵可用卻身處精於騎馬、戰車攻擊的不列顛人之地。不列顛各族很快就得知羅馬軍的現狀，意圖反悔恭順的誓約，他們一致想趁羅馬軍尚未考量二度進攻不列顛時，在此集中全力擊退羅馬軍。

為了擺脫這個危機，凱撒認為與其自大陸（高盧）呼叫支援部隊過來，不如採自力救濟之策。對處在孤立之中的人而言，什麼也不做而只是等待反倒痛苦。他傳令大陸方面以快船運來修復船隻的必要工具。

首先，是如何守衛的問題。羅馬人無論何時何地，即使是一晚的宿營，也習慣搭建方形的堅固陣營地。此外,喜好機械化的羅馬人,也能將陣營地的守則嚴密地機械化。四角形的每邊各一個門,戰時,各有一大隊(六百名士兵)負責守衛,可以說在防衛方面不需要擔心。

另一項是糧食的確保,羅馬軍通常攜帶一個月份左右的糧食,因此不會一下子陷於欠缺的窘境。但是,在時間與人力充裕的情況下,凱撒一定會派遣士兵去籌集糧食。因為只有在食物充足的情況下,人才能保持平常心。此外,不管工具是否到達,就著手船隻的修理。不過,並沒有時間重新準備修理用的資材,因此破損相當嚴重的船隻只有犧牲掉了,而將精力用在還可以使用的船隻修復上。於是,八十艘船僅犧牲了十二艘,還有六十八艘船可回歸航行的用途。

這項作業尚未完成之前,不列顛人向羅馬軍發動攻擊,但並非攻擊陣營地,而是襲擊負責兵糧調配的第七軍團。一接獲消息的凱撒,命令陣營地的守衛各門以半個大隊的軍力,也就是僅以兩個大隊的軍力防守,他自己則率領四個大隊立刻出發。剩下的四個大隊也武裝整齊地待命。一到達羅馬士兵收割小麥的地方,便見到第七軍團的士兵聚集在中央,周圍則包圍了不列顛的騎兵與戰車。

不列顛人的戰車法與東方以及希臘不同。首先,縱橫驅策兩頭戰車,以激烈吵雜的車輪聲加以投擲石頭,使被攻擊的一方陷於混亂。然後戰車再衝入敵兵行列,戰士下戰車像步兵一樣戰鬥,駕車者將車子駕回後方等待,因此即使遇到戰鬥不利時,戰士也能立刻逃走。這個戰法,是以發揮騎兵機動力與步兵持久力為考量點的極巧妙戰法。

但是,不列顛人的戰車也無法與凱撒迅速的抵達以及他所率領的勇猛果敢的第十軍團相抗衡，不列顛的士兵乘著戰車逃走了。但是，沒帶騎兵團的凱撒，無法追擊；此外，因為只有兩個大隊一千人戍守陣營，他只好率全軍返回陣營地。

敵軍的再度襲擊是可充分預見的，於是凱撒向高盧部族長寇米烏斯借了他到不列顛時所帶來的三十位高盧騎兵。加上凱撒與他幕僚用的馬，組成了不到六十人的騎兵力，但是至少可以在下回派上用場。

之後，不列顛人再度發動攻勢，這次是攻擊羅馬軍的陣營地。凱撒幾乎投入了兩個軍團，在陣營前布陣迎擊。此次的戰鬥，一開始就向對羅馬有利的情勢發展；敵人敗走，羅馬兵也盡可能地追擊，殺了不少敵人並燒盡他們的穀物倉。

這場戰鬥後，不列顛人再度派遣使者要求講和，凱撒命令他們提供較上次加倍的人質，並且送到高盧。這也給了凱撒離開不列顛的機會與理由；因為他其實並不想在天候惡化的冬季裡，越過多佛海峽。

根據凱撒所寫的，是在風與潮流皆合宜的半夜出航，我想這是基於此時不會受不列顛人擾亂所選定的時刻吧！總之，歸途平穩，除了兩艘船稍微南流進入別的港口以外，全部的船隻皆平安返回伊提烏斯港。

凱撒所返回的高盧在軍團長們的充分鎮守下，各部族一直維持穩定的狀態。他選擇比利時人居住的地方，即塞納河以北的亞眠地區，作為這次西元前五十五年到前五十四年的冬季營地。一方面既可監視冬天的高盧全境，二方面則是考慮到來年對戰雙方交鋒。因此在越過阿爾卑斯山向屬省出發之前，他還不忘叮嚀鎮守冬季營地的各軍團長盡量造船、修復在不列顛遠征時破損的船隻。

第一次的不列顛遠征，實地調查是成功了，遠征卻失敗了。凱撒自己也誠實地寫道：「命令他們送人質到高盧來，結果遵守約定的只有兩個部族。」但是，越過萊茵河進攻日耳曼領地、遠征羅馬人連聽都沒聽過的不列顛，凱撒那年所達成的功績，對遠在羅馬的人而言，是既訝異又興奮的事。為了反映人民的欣喜若狂，元老院也決定舉行史無前例的二十天謝神儀式。

但是，西元前五十五年的戰鬥季節終了同時，凱撒也不得不放手讓一位有能力的武將離開。凱撒所認可的這位青年克拉蘇，是因為良家子弟的緣故當上凱撒的幕僚，所以他的能力往往容易被忘記。青年克拉蘇就要跟隨就任敘利亞屬省總督的父親，前往東方去了。為了準備與大國帕提亞的戰役前往東方，身為總司令官長男的他也必須從軍。對年屆六十才首次迎接正式遠征的克拉蘇而言，有高盧戰役經驗豐富的兒子加入，是無人可取代的強心針吧！

凱撒由手裡的騎兵群中分出一千名給這位已漸步入三十五歲的年輕武將。常面臨騎兵力不足而熱心培訓高盧騎兵的凱撒，他所擁有的騎兵戰力總計五千人左右，而卻將其中的一千名騎兵分給這位武將，真是意義重大。將這一千名騎兵贈與隨行的青年克拉蘇至遠東，不但表現了凱撒以此為贈禮之意，同時也是對「三巨頭政治」之一，年輕時即借錢給他的克拉蘇一項回禮。因為依法或任何裁決，他都沒有提供一千名騎兵的義務。之後，凱撒與同行越過阿爾卑斯山的「青年克拉蘇」，再也沒碰面了。

凱撒再也沒碰面的人還有母親奧雷莉亞，凱撒大概是在從不列顛歸來時，收到母親的死訊吧！儘管他是獨子，在接到通知時，也因為身為屬省總督，而無法越盧比孔河回羅馬。凱撒的母親將兒子的事情看得比什麼都重要，也沒再婚地專心養育兒子，讓他無後顧之憂地成長，選擇自己的路，同時她也是凱撒從政的商量對象。比起羅馬的許多母子關係，凱撒與他母親的關係可說是很親密。

他四十歲那年赴任南西班牙屬省總督時，某夜，夢見與母親交媾，凱撒相當驚訝，這對凡事依合理主義的他而言是罕見的，於是便請占卜師解夢。依占卜師所言，這是凱撒征服世界之意，他才放下了心。在凱撒的《高盧戰記》中，全無提及母親的死；但是，這正顯示了凱撒與常表露喜怒哀樂的西塞羅個性不同，他並不輕易表露私人情感。

改造首都的第一步

自秋末至春初的冬營期，凱撒身兼南法、北義、伊利利亞（現在的斯洛伐克與克羅埃西亞）三屬省的總督，自然不可能常待在一個地方休息。而凱撒即使一年內有多數時間不在，依然能無阻地施行統治，這歸功於他的組織力。凱撒在屬省積極任用當地人；而對雖然還未成為屬省的中、北高盧，但是已經與他締結同盟協約、表達恭順誓約的部族內政，也一概不干涉。

同樣的，在首都羅馬中，當他選擇替代自己的人時，也毫不猶豫地錄用屬省出身的人才。採用屬省出身者擔任首都代理人的理由是，這些人擁有羅馬公民權但又是屬省出身，進出政界會受到限制，因此可以將他們視為私人祕書般使用。這種私人祕書團的代表是巴爾布斯與奧庇斯兩人。西元前五十四年，好不容易得以安頓在拉溫納冬營地的凱撒，也是得力於與這兩人的頻繁往來。

這個時期的凱撒，或許是受到龐培建造羅馬最早的常設劇場以及附屬大迴廊的刺激吧！他也開始從事擴大羅馬廣場的都市改造計畫。凱撒的屬省總督任期，為了與龐培及克拉蘇的任期配合而延長，因此往後五年不會回首都。人不在首都卻要推動這項大計畫，那得要有效率的祕書團。這個時期，奧庇斯到拉溫納，幾乎都是為了這項計畫。

位於羅馬政治中心羅馬廣場的神殿、會堂，也隨著時代的腳步改建得美輪美奐。羅馬廣場本身的規模，與五百年前將此地定為羅馬中心的第五代王——塔奎尼烏斯時代相比並無太大的差距。在此情況下，漸成為「世界首都」的羅馬中心，顯得既貧弱又無法充分發揮機能。凱撒考慮將首都向北方擴張。南有帕拉提諾山丘橫臥，西有卡匹杜里諾山丘聳立，在此地勢下，能夠擴張之處只有北邊了。至於這時還沒有蓋競技場的東邊，由於既是迎接凱旋將軍的入城路，又位於羅馬廣場重要性較弱的東半部延長線上，對於這次只有延伸重要區域才有意義的擴張計畫來說，並不適當。

但是，凱撒所屬意的廣場北側，在當時卻不是空地，而是蓋滿了商店與住家。這是因為凱撒生長的平民地區蘇布拉，至此時期，已經擴張到羅馬廣場的旁邊了。

凱撒打算在擴張的部份，建設神殿以及附屬迴廊。在羅馬，除了被當成眾神住所的卡匹杜里諾山丘上的神殿外，其他的神殿雖為神殿，但是完全沒有肅穆靜謐的畫面，通常都是與商店街比鄰相接，就像日本淺草寺一帶的模樣。凱撒的目的是羅馬廣場的延伸，當然也就是以神殿為中心的商店街建設，這點從面對神殿正面的三面迴廊全被商店占滿來看，便知一二；威尼斯的聖馬可廣場也是同樣的感覺。但是，蘇布拉地區一向是住商混合，實在不利於首都的再開發案，於是便產生了用地買賣的問題。關於這件事，西塞羅在給好友阿提克斯的信中如此說：

「波魯奇幾乎完成了羅馬廣場內會堂的修改工程。（這個會堂是西元前二世紀，艾米里亞・波魯奇所建造的，他的子孫所作的修改工程費用是凱撒貸款得來的。）凱撒過分計畫大規模的工程。如果完成了，必可得到市民們的驚嘆與自己的榮譽。因此，凱撒的『朋友』們，特別是奧庇斯——你或許要爆笑出來吧！——用六千萬塞斯泰契斯這等巨額的款項，浪費於買賣用地。因為居住在羅馬廣場至自由迴廊的土地上的人們，不接受低廉的出價。」

帕拉提諾山丘上的一等地，由羅馬最有錢的克拉蘇買入了三百五十萬塞斯泰契斯的豪邸，就連以西塞羅的驕傲或是愚痴，也不可能只收購用地就花了六千萬，這只能說是浪費吧！這封信再讀下去，可以發現凱撒在這時，已經有將另一公共事業「凱撒．尤莉亞」選舉會場所使用的大迴廊，建在城外馬爾斯廣場的構想。西元前二世紀中期自布尼克戰役勝利以來，羅馬的公共事業即快速起飛；西元前一世紀中期的羅馬，此風再起。而這方面的主角也是龐培與凱撒兩人。

原本就生於富裕之家，再加上又是遠東富裕之地的征服者，龐培擁有支持大規模公共事業的財源，這是任誰都能想見的事。而凱撒的情況呢？錢財何處來呢？

對他而言，最大的債權者是克拉蘇，凱撒在執政官任期尚未終了的西元前五十五年秋天，由布林迪西走海路出發至敘利亞，對克拉蘇的借款償還尚未還清，還有相當的餘額，已經沒辦法再向他借更多了。克拉蘇礙於龐培與凱撒顯赫的名聲與輝煌的戰果，身為「三巨頭」之一的他，也急欲有所建樹。遠征東方，對六十歲的克拉蘇而言是最後的機會了；在這最後的機會裡，他甚至變賣了私產準備戰爭事宜。在此情況下，克拉蘇已經不能仰賴了；對凱撒而言，也就代表巨額借款的管道被關閉了。因為從前都是克拉蘇借給他的，或是以克拉蘇為保證人向其他人借的。

或者凱撒可以像蘇拉或盧加拉斯那樣，由被征服民眾那裡強奪財物。蘇拉後來有賠償，但是盧加拉斯沒有賠償。不過，凱撒所稱霸的高盧，並非蘇拉或盧加拉斯所稱霸的希臘、中近東。此地不像來自地中海世界各地人民所聚集的戴爾菲或伊庇魯斯那般，並沒有豐富財寶，是沒有神存在的較落後開發地帶。雖然部族的有力人士擁有黃金製品，然而大多數居民的經濟能力無法與東方相比。高盧戰役終了後，凱撒在高盧全境所課的稅金，一年為四千萬塞斯泰契斯，只夠羅馬廣場擴張工程用地收購費的三分之二而已。這證明當時的高盧，即使榨乾也是所得有限。再說，對戰敗者課以他們所無法負擔的重稅，對想將此地納入羅馬國的凱撒而言，這樣的作法要算是愚策吧！

要從高盧榨油水不容易，總可以將戰俘賣為奴隸換錢吧！但是，被凱撒當成奴隸賣掉的戰敗者，只有違背誓約，再度挑起戰事的人。普魯塔克寫道：「高盧戰役後，有一百萬人淪為奴隸。」不過研究者一致認為這並非實際的數目。戰役中期終了是在西元前五十五年，十萬應是較為貼切的數字吧！如果將當時的奴隸平均每位以二百塞斯泰契斯賣出，非得賣出三十萬人，否則不夠用地收購費。因此，以賣奴隸為財源收入的講法是很難說得通的。

那麼，凱撒是不是擁有另外的財源呢？值得注意的是，出發至高盧以前的他滿身是債，然而隨著高盧戰役的進展，不知何故他的手頭似乎逐漸寬裕。即使強奪、無理徵稅，也有個界限，賣奴隸買地的費用也不夠；僅以高盧為基盤的凱撒，他的經濟狀況是如何明顯地改善了呢？

也許這個卑俗的問題不適於在學術上討論吧！因此研究學者並不太觸及這個問題，僅能由古羅馬時代的書籍尋找蛛絲馬跡作為推理的基礎，我想他是將在高盧的專利權商業化了吧！這並非我自己一人的推論，以「通俗歌劇」聞名的前東德劇作家——布雷希特，在他的《朱利斯．凱撒的經營》(*Die Geschäfte des Herrn Julius Caesar*)中也提及這項假設。

凱撒打算將以萊茵河為境，向西擴張的高盧全境羅馬化，羅馬化對羅馬國而言是最好的安全保障。套句他自己的話，就是「文明化」。然而他並不侷限於自己才是最有智慧的主導者，他了解民族的文明化，就如同西塞羅精湛的散文及加圖魯斯充滿情感的韻文般，可以由經濟來從事文明化。因此，凱撒積極獎勵與高盧通商。

古今中外皆同，商人對新市場的開拓相當敏感。住在義大利半島的羅馬商人，大多是擁有羅馬公民權的南義希臘人，他們大舉越過阿爾卑斯山向北行。凱撒開放高盧地可與羅馬商人進行通商貿易。但是，他將自己勞苦換來稱霸高盧地的通商權利，賣給了他們。或許是有期限的契約關係吧！由一定的期間至每年的契約，有了計畫性的固定收入，凱撒的經濟狀況因為實行這項方案而得到改善的可能性也就很高了。

特權這個東西，一旦鬆手的話，就可能產生讓掌握此項特權者為所欲為的危險。控制這種情況，就是政治的責任。凱撒並沒有忘記這件事。無論是否完全壓制了高盧，凱撒已經做出詳細的統治策略，連稅制都定出來了，如此可以控制追求利潤者的為所欲為。

我作此推論的根據有下列兩點：

一、克拉蘇在一年後死去了，而凱撒的經濟狀況也正好在這個時候因為收入固定而改善了。講得極端一點，所謂的「改善」就是一向只知借錢的凱撒，這回有錢可以借給別人了。

二、在五年後發端的內亂中，南法的馬賽站在龐培那一方與凱撒敵對，原因是傳統上由馬賽商人獨占與中、北部高盧的通商；而羅馬商人利用高盧戰役的機會，取代了他們的地位，這樣的發展令他們心生怨恨。

總而言之，凱撒開發了一條不強奪、不課重稅就可賺錢的路。因此，在布雷希特根據史料所寫成《朱利斯．凱撒的經營》中，以西元前六〇年凱撒被選為執政官做結。不知布雷希特之前是否有提筆寫高盧戰役那段期間凱撒的念頭。他是一位共產主義者，而且是富批判精神的作家，寫《朱利斯．凱撒的經營》的當年就過世了。布雷希特將凱撒與金錢的關係，透過從起初以債權者身份與凱撒交往，後來成為凱撒祕書般的故事主角口中，道出了下面這段話：

「每當見到他如何應對為錢的問題而來訪的人時，我的內心就滿懷敬意，我想這是因為他對金錢所抱持的絕對優越感。

他對金錢並不飢渴，他並沒有打算要將他人的錢占為己有，只是單純地沒有區分他人與自己的金錢。他的所作所為是以每個人都是為了幫助他為出發點而行動的。他對金錢的超然態度，往往也能夠感染債權人，債權人非但沒有不安，反而受他的影響。這樣的情形令我驚嘆，這就是他——那個有名凱撒——的泰然自若。」

藝術家是偉大的，即使是卑俗的事，也能如此揚棄，將兩種相矛盾的概念，調和與統一於一個更高的層次。

高盧戰役第五年

西元前五十四年
凱撒四十六歲

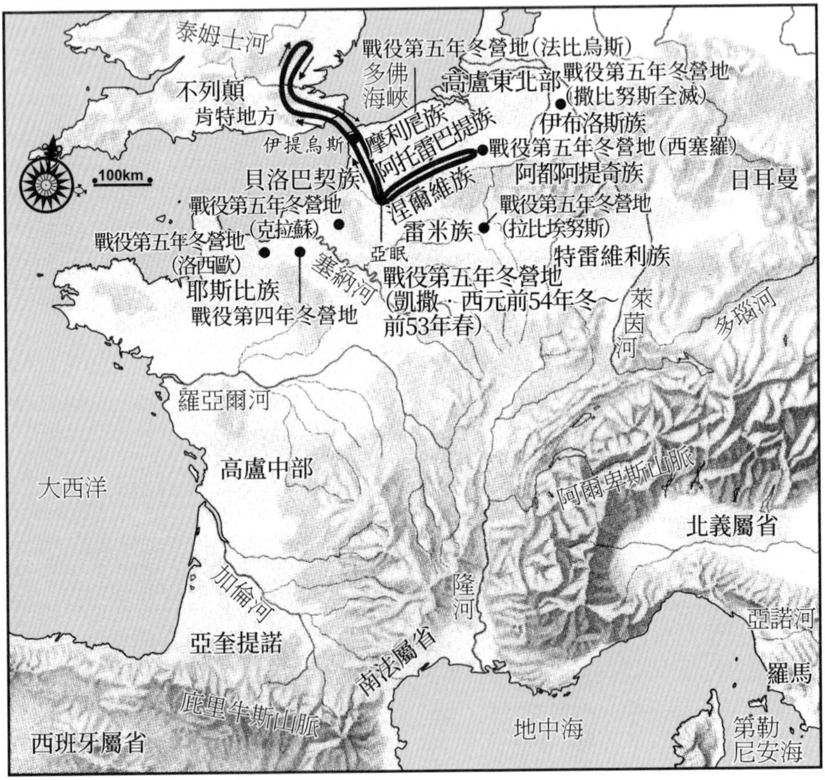

西元前五十四年春，凱撒越過阿爾卑斯山，進入軍團的冬營地。他前年所下的命令，麾下的士兵在過冬期間全都一一實行了，凱撒看了十分滿意。他同時也考慮到登陸作戰及氣象變化，命令士兵將遠征不列顛用的運輸船隻高度造得很低；這一點也做得十分完美。運輸船總共有六百艘。另外，還加上二十八艘可用槳划動、行動自由的單甲板平底軍船。士兵們在窮困之地而將資材調度做得十分好，總司令官凱撒於是召集他們並加以犒賞。士兵們的士氣因此更加高昂。凱撒下令將準備好的船隻集中於和上次出航地點相同的伊提烏斯港；他的計算是，從伊提烏斯港航行約三十羅馬哩（約四十五公里），就可抵達不列顛。以現代而言，這個計算也是正確的。航行所需的時間，看來也需要七、八個小時。

但是，在前往出航地之前，凱撒本身有非解決不可的課題。萊茵河附近住著特雷維利族，這個部族沒有出席每年一次的全高盧族長會議，因此也沒有宣誓效忠羅馬；不僅如此，羅馬方面還接到消息，指稱他們號召萊茵河對岸的日耳曼人一同渡過萊茵河戰鬥。為了避免事態演變成過河之後遭人拆橋的窘境，在前往不列顛之前，有必要封鎖住特雷維利族的動作。

眾所皆知，特雷維利族的騎兵戰力號稱是高盧中最強的，步兵戰力也不容輕侮；他們與凱撒軍連一次也沒有交鋒過。這個部族因為屬於高盧人種，所以也分成許多小部族，而統合這些小部族的重要人物，為契恩傑托利庫斯與茵多提歐馬陸斯兩人。知道凱撒軍即將接近他們，契恩傑托利庫斯聯合他所支配的小部族，早就向凱撒表達了恭順之意。茵多提歐馬陸斯知道此事之後，擔心自己被孤立，雖然身為對羅馬的強硬派，但也向羅馬宣誓了恭順。

凱撒雖然沒有完全信賴他們，但是封鎖特雷維利族的動向乃是他當前的目標。他接受了他們講和的提議。但是，他要求特雷維利族提供二百名人質作為保證，這個人質數較其他部族高出許多。在對方提出人質、達成了講和之後，凱撒對特雷維利族的政策便於此告一段落；於是他率領四個軍團，在八百名騎兵簇擁之下，向伊提烏斯港出發。除了被風困阻而來不及集合的五十艘船之外，伊提烏斯港內集結了五百五十艘運輸船，以及二十八艘單甲板平底軍船。

相對於前年兩個軍團、沒有騎兵的狀況，凱撒在第二次的不列顛遠征，決定由五個軍團與二千名騎兵隨行。二千名騎兵裡，大部份都是由高盧各部族所提供的兵力。除了騎兵是戰役中不可或缺的力量這個理由之外，帶著這些高盧統治階級的成員到不列顛，實際上也是以他們作為人質。遠征不列顛時，高盧的安定對凱撒而言是不可或缺的。

但是，黑杜伊族的重要人物都母諾利庫斯卻認為這樣的行動規模過於龐大了。他以懼怕航行和宗教上的禁止為由，向凱撒要求留在高盧；而凱撒的回答當然是否定的。絕望的都母諾利庫斯召集了其他部族的騎士長，煽動他們說凱撒帶他們去不列顛是打算置他們於死地。凱撒得知此事之後，考慮到黑杜伊族在高盧的重要性，於是嘗試說服都母諾利庫斯。正好當時的風向是西北風，船被困在港內，凱撒就利用這段期間來遊說他們。高盧的騎兵長好像也接受了凱撒的遊說。

在二十五天的等待之後，風向一變而為順風的西南風；凱撒下令全軍上船。但是，都母諾利庫斯趁著乘船時的匆忙騷動，趁隙帶著自己部族的騎兵逃脫。凱撒接到消息之後，立刻下令中止乘船，派人追捕逃脫者。他並命令前往追捕的羅馬騎兵，如果對方拒絕歸營，只要殺死都母諾利庫斯就好。黑杜伊族的騎兵長在臨死之時，還呼喊著自己是自由的人類。其他的騎兵則全體返回營地。凱撒見到狀況已經解決，讓士兵再度登上船艦。

凱撒將三個軍團與二千名騎兵交由副將拉比埃努斯指揮，並交代他下列的任務：

一、防衛出航地周圍的地區。

二、監視高盧全境；如果有事情發生，他有權採取對應的行動。

三、確保與不列顛之間的補給。

凱撒本身則率領了包括前次遠征的第七、第十軍團等五個軍團，以及二千名騎兵，於傍晚時出航。風向是穩定的西南風。由於上次的前車之鑑，這次的騎兵和步兵並沒有分開，而是混合搭乘在同一條船艦上。士兵搭乘的船隻有五百七十八艘，後面有二百艘以上的私人船隻尾隨出港；坐在這些私人船隻上的是商人。

在第二次遠征之中，運輸船隻並不僅是為了方便登陸作戰以及易於拉上海灘，而將船高造得很低。凱撒所建造的船隻，並非只能用帆行進的大洋用船；除了帆之外，還有槳可使船前進，也就像是地中海型帆船的改良型。為什麼這麼說呢？因為沒有任何記載顯示在必須用槳前進之時，運輸船隻需要由單甲板平底軍船以繩索拖曳前進；而且，以二十八艘單甲板平底型軍船要拖拉多達五百五十艘的運輸船隻，也是不可能的事情。

於傍晚時出港的遠征軍，順利航行了一段短暫的時間；但是到了半夜，風卻停了。凱撒的大軍因此無法駛上預定的航線，所有的船隻只能隨潮流而行。不過黎明時分，從他們抵達的海域可以由左舷望見不列顛的土地。仔細觀察之後，發現那正好是前年夏天所想的適宜登陸地點，槳在這裡派上了用場。士兵們拼命地划著槳，使笨重的運輸船隻可與輕巧的單甲板平底型軍船用相同的速度靠岸。接近正午時，所有的船隻都已經靠岸了。這次的登陸地點，約在第一次的南邊。

登陸之後，完全看不到敵人的蹤影。不列顛人得知凱撒的到來將使他們成為戰俘，又驚於與前年完全不同、數量眾多的船隻，所以全部躲藏到內陸地方去了。

第二次遠征不列顛

剛登上不列顛的土地時，凱撒的戰略應當是深入內陸，並在那裡建造正式的陣營作為據點，攻擊不列顛人。但是，這個戰略幾乎是馬上就被迫變更了。凱撒遠征不列顛的真正敵人，與其說是不列顛人，更該說是與地中海大為不同的北方海洋及氣候。

凱撒毫無受阻地登陸之後，下令將船以繩索繫在與海相接、有稍微斜坡的海灘上，並以十個大隊六千名步兵加上三百名騎兵來守衛；之後，他便率領其餘的全部軍士分別進入內陸。

前進了約十八公里，凱撒大軍在後面有森林的河邊遭遇了嚴陣以待的敵方大軍，凱撒的士兵對上前攻擊的敵人也勇敢應戰。與不列顛人的戰鬥，乃是以經驗豐富的第七軍團為前鋒的積極戰術；凱撒軍成功地擊退了敵人。雖然沒有人陣亡，負傷者也微乎其微，但凱撒卻不讓士兵追擊下去。在情況不明的敵方土地上，乘勢深入追趕是很危險的舉動。

隔天，凱撒軍一早就開始進攻。但是，在見到敵軍蹤跡時，負責守衛船艦的阿托利烏斯所派遣的急使追上凱撒軍；他帶來的消息如下：前一夜受到猛烈的暴風雨襲擊，船艦受損非常嚴重。凱撒立即下令士兵退兵，並且須提防背後。和軍團一起回到海邊的凱撒，見到超乎想像的慘狀時，想必也愕然良久，不能自已。

在地中海的夏天，暴風雨如此頻繁地吹襲是極為罕見的現象。而北海不僅波濤洶湧，潮流也很急。此外，降雨之烈、雨量之多，也是生活在地中海之民族無從想像起的。

受託負責船艦安全的阿托利烏斯，似乎認為拉上岸邊、停在沙灘上的船艦，不需要以粗大的木柱來支撐，只要下錨就可以固定住了。在氣候穩定的地中海，也許這麼做就很安全；但是北海劇烈的風雨，卻足以吹垮這種程度的繫船方式。更糟糕的是，船艦停泊的沙灘，經過暴風雨之後，連稍緩的斜坡都消失無蹤。

凱撒判斷只有四十艘船完全無法使用，其餘的船雖然受損嚴重，但是只要經過充分地修理，還是可以使用的。以我的想像是，在一個冬天裡就建造好六百艘船，可見不是北海式的堅固構造；即使沒有偷工減料，也一定是以地中海的概念來造船的。在北海，船隻的首要條件，不是速度也非操縱的自由度，而是堅固耐用。

凱撒以船艦的修復為最優先，在軍團中選出善於修船的士兵，交付他們修理船隻的任務。同時，他派遣急使通知留在大陸的副將拉比埃努斯，命令他送工兵來，並且建造新船。另外，為了能安全地展開船艦的修復作業，同時保障其他船艦的安全，凱撒下令建造能完全圍繞沙灘上所有船隻的廣大營地。凱撒大概也考慮到跟隨而來商人船隻的安全，營地需要足以容納合計七百艘以上的船隻；以技術及物資的作戰方式壓倒群雄的凱撒，應該是正能發揮他本領的時候了。雖然是巨大的四方形營地，但是羅馬人以他們的技術能力，不分晝夜地以閃電般快速施工的方式，不到十天就完成了工程。

完成營地之後，除了修復船艦的成員之外，凱撒留下一個軍團以及三百名騎兵作為守衛，就率領其餘全體軍士，再度進攻內陸。羅馬軍在得知船艦破損之前所在的地點，就是離海岸十八公里，首度遭遇敵軍之處；朝這個地點前進的羅馬軍，這次遇到了無法與上次相提並論的敵方大軍。因為高盧各地於冬天時大量興建船隻，不列顛的士兵恐怕也預料到羅馬軍的進攻。與前年不同的是，各部族共同組成戰鬥陣線，總指揮則交給卡西貝拉努斯負責，這人在部族間的戰鬥中武勇的名聲甚高。

如果要忠實地按照《高盧戰記》的敘述順序，在這裡先敘述不列顛人的風俗習慣。一般的將領只會記敘地勢及敵軍規模等等；但凱撒有個習慣，除了上述事項之外，對於乍看之下毫無關係的民族性格傾向、宗教及風俗習慣等等，他也會仔細地記錄下來，令人分不清他到底是寫戰記還是遊記。關於高盧人是如此，對日耳曼人他也詳細地寫下那些事情。因此，羅馬人對高盧人已經有某種程度的了解；而因為曾進攻過日耳曼人，對他們也不是全然無知。但是，在凱撒記錄之前，不列顛人完全是個未知數。

凱撒之所以會抱持著這種關心，一方面是他本身原來就具有強烈的好奇心；另一方面是因為統治的意識感，而後者在他身上尤其明顯。即使進攻敵人，如果只是燒殺擄掠一番，像狂風般吹襲後就離去，那麼對方的生活習慣等等就毫無關係。但是，與敵軍相遇時，連對方最高指揮者的名字都寫出來；描寫兩軍交鋒時，文詞乾淨俐落，令讀者不禁緊張屏息；甚至將敵人的風俗習慣都寫進來，即使是作家，這種寫作技巧也稱得上十分高明。因為能令人屏氣凝神，所以連只關心血脈賁張、摩拳擦掌等情節的讀者，也會對戰爭發生興趣，而繼續讀下去。為了向罕見的作家致敬，這一部份以直譯的方式呈現。

「在不列顛的內陸，如果傳言可信的話，居住著土著；相反的，在海岸地方，有從高盧東北部移來，以戰鬥和掠取為目的的比利時人居住，從事耕種。從他們的名字多是繼承相傳的地名這點看來，就顯示了他們的出身。

他們的人口相當多，房屋建造得很密集，有許多的家畜是這地方的特色，這一點和高盧很像。

貨幣方面，使用金幣以及用秤計重的鐵棒。內陸產錫，而海岸地帶出產少量的鐵。沒有產銅，所以只能靠輸入。除了山毛櫸和樅樹之外，森林裡的樹木種類與高盧相同。食用兔子、雞和鵝是有罪的。但是他們也飼養這些動物，好像是為了樂趣。（大概是吃牠們的蛋吧！）氣候比高盧穩定溫和。論寒冷，也不比高盧來得嚴寒。（我想，凱撒恐怕是和高盧東北部比較，才這麼說的。）

整個不列顛島形成三角形。（接下來，凱撒憑自己的地理感覺，在關於不列顛和高盧、希斯帕尼亞的位置關係上的描述相當奇怪，所以省略；他已經知道在現在英國與愛爾蘭間有「人島」的存在了。）

根據某本書的記載，據說在不列顛的北方，冬季的黑夜可持續三十天之久。就我方所蒐集的情報，無法判斷這點是否正確；但是以我方所使用的水鐘來實驗，結果只能得知黑夜較大陸短暫。

不列顛的居民中最像人類的（最文明的意思），是居住在坎提烏姆（現在的肯特）地方（也就是多佛海峽沿岸）的人。他們的風俗習慣與高盧人幾乎沒有什麼不同。另一方面，住在內陸的大部份居民，連耕種小麥的習慣都沒有，食用肉類與奶；論到衣服，只是將毛皮裹在身上而已。而且，所有的不列顛人都以青色染料塗染身體；因此在戰場上，令人感到格外恐怖。（原來即便是英國紳士，二千年前也和印地安人差不多。）

蓄留長髮很普遍；除了頭部和唇上的毛髮之外，他們習慣剃除所有的毛髮。男人共同擁有十到十二名妻妾，叔伯、父子、兄弟之間共同擁有妻妾，是普遍的情況。至於生下來的孩子父親是誰，在女性為處女時首次與她交媾的男子，就算是孩子的父親。」

接著，就是令人屏氣凝神、保留至今方才論及的戰鬥部份了。總括來說，不列顛人並沒有按照凱撒所希望的形式來戰鬥。也就是說，這些戰役並不是以平原為戰場、正式布陣的會戰，而是以游擊戰來展開的。文明化民族與未開化民族間的戰爭，常常是採取這類形式。不列顛人是多種部族的集合體這個事實，以及當時完全被森林、沼澤及河川所掩蓋的英國地理形勢——這些是文明化的現代人所難以想像的——所以這種游擊戰術發揮了極大的效用。

羅馬軍不時在建設營地時遇襲，或是在尋找糧草時被攻擊；對於突然從森林中現身來攻的敵人，他們十分惱怒。另外，身穿沉重武裝的羅馬兵，在以青色染料塗布身體、半裸而動作輕盈的不列顛兵面前，也常為自己行動的遲緩而咬牙切齒。但是，羅馬軍擁有優秀的總司令官，能蒐集情報並作出適當判斷，因此可以適應當地環境。敵軍即使有一個總指揮卡西貝拉努斯指揮戰鬥，但歸根究底也不過是諸部族的集合體罷了；凱撒便由這件事，看出了突破點來。

為了打游擊戰，凱撒不採取一向以騎兵團為前鋒的行軍方式，而是盡量將步兵、騎兵編組在同一團，以此為進攻方法。這種戰術使得游擊戰術中必然有的小部隊波狀攻擊變得困難。如此一來，在遭遇敵軍襲擊時，這種戰術的確屢次擊倒敵人，令對方殘兵狼狽敗退。但是，凱撒軍也並非毫髮無傷。他明文記載的犧牲者只有戰死的大隊長拉比留斯，還有其他數人而已；但是他們的進攻並沒有因為埋葬戰死者或治療負傷者而中斷，由此點看來，羅馬方面的犧牲人數應該是沒有那麼多。但不列顛方面，犧牲者的確是增多了，這也成了之後多部族集合體解體的導因，從而證實了凱撒預測的正確性。

從敵軍自森林中突然現身襲擊的次數與劇烈程度的減低，正可看出敵方部族已經開始叛離。接著，當不列顛最有把握的戰車部隊遭凱撒的步兵、騎兵徹底擊潰時，諸部族的叛離就成了定局。凱撒沒有讓這個大好時機白白溜走，他開始朝著總指揮卡西貝拉努斯至塔梅西斯河（現在的泰姆士河）以北的領土進攻。

羅馬軍在哪一個地點渡過泰姆士河，即使在古代也無法確認。凱撒也只寫道：要渡過此河只有一個可能的地點。卡西貝拉努斯的領土因為位於現在的白金漢夏(Buckinghamshire)一帶，所以渡河地點有可能是倫敦。無論如何，從身在別處之人看來既是唯一可能渡河的地點，那麼對當地的人而言，一定也很容易達成渡河的目的。事實上，羅馬軍抵達泰姆士河畔時，眼見對岸已經完成了阻止渡河的柵欄，而且也已經聚集了大批敵軍。

所謂的柵欄，是將許多前端削尖的樁子打入河裡所築成的。至於沒入水面的樁子數量也不少的事，凱撒已經自逃脫者及俘虜處得知了。但是，因為敵方本身也有渡河的需要，所以樁子不可能打得太密。即使整個脖子都浸在水中，但是不僅羅馬的步兵，就連騎兵都順利渡過了河。凱撒下令騎兵首先渡河，步兵則緊接其後渡過；而這不是分成一批批少量人數渡過，乃是大舉渡河。如此一來，嚴陣以待的敵軍，也無法抵抗速度敏捷而且大舉渡來的羅馬軍隊，只有放棄岸邊的戰鬥而逃走一途了。

領土受到攻擊的卡西貝拉努斯，在此戰役中，似乎是貫徹防守勝於攻擊。他只留下四千名士兵，而解散其他士兵，採取了隱藏在森林中等待的戰術；也就是說，又回到了游擊戰術來。這種作法雖能暫時困住羅馬軍，但結果也無法抵擋羅馬軍的攻擊。最後，卡西貝拉努斯不得不撤退至自己的根據地。

雖名為根據地，但這不像高盧人那樣以城牆圍繞、築在山丘上的要塞。不列顛人所認為的要塞，是以柵欄和深溝圍護住的整座森林；在外地人無法探知的森林深處，運入家畜和糧食，而人們都躲藏起來等待敵人。確切地說，就像是羅賓漢領地那樣的情況。

即使是這樣的要塞，也抵擋不了羅馬人特有的頑強而自兩方面來襲的凱撒以及他的士兵。許多的不列顛士兵被殺，倖免一死的人則逃出森林，向四面八方散去。同時，卡西貝拉努斯命令肯特地方族長攻擊羅馬軍在海岸的大陣營地；但是，這也遭羅馬軍訓練有素的防守阻擾，鎩羽而歸。於是，這個失敗及卡西貝拉努斯本身的敗逃，澆熄了不列顛人的戰鬥意志。

首先向凱撒陣營提出和談要求的部族，凱撒只要求他們提供人質及兵糧，就接受了講和。於是，遭其他部族撒手不顧而本身也敗北而逃、攻擊海岸羅馬營地又失敗的卡西貝拉努斯，終於也透過高盧族長寇米烏斯的中介，在凱撒准許之下，派遣降服的使節到了羅馬陣營。

凱撒判斷現在該是結束不列顛遠征的時候了。對不列顛的總將領卡西貝拉努斯，也只要求他提出表示恭順的人質，訂出年貢金額，以及禁止侵略其他部族，就接受了和談。以如此大規模的遠征，而以這種程度的條件就接受講和的理由，凱撒以下列兩點來加以說明：

一、因為有必要監視高盧現狀，而不考慮冬季在不列顛紮營。

二、如果再持續遠征下去，那麼適合戰鬥的季節也將告終了。

因人質及俘虜而人數大增的羅馬軍，不得不分兩梯次渡過多佛海峽，凱撒自己是在第二次船隊運送才踏上歸途的。因為必須等待開向高盧再轉回來的船隊，當不列顛在凱撒身後時，已經近秋分了。歸途中，人船均平安無事。

關於凱撒遠征不列顛的意義，在傳統上研究古羅馬十分興盛的英國，從很久以前開始，就是個爭論不斷的課題。但是，英國研究者的言論之中，多少透露了與德國的比較心理，另一個也是傳統上研究古羅馬的重鎮。看到這一點，身處局外的我，禁不住要苦笑了。

如果自己像邱吉爾般，說大英帝國的歷史是自凱撒登上不列顛開始的，那麼德國人不是可以說：他們的歷史是自凱撒渡過萊茵河就開始了嗎？如此這般的言論，十分孩子氣。但是，這不是當笑話就了結的。為什麼呢？要渡過萊茵河是十分簡單的，而橫越多佛海峽的困難度是絕非可以比擬的；況且不列顛人也沒有侵略高盧，但凱撒卻決定遠征不列顛，並有眾多的商人隨行。渡過萊茵河是誇示羅馬的軍事力量；橫越多佛海峽則不是為了誇耀。但是完全征服是需要時間的，況且對凱撒而言，最優先的事情是鎮壓高盧。與其說凱撒的目的在於完全征服不列顛，使它成為屬地並派遣羅馬人前去，不如說是為了要令後世的人知道它的存在，理解它的價值，有朝一日，再由某人將它納為羅馬的屬地。

渡過萊茵河的目的在於阻止居住於河東岸的日耳曼民族侵略高盧，要攻進連白晝也昏暗無光的森林深處是不可能的。而且，要將日耳曼民族羅馬化也非現實所能辦到的事，凱撒的判斷應該是如此。相反的，雖說是隔了一道海峽，南部肯特地方的不列顛人與西北方的高盧人是有交流往來的。雖然要高盧人與羅馬軍隊一道遠征會使高盧人困窘，但是只要高盧人臣屬於羅馬，這兩個民族交流的實績就能轉換為文明的交流。在這裡，凱撒見到了將不列顛羅馬化的可能性。

凱撒所指明的事情，在一世紀之後，由羅馬皇帝克勞狄斯繼承並加以實現了。也因為如此，英國的知識份子在面對德國之時，抱持著令人無法想像的優越感，甚至像邱吉爾還說德國人是河對岸的野蠻人。在我看來，雖然英國成了羅馬世界的一員，但也只有邊境的一小部份劃屬羅馬，實在用不著因此而自尊自大。況且，德國國土有四分之一位於萊茵河西側，也是屬於古代的文明世界範圍。事實雖是如此，但在這一點上，知識份子們卻是意外地孩子氣。不過，正因為還保留了孩子般的純真之處，也才能以不屈的熱情持續研究下去。

凱撒雖然結束不列顛的遠征並且平安歸來，但在那一年，高盧卻出事了，使他無法直接穿越阿爾卑斯山返回羅馬。問題不在於高盧人群起反抗，而是當年高盧的小麥收成遠遜於往年。

十五個大隊的殲滅

自高盧戰役以來，凱撒的方針就是在最容易出問題的地方令全軍駐紮過冬。羅馬軍隊在才征服不久的地方建設起堅固而規模龐大的營地，而冬營的最高指揮官雖然逐年更替，但是全軍在同一地點過冬的方針並沒有改變。以八個軍團四萬五千名以上的兵力，可以說沒人膽敢向高盧人或日耳曼人發動攻擊。但是，西元前五十四年至前五十三年的冬天，羅馬大軍卻不得不加以分散；高盧全境的小麥收成不佳，只靠一個地方調度供應，要讓如此眾多的士兵填飽肚子是不可能的。凱撒因此決定將冬營地分成八處，每處平均駐紮一個軍團以度過冬天。軍團雖然分散了，但是凱撒仍將各個營地集中到塞納河北方比利時人所居住的高盧東北部，也就是現代的法國北部、比利時、荷蘭南部以及德國西部領土一帶。紮營於容易生變的地方這項冬營方針，仍然沒變；而且，各個冬營地相距都在一百五十公里以內。即使在冬季，以這樣的距離，在幾天之內也能相互聯絡及移動。

法比烏斯所率領的一個軍團於摩利尼族的居住地上紮營過冬。

昆托斯·西塞羅（西塞羅的弟弟）所率領的軍團，駐守在涅爾維族的土地上。

洛西歐率領的軍團，冬營地在耶斯比族的土地上。

副將拉比埃努斯則與軍團一同駐守在雷米族的居地上。不過，最近才向凱撒宣誓忠誠的特雷維利族土地，位於冬營陣地建設處的視野之內；所以冬營地雖在一直對羅馬十分忠誠的雷米族居地，但最受凱撒信賴的拉比埃努斯，他所肩負的真正任務，乃是監視特雷維利族的動向。

為了接替跟隨父親前往東方的克拉蘇長子職務，而被送來的克拉蘇次子，雖然還是個審計官，但是這個年輕人也率領了一個軍團。接下來，隨著軍團長普蘭庫斯、軍團長特列波紐斯分散於三處的冬營指揮官也任命完畢。

一個軍團六千名士兵，再加上五個大隊三千名，總計九千名士兵的冬營地，駐紮地決定在最靠近萊茵河的伊布洛斯族的土地上。由於兵員眾多，加上位於最前線，所以這個冬營地的指揮官由具備軍團長資格的撒比努斯以及寇達兩人共同擔任。凱撒一直待在前年的冬營地亞眠，等待全軍各自到達冬營地、營地建設完成以及從當地調度軍糧完畢的報告進來。等這些消息全都送達以後，凱撒就計畫越過阿爾卑斯山返回南方，如往年般統治屬地。

我想，此時凱撒應該已經接到女兒尤莉亞的死訊。尤莉亞嫁給龐培已經五年了；雖是政治婚姻，但夫婦倆的感情也融洽得令人羨慕。她因前年流產而衰弱的身體，恐怕難以負荷第二次的懷孕及生產；生下來的孩子，沒過幾天也死了。

如往常一般，凱撒沒有流露出個人感情。在《高盧戰記》中不但完全沒提及，連字裡行間也沒有半點蛛絲馬跡可令第三者窺知此事。後世的人是從這一年十月西塞羅所寫的信中，才得知這件事的。在寫給由他推薦、經凱撒准許而被任用的青年托勒巴提斯的信中，西塞羅寫著：

對凱撒這一次重大的不幸，他自己雖然寫信告知了親信巴爾布斯，但是卻沒有勇氣直接寫弔唁函給凱撒。

對凱撒來說，這是繼去年母親死亡後的第二件喪事。而龐培對年輕愛妻的死亡也悲痛逾恆，決定將她葬在充滿兩人共度回憶的阿爾巴別墅裡。但是，羅馬的一般市民對牽繫兩大勢力人士的年輕女性之死嘆息不已，也體諒因職務而無法趕回羅馬的凱撒為人父的心情，而將她埋葬在馬爾斯廣場的歷代偉人墓地之中。對個人而言，這種待遇算是特殊的例子。

在亞眠的本營中，凱撒陸續接到各個軍團冬營地準備完畢的報告。雖然身處於隨時可以往南方出發的狀態之中，凱撒卻延後了出發時刻。觀察到高盧東北部的情勢變遷，而移動原已決定好位置的特列波紐斯冬營地，是延遲的原因。此時，凱撒得到了意料之外的重要通知。

撒比努斯和寇達率領十五個大隊的九千名兵士，抵達了目的地伊布洛斯族的土地；前往迎接他們的兩名族長承諾提供軍糧，營地也建設完成，特地帶到當地的軍糧也收下了。如此過了十五天之後，友好的伊布洛斯族突然反叛了。今年遠征不列顛之前，受到凱撒攻擊並宣誓效忠的特雷維利族長老，以羅馬軍隊分散冬營地，現在正是大好時機等話語，教唆伊布洛斯族叛變。

攻擊撒比努斯和寇達坐鎮防守營地的伊布洛斯族人，在羅馬軍的守備之下只有敗退的分。但是他們並沒有退散而去，而是派人來到營地之外，表達了想與羅馬軍隊會商，恢復以前的友好關係之意。

羅馬營地派出了兩名使者，伊布洛斯的族長告訴這兩人，說因為自己曾受凱撒諸多恩惠，所以要將所有的事情全盤托出。以這種巧妙的方式，他說出了下列的訊息：

「伊布洛斯族之所以攻擊羅馬營地，完全是受到教唆的結果，而非出自於本意；自己這樣的弱小部族，根本沒指望能擊敗羅馬軍隊。而高盧已經僱用了許多日耳曼人為傭兵，打算越過萊茵河；他們只要一天的時間，就能抵達此處；所以在那之前，如果羅馬軍隊拔營，行軍到西塞羅之弟或拉比埃努斯的營地，與他們會合，應該是最適當的策略了。通過伊布洛斯族領土時，自己以及族人會保障羅馬軍隊的安全。之所以特地告知這樣的訊息，完全是想報答凱撒長久以來對他們的厚待。」

羅馬方面的兩名使者於是回營，報告了上述事情。撒比努斯與寇達兩位指揮官完全陷入了混亂狀態之中。他們正想著，以弱小的伊布洛斯族，不可能憑單獨一個部族的力量就攻擊羅馬營地，此時又被告知日耳曼人即將到來，於是就將此事認定為開戰的原因。但是在隨後召開的作戰會議上，意見卻分為兩派。

雖然同樣身為軍團長，但因平民出身而謙讓貴族撒比努斯一步，身居冬營指揮官次席的寇達，堅持反對因日耳曼軍來攻而捨棄營地、拔營離去的打算。他反對的理由，第一點是：陣營的防守十分堅固，兵糧也很充裕，以九千名士兵的防衛，要撐到己方援軍的到來，絕對是綽綽有餘的；第二個理由是：在沒有凱撒的指令下而撤離冬營地，是不被許可的。寇達的這兩項意見，受到大隊長以及大部份首席百夫長的贊同。

但是，首席冬營指揮官撒比努斯卻強力主張撤出冬營地，理由是害怕等待下去會耽誤至難以挽回的地步。凱撒確定已經出發回屬地去了，而且各部族開始出現情勢不穩定的動向；他強調，在日耳曼人來襲之前，如果己方不先下手為強，等待的命運只有餓死或戰死了。此外，撒比努斯因為得不到列席作戰會議將官的支持，連身處些許距離之外的士兵也叫過來，以求為己壯聲勢，士兵們也動搖了。擔心內部意見分裂會造成不利後果的人，則居中調解。激烈的爭論一直持續到半夜，結果退讓的是寇達這一方；於是決定第二天一早就拔營出發。

上層意見的對立狀況在準備拔營時也表露無遺。既然無法下定決心捨棄一切，結果士兵們要帶走的行李就十分地多，也沒有人對這種情形給予適當的指示。而且，為了準備這些事情，士兵們在連睡覺時間都沒有的狀況之下，天就破曉了。

關於移動的目的地是七十五公里遠的西塞羅之弟冬營地，或是再稍遠一些的拉比埃努斯冬營地，也起了一些議論。羅馬軍因為相信伊布洛斯族長所說的，會保障路途的安全，所以就選了朝西塞羅之弟冬營地出發的路。這也是導致不幸的原因之一。

離開冬營地後走了約三公里，道路就進入了深谷之中。在峽谷間的道路之中還得拖拉沉重行李的車輛，羅馬軍隊的行軍隊伍自然形成了長長的一列。正要出峽谷之時，先行部隊察覺到有敵軍埋伏；幾乎在此同時，後衛部隊也受到敵軍自背後襲擊。撒比努斯為了統整己方人馬而大聲呼喊，但是那不過是忘我的、如普通人般的大聲叫喚罷了。相反的，寇達則一一喊著大隊長及百夫長的名字，下令組成圓形隊伍。他打算將行李車輛圍於外圈，而士兵們進入其中防守，但是長長的軍形要變為圓形隊伍，在這種狀態下十分困難。他雖然決心要犧牲前面與後面的行李車輛，但士兵們卻辦不到。結果士兵們爭先恐後地蜂湧至行李車輛邊拿自己的行李，大為延遲了組成圓形隊伍的時間。

羅馬軍隊以好不容易才組成的圓形陣隊作為盾牌，派一大隊出外作戰，戰憊之時再交給下面一隊，如此開始了波狀攻擊；但是埋伏在旁的敵軍以投擊石塊的激烈作戰方式，使得回到圓陣之內的士兵人數愈來愈少了。激烈的戰鬥從早晨開始直到下午二點，毫無間歇。首席百夫長有兩人遭擲槍貫穿身體，軍團長寇達被石塊擊中臉，身負重傷。

因此戰況而動搖的撒比努斯派出使者求見敵方的族長，要求對方放羅馬軍隊一馬。敵軍首領發誓保障羅馬士兵的人身安全，回應了會談的要求。撒比努斯於是去找寇達，說服他兩人一起出席與敵軍的會談，但是血流滿面的寇達斷然拒絕與戰鬥中的敵人會商。

不得已，撒比努斯於是召喚在附近的幾名大隊長及首席百夫長，命令他們跟隨自己。前往迎接他們的伊布洛斯族首領安比奧里吉斯要求羅馬的將官在會商之前，先解除武裝；撒比努斯答應了這項要求，並命令隨從人員照辦。在交涉休戰事宜之中，不知何時，羅馬人被包圍住了；等待著他們的是屠殺。敵軍一結束這項殺戮行動，就發出了勝利的呼聲，襲擊守在圓形陣隊中的羅馬軍隊。寇達戰死，大部份羅馬士兵的鮮血染紅了寒冷地方的堅硬土壤。殘存者雖然逃返冬營地，但是僅剩下的少數兵力根本無法防衛自己。軍團旗手在無人接手銀鷲旗的情況之下，將團旗投入敵軍中而陣亡。只有幾名士兵穿越森林的艱難路程逃亡，掙扎著走到拉比埃努斯守衛的冬營地。

凱撒可說首度受到自高盧戰役以來的嚴重打擊。三年前編組成的第十四軍團的十個大隊，以及為了補強而自各軍團徵集而來的五個大隊，完全失去了。根據研究者的意見，在此之前的犧牲者，加上這次一舉失去的九千名士兵，凱撒前後總計失去了一萬四千四百名士兵，等於失去了整整兩個軍團。對於以士兵犧牲之少而自豪的凱撒而言，這無疑是強烈的打擊。

另一方面，將九千名羅馬士兵活生生血祭的伊布洛斯族長，在戰勝之後也沒有浪費時間。他與他的馬隊晝夜馬不停蹄地，立刻趕到了隔鄰的阿都阿提奇族之地，告訴對方他們打敗了羅馬軍隊，並煽動對方反叛羅馬。接著，片刻不歇地，他們第二天來到了涅爾維族的領土，同樣地告訴對方他們殺了羅馬的兩名軍團長，毀壞了冬營地，並且說服對方與自己聯合起來，在早飯時刻之前攻打西塞羅之弟的冬營地。於是，比利時人之中最強大的涅爾維族，也忘掉了遭受凱撒攻打之後所結的誓約，而決定起兵攻擊羅馬軍隊。總計六萬名士兵的大軍，就這樣開往西塞羅之弟所坐鎮的、由一個軍團不到六千名士兵防守的冬營地。

西塞羅之弟完全不知情。最先得知慘事的拉比埃努斯所派來的使者，恐怕是在往西塞羅之弟冬營地的途中，就被比利時人埋伏於周圍的大軍發覺而被殺死，連營地都沒能靠近。西塞羅之弟之所以知道敵軍來襲，是出外調度木材的騎兵碰見敵人，急忙歸營報告才得知的。

西塞羅之弟立刻派遣急使通知身處亞眠的凱撒。但他卻不知道急使在途中被敵人俘虜，還以為急報已經抵達凱撒的手中。自高盧戰役以來，西塞羅之弟的健康狀況欠佳，甚至可以說是抱病在身，但是冬營指揮官的責任感在他心中激起了火苗。充分利用夜晚建造防衛用的一百二十座塔的作業剛一結束，敵軍就開始發動攻擊。羅馬軍隊白天忙於防衛，到了夜晚就修復受敵軍攻打而破損的防禦工事補強，連病患及傷者都不得休息。因為敵方將點著火的木樁以投石器擲入營地內，所以也需要有人進行消防工作。

本以為可以輕鬆拿下營地，如今卻意外遭逢劇烈抵抗的比利時軍，決定要試試對撒比努斯行得通的手段。他們派出涅爾維族中與西塞羅之弟相熟的重要人士，出面進行停戰的會談。在交涉場所之中，他告知羅馬軍隊下列事項：

一、整個高盧東北部已經相繼對羅馬出兵了。

二、日耳曼人也將大舉渡過萊茵河。

三、凱撒以及他麾下軍團長的冬營地，正受到攻打。

四、撒比努斯和寇達均已陣亡。

因此羅馬軍隊最好撤離冬營地，向己方的土地行軍比較好，他們可以保障行軍途中的安全。他還補充說，自己唯一關心的事情，就是羅馬軍隊冬營的設營地沒有照往年的慣例。

對此，西塞羅之弟的回答如下：

一、聽從武裝的敵人口中說出的話而決定自己的行為，不是羅馬人的作風。

二、不過，如果對方說要停止攻打、解除武裝，那麼自己可以派遣使者請求凱撒的指示。

在公正的判斷之下，凱撒或許會接受比利時人的要求。

知道欺敵戰術失敗的比利時人，也只有盡快展開攻擊了；他們學習羅馬人的方式，開始建築攻城網；他們在營地周圍築起高三公尺的柵欄，以及掘出寬四．五公尺的壕溝。但是，他們連適於使用在這類工程的工具都沒有，所以只能用劍來砍削，以手來挖掘，並且用上衣來運送土壤。即使如此，因為可參與工程的人數非常多，所以經過三天的勞動之後，二十二．五公里長、圍繞著羅馬軍隊冬營地的包圍網就完成了。接著幾天，比利時人費時於製作高的望樓以及移動式的龜甲車，而這也是學自羅馬軍的攻城方式。閉居於冬營地之內的羅馬士兵，這下子不僅是遭到人數多於己方十倍的敵人攻擊，而且對方還以相當有效率的攻城方法來對付他們。

圍營後第七天，強風侵襲了這一帶。比利時人認為這乃是作戰時機，於是發動了總攻擊。但是，防衛的這一方也拼命奮戰。既然已經知道只有戰鬥一途，羅馬的士兵就不再迷惘；他們甚至從容得可以彼此開玩笑。身在最前線、率領中隊的百夫長們的戰功，更是十分驚人。雖是勇猛奮戰了一整天，羅馬士兵始終緊守住冬營地。

但是，這種狀況不可能持續幾天的。羅馬軍雖然送出求援者，但是援軍卻始終沒有到來；

眼見如此，他們只能認為使者是在途中被俘虜了。於是，逃至羅馬陣營中一名涅爾維族人的建言被採納了，方法是派他的奴隸送信給凱撒；奴隸是高盧人，只要混進附近的農民之中就不會被認出來。給予這名奴隸成功之後的報酬，則是解除他奴隸的身份。

如此一來，求援終於成功了。凱撒直到此時才曉得西塞羅之弟鎮守的冬營地遭襲，以及比努斯和寇達所率領的十五個大隊已被滅亡之事。副將拉比埃努斯應該也被通知，不過使者很可能也在中途被捕了。總之，在冬天即將來臨的最前線地帶，凱撒與拉比埃努斯和西塞羅之弟之間，橫隔著二百五十公里的路程。

凱撒收到告急信函之時，正是太陽即將下山的下午五點左右；他立刻派人傳令給相距二十二·五公里、身處最近冬營地中的審計官克拉蘇，命令他在半夜立刻拔營，率領軍團火速趕去；同時，他傳令給駐守於摩利尼族土地上冬營的軍團長法比烏斯，命他率領軍團急行軍到阿托雷巴提族的領地去。凱撒打算在前往西塞羅之弟的營地途中與他們會合。接著，他派出了第三道急令給副將拉比埃努斯。他給拉比埃努斯的命令是，如果眼見沒有危險，就率領軍團急行軍到涅爾維族的領土去。而對其他三個冬營地，凱撒就沒有發出這種命令了；因為他們距離太遠，不便趕來，而且封鎖高盧東北部其他部族的動向也非常重要。凱撒原本打算在南方屬省過冬，所以自己連一個軍團也沒有。即使如此，他還是召集了四百名騎兵隨行。

第二天早上九點，凱撒接到報告得知克拉蘇軍團正接近中，他只帶了四百騎離開亞眠。走了三十公里之後，就與克拉蘇會合了。凱撒命令年方三十歲的審計官克拉蘇，要他直接到亞眠，防衛這個羅馬軍在高盧的重要本營。正當此時，帶著副將拉比埃努斯回音的急使也到達了。拉比埃努斯向凱撒報告撒比努斯與寇達軍團的慘事，加以來勢洶洶的特雷維利族已迫近己方陣營四、五公里之處，他認為自己及所屬士兵守於冬季營地之內不離開，才是上上策；而凱撒也同意了他的行動。不過，原本預定以三個軍團前往救援西塞羅之弟的營地，現在便只剩下兩個軍團；如此一來，只有以敏捷的行動來決定大勢走向了。

凱撒率領一個軍團四百騎，於急行軍的中途與法比烏斯所率領的一個軍團會師；之後，兩個軍團的重武裝步兵以及四百名騎兵，持續地急行。到達涅爾維族領土之後，凱撒從被羅馬軍虜獲的涅爾維族士兵口中，打聽西塞羅之弟冬營地的戰鬥狀態以及現況；他並自隨從的高盧騎兵中派出一人，承諾給他高額的報酬，命令他將告知凱撒已抵達的信交給西塞羅之弟；不過，如果情況不允許他進入冬營地，則將信綁在標槍上，擲進營地之內。為了不讓高盧人讀懂，信是以希臘文寫成的。

高盧騎兵果然無法進入遭敵人團團圍住的營地，而遵令將信綁在槍上擲入。圍繞冬營地的防柵，在各個重要處所都建立高塔；擲入的標槍便扎在其中一個塔上。有整整兩天的時間沒有人注意到標槍，第三天時終於有人發覺這封信，西塞羅之弟於是在全軍之前將內容朗誦出來。羅馬士兵了解苦痛終將過去，心情輕鬆許多，而以全新的力量對抗敵軍。

以涅爾維族為主力、包圍營地的比利時軍，也從己方派出的偵察兵口中，知道凱撒即將到來。於是他們撤除營地的包圍，全軍開始朝凱撒所在之地行軍。閉守於城內的這一方也知道敵軍已經撤除對己方的圍困，西塞羅之弟於是利用上一次成功的方法——也就是派遣高盧族奴隸帶信突破敵軍的眼線，將敵軍撤除圍營、開往彼方之事，通知凱撒。

相信唯有敏捷的行動才能突破現狀的凱撒，這一次並沒有帶運輸車隊來；後者是行軍時必定有的，身負搬運各種行李的責任。士兵們各自只帶了數天份的食糧及帳篷。上自總司令官凱撒，下至一個小兵，事實上是野營過夜。近半夜時，身上帶有西塞羅之弟信函的高盧族奴隸被帶到正在假寐中的凱撒跟前。一知道敵方大軍正靠近中，凱撒馬上召開作戰會議；他召集了大隊長及百夫長，告訴他們明天即將開戰。

第二天清晨，凱撒與兩個軍團向敵軍出發。走了六公里，全軍來到有溪流穿過的山谷中央，並且發現敵兵正群聚在河流的對岸。凱撒已經由西塞羅之弟的報告中，知道敵人有六萬大軍。一個軍團固定有六千名士兵，而凱撒的兩個軍團人數大幅地削減，總計只有七千名士兵。雖然如此，但凱撒的到來使得圍營的情況解除，西塞羅之弟的冬營地暫時是安全了。凱撒並不急於與人數多於己方十倍的敵人對決，探索有利於戰鬥的地點以及可設營的陣地，是優先要務。

兵數只有七千，加上沒有運輸車隊，使得陣地的規模很小，而凱撒利用了這不利之處。帳篷與帳篷間的通道，寬度比一般應有的要狹窄不少。之所以採取小規模的陣地形勢，乃是為了誘使敵人來到對己方戰鬥有利的地勢，並在此展開作戰。

第一天，雙方僅有騎兵之間的零星衝突，因為敵人也正等待全體軍隊的抵達。於此之時，凱撒也進行誘導作戰;他命令己軍的騎兵盡快退回陣營內,而陣營內的士兵也受命東逃西竄,假裝出因迎擊大軍而陷入窘況的羅馬軍隊軍心動搖的狀態。

涅爾維族與伊布洛斯族共計六萬的大軍,完全中了凱撒的計策。第二天一早,他們連隊形也沒有組成就大舉渡溪。渡過溪流之後到羅馬軍陣地,地勢呈現緩緩上升的坡度。高盧人渡溪之後雖組成隊形,但是卻沒有士兵從羅馬軍陣地中出來迎戰。高盧士兵於是再往前推進。凱撒還沒有發出開戰的訊號。不僅如此,他還命令士兵不要從陣地的防柵上露臉。

至此,高盧人已經完全瞧不起羅馬士兵了;無論是擲槍進去還是射箭進去,陣地內都毫無聲息,完全沒有反應。一心認定對方已經因為驚懼過度而無法動彈的高盧人,就挨近到陣地邊緣,開始招降;甚至有人大聲告訴羅馬士兵,如果在三個小時內投降就可饒他們一命,之後就不再等了。

凱撒直到此時才下令陣地的四個門全開,並鳴起開戰的號角。羅馬兵衝趕群聚在一起的敵兵,與其說是戰鬥,不如說更像在追趕羊群;渾身裹了毛皮的北方高盧族士兵,在羅馬士兵眼中可說不像人而更像羊。遭受意外突擊的敵人,完全失去了戰鬥能力。朝四面八方逃散的敵兵完全被羅馬士兵殺死,而渡過溪流打算逃走的敵人,則被包圍在外的騎兵與追趕而來的步兵夾擊,扔下了武器投降。羅馬方面連一個士兵也沒有犧牲。

因為在森林與沼澤遍布之地深入追擊十分危險,再加上見到敵軍已經喪失了大部份戰力,凱撒不讓士兵再深追敗走的敵兵下去;此外,最優先的事,乃是救援西塞羅之弟的冬營地。

羅馬軍當天就趕到了西塞羅之弟的冬營地。敵人撤離包圍時留下的攻城武器數量以及品質之高，令凱撒驚訝不已。不過，最令他驚嘆的，是列隊歡迎他的守城士兵中完好無傷的，在十人之中找不到一人。

凱撒首先讚許冬營地負責人西塞羅之弟，接下來，便一一叫出每個士兵的名字，褒獎他們的功勳。令士兵感動的事還不止於此。凱撒一向十分注重儀表，而現在站在他們面前的凱撒，卻極為少見地鬍子沒剃、任其生長，連頭髮也非常蓬亂。

在高盧度過的第一個冬天

凱撒勝利的消息，以令人吃驚的速度傳遍了高盧全境。正朝副將拉比埃努斯冬營地行進中的特雷維利族人，得知這項訊息之後也轉返回頭了。羅馬的同盟者雷米族一知道此事，也來到拉比埃努斯的陣營表達祝賀之意。

而凱撒決定留在高盧度過這個冬天。自高盧戰役以來，他還是首度留在高盧過冬。高盧東北部的情勢還不甚樂觀。凱撒分散各地的冬營方針雖然沒變，但於本營所在的亞眠周邊則配備了三個軍團；他這次於此過冬，乃是準備好隨時都能趕到任何一處冬營地去救援。

不過，十五個大隊九千名士兵以及兩名軍團長的損失，實是非同小可。對凱撒而言，這無疑表示了己方戰力的大幅削減，比任何事都來得嚴重。這個大坑必須想辦法來彌補。

第一個課題，是要安撫因失去九千名戰友而受打擊的士兵。對於能召集來的士兵，凱撒親口告訴他們；而無法召集到面前的士兵，則由各指揮官告知下面的事情：「不幸的造成乃是因軍團長撒比努斯個人的膚淺判斷而起，所以我們只能不失去平常心，忍耐這件不幸。但是，因著天神的幫助以及諸君的勇氣，我軍才能立刻復仇成功。」士兵們都接受了這一番話。最高司令官毫不留戀過去的性格，連一兵一卒都受到感染。

在那個冬天，唯一沒有放棄反抗的特雷維利族被副將拉比埃努斯追擊敗逃，族長茵多提歐馬陸斯以自殺身亡收場，高盧東北地方一帶，就在羅馬軍隊與高盧士兵互相窺伺對方動向的狀態下度過。不過身處亞眠的凱撒，已在腦中擬好了第二年的戰略。明年羅馬軍一定得將高盧最具戰鬥力的諸部族完全鎮壓收服。

那段時期的羅馬

西元前五十四年前半，凱撒遠征不列顛；後半年則為鎮壓高盧東北部的叛變而奔走。這一年，首都羅馬的情勢也並非平靜無波。西元前五十五年，執政官的位子由龐培及克拉蘇「二巨頭」占著，羅馬的政情呈現「三巨頭政治」的體制；而「元老院派」的反擊也不容小覷。隔年，西元前五十四年，「元老院派」推派出的人選成功地當選了兩名執政官之一。而且再隔年，西元前五十三年的執政官選舉，「元老院派」的兩名候選人都當選了，「三巨頭」所推出的候選人則全部落選；「三巨頭」因此轉為在野黨。龐培的消極是「三巨頭」的敗因，這時候的他，因為飽嘗過去的榮光，以及享有首位羅馬常設劇場建設者的名聲，而心滿意足。即使如此，龐培當代最偉大武將的名聲，對一般市民仍有絕大的影響力。與其說反「三巨頭」不如說是反凱撒的「元老院派」，便策畫使龐培疏遠凱撒；他們以前雖然也嘗試過，但當時凱撒在盧卡召開三巨頭會談，成功地將龐培拉回來，所以「元老院派」不得不退回去。這一次，他們則以龐培的妻子——凱撒女兒尤莉亞的死當作好題材。但是，於西元前五十四年冬天再度試行的「三巨頭」離間計，卻在這個時候失敗了。龐培對愛妻之死出自於真心的悲傷，而且以他身為武將的矜持，也不容許他在連結雙方的親人剛死去之時就背叛凱撒。此外，「三巨頭」之一的克拉蘇，也正在東方準備與大國帕提亞開戰。因此，自西元前五十四年直到延續此年政情的次年——西元前五十三年的秋天為止，首都羅馬的政情處於「三巨頭派」與「元老院派」互相瞪視的狀態之下。

但是，在互相瞪視的兩派之中，哪一派具有政治能力倒不是個問題；在這一年半中，無論是「三巨頭派」的龐培或是「元老院派」的首腦，都將他們毫無理政能力的一面表露無遺。特別是占了兩名執政官位子、身為執政黨卻毫無統治能力的「元老院派」，更是悽慘。那個時候的羅馬，有克勞狄斯及米羅擅自組織、暴力行為頻傳的「院外團」翻天覆地。而克勞狄斯以「平民派」自居，所以龐培如果有意的話，並非不能控制他們；但是龐培卻無心那麼做。米羅自稱是「元老院派」，但是連「元老院派」的巨頭西塞羅也只是感嘆世局罷了，他因為害怕再度遭克勞狄斯報復，所以對米羅也不敢多說什麼。即使於非選舉期間，在羅馬市中心也充斥著暴力，並再三地以流血事件收場。穩健而有良心的元老院議員，雖然憂心於羅馬的未來，但他們既無突破現狀的計策，也沒有實行計策所需的堅強意志。這群具備充足學識的人，尤其是有資格代表他們的西塞羅，能做的事也只是追憶過去，感嘆以前的時代才是理想的羅馬罷了。在當時元老院主導的共和政體之下，領導階級與一般民眾都同聲一氣與迦太基作戰。所謂「當時」，是指西比奧．亞非利加努斯與西比奧．艾米里亞努斯完全為了國家立下戰功，而非為了自己；如此的情況成了這些議員厭世主義的基礎。

所謂的屬省總督有權在他屬地受到攻擊時予以迎擊，但這是屬於他負責防衛的範圍之內；如果要進攻他國，則需得到元老院的認可。而凱撒卻沒有徵詢過元老院的認可，就進攻高盧的中、北部，又渡過萊茵河，甚至渡過多佛海峽遠征不列顛等等；光是這些事情就令元老院難以忍受。但是，凱撒麾下士兵也沒有拒絕從軍，元老院也不能像盧加拉斯那時候一樣解任凱撒。而且，羅馬的一般民眾都十分狂熱於凱撒的戰功，如果將上述事項在元老院議會決議，必定會干犯眾怒。再加上根據元老院支持的公民大會決議，凱撒與龐培、克拉蘇一樣，屬省總督的任期是到西元前五〇年底為止；在法律上，凱撒的立場十分站得住腳。這一點，凱撒自己比誰都清楚。正因如此，他才在西元前五十三年時將戰線拉到離首都羅馬最遠的高盧東北部。為了補充前年冬天失去的戰力，所以凱撒沒有徵詢元老院的許可，就堂而皇之進行戰爭。無論羅馬的情況如何，高盧戰役還是非進行下去不可。

高盧戰役第六年

西元前五十三年

凱撒四十七歲

戰役進入第六年時，凱撒的戰力如下：

首先，就任高盧三屬省總督那年，國家託付他第七、第八、第九、第十，四個軍團。但是，在最初與赫爾維提（瑞士）族戰鬥前，他已經命令新編組兩個軍團。費用是自行負擔，因為這兩個軍團並未得到元老院的認可。他們被命為第十一、第十二軍團。戰役的第一年，凱撒就以這六個軍團三萬六千人進行戰鬥。

第二年的西元前五十七年，再命令新組兩個軍團，也是在不被認可的階段自行負擔費用。這兩個軍團就是第十三、第十四軍團，合計共八個軍團。公認的四個軍團，可以在羅馬國內，也就是北自盧比孔河、南至墨西拿海峽的義大利半島上，招募志願軍；而非公認的四個軍團，只能在「阿爾卑斯山以南」的北義屬省進行募集。但是，羅馬的軍團兵規定必須是羅馬公民。阿爾卑斯山以南的北義屬省是「羅馬公民化的高盧」，也就是最羅馬化的高盧，因此擁有羅馬公民權的人數也一定較其他屬省多。募集志願兵，只要自行負擔費用，這件事並不難辦。

而西元前五十六年春，在盧卡舉行了三巨頭會談。其中決定了凱撒、龐培、克拉蘇三人，各有五年屬省總督的任期與十個軍團的戰力。不過在該年，凱撒無法將名下的軍團增至十個。第二年，西元前五十五年，「三巨頭」擔任執政官，「盧卡會談」中的密約，在公民大會中議決成了公開決策；由次年的西元前五十四年起，以前執政官資格開始屬省總督任期的龐培與克拉蘇採同一步調，使凱撒延長五年任期與擁有十個軍團的權力付諸實行。因此凱撒在西元前五十六年、前五十五年的戰鬥中，皆以公認的四個軍團與非公認的四個軍團，合計共八個軍團展開戰鬥。

西元前五十四年，凱撒首度如公認般擁有十個軍團，而他也致力使私募的四個軍團轉為公認，也就是毋需自己負擔的費用國家化，但是八個軍團的戰力依然沒變。這也許是由於高盧承認羅馬霸權的同盟關係，和有來自黑杜伊族及其他部族加入的士兵。與羅馬人稱為「羅馬公民化的高盧」的北義屬省相比，「褲子高盧」意指尚穿著高盧式服裝的南法屬省，以及有「長髮高盧」之稱的中、北部高盧的黑杜伊族及雷米族與羅馬的友好關係並未破裂。

再者，士兵的數目也並非愈多愈好，凱撒並不認為以較敵人處於劣勢的兵力戰鬥是不利的。大抵說來，如果士兵的數目少，確保兵糧的問題也就能減少了。

西元前五十四年起，第十四軍團加上五個大隊，兩名軍團長加上九千名士兵全部被滅了。如果加上這些犧牲，凱撒總計損失了包括兩個軍團、兩個大隊，將近一萬五千人的兵力。剩下的實際上僅有六個軍團。儘管中、北部的高盧人承認羅馬霸權，也提供軍隊，但終究與慣常留短髮的羅馬男子不同，他們是「長髮高盧」，換言之尚未羅馬化，說不準何時會變卦。凱撒在亞眠過冬時，立刻派遣軍團長三人至北義屬省。編組兩個新的軍團，是他們三人的任務。同時凱撒寫信給龐培，拜託他借給自己編組一個軍團的權利。龐培沒往任地西班牙，而是繼續待在羅馬近郊，在那裡就任兩西班牙的屬省總督。屬省總督擁有軍團的編組權。

龐培答應了凱撒的要求，送給凱撒一個以自己名義編組的軍團。這個軍團加上以凱撒之名新編的兩個軍團，要率領這三個軍團進入高盧，也要三位軍團長才行。

為什麼凱撒不完全行使自己編組十個軍團的權利，而大費周章地要龐培借給他一個以龐培之名編組成的軍團呢？這是對想離間「二巨頭」的「元老院派」所投出的牽制球吧！

在冬末時，三個軍團到達了在亞眠等待的凱撒那裡。凱撒將這三個新加入的軍團，命名為第六、第十四、第十五軍團。毫無芥蒂地再度以全軍覆沒的軍團名命名的凱撒也好，如此被命名的第十四軍團士兵也罷，似乎都不在意吉利不吉利的問題。

另外，就算不是整個軍團被殲滅，以一個軍團固定六千名成員來說，即使舊的第十四軍團真有這麼多人，其他軍團戰死的士兵加起來仍有十二個大隊，近七千名，各軍團的兵數，平均減少為六分之五。羅馬的其他武將已經習慣遇此情況下補充新兵。但是，凱撒並未這麼做。他只將新兵組為一獨立軍團，因為他重視軍團單位中的同質性。因此凱撒的士兵對自己所屬的軍團有非常強烈的歸屬感，並且引以為豪。事實上，只要報出是凱撒名下第幾軍團的士兵，這對他國國王或部族族長而言，都如同很體面的「名片」一樣，可以通用。

就是這樣，在相當欠缺人員的情形下，迎接第六年高盧戰役的凱撒，加上臣服地區兵糧調配的配合，首度有了可使用的十個軍團。新編成的三個軍團定額為一萬八千人，其他七個軍團則為六分之五，為三萬多人，合計有五萬三千多人左右的步兵戰力。而騎兵兵力是否有四千騎可以使用呢？因為羅馬騎兵戰力相當依賴高盧友好諸部族的加入。

凱撒個人的字典裡，沒有「復仇」這個字眼。對他而言，復仇這回事，必須建立在想復仇者以及復仇對象兩者實力相當時才能成立。然而對士兵們而言，要為死去的九千名同伴復仇是理所當然的。不過，運用這種情感的人，在扮演點火角色的同時也得保持清醒。因為感情這東西，往往越過理性的必要界限後，就轉變成狂暴的性質。西元前五十三年的戰役，對士兵們而言是復仇之戰。因為，撒謊將羅馬軍誘出陣營地的禍首——伊布洛斯族的首長安比奧里吉斯還活著。但對凱撒而言，卻是一次完全稱霸高盧東北部，以及對與高盧人關係密切、居住在萊茵河以東的日耳曼人給予重擊的機會。在高盧地區過冬代表可以提早進入該年的戰期。

凱撒沒等十個軍團到齊，就召集了在亞眠附近冬營的四個軍團。僅率領這四個軍團二萬人，在冬季尚未結束時就展開了攻擊。目標是前年使西塞羅之弟冬營地陷於窘境的涅爾維族。當時擁有五萬兵力的涅爾維族，遭到突然的襲擊只能光顧著逃跑。捕獲多數人與家畜的凱撒，將這些分與士兵，以為報償；之後，他們在涅爾維族的領地繼續燒殺掠奪的行為，使得涅爾維族不得不交出人質，接受講和。套句凱撒自己的話：「早日解決這個問題後就離開。」當他讓四個軍團回冬營地休息時，召集了全高盧各部的族長會議。一反高盧戰役初期，凱撒將召集的任務交給和羅馬友好的部族族長，自己沒有參加。但是這一年，凱撒不僅出面召集，同時還擔任議長，顯然一副將高盧中北部視為羅馬屬省的姿態。

這個會議中，全高盧各部的族長大多出席了，不過也有缺席的部族。中部高盧的歇諾內斯族與加努特斯族，以及住在萊茵河附近，常與對岸日耳曼人相呼應，不斷蠢蠢欲動的特雷維利族。凱撒將他們缺席之舉，視為不認可羅馬霸權的表現。於是，首先將會議場地移至近歇諾內斯族之地的路特提亞。路特提亞是帕里西族的根據地，就是後來的巴黎。義大利語至今仍將巴黎發音為帕里吉。

族長會議移至巴黎的隔天，凱撒很快地就往歐諾內斯族之地進軍。知道羅馬軍接近的歐諾內斯族，在黑杜伊族的居間之下，向凱撒為缺席之事謝罪，並誓約恭順。凱撒以一百個人質為條件，接受此約。百名人質皆寄在黑杜伊族處。此外，也沒必要向加努特斯族進軍了，因為他們也透過雷米族向凱撒提出交出人質，要求講和。與加努特斯族間的講和也成功。至此，全高盧的族長會議才告閉幕。凱撒之所以將族長們留到現在，是因為希望他們親眼目睹凱撒的作法，再將此情此景於歸國後傳遞給各部族的人民。如此一來，毋需訴諸戰鬥也可確保背後的安全，凱撒就將主目標放在特雷維利族與士兵們誓言復仇的伊布洛斯族首長安比奧里吉斯的追討上，往東方前進。

凱撒採兩面作戰。兩個軍團與所有的輸送車隊皆派遣到駐紮在近特雷維利族的雷米族之地——副將拉比埃努斯那裡。凱撒自己沒有輸送車隊，只率領五個軍團，向安比奧里吉斯可能藏身的梅那庇族之地出發。尤其是凱撒所率領的軍隊是採強行軍的方式。如果運氣好的話，壓制梅那庇族就可以俘虜安比奧里吉斯，之後再與拉比埃努斯的軍隊會合。從現在法國向東北進軍，通過比利時，迂迴德國西部，因此只有讓輸送車隊馬不停蹄地走強行軍。總之，在特雷維利族與萊茵河對岸的日耳曼人會合前，凱撒與拉比埃努斯得先會合不可。

凱撒也將自己所率領的五個軍團分為三。自己率領一隊，另外軍團長法比烏斯與布魯圖斯各率領一隊，各隊皆早已鋪好路，三方面同時向梅那庇族之地進攻了。火燒、破壞村落；逮捕居民、掠奪家畜，梅那庇族也只好向凱撒求和了。凱撒要他們提交作為保證的人質，締結講和。但是，如果他們援助伊布洛斯族的安比奧里吉斯，就會再度被視為敵人。之後，凱撒再將五個軍團回歸指揮之下，以特雷維利族為目的地向東南進軍。但是，特雷維利族也開始向副將拉比埃努斯的軍隊展開攻擊。

特雷維利族只想攻擊拉比埃努斯的那個軍團，而在距離拉比埃努斯的冬營地還有三天的行程時，他們得知凱撒所派遣的兩個軍團正在接近中。他們不願與合計三個軍團的羅馬軍單獨交戰，就將攻擊延期至支援的日耳曼人到達時，並且築營等待時機。然而，深受凱撒信賴的副將拉比埃努斯，早已察覺敵人的意圖。不等兩個軍團及輸送車隊的到達，就率領旗下的一個軍團出冬營地，自己前去會合。三個軍團共三十個大隊，拉比埃努斯將其中的五個大隊當作輸送車隊的護衛，率領二十五個大隊向敵人的陣營地迎去。

拉比埃努斯之所以前進至距離敵方一．五公里的地點，是有所考量的，因為特雷維利族所在的陣營地，是設在如預料般非常利於防衛的地點。有利於防衛之處即為不利攻擊之處。打算在日耳曼人渡河前就決定勝負的拉比埃努斯，想將敵人從那個有利的地點引出來。

特雷維利族也察覺到接近至一．五公里處的羅馬軍，根據偵察兵帶回來的情報，在河對面的羅馬軍還不滿三個軍團。特雷維利族因此就放膽，從安全的陣營地向羅馬軍迎去。拉比埃努斯往後撤退，特雷維利族渡川前進，拉比埃努斯再往後退，特雷維利族相當得勢。後退到輸送車隊所在地時，拉比埃努斯讓輸送車隊先行，好輕鬆應付。再加上原本護衛輸送車隊的五個大隊，三個軍團全軍撲向敵人。那個地點對羅馬軍而言，是有利於戰鬥的地勢。

在戰鬥開始前，副將拉比埃努斯激勵士兵們：

「戰士們，我們所盼望的戰機來臨了，處於不利地勢的敵人，現在已經是你們的囊中物了。你們一直在總司令官的面前表現得相當英勇，現在也請將那股勇猛呈現在我的面前吧！雖然總司令官現在不在這裡，但是他可以想像，我想他會看得到一切的。」

一直以為自己是在追擊退卻之兵的特雷維利族，不敵反向回攻的羅馬兵，連重整旗鼓的時間也沒有就全部向森林逃竄。拉比埃努斯命令騎兵隊在前展開追擊，許多特雷維利族士兵被殺或被俘虜。幾天後，特雷維利族派求和的使節拜訪拉比埃努斯。正準備渡河前來的日耳曼人，得知羅馬軍的勝利，便掉頭回自領地去了。援軍到來的盼望也被切斷，特雷維利族只有投降一途了。

再渡萊茵河

與拉比埃努斯的三個軍團會合之後，凱撒帶著八個軍團，決定於此地二渡萊茵河，理由為下述兩點：

一、必須對應特雷維利族之邀，對想渡萊茵河攻入高盧的日耳曼人，有所處置。
二、追討逃至河對岸的伊布洛斯族首長安比奧里吉斯。

凱撒命令士兵建橋，與以小舟或筏渡船的日耳曼人不同；在大河上造橋以誇示羅馬人的技術，這樣的意圖與上次是一樣的。該年的渡河地點，是在較兩年前第一次渡河稍微上游的地方，也就是在現在德國波昂與科隆中間，略靠近波昂。凱撒更動渡河地點，是為了讓日耳曼人出其不意吧！

橋的製作及建設方式，都在上次試驗過了。軍團兵搖身變為工兵，能夠渡河攻入日耳曼這樣的想法令他們感到興奮，設營的工程也比上次的十天更快，只花了幾天就完成了。

據凱撒記載，在高盧這方以及在橋的警備上保留相當充分的兵力，因此我想凱撒所率領渡萊茵河的兵力，約是五個軍團左右吧！但是，由於對方是騎兵兵力強大的日耳曼人，所以騎兵全員都帶走了。

萊茵河東岸住著烏比族，與羅馬有友好關係。他們也很快就出迎了。當凱撒在此得知，應特雷維利族之邀、想渡萊茵河進攻高盧的，果然如預料的是斯貝比族，羅馬託烏比族派偵察兵至斯貝比族之地調查現狀；除此之外，還託烏比族張羅在日耳曼之地的軍糧補給。烏比族均予以承諾。

數天之後，情報很快就送來了。日耳曼人中最強的斯貝比族，得知羅馬軍渡萊茵河後，連人帶家畜全都退至領地的最東端，在那裡等待著。那個地帶背臨貝切尼斯大森林地，就如同現代的圖林根森林 (Thüringer Wald) 般。

而說明至此的《高盧戰記》作者，在讀者預想著接下來凱撒與日耳曼民族的激鬥時，卻突然話鋒一轉，開始談起日耳曼與高盧的比較論，真是令人為之折服。也許就凱撒而言，他很希望羅馬人了解處於羅馬霸權下的高盧以及鄰側日耳曼的民族性吧！總之，此事能否成功和情報的正確與否有關。

高盧與日耳曼的比較論

「行文至此，敘述高盧與日耳曼這兩個民族風格的不同，我想這並非不適之舉。」凱撒以此語展開了兩民族的比較論。首先，由高盧開始。

「高盧境內的城鎮或村落一定存在著某些派閥，就連家庭內可能也有。這些派閥由長老帶領，派閥內的事情皆由此人一手承擔，而屬派閥中的下級人民，在接受保護的同時，必須做到服從。

這是高盧所有部族共通的傾向，在凱撒未到來之前，高盧兩個有力的部族是黑杜伊族與賽克亞尼族。由於賽克亞尼族處於強勢，加以與日耳曼人為友，一時之間連黑杜伊族也處於服從賽克亞尼族的狀態。而情勢轉變的發生，是在凱撒來到高盧之後；凱撒擊退了與賽克亞尼族有共鬥關係的阿利歐維斯圖斯所率領的日耳曼人，追至萊茵河東岸時，高盧部族間的勢力關係也有所改變。然而，各種勢力的分割指向並未改變。取代處於衰弱狀態的賽克亞尼族是雷米族。現在，同樣承認羅馬霸權的黑杜伊族與雷米族正繼續處於對立狀態。

在高盧有兩個支配階級。平民階級幾乎與奴隸同等，任何事皆無法按照自己的意志，連出席集會的權利都沒有，還必須繳交重稅。

兩個支配階級中，其一為稱作都魯伊得斯的祭司，不只限於宗教，就連教育、司法也由這些人所把持。祭司的權力相當大，只要他們喜歡，甚至可將人驅逐出境。教育方面，不重理解，而較重視背記；使用的語言，不講希臘語但是卻用希臘文的表記字母。

另一個支配階級是騎士，他們當然都是受過軍事訓練，至於是不是騎士階級，一生下來就決定了。

高盧尚存有以活人祭供的制度，通常是以罪犯為犧牲品，在罪犯不夠的情況下，就無可避免地要牽扯無辜者的犧牲了。提到神祇，首推墨丘利、下為阿波羅、馬爾斯（拉丁語：Mars）、朱比特（拉丁語：Jupiter）、密涅瓦（拉丁語：Minerva）等為信仰的對象。高盧人的曆法通常由夜晚開始，日、月、年，皆由夜晚開始計算。至於妻子的地位，有錢者較受到尊重，她們擁有經濟支配權，但是生死之權則與子女一樣歸屬於丈夫。相信靈魂不滅的他們，喪禮與高盧人的文明程度不相稱地非常講究。之前還有將死者身邊物品，甚至連身邊的僕役或奴隸一起火葬的習慣。

治安良好的地方，一概是有法律的。探聽得知某事時不可隨意散播，必須告知統治者；統治者再決定是否要告知部族民，統治者認可之後才可公開。關於部族全體之事，只允許在會議裡說。」

「另一方面，日耳曼人與高盧人的風格截然不同。日耳曼人中並沒有像高盧之都魯伊得斯那般獨攬大權的祭司階級；此外，也並不像高盧人那樣堅持奉上活人祭供。關於所信仰的神，也只限於眼睛所看得到，實際蒙受益處的事物，如太陽、火山、月亮等；除此以外的信仰對象並無名稱。

日耳曼男人的一生多花費在狩獵與戰鬥上，他們自年幼開始就接受嚴格的訓練。其中守童貞最久者最受尊敬，因為他們相信不與女子交媾，能使身體壯碩、精神強韌。二十歲前就知道女人為何物的男人，在同性之間絕非名譽之事。但是，日耳曼人對性這東西並不隱瞞。在河裡混浴、身體也僅以皮或毛皮遮掩些微部份而已。

對於農地，僅表示一點點的關心。他們的日常食品，大多是乳類、起司、肉。沒有人有土地的私有權，因為各地區的首長，每年會移動至不同的地方狩獵。生活基礎並不在家族，而在於親族的共同體以及更大規模的共同體。

對他們而言，這也有種種的理由。定居的原因，是因比起戰爭，他們較熱心於農耕，如果認可私有地，就會產生貧富的差距。由於貧富的差距，衣食溫飽的富家，會養出浪費的人。並且，貧富之差所生最大的弊害是，造成追求金錢與釀成社會不安。因此如果不認同私有地，反能避免平民階級的不滿而得以平穩度日。

日耳曼民族最大的驕傲是，自領地的周圍為廣大的荒廢地所環繞。理由一是可以排斥周邊其他部族，顯示他不想與他們往來；二為出自於避開突然襲擊、保障安全的考量。

戰時，推選有權決定全員生死的指揮官，並且聽從他們的指示；相反的，平時日耳曼人並不設置統一的統治機關。因此，根據每個共同體的不同，也有不同的裁決與應對之道。竊盜行為如果是發生在共同體之外，就不算犯罪，有的地方甚至將此視為不讓年輕人怠慢的訓練。如果決定掠奪，那麼全員有遵從的義務；不參加者則被視為逃兵、背叛者，今後再也沒有人會相信任用他。

無論是從哪裡、為什麼理由來的人，只要對方是訪客，就要打開門迎接，準備食物，這是他們的作法，如有違背者，就被視為破壞章程者。

從前是高盧人渡萊茵河攻入日耳曼之地，因為耕地少、糧食缺乏，吃不飽的人民為了確保居住地，還特地從南法殖民到黑林山的大森林地帶（由現在史特拉斯堡向東方擴展的廣大地帶）。

但是，現在（西元前一世紀）的日耳曼民族，還是和從前一樣貧窮，過著接受食物與居家的樸素生活，而高盧民族的生活水準卻提升了。因為活用近羅馬屬省與近海之利進行通商，他們的生活與用品都變得豐富且舒適。慣於舒適生活的他們，成了與日耳曼民族戰鬥時戰敗的一方。他們的自卑感很難解脫，至今他們仍不願拿自己與日耳曼人相比較。

黑林山大森林南北的寬度為九天行程。至於長度，由於日耳曼人不懂得距離的測量法，所以正確的距離並不清楚。由赫爾維提族居住之地，沿達努畢烏斯河（多瑙河）向東伸，進入達其亞人居住之地後，再離河向北擴張。據我們羅馬人所知，日耳曼人也不知道這片大森林的盡頭在哪裡，而且也沒有人到過那裡。有人走了六十天，結果還是無法到達盡頭。」

敘述完這段話之後，凱撒還列記了棲息在這片大森林地帶的珍貴動物、大鹿、野牛，以及非常特殊的獨角獸。總之，這些都是凱撒想將自己所知關於高盧人及日耳曼人的事情，傳遞給同胞。

不過，凱撒似乎只想傳達正確的情報吧！取代《高盧戰記》前面一直出現關於雷努斯河（萊茵河）這個部份的敘述，首度出現了達努畢烏斯河（多瑙河）。而故意以日耳曼人與高盧人的現狀敘述做結論，可見凱撒心中有所訴求，也就是：

一、如果這麼放任下去，傳統上有各部族分裂傾向的高盧，遲早會受日耳曼化。

二、若是如此，將對羅馬的安全保障構成重大威脅。

三、為了不讓此事發生，高盧的羅馬化是最佳對策。屬定居型、農牧為主的高盧人，不同於非定居型、狩獵民族的日耳曼人，他們羅馬化的可能性也較高。

四、以萊茵河為東防衛線時，如果加以延長就是多瑙河；再延長，就到幼發拉底河(Euphrates)。

凱撒是否意圖向羅馬同胞們指出這些事項呢？

如果隔年的西元前五十二年沒發生大事，高盧全域能持續平穩的狀態，那麼凱撒在自那年起至西元前五〇年底的任期，也許會沿多瑙河向東進攻吧！他擔任總督的地區，是現在斯洛伐克與克羅埃西亞的伊利利亞屬省。如果能夠平定多瑙河以南，伊利利亞屬省與北方民族之間也就有了依靠，比較安全。此外，如果再東進多瑙河，那裡已經是馬其頓屬省總督的管轄區域。假設以多瑙河為邊界的防衛戰略被接受，誰當上總督也會承繼這個戰略吧！接著，確立以幼發拉底河為最東端防衛線的，是「三巨頭」之一的克拉蘇。他正執行這項任務。

將萊茵與多瑙兩大河收入視野後，凱撒心中的歐洲開始形成了。小林秀雄也寫道：「政治、作戰皆參與，連一個兵卒的任務也身兼了，對如此精於戰爭的老手而言，戰爭本身就是巨大的創作。」朱利斯．凱撒想要創作歐洲，而且他創作了。但是，以西塞羅為代表的羅馬首都知識份子，卻只將這視為凱撒的追求私欲與私利。先入為主的習慣，是與知識及教養無關的。

凱撒與日耳曼的決戰呢？在讓讀者期待此事的時候，凱撒插入了冗長的高盧與日耳曼的比較論，敘述完後也沒進入戰鬥的敘述。因為凱撒與日耳曼根本未構成決戰。凱撒放棄了追擊逃至大森林地帶的斯貝比族。此舉顯示了凱撒沒想過日耳曼民族的羅馬化；否則，他不會什麼也沒做就揚長而去。意圖渡萊茵河、侵入高盧，這是羅馬軍絕對不允許的。

凱撒認為由於當地非農耕地帶，兵糧的調配（羅馬兵的主食為小麥）有所困難，因此放棄過分往萊茵河東岸深追的念頭。為了引發日耳曼人對羅馬軍將發動下一波進攻的恐慌與疑懼，以達到嚇阻他們渡萊茵河的目的，凱撒在全軍返回萊茵河西岸時，命令士兵破壞橋東側達六十公尺，在半毀的橋上近高盧側，建設近四層高的監視塔，並且派十二個大隊六千多名士兵駐守此塔。他們也建築堅固的陣營地。事情完成時已邁入了秋季；凱撒率全軍北上。他以追討安比奧里吉斯這凜然大義之名，完全壓制高盧東北部，不給日耳曼人有歇腳的機會。

軍團長撒比努斯被使了奸計，並且造成羅馬九千名士兵的死亡，追討這件事的元凶——安比奧里吉斯的結果並不成功。萊茵河口附近有廣大的淺灘、森林，以及即使是白天也令人毛骨悚然的沼澤，幸好有熟知地勢的人。不過，以安比奧里吉斯為首的部族全被滅掉後，原本與羅馬關係不太明確的其他部族，也首度向凱撒提出恭順的誓約。西元前五十三年後半，凱撒所採取的戰法與其說是戰鬥，不如說是早晚不斷地襲擊；而高盧部族中最好戰、與對岸日耳曼人聯絡最頻繁的他們，這次也只有向凱撒全面投降的份了。安比奧里吉斯雖然逃走了，但是凱撒壓制了他勢力基礎的日耳曼人，徹底地整肅高盧東北部的諸部族，已經根斷他再起的機會了。

與軍團一起返回雷米族根據地蘭斯的凱撒，在那裡召集了全高盧的部族長。在席間，凱撒一副理所當然的族長樣。當年春天，審判了舉反動之旗後被壓制的歇諾內斯族與加努特斯族的主謀者。主謀者亞克，在部族長會議中被宣告死刑。凱撒訴諸於羅馬的古式刑求。那種處刑法在羅馬歷經數百年，而且已經愈來愈少見了。首先將受刑人縛綁在木樁上，在頭部插入熊掌般的器具。接下來，再將受刑者鞭打近死，最後，斬落首級。這樣的處刑，恐怕是在部族長面前做的吧！至於逃亡的人，將處以永遠的流放邊境。

部族會議解散後，凱撒決定了西元前五十三年至前五十二年的冬營地。兩個軍團在特雷維利族之地，也就是近萊茵河的現在德國西部過冬。其他的都在現在法國之地過冬。兩個軍團在林格涅斯族之地，也就是現在迪戎 (Dijon) 的附近。剩下的六個軍團冬營地，就決定在才壓制的歇諾內斯族根據地桑斯 (Sens)。再度讓八個軍團冬營在高盧中部的理由，凱撒並未寫到，因此只有憑想像推測。在西元前五十三年的徹底壓制之下，東北部只要屯駐兩個軍團就行了；那年春天，八個軍團是不是也置於蜂起的兩部族所居住的中部高盧呢？現在法國中部這一帶，自凱撒高盧戰役以來，從未舉過反對的旗幟，而五年後初舉反旗，酷刑及屯駐八個軍團，都是給中部高盧的警告吧！總之，凱撒這樣的軍團配置，在遇隔年西元前五十二年的大事之際，救了羅馬軍。

凱撒決定各軍團冬營地後，向南越阿爾卑斯山，能夠在這年冬天返回屬省；也許是在秋末時期，首度知道震駭首都羅馬大慘事的緣故吧！這件事發生在那年夏天，秋天時終於傳報至羅馬——克拉蘇所率領的羅馬軍全軍覆沒了。

克拉蘇

「三巨頭政治」的一角——馬庫斯．里奇紐斯．克拉蘇在西元前五十六年春，於中部義大利城鎮——盧卡所舉行「高峰會議」中所決定的事項，他都忠實地付諸行動。先是在西元前五十五年與龐培共同擔任執政官，第二年出發至有五年任期的屬省總督任地——敘利亞時，是他的屬省總督任期還未開始的西元前五十五年秋的末尾。漸漸步入六十歲的克拉蘇很焦急。羅馬首富克拉蘇所欠缺的是，龐培已擁有軍事力的聲勢，凱撒也逐漸壯大，而他是以敘利亞為五年任地的屬省總督。屬省總督必須負起屬省防衛的任務。在敘利亞的東邊緊臨大國帕提亞。帕提亞尚未認定幼發拉底河為羅馬勢力的界線，但隨著遠征帕提亞的成功，這點也受到認同，確保羅馬屬省的安全是克拉蘇的任務。此外，不同於貧窮未開化的高盧，光是以有高度文明的豐沃遠東為任地一事，對有優渥經濟能力的克拉蘇而言，就充滿魅力了吧！不等執政官任期屆滿，克拉蘇就前往義大利，可以想像他在同等的強烈心切之下，遠征帕提亞的心情。

而羅馬公民與克拉蘇的想法相反，公民們反對這趟遠征；他們並非懼怕帕提亞，而是因為不相信克拉蘇的軍事才能。

克拉蘇任總司令官時所帶領的戰鬥，只有先前的「斯巴達克斯之亂」而已。那是以鬥劍士斯巴達克斯號召之奴隸、農奴為對手的戰爭。對方為數雖多，但都並非受過軍事訓練。因此，那時他的部下都沒有以表示勝利將軍之意的“Imperator”稱號稱呼他，也沒有舉行凱旋式。克拉蘇雖然在蘇拉底下累積了指揮一個軍團的軍團長經驗，但是軍團長與總司令官是不同的。軍團長是依循總司令官所立的戰略來執行。

總司令官必須具備的不只是戰略上的思考，還需要有讓士兵願意跟隨至也許會戰死的戰場上這等魅力與聲望。而克拉蘇完全欠缺這方面的能力。

但是，無論看透此點的公民是如何不贊成遠征帕提亞，即使「三巨頭」中的其他二巨頭──龐培與凱撒明知失敗的可能性極大，卻仍委以克拉蘇大任。這兩人皆熟知軍事，如果是明知而委託他，那可說是罪名深重。但是實際上，龐培與凱撒都分別送出了幫手。

凱撒派眾多幕僚中一位有能力的克拉蘇長男普布里斯與他父親同行，並且由少許的五千名騎兵中，撥出一千名給他，這一千名是騎兵民族高盧中的精銳騎兵。雖然僅有一千名，卻都屬於實力派戰力。而以這一千騎為主力的騎兵團指揮任務，傳統上是由副將擔任。三十五歲左右的青年克拉蘇，有擔任輔助父親這總司令官的副將才能。

龐培也沒忘記提供支援。他派出自己的舊部下、軍事老手歐古塔維斯以軍團長的資格與克拉蘇同行。還派了年齡大約只有三十，所以只能任審計官的加西阿斯同行。這個加西阿斯之後與馬庫斯．布魯圖斯成了暗殺凱撒的主謀；而與布魯圖斯不同的是，他擁有相當的軍事才能。另外在支持這三位幕僚的指揮官班底中，也配有戰場經驗豐富的人手。總之，龐培與凱撒都送出了即使克拉蘇不能行使主導權，也能獨當一面的幕僚班底。

遠征帕提亞

西元前五十五年十一月底，克拉蘇由布林迪西走海路穿過希臘進入小亞細亞，再東進。不待隔年春，克拉蘇即入敘利亞，他帶領了從前任敘利亞屬省總督蓋比紐斯那裡承繼下來的兩個軍團，與自己編組的六個軍團，合計八個軍團。但是，通常是以十個大隊構成一個軍團，而克拉蘇的一個軍團只有八個大隊。按規定人數算為四萬八千的步兵戰力，而實際只有三萬八千四百。這是因為國家所付的費用並不充分所致。屬省總督負責守衛屬省，而在進攻他國時，屬省的防衛方面也就顯得有些危險了。帕提亞王國在克拉蘇就任時，並未顯示有侵略羅馬領域的行動。

在此情況下，只有以自我負擔的方式以確保軍勢。但是，有錢人都是不擅掏錢的。克拉蘇雖然掏出了錢，只不過並未大膽地掏出。想僅以八個大隊編組一個軍團，其實可以組十個軍團的軍事力，也以軍事資金不足為由放棄了。

克拉蘇甚至還想把自己掏出來的部份收回。到達敘利亞時，克拉蘇最熱心的事情是：掠奪以耶路撒冷的神殿為首的敘利亞、巴勒斯坦一帶的神殿寶物。克拉蘇幾乎是連想也沒想只是掠奪。對有錢人而言，自己的財產減少了，是件不愉快的事吧！

如此費心於此事的緣故，便疏於軍事上的訓練。此外，總司令官的行為，自然地感染到士兵。克拉蘇的軍團成了非堅忍卓絕的戰士，而是易作掠奪之夢的男子。

而更誇張的是，在克拉蘇未到敘利亞的西元前五十四年，就已舉兵進攻帕提亞，意外地，極簡單地以成功收場。敵人還未準備好，而且未深入敵陣是成功的原因。因此使得上自總司令官、下至兵卒，都輕視起帕提亞人。

原本就不了解情報重要性的人，如果是輕視對手，就會更怠於蒐集平常就可得手的情報。克拉蘇沒有像凱撒那樣的好奇心，他所知道的不是帕提亞的現狀，也不是風俗習慣，而是三年前國王被殺後，王室在騷動之下，對外應對之事也趨於消極。這也是讓克拉蘇確信遠征帕提亞能夠成功的原因之一。

龐培與凱撒所布署的幕僚做些什麼呢？軍團長並非總司令官。在龐培與凱撒的期望下，在敘利亞的克拉蘇發揮了主導權。

其一為在軍事訓練不充分的第二年——西元前五十三年，就正式遠征帕提亞，如果是凱撒會先讓新兵隨著輸送車隊的護衛，習慣戰鬥，而不讓他們一開始就投入戰場。克拉蘇手下的八個軍團中，有多達六個軍團的新兵，如果未經堅忍且充分的軍事訓練，是無法成為戰力的。克拉蘇的任期尚有四年。而且，帕提亞軍也沒有攻過來的道理。

不過，克拉蘇還是決意強行遠征，而幕僚們在作戰會議上也為此有所激辯。史料中並未提及有關遠征時期，是否有贊成與否定兩面論，不過對遠征時採何道而行，克拉蘇所認可的道路行徑，卻引起激烈的反對，這點在史料中是可見的。因為克拉蘇將矛頭指向帕提亞的重要都市塞流基阿，有兩條路可通往。

一為由敘利亞的安提阿出發後，直接往東取道，到達幼發拉底河。沿此河，向與底格里斯河之西的塞流基阿同緯度的東南方進軍。如此一來，有讓行軍時礙手礙腳的輸送車隊，乘舟運過去的優點。到了那裡之後即捨幼發拉底河，向底格里斯河朝東一直橫越沙

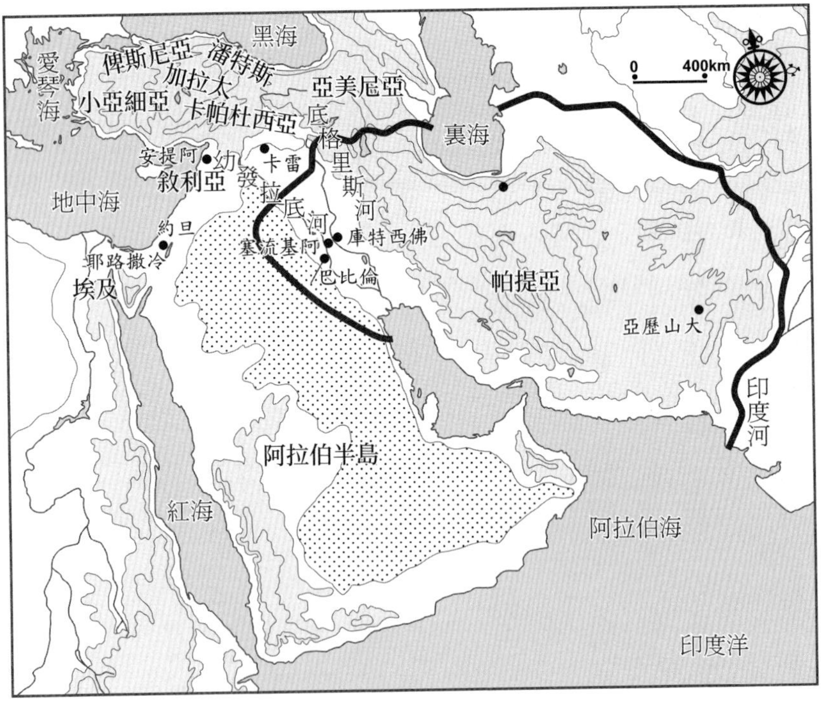

帕提亞周邊圖

漠。之後，沙漠地帶的穿越距離僅有十餘公里了。這條路徑，也有由東方向地中海沿岸的通商道路。

二為在近幼發拉底河處即捨此河，向東南行，橫越美索不達米亞的沙漠地帶，到達底格里斯河之後，再沿此河至塞流基阿。

克拉蘇接受一個負責軍隊行軍嚮導的阿拉伯貴族進言，決定採行第二條道路。對親自率軍參戰的亞美尼亞王由北前來會合之舉，的確很便利。

而幕僚們卻反對此事。反對的理由是還得穿越美索不達米亞的沙漠地帶。但是激辯之後，總司令官的意見壓制了他人。

克拉蘇在敘利亞屬省的防衛上留了一個軍團，其他的均出陣。七個軍團二萬九千六百名的重裝步兵，使用投石或弓的輕裝步兵四千人、騎兵四千人，再加上克拉蘇任前執政官時所帶的眾多侍從與役使奴隸，合計近四萬人。

以下將對克拉蘇所未知的國度——帕提亞王國的現狀，做一敘述：

在東方貿易中致富的帕提亞王國，曾經是逼臨佩魯西亞帝國領土、領有廣大土地的大國。西邊的邊界雖為幼發拉底河，但是由於幼發拉底河和地中海的東岸地帶橫隔著敘利亞的沙漠，因此境界並沒有劃分得很清楚。這是帕提亞之所以和西方的大國羅馬常發生問題的原因。北邊的三分之一和亞美尼亞王國接壤。亞美尼亞往哪邊靠呢？這成了問題點，不過經過羅馬方面盧加拉斯、龐培的攻勢後，西元前一世紀中的此時，亞美尼亞成了羅馬的同盟國。另外三分之一接裏海；而北方剩下的三分之一，與居於裏海東側的高原民族相接。南方是波斯灣，東方邊境是現代的阿富汗。說起來，亞歷山大大帝東征的結果是融入了希臘文明圈，而之後由塞流卡斯王朝失政所帶來的空白狀態中，征服北方高原民族的是帕提亞王國，就是現代的伊朗與伊拉克。與西方文明的希臘文化相比，他們當然較近於被亞歷山大大帝所滅的波斯文明的後繼者。制度也像波斯，是絕對君主制。

國家的經濟基礎為底格里斯、幼發拉底兩河周邊的農業與工商業。工、商兩者的水準皆高。然而，工商界皆和羅馬的「騎士階級」（經濟界）相當。國家是由國王與貴族階級同執牛耳，像希臘、羅馬這種公民的概念並不存在。在這種社會制度下，當然最後會連軍事力也為支配階級所獨占。騎士當然是以重裝騎兵為主戰力，他們的主要武器是大槍，擁有高原騎馬民族的御馬技術，各個重裝騎兵的戰鬥力皆很厲害。在還未使用鐙的時代，非騎馬民族的騎兵攻擊力只能以肩與腕的力量；而慣於將兩腳挾住馬腹的騎士，就可以用肩、腕的力量，加上馬本身的突擊力為總攻擊力。此外，帕提亞也活用了波斯以來的戰鬥馬車。

但是，由於支配階級獨占政治、經濟、軍事力，因此徵集平民所組成的步兵、輕裝騎兵（弓兵），並不被重視為主要戰力。以此為擊正是亞歷山大大帝成功的主因。亞歷山大大帝的敵手波斯消失，帕提亞取而代之，但是以重裝騎兵為主的戰法還是沒變。

而這樣的專制國家自然免不了後繼者之爭。西元前五十七年，佛拉帖斯三世遭暗殺，兩個兒子間便起了爭執。勝利即王位的是歐洛得斯，弟弟米斯里達茲王子便亡命羅馬屬省。

如果克拉蘇能利用這個機會就好了，任期長達五年，實在不須急著進攻。和所有稱霸廣大領土的國家一樣，帕提亞王國也是個多民族國家，被統治的人種當中，有波斯人，也有在亞歷山大殖民政策時遷至王國西半部的希臘人。除了亡命中的王子之外，克拉蘇其實還可以運作這一批人。

住在帕提亞的希臘人與東地中海一帶受羅馬統治的同胞，向來透過通商而關係密切，對於是接受帕提亞還是羅馬統治，其實沒有特別的好惡。忘了利用這群人數雖少，但在帕提亞王國擁有發言權的希臘人的力量，是克拉蘇的一項失策。

西方羅馬霸者中，而且為羅馬三大實力者之一，親自率軍攻打過來了，這時帕提亞方面有一位青年貴族站出來加以迎擊。遠東的貴公子，皆以住豪奢的皇宮、穿著華美的衣服、聚集美女、虐待被支配者為尚，而不為傳統束縛、不流於偏見、有冷靜頭腦的，在帕提亞宮廷內只有這位男子。在歷史上，只知以希臘語他名叫斯雷那斯，生於帕提亞中屬最高位的豪門，擔任為國王加冕的職務。據說歐洛得斯之所以能排除他的弟弟登基，也得助於斯雷那斯之力。這位才滿三十歲的青年貴族，在羅馬與帕提亞首度交戰之時，即擔負迎擊的戰略。

首先，歐洛得斯王率領幾近帕提亞的全軍，攻入北方鄰國亞美尼亞。目的在盯住曾答應要率軍助羅馬參戰的亞美尼亞王。克拉蘇則與斯雷那斯對決。但是，斯雷那斯所率領的軍力為騎兵一萬。對有步兵三萬四千人、騎兵四千人的克拉蘇而言，他究竟打算如何與這區區一萬的騎兵相鬥呢？

帕提亞的青年貴族將國內傳統主戰力的重裝騎兵交給進攻亞美尼亞的國王，他所有的只有貴族的私兵而已。除去少數的重裝騎兵，幾為拿弓為武器的輕裝騎兵。東方諸國不重視輕騎兵戰力的原因是，箭袋中的箭一旦射完之後，實無戰力可言，敵人只需等到弓箭射完就好了，箭射完、手上又沒拿大槍的輕騎兵，充其量不過是坐在馬上的普通兵而已。

斯雷那斯解決了這個問題。他讓一千頭駱駝背負著堆積如山的箭同行，如果箭袋的箭射盡時，可至駱駝處拿取別的箭袋，背負後再返回戰場，如此就能防止以往輕裝騎兵很快就無戰力的情況。

輕裝騎兵另一個未受重視的理由是，在馬上使用弓，比固定後使用的石弓，力道自然來得弱，因此射程距離有限且穿刺力也弱。射到羅馬兵常用的橢圓形堅固盾牌上，只有反彈的分。這位帕提亞的貴公子也改善了這個缺點。與通常的弓大小、重量沒有不同，但是攻擊力卻與由石弓放射出的箭相近。改良的方法很簡單，為附加鐵片，將弓形由一變成二，增加弓弦的強度。這個改良，將帕提亞輕裝騎兵放箭的射程距離，提高至通常的三倍。與重裝騎兵相較，輕騎兵的社會地位低，但是對帕提亞的名門、年輕貴族斯雷那斯而言，是可以隨心所欲駕御的戰力吧！他率領這一萬名士兵，等待克拉蘇。

克拉蘇所率領的羅馬軍，在渡幼發拉底河時，就遇上了障礙。先是傳來原本寄予期望的亞美尼亞王沒辦法參戰了，由於是出於自己國家防衛的理由，羅馬軍的最高司令官也無法強求。接著是原本擔任行軍嚮導的阿拉伯貴族不見了，也許是因為得知亞美尼亞不參戰，令他感到不安吧！另一說為這個阿拉伯人原本就是間諜，將羅馬軍誘至沙漠地帶正是他的任務。總之，一開始這場進攻就存在了諸多不安的要素。

橫臥於幼發拉底河與底格里斯河的沙漠地帶，斜擊過去也還不是適當之策。在與亞美尼亞軍會合無望時，想回去的話，也不是不能回第一條路線，也就是稍微後退，向距幼發拉底河不遠的東南方路線前進。但是，對進入沙漠地帶的克拉蘇而言，他的腦中只有早日穿越沙漠的念頭。

行軍變得如同追日般地嚴格。中東的五月不同於地中海世界的五月，況且克拉蘇在抵達幼發拉底河時，也沒給士兵幾天的休息。在烈陽下、無遮蔽物的乾燥地帶，背負著四十公斤的物品，這是普通的羅馬兵行軍；而無充分訓練的士兵，往往易流於亂無紀律。尤其在沙漠中炎熱口渴時，忘記自律者更是愈感絕望。而敵人的蹤影很快就在沙丘上出現了。渡過幼發拉底河才經過幾天而已，依現代的國境看來，還在敘利亞國內，沒進入伊拉克。因此以深入來為行軍受阻作辯解是不成立的。

帕提亞輕騎兵

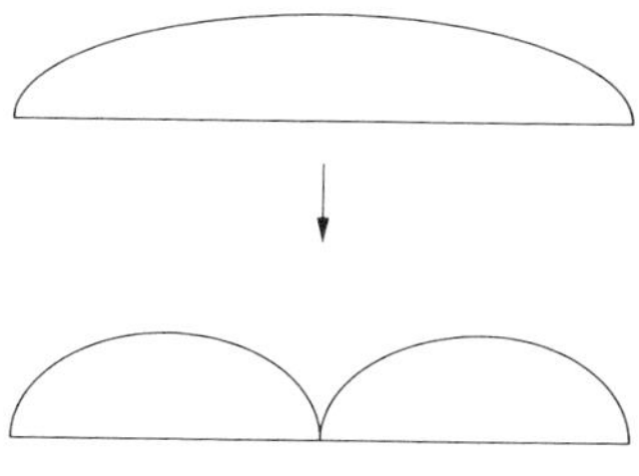
弓改良示意圖

看見敵人蹤影的克拉蘇，立刻布陣。左翼由審計官加西阿斯率二千名騎兵、中央為軍團長歐古塔維斯率全體步兵、右翼為克拉蘇的兒子率領以一千名高盧騎兵為主力的二千名騎兵。但是，中央步兵團的橫向廣而縱向薄，這點令總指揮克拉蘇相當在意。克拉蘇擔心如此一來會遭敵人重裝騎兵（他還不知敵方為輕騎兵）的突破，於是就將長方形陣變為較耐側面攻擊的四角形陣。但是沙漠這戰場並不是平坦的，有沙丘起伏，四角方形的優點並無法被活用。而且在地勢多起伏之地布陣，要花不少時間，敵人來襲時，布陣還未完成。

沙漠之地只要馬匹奔馳便塵土飛揚，會將敵人數想像得比實際數還多。此外，強光之下，敵方騎兵所持圓形小盾牌上的金屬面會反射，有礙於了解敵人的正確數目。還有，帕提亞士兵所擊打的小鼓聲音很可怕，這些皆帶給士兵們不安。羅馬軍等待著為東方主軍力的重裝騎兵，但是，襲擊而來的是與羅馬人預想截然不同的敵人。

斯雷那斯一見到羅馬軍的布陣，了解到無論如何攻擊，都無法摧毀羅馬軍團的方形布陣。這位帕提亞的貴公子，命令輕騎兵發動攻擊，這個攻擊不是要崩壞敵陣，而是要以攻擊誘出敵人，目的在使敵陣自行崩潰。

羅馬軍內的弓兵屬輕裝步兵，並非主戰力，常用於戰鬥開始的射箭以削敵攻勢。箭的射程距離為五十公尺。而由斯雷那斯改良的弓，帕提亞騎兵所射出的箭有三倍距離的射程。從己方的箭無法觸及的距離，敵人適確地射出了箭。此外，羅馬兵想再忍耐一陣子，敵方的箭就將射盡了吧！但是箭卻源源不斷。箭從上方不斷地像雨一樣落下來，一股莫名的不安，使羅馬軍堅固的方形陣，向四方崩散。

如此一來，戰鬥主導權完全成了帕提亞的囊中物。能夠在遠處戰鬥的帕提亞輕騎兵，馳騁於沙漠中，向頻頻固守的羅馬兵放箭，如同馳騁於羊群周圍，然後一匹匹宰殺似的，或是就像是射箭的練習。經由斯雷那斯改良後的箭，射擊力很強，甚至能貫穿羅馬兵的盾，胸甲等更派不上用場。在這場混亂之中，平時的訓練不足更使得情勢火上加油。

面對斯雷那斯的戰法，即使比步兵機動力更優良的騎兵也無法動彈，他們的武器是槍和劍，如果不接近是無法發揮威力的。但是敵人的箭雨使他們無法逼近。羅馬的四千名騎兵，和防戰方面的步兵一樣，陷入苦戰。

但是，這次並非羅馬軍第一次與遠東軍對決。即使不提亞歷山大大帝的例子，蘇拉也曾二度大勝潘特斯王米斯里達茲；蘇拉門下的盧加拉斯有戰勝亞美尼亞王所率領十倍以上敵人的經驗；尤其是亞美尼亞人的戰法與帕提亞人的戰法非常類似。面臨不測的事態時，勝負的關鍵在於最高司令官的臨機應變之道。而克拉蘇此時仍然依照制式的戰法，而且毫無疑慮。

他命令守右翼的兒子率二千名騎兵發動攻擊。要突破此時的現狀只有靠攻勢了，因此這個攻擊命令下得並不壞。但是，他同時也向加西阿斯率領的二千名騎兵下了攻擊命令吧！若非因步兵中無騎兵殘留下來，至少還能讓兒子克拉蘇去妨礙敵方輕騎兵的攻擊，好給己方有喘息之機，不能再更深入追下去了。凱撒相當執拗地避免深入追蹤時所造成的騎兵孤立。而談到在追蹤上的自制力，兒子克拉蘇還太年輕，他也正因為帕提亞兵不採預期戰法，而在大受戲弄之餘怒火中燒。

帕提亞的貴公子察覺羅馬的年輕將領與二千名騎兵展開了攻勢，於是命令自己的騎兵全後退。看似退卻之貌的後退是很巧妙的，等到深入追蹤後的青年克拉蘇察覺時，已經被誘導到想回去也沒法回去的距離了。而這時候，帕提亞的一萬名騎兵，圍困住羅馬的二千名騎兵。箭突如其來地如雨般落下，高盧的精銳也不敵對方的兵數，凱撒所分派的高盧騎兵全部死了。青年克拉蘇帶著殘存的士兵，至沙丘下避難。但是，絲毫無突破包圍圈的希望了。怕活著時候被生擒的年輕羅馬武將，選擇了自殺。部下的將官，尾隨其後，剩下的士兵也很快地就被俘虜了。

帕提亞騎兵完全撤退後，鬆了一口氣的羅馬軍，利用敵人不在的時候，治療傷患，整理陣形。敵人再次出現的時候，投下了一個東西——青年克拉蘇的首級。

羅馬軍頓時為恐怖與絕望所籠罩，總司令官克拉蘇此時才覺悟到羅馬之所以偉大的要素是不屈不撓的精神。總司令官下馬，奔繞在士兵之間，大聲訴說儘管自己蒙受喪子的不幸，但是依然無法動搖他的決心，為羅馬的名譽與光榮而戰，才是現在所應該抱持的信念。不過為時已晚，再說克拉蘇並沒有凱撒那般感動人的魅力。換成凱撒，即使他不發一言，只要他顯示堅定不移滿是自信的態度，就能使士兵恢復自信了。士兵看指揮官的臉色戰鬥，即使大聲疾呼，效果也因疾呼人的不同而異。

克拉蘇的軍士並未回應總司令官的呼喊，死亡的恐懼使軍隊更加混亂了。雖有不少念著羅馬名譽與光榮的將領與士兵向敵迎去，但因處於分散狀態的孤軍奮鬥，因此無法打開現狀。隨著戰爭的持續，羅馬軍方面死亡人數一直增加。

黑夜來襲的時分，一面倒的殺戮終於結束了，遠東的士兵絕對不在夜間襲擊，帕提亞的騎兵團也朝沙丘的彼端揚長而去。羅馬軍終於有考慮善後的餘裕。

但是，羅馬軍的混亂似乎不見平息。最高司令官克拉蘇只是頻頻待在陣幕中為兒子的死與自己的不幸嘆氣。歐古塔維斯與加西阿斯兩人安慰他，並且提出必須採取對策的建言，但是並無效果。外頭百夫長頻頻呼叫自己士兵的姓名，大隊長們圍住從最高司令官陣幕出來的兩位幕僚，希望他們發布指令，如果能在此時對離此不遠處的敵人野營地展開夜襲，即使在軍事上的效果不大，但在心理上應是有所效果。這等碰碰運氣的勝負，還得看最高司令官的意志是否堅強。結果，歐古塔維斯與加西阿斯得到克拉蘇的默許，下達了連夜撤退的命令。

在爭先恐後中，羅馬軍開始撤退了。也沒埋葬戰死者，四千名傷者也被置之不理。他們的目標地是距此地稍偏北的卡雷，那是希臘人長久以來在帕提亞居住的城鎮。克拉蘇在此留下了小規模的羅馬守備隊。

這場無秩序的敗走，在太陽升起後也沒結束，因此在逃至卡雷之前，又有帕提亞的騎兵追擊而來，彷彿被撕咬掉尾巴般失去了眾多兵力。而至卡雷避難的士兵，超過一萬。一萬多的兵力相當於兩個軍團，說起來是頗有為的軍力。但是，住在卡雷的希臘人在提供兵糧上很消極，這些人都是在異鄉生活的人，對狀況的演變十分敏感，這也是無可厚非的。困於卡雷無法抵抗的羅馬軍，便往五十公里以北的西那卡移動。他們判斷此城鎮較大，做圍城較合適。

歐古塔維斯率五千人出發；克拉蘇也率剩下的士兵尾隨在後，但是對此感到厭惡的加西阿斯脫離了，帶著五百名騎兵，不是往北，而是往西邊的安提阿逃走。歐古塔維斯的五千人進入西那卡了，而克拉蘇一行人還未抵達。加西阿斯的脫離甚至傳染至其他士兵，跟隨最高司令官的士兵，隨著前進之道而一路遞減。然而與率五百名騎兵脫逃的加西阿斯不同，步兵的脫逃只是有利敵人。沒被殺的都被俘虜了。

西元前五十三年六月十二日，克拉蘇與斯雷那斯最初的對決後第三天，宿命之日到來了。幕僚長歐古塔維斯和五千名士兵在西那卡等待。總司令官克拉蘇和已經減至三千的殘軍，終於接近了西那卡。那時，斯雷那斯出現了。見到敵人的一萬名騎兵，克拉蘇便到附近的山丘避難。但是，敵人並未馬上發動攻擊。這位帕提亞的貴公子，想生擒羅馬的總司令官。他已經見到與羅馬軍這一仗的勝利了。為了完成這場漂亮的仗，最後一手，即是將羅馬最高司令官活生生地獻給國王。帕提亞騎兵圍住了克拉蘇所躲避的山丘。

但是，生擒的攻擊方式與殲滅的攻擊方式是不同的。得到歐古塔維斯送來的援軍之助，羅馬軍的反攻首度成功，帕提亞騎兵的攻勢，此時首度受挫。

而斯雷那斯並不著急，他告訴幾名俘虜而來的羅馬兵，自己的目標是羅馬總司令官，如果能交出他的話，羅馬兵皆能獲得自由。他並且釋放這批俘虜，要他們傳達這個訊息。士兵衡量情況後，稟報說帕提亞的貴公子，要直接舉行與羅馬最高司令官的會談，以商量講和條件。

這個建議的真正意圖，誰也想像得出來，克拉蘇也察覺到了。他並不想接受。但是，周圍的士兵都要求他參加會談。克拉蘇留話給幕僚們：如果我死了，那是由於敵人的欺騙，並不是遭我方人的背叛，然後離開軍隊一人前往敵陣。歐古塔維斯放心不下他一人前往，就率將官追隨前往。這樣的派頭，大抵不愧是羅馬前執政官。

斯雷那斯很恭敬地迎接克拉蘇，並以頗有格調的希臘語，首先對自己以馬上之姿迎接徒步前來的最高司令官之事道歉。接著表示講和會談在此場所不便舉行，已經在河川附近另外預備好場所了，希望能騎馬一起去那裡，還讓馬伕牽馬過來。但是竟然只有一匹馬，這可叫歐古塔維斯相當惶恐，幕僚長拔出腰間的劍刺殺了馬伕。

羅馬將官也下定決心了。雙方的士兵在監護中起了小衝突，也有發生在羅馬內部將官之間的小衝突。克拉蘇、歐古塔維斯都當場死了。克拉蘇的死，並非為帕提亞士兵的劍或箭所刺，而是為稱作古拉迪烏斯劍——短的雙刃劍所刺致死。恐怕是歐古塔維斯或是哪位幕僚，為了防止羅馬最高司令官成為活生生的俘虜所為的吧！指揮官被殺後，除了少數的羅馬軍逃走外，全員皆成了俘虜。

「三巨頭政治」之一、羅馬首富、羅馬經濟界的代表——克拉蘇，在六十一歲時迎接了死亡。他的頭與右腕被切下來，當作獻品送給了國王。他們還選了類似克拉蘇體格的肥胖俘虜，將他扮成女裝，讓他在帕提亞人的嘲笑聲中穿梭。

近四萬的克拉蘇遠征軍中，與加西阿斯一起脫逃的五百騎，加上以其他方法逃走的人，總數尚不足一萬。成為俘虜的有一萬多人。這一萬多的羅馬兵，雖然逃過了被殺的命運，但是全員被送到帕提亞王國最東北的防衛基地——梅爾布，在此地擔任終身兵役。梅爾布並非屬現在的伊朗，而是在舊蘇聯的土庫曼，如同受流刑般。剩下的約二萬人都戰死了。結果才幾天的時間，在帕提亞的戰役中，羅馬失去了七個軍團、總司令官、軍團長、大隊長、百夫長、以及銀鷲軍團旗。令羅馬人自己難忘的敗北，在羅馬七百年的共和政治歷史中有三次。

第一次是在西元前三九〇年，克爾特人（羅馬人稱為高盧人）占領了首都的痛苦經驗。第二次是西元前三二一年的「康迪維之恥」。被薩謨奈族所打敗的羅馬軍，遭受被解除武裝的休戰此等不名譽的敗北經驗。

而第三次是西元前二一六年的坎尼會戰，受到漢尼拔體無完膚的破壞。羅馬軍損失七萬名士兵慘敗。

但是，羅馬之後對高盧人採取了一波波的攻勢，可令羅馬忘卻當時的屈辱。帶來「康迪維」這一不名譽代名詞的薩謨奈族，結果被羅馬吸收了。坎尼的敗北，也在西比奧．亞非利加努斯戰勝漢尼拔的扎馬會戰中雪恥了。「卡雷的敗北」這對羅馬人而言也是非得雪恥不可的事，但是西元前五十三年秋，得知此事的羅馬並非處於此復仇雪恥狀態，因為擁有雪恥之力的只有兩個人物，他們都處於在首都羅馬和高盧間忙得不可開交之際。

雪恥之事不過是心情上的問題，帕提亞戰勝羅馬之事，給遠東全體帶來了影響。實際上，原本是傾羅馬的亞美尼亞王國，也漸成帕提亞的墊腳鞍。氣焰高漲的帕提亞軍又對羅馬屬省敘利亞發動攻擊。在加西阿斯召集可用之兵努力防衛的結果，阻止了帕提亞軍進攻敘利亞；不過這與其說是加西阿斯率羅馬軍殘黨的奮鬥結果，不如說是因為帕提亞方面少了斯雷那斯所致。

這位凱旋回塞流基阿、得意透頂的帕提亞貴公子，正沉醉在戰勝祝宴、方未清醒之際就被殺害了。國王歐洛得斯畏於斯雷那斯的名聲凌駕自己，故意製造意外事件殺了他。實現強化輕裝騎兵的年輕武將，三十歲便死去了。隨著斯雷那斯的死，帕提亞人也忘卻了這項將駱駝與輕裝騎兵組合具獨創效果的戰術。設計者死去，此人的設計也被淡忘——這正是東方的缺點。相同的狀況如果在西方，多半是即使人死去，所成就的事也可存續下去。

首都的混亂

得知克拉蘇的死訊，首都羅馬元老院的關心焦點，比較不惦念著雪敗北之恥，反倒在意克拉蘇死後「三巨頭政治」將何去何從呢？雖然大家都知道克拉蘇並非有才能而占有「三巨頭」的一角，但是因為有克拉蘇，「三巨頭體制」才成立這是不容否認的事實。認為剩下的二巨頭今後仍能持續同盟關係的人很少，因為凱撒的權勢威望早已大大超過龐培。「元老院派」深信唯有元老院主導的寡頭政治才能繼續守護羅馬，他們視克拉蘇之死是將龐培引離凱撒，對己方而言不失為大好時機。

龐培也認為「三巨頭政治」中獲得利益最多的是凱撒，自己不過是幫忙他罷了。再說，他所迎娶的凱撒女兒尤莉亞也死了，緣已盡了。遭喪愛妻之慟時，他的心中悲傷不已，因此根本無暇顧及與凱撒切斷緣分之事，不過此時已經事過境遷達一年了。這也並非龐培的政治理念和「元老院派」相近，只不過他不像凱撒那般確信長久以來元老院主導的羅馬政體毫無機能。就本質而言，龐培這個男人，並不適合從政。「三巨頭政治」的概念也非先出於他口。在凱撒的想法中，龐培的加入，不過是因為西元前六〇年時，他屢屢因為元老院而顏面盡失罷了。對龐培而言，克拉蘇死後，更沒有理由持續這個實力者體制。

但是五十三歲的龐培，當年一掃海盜的果斷，不知消失於何處了。他遲遲優柔不決，對「元老院派」的相邀也是態度不明。然而，他的名聲依舊在羅馬政界一枝獨秀。看準此點的「元老院派」想拉他加入己方陣營，而這位實力者的曖昧態度，成了首都秩序混亂的原因，並且與放縱院外的暴力介入有關。

高唱「平民派」之名的克勞狄斯一派，與以「元老院派」之名的米羅一派相爭，日演愈激。應於西元前五十三年夏選出的下年執政官選舉，也是一延再延，原本為選出執政官的公民大會，成了暴力團體抗爭連連的場面，連會都開不成了。為選出執政官的公民大會，只好延到下年，而依然無法決定此事。想收買龐培的「元老院派」，與須仰賴首都政情安定以從事高盧活動的凱撒利害一致，於是，西元前五十二年的執政官終於敲定為龐培一人了。但是「元老院派」想守住寡頭政治，對他們來說，蘇拉的獨裁時代中，允許獨裁之事是一場惡夢。忌憚獨裁官的元老院，把原本照例為兩人的執政官變為一人的特例後，不以獨裁官呼之，新設了「一人執政官」的名稱魚目混珠。

因為克勞狄斯被米羅一派所殺，混亂的情況一時得以解決。克勞狄斯因主張免費配給小麥救濟貧民，而在平民間相當受歡迎，他突如其來的死，引爆了平民們的憤怒，參加在羅馬廣場舉行葬禮的平民，差一點沒演變成暴動。這可得好好地想個法子。而讓平民感到可以接受、「元老院派」和凱撒也認可的人物，在這個節骨眼上，只有龐培了。

對於克勞狄斯被殺之事，羅馬平民的憤怒到達何種程度呢？出於和「元老院派」之緣為米羅辯護的西塞羅主張無罪，但辯護結果失敗了，由此可見平民憤怒的程度。殺人之行並非蓄意，而是偶然相逢互相爭吵的結果罷了，這樣的辯護，並未得到陪審員的採納。米羅自動亡命馬賽，逃過了刑責。

克拉蘇的死、克勞狄斯的死、龐培就任一人執政官，如果有報紙的話，西元前五十三年至前五十二年間的羅馬，絕對不缺頭版新聞，不過凱撒似乎沒辦法湊一腳，因為駐守冬營地的軍團長，帶來了高盧中部有異動情況的消息。在確認龐培就任執政官之後，凱撒終於能向阿爾卑斯山動身了。

但是，等羅馬政情安定後才盯住北義，往異動的高盧出發，就考量上來說並無過遲欠妥之處。待異動呈現表面化，明確得知蜂起目的、參加部族與統帥者的階段時，要確立戰略也就容易多了。況且，再遲也還是阿爾卑斯山積雪的季節。蜂起的那方行動很快，而凱撒的行動並不嫌遲。

高盧戰役第七年

西元前五十二年

凱撒四十八歲

歷史上認為高盧民族第一次團結起來反羅馬是在西元前五十二年時的起義行動；然而，這實際上並非是經過周密計畫準備後，全民族總動員來對抗凱撒的。團結力異常薄弱的高盧人，竟然在一次偶然的契機中，如滾雪球般團結起來。即使是在高盧中部地區冬季紮營的羅馬軍團長，也因此無法及時地掌握住整體情況。正因為奮起時的高盧人行動是那樣毫無計畫，而令他人無從預測。不過也因為凱撒軍的出動遲緩，才能掌握高盧民族如滾雪球般集結的情勢。

起因肇始於一直無法忘懷首領亞克被處極刑之恨的加努特斯族，趁著隆冬時期去會晤周邊各部族的族長，使他們相信亞克的命運就是未來他們的命運，於是使各部族族長心中籠罩著不安。在「如果想起義就只有現在」的強力勸說下，各部族族長紛紛點頭。其主要因素如下：

第一，認為羅馬軍只有在凱撒的帶領下才會勝利，因此如果能阻止在高盧冬營的十個軍團與凱撒會合，就有獲勝的機會。

第二，認為首都羅馬的政情不安，凱撒不容易回到高盧。

第三，認為日耳曼人已被凱撒逼到萊茵河方向，無法抽身來進攻高盧，正是反抗凱撒的大好時機。

中部高盧之所以一直能維持安定到現在，是因為害怕日耳曼人來進犯。牽制日耳曼人的雖說是凱撒，但高盧對日耳曼的畏懼一消失，生活於羅馬霸權下的不滿就一一浮現。如果只要求自由與獨立，照理來說在凱撒二、三年前致力遠征高盧東北部或不列顛時就會起義反抗才對。因此，如果單是煽動就可令加努特斯起義，那麼其他部族是否採取同一步調也是個疑問。不過，加努特斯族即使獲得他族的保證也不安心，因為他們所面臨的是已無退路的背水一戰。

加努特斯族的根據地，以拉丁讀音來讀是契那布姆，也就是現在的奧爾良。在那裡，因為凱撒取得高盧通商權並採取交易獎勵政策，因此住著很多來經商的羅馬人。其中也有受凱撒之命來採購軍用小麥的人。加努特斯族攻擊、殺害這些民間人士。他們明知羅馬，尤其是凱撒絕不容許這樣的事，卻照樣做了。這件事藉由高盧當地的口傳方式，在極短的時間就傳遍了全高盧。於清晨日出時發生於奧爾良的事件，在晚上九點以前，就已傳到距離二百四十公里遠的歐維紐一地了。

維爾欽傑托斯

居住於山岳地帶、與羅馬南法屬省接壤的「長髮高盧」中，歐維紐族算是位於最南端的一族。雖然力量強大，卻從未反抗過凱撒。原因是在族內相對立的親羅馬派與反羅馬派兩派中，由於親羅馬派的勝利，反羅馬派的首要人物皆被公開處死的緣故。現在親羅馬派的族長就是反羅馬派首領的胞弟，在他領導下的歐維紐當時很安定。

問題是，被處死的首領有個兒子，名字是維爾欽傑托斯。得知奧爾良事件後的這名年輕人，馬上就到廣場演說，鼓吹現在正是反羅馬的最好時機。包括了族長在內的親羅馬派，認為他的行動深具危險性，於是將這名青年，也是族長姪子，從歐維紐的首都傑爾高維亞放逐了。不過，即使被放逐在外，維爾欽傑托斯依然沒有鬆懈號召同志反羅馬的行動。於是，看好時機率領所有的同志，成功地發動政變。將身為親羅馬派份子，同時也是族長的叔父放逐後，出任歐維紐族的族長。

他以歐維紐族族長之名，派遣反羅馬的使者出使到高盧的各個部族鼓吹起義的行動。於是，以加努特斯族為首的起義組織就一一成立。另外在中部高盧也有眾多部族來響應，沒有響應的主要部族，最後只剩下黑杜伊族了。

正值三十五歲壯年的維爾欽傑托斯，此時發揮了高盧民族難得一見的強大領導力，並被推選為起義部隊的總司令。他認定勝敗的關鍵在於高盧人是否能團結，為了實現此目的，他發揮卓越的領導力。

首先，為了保證盟約的履行，他命令各部族提供人質。

第二，命令各部族快速且平均地提供兵力。均攤制度也適用武器的生產和供應。

第三，他也增強軍隊的騎兵兵力，這是基於特別的戰略。他想要壯大高盧傳統的主戰力——騎兵與羅馬的主戰力——重裝步兵對決。

並且，年輕就任總司令的他，採用了嚴罰主義來促使目標實現。對不按時實行或未能達成的部族，處以烤火或削耳、挖眼等酷刑。採取如此的酷刑來對待並非戰敗部族的情形，在高盧是前所未有的。不過，正是因為採行如此嚴格的方式，才使動不動就分裂的高盧人團結起來。

越過了阿爾卑斯山，即將揮軍進入高盧的凱撒，已得知上述的情報。不過，對要如何與軍團會師一事，卻一直未能有所決定。

是否要將分散三地冬營的所有軍團聚集至南方的羅馬屬省，也就是南法來呢？

問題在於，由中部高盧的移防行動，很有可能被維爾欽傑托斯以及他的軍隊襲擊。

那麼，由凱撒率軍往軍團的冬營地會合呢？然而，他所率領的不過是緊急編成的一個軍團，換句話說，草率地率領這支可說毫無戰力的軍隊進入反羅馬氣勢高漲的中部高盧，是無謀的舉動。

即使是由特里諾開始向西方的蘇薩山谷越過阿爾卑斯山，到達南法屬省東邊的隆河，這條越過阿爾卑斯山的例行路線，凱撒都無法下定決心。對他而言，唯一可考慮的就是經由塞納河以北的東北部，或加倫河以南的亞奎提諾地區，這些尚未參加反抗的地方了。

然而，照理應苦思如何才能會集軍隊而無暇思索他事的凱撒，竟也趁著越過阿爾卑斯山的空檔時期，撰寫了名為《類推論》的論著。在卷頭所介紹的一句凱撒名言，就是摘自這部著作。於脫稿後就立即送回羅馬，並將這部以手寫稿出版的著作獻給在政治理念上屬於反對派的「元老院派」，以及在寫作上同以明晰為理念的西塞羅。

就在他如此善用空閒時間時，敵方給予他選擇的機會。納入了維爾欽傑托斯指揮的中部高盧人，在此時對羅馬的南法屬省展開攻擊。維爾欽傑托斯是想藉著攻擊南法屬省，使凱撒對該地的防禦疲於奔命，達到延緩凱撒與軍團會合的目的。他的戰略雖然正確，但對手是凱撒。

凱撒接到敵軍正向南法屬省逼近的情報後，立刻將一切的方案擱置，揮軍直行納邦（Narbonne），並在那裡建立防禦體系，統合屬省內各部族的戰力，將從北義大利所帶來的新編成軍團配置好，不僅做到了防守，並且有了攻勢。

由於未曾料及凱撒軍團如此迅速的對應，使得受命於維爾欽傑托斯而分散軍力，攻擊南法屬省的魯庫帖利烏斯心生退卻。退卻的高盧人連同士兵，放棄了對南法屬省的攻擊，退回北方的根據地。

凱撒一知道敵軍退走的消息，馬上採取下個行動，決定率領騎兵，越過積雪的山脈，也就是親自率軍展開反擊。法國的中部地區與南法之間橫著重重的山脈，好像是要保護南方屬省避免北風的侵襲般。即使是商人也不會想要在還沒春天以前越過這個地區。不過，凱撒就是強行帶了數百名騎兵通過了。雖然是從深達二公尺的雪中，開出道路的高難度行軍，但是對於歐維紐族地方的居民來說，因為剛得知由西方來的攻擊失敗消息，如何能料想得到，在東方馬上又有敵人出現呢？於是凱撒讓辛苦越山而來的騎兵團在周邊盡可能地搶奪燒殺。

於是，原本打算攻擊在高盧中部地區羅馬軍團冬營的維爾欽傑托斯，此時突然接到由歐維紐族派來的特使請求救援。即使是維爾欽傑托斯，也無法對祖國人民的哀求無動於衷。因此就中止對羅馬冬營地的攻擊計畫，率軍南下後援。情勢此時已漸漸落入凱撒的控制中。

《高盧戰記》這本戰史是以地理的描寫為開頭，作者正是朱利斯．凱撒。由此可見在凱撒的腦子裡，似乎已正確印著當時所能知道的高盧地勢了。在中部高盧這棋盤面前，凱撒藉著洞悉對手的棋步，使自己的能力最有效地發揮。相反的，高盧民族稀世的領導者維爾欽傑托斯，雖然也是擁有相當多的優點，但似乎對戰局沒有整體的盤算，以至於無法得知凱撒的下一步棋。

當然，凱撒不會等正一步步由中部地區向南方歐維紐族前進的高盧軍。由他親自督軍的敵陣攪亂作戰進行到第二天後，就交棒給幕僚——狄奇阿斯．布魯圖斯。凱撒嚴禁年輕的狄奇阿斯在距離陣地三天行程以上的地區掠奪，並要他在敵軍主力到達前撤離，追上凱撒的部隊。

現在的情勢是，維爾欽傑托斯由西方率領大軍南下，而東方是率領少數騎兵的凱撒北上。當然，對輕騎的凱撒而言，距離不成問題，所以很迅速地就入兵畢耶恩努(Vienne)。畢耶恩努是位於里昂南方三十公里隆河畔的小鎮，但是當時地理位置，是在出了特里諾往阿爾卑斯山的交通路線上，可說是前往高盧的門戶。到特里諾的距離只有三百公里。在這個位於南法屬省最北端的小鎮，凱撒於前年冬天就僱用了四百名日耳曼人當騎兵駐守。因此，成了下一步行動的舞臺。

與歐維紐族同為中部高盧數一數二的強大部族——黑杜伊族，至今仍然未響應維爾欽傑托斯的號召。然而，凱撒卻不敢大意。由畢耶恩努到駐紮羅馬兩個軍團的林格涅斯族的地區，非得經過黑杜伊族的領地不可。即使是經過友好部族的領地，騎兵團也都不分晝夜地急行軍，採取慎重的方式。

對於認為迅速為出奇致勝之道的凱撒而言，如此的作法除了慎重外也是必要的。這樣一來，凱撒終於能夠與在林格涅斯族地區冬營的兩個軍團會合，並且立刻傳令於萊茵河西岸特雷維利族的兩個軍團到桑斯集結；同時，凱撒也親自率領剛會合的兩個軍團，前往六個軍團冬營所在地的桑斯出發。當維爾欽傑托斯知道羅馬的十個軍團又悉數納入凱撒的指揮時，已是集結完成後了。

高盧全面叛亂

叛亂的高盧人最大目的——不讓凱撒與其他軍團會合的策略因此失敗了。不過，率領大軍南下無功而返，再度北上時的維爾欽傑托斯胸中已經計畫好下一步棋。

凱撒帶領十個軍團在此，更是可讓中部高盧所有部族一起加入叛亂行動的時機。如果能實現的話，軍力將達凱撒軍團的十倍，同時可實行搶奪孤立於敵陣的凱撒軍糧草。因此，維爾欽傑托斯並不急著以自己的軍力與凱撒對決，反而轉向攻擊與凱撒友好的黑杜伊族所保護的波伊族根據地傑爾高維亞。他的如意算盤是認為凱撒必定不會去後援，因為凱撒不會將大軍帶出不用擔心糧草問題的冬營地，而介入寒冬時的野戰。如此，與凱撒友好的部族見不到後援到來，就會認為已經被背棄了。那樣的話，別說是波伊族，就連黑杜伊族也會離開凱撒，轉而站在自己這一方了。

不過，戰爭是能夠持續掌握主導權的一方才能得勝的。凱撒一知道維爾欽傑托斯的動靜，就下決心主動出擊。凱撒放下心中的不信任，將兵糧補給的重任委託黑杜伊族，並派遣使者到波伊族說明會盡速趕去救援，不要放棄希望，好好專心防禦。於是凱撒留下兩個軍團及一切的輸送車隊，率領純戰鬥部隊的八個軍團出發。

不過，凱撒並非立刻趕去後援，因為他清楚知道這位來自歐維紐族的年輕領導人的意圖。因此，為了粉碎對方的美夢，誇耀羅馬的強大軍力就是必要的。於是，凱撒的大軍在行軍一天到達了蒙塔爾吉後，僅僅做了兩天的攻城準備，就使該地因畏懼而投降。又在第三天到達加努特斯族的根據地奧爾良，在此為被殺的羅馬商人報了仇。此舉不僅是向敵方宣示，並有增強己方士氣的效果。凱撒破壞奧爾良，將俘虜住民、戰利品悉數分配給士兵。之後，軍隊才開始向南開拔，朝著比利時族的要塞——桑歇爾前進。由於已聽說抵抗羅馬軍的城鎮都會被攻擊，所以桑歇爾在未戰前就先投降了。

凱撒軍在那裡才第一次與維爾欽傑托斯的騎兵隊交鋒。知道了凱撒軍的到來，中止林格涅斯攻略的歐維紐族年輕武將們，摩拳擦掌地欲迎擊凱撒而進軍。而雙方騎兵的交手，在為凱撒軍團效力的日耳曼騎兵的奮戰下，勝負立即分曉。這對被高盧人高舉反旗，無高盧騎兵倚靠的凱撒而言，實在是可喜的消息。凱撒於是繼續向敵方進軍，他的下個目的地為比利時族的根據地布爾日——高盧地區的心臟地帶。

高盧反抗軍在連續失去了蒙塔爾吉、奧爾良、桑歇爾三地之後，終於召集了各部族族長召開作戰會議，研議今後的戰略。於是，維爾欽傑托斯便提出了焦土化作戰的構想。目的是使高盧中部化成焦土，逼使羅馬大軍無法從戰地調取糧草。如果糧草的調度有困難，勢必得從遠處派遣押糧部隊來。如此一來，攻擊就容易多了。此外，如果對兵糧調度絕望，羅馬軍只得乖乖地從南法屬省撤離。

維爾欽傑托斯所說的焦土化作戰，並非只是將田地都燒光而已，如果不將容易被羅馬軍利用的避難場所，比如城鎮、要塞等徹底破壞，則無法盡到全功。他更提出要以犧牲自己的東西來換取自由還是當羅馬人的奴隸這二選一的問題，說服了出席作戰會議的全體族長。

雖然如此，一開始嚴格實施的這項作戰，沒多久就成了虎頭蛇尾了。原本是應該焦土化的布爾日，由於住民的懇求，使維爾欽傑托斯心軟而網開一面。於是，凱撒就宛如知道作戰會議的結果般，恰巧下一個攻擊目標就是布爾日。

古名為阿瓦利庫斯的布爾日，城鎮由住民自己來防守，十分堅固。他們勇於向維爾欽傑托斯保證即使羅馬軍來攻也不會被攻下，所以不必破壞。事實上，該地可說是天然要塞的重要之地。這個被要塞化的城鎮周圍有護城河圍繞，河的兩岸沼地密布，而且進出就只能靠著唯一的小路，易守難攻十分堅固。

決心要攻擊這要塞之地的凱撒，面臨的狀況並不只是面對前方的敵人即可。維爾欽傑托斯在距離布爾日還有二十四公里的森林沼地搭建了防守用的陣地，並在凱撒軍糧草補給的必經之地，設下重重埋伏狙擊，又派兵準備隨時由後面來攻擊攪亂。

面對這樣的狀態，兵糧補給就只能靠外援了。然而，受了凱撒的委任應該對軍團提供兵糧補給的黑杜伊族與波伊族並沒有盡到同盟的義務。波伊族為小族，並沒有足夠的糧草得以補給羅馬軍，不過黑杜伊族則不同。黑杜伊族的怠慢完全說明黑杜伊族伺機而動的意圖。

羅馬軍的士兵固定於一般行軍時帶七天的糧草，遠征時則帶十五天的糧草，各自背負後出發。此時的凱撒將所有運補留在桑斯後出兵攻擊，所以應當是帶了十五天份的糧食出發的。此外，在攻下了蒙塔爾吉、奧爾良、桑歇爾之後，應該都有補給的。然而，在準備進攻布爾日的這段日子，只能坐食這些戰備糧。季節才剛是春天，距離收穫期尚遠。即使藉著掠奪冬藏的食糧來補充，但因為維爾欽傑托斯的戰略，鄰近的鄉鎮村莊皆被燒毀殆盡。如果想遠擊的話，很有可能遭維爾欽傑托斯手下的騎兵襲擊。小麥已無所剩，只能吃好不容易才找到的肉品應付。或許喜歡吃肉的日耳曼騎兵可以享受，但以小麥為主食的羅馬兵可就沒胃口。而且，不光是需要人吃的糧食，還得照顧馬匹，連用作飼料的大麥都很難得到。然而即使在這樣的狀態下，攻城準備依然進行。由於周圍的地勢，想要構築包圍全城的攻城柵欄是不可能的，只能在唯一可通行的地點搭建有兩個高塔高的攻城柵欄。

在如此的狀況下，不斷鼓勵激發士兵的士氣，是一般指揮官所做的。而凱撒的作法是透過大隊長或中隊長，將總司令官體會士兵們辛苦的情形，正打算放棄攻城的想法傳達給士兵，但士兵們卻異口同聲地表示了如下的想法：

「我們已經跟著凱撒打了好多年的仗了，忍受了所有的苦難，卻從來沒有半途放棄過的。如今如果放棄退卻的話，會影響我們崇高的名譽。寧可忍受眼前的苦楚，卻不可不為被背叛的高盧人所殺的同胞報仇。」

雖然士兵的士氣如此高昂，但如果只靠士氣的話，頂多是平庸的領導人。在攻城準備進行到相當程度的某一天，凱撒由俘虜處得知，維爾欽傑托斯已經率領騎兵前往羅馬兵糧草補給的必經之處伏擊而不在陣地的可靠消息。於是凱撒趁著暗夜祕密地出發，於隔天凌晨就到達敵方陣地前。由於已前進到可以清楚觀察到敵兵動向的地點，所以對士兵下達進入備戰狀態的命令。士兵的士氣極為高昂，達到了向凱撒懇求下達攻擊命令的狀態。不過凱撒並沒有答應，他向士兵說明理由。

因為所處的位置對於攻擊不利，在不利的位置如果想獲勝，非有付出相當代價的覺悟不可。他繼續說道：

「我很清楚大家的士氣十分高昂，為了帶給我光榮，你們甘受任何犧牲的心意我也清楚。但是如果我真的將自己的榮譽看得比大家的生命更重要，那我就不配當指揮官了。」

說了上述的話後，凱撒就命令士兵回陣地去。士兵在跟隨最高指揮官回營的同時，對於凱撒的敬慕可說又增加了許多。

雖說是沒有交戰就撤退，維爾欽傑托斯以及與他同戰線的部族族長，仍激烈追究被羅馬軍兵臨城下的責任。將主戰力的騎兵隊全數帶離陣地，甚至連代理指揮官都沒指定很失職等，批評維爾欽傑托斯的話不絕於耳，甚至還被譏諷是否想當高盧王等。維爾欽傑托斯只能一再強調要將羅馬軍逐出高盧，只需攻擊他們的糧草就可達成而轉移話題。然而，對維爾欽傑托斯而言，如何才能團結高盧各部族，以統一作戰行動這個大問題依然無法解決。而高盧方面唯一負責戰略思考的維爾欽傑托斯，對於救援布爾日只要有心就可做到的事雖然已經決定，然而出兵卻一延再延。他在思考是否要將自身的命運寄託於布爾日。

布爾日攻防戰是目睹羅馬軍完成攻城準備後，由絕望的布爾日守軍展開攻勢。不過，由於凱撒的命令，隨時有兩個軍團戒備的羅馬軍一點都不慌張。戰鬥在深夜中展開，高盧士兵傾城而出，果敢地戰鬥著，羅馬軍也極力應戰。激戰至隔天清晨，戰鬥結果已漸分曉。城內外堆積如山的盡是守城一方的屍體，這戰果使得守城的士兵絕望，維爾欽傑托斯並且已經規勸他們棄城來與自己會合。如果脫圍的話，只有壯年男子趁黑夜行動才有可能成功。知道這結果的婦女們哭求著別遺棄她們。因為她們哭求的聲音連城外的羅馬兵都聽得到，因此突圍的計畫也就曝光了。

第二天一大早就下著滂沱大雨。攻擊的準備已全線完成。凱撒斷定如此天氣才是總攻擊的大好時機。於是，這位最高司令官對全體士兵說出下列激勵的話：

「忍受了長期的痛苦，在今天終於可以收成了。」

凱撒承諾給予最先攻上布爾日的人可觀的獎金後，下達了全軍攻擊的命令。由於凱撒靈活的控制，士兵們一直壓抑著的戰鬥意志，如今一舉爆發出來。全戰線的士兵無一不捨我其誰地爬上城牆。

因下著大雨而感到安心的守城一方，完全沒有

凱撒所建的布爾日攻城設備（想像圖）

絲毫警覺。當守城士兵得知總攻擊的消息慌張趕往城牆防守時，羅馬士兵已經穩穩地站在城上了。然而在凱撒的指示下，並沒有立刻入城攻擊。現在的情況是包圍小鎮的城牆上排著一列列的羅馬士兵，而全數的居民被包圍在其中。絕望的人甚至丟棄了武器，在城中四處竄逃，逃到沒有羅馬士兵防守的城角處時，竟有多人被推擠至死。

凱撒之後才下達進攻城鎮的指令，無論是老少男女無一倖免。羅馬士兵沒有任何人貪戀財物掠奪的。有的是長時間忍受飢餓之苦的記憶及對於同胞在奧爾良被殺的憤怒。羅馬士兵認為比起高盧士兵，這些人才是真正的殺人者。住在布爾日的四萬居民，只有在總攻擊開始時逃出的八百人得以殘存下來。這些人雖說是逃往二十四公里外維爾欽傑托斯的營地，但是聽說被允許進入營地的只有在深夜抵達的少數人。因為，就連維爾欽傑托斯也害怕，布爾日失守的消息會使旗下的部族族長動搖而離反。

凱撒在剛攻下的布爾日待了幾天，是為了給士兵們充足的休息。在豐富的食糧及有屋頂的寢房內休息，得以為下次進攻充實更多的體力及氣力；而凱撒的另一目的是想等待維爾欽傑托斯陣地的動搖。凱撒攻陷了高盧人所認為不可能被攻下的布爾日，就高盧人的性格來看，這足以令他們信心動搖，使他們質疑維爾欽傑托斯的領導能力，導致高盧統一戰線的解體。凱撒之所以使士兵忍受苦難而執著進攻布爾日，用意就是希望攻陷後情勢有所變化。然而，高盧陣營並沒有凱撒所預期的事發生。不僅沒發生，甚至導致完全相反的結果。

原因是，第一，維爾欽傑托斯並沒有逃避問題。第二，他使族長們記起相信布爾日守得住是他們自己說的，而並非是維爾欽傑托斯。第三，羅馬軍勝利的因素，與其說是勇敢，不如說是技術好。如果高盧人肯模仿他們的技術，戰勝的可能性並非沒有。如此再度給予族長們希望。再來，他說出了戰爭的勝敗乃是兵家常事，沒有永遠都不敗的真理。最後，這位歐維紐族的年輕指揮官強調，以羅馬為對手的戰爭，勝負完全取決於高盧民族是否團結。

以上的談話，打動了高盧族長們的心。他們看見了即使是戰敗卻毫不屈服的維爾欽傑托斯身上，有著遠比自己優越的勇氣、洞察力及領導力。對住在首都羅馬的羅馬人而言，維爾欽傑托斯與其他的蠻族一樣，只是長髮高盧的一人罷了。但是，在前線的凱撒並不這麼想。在凱撒所著的《高盧戰記》中，明記了他讚嘆敵將並承認自己誤判的一段文章：

「敗北對大多數的指揮官而言，將失去部屬的信賴；但對於他而言，愈是失敗，別人對他的信賴卻益發強固。高盧人相信只要跟從維爾欽傑托斯的領導，就能促使其他尚未決定去留的部族加盟到己方旗下，這麼一來，趕走羅馬軍的希望就可能實現。」

而實際上，其他部族申請加入戰局的情形愈來愈多。因此，情況完全與凱撒所想的相反。在此情況下，凱撒就必須另謀突破現狀的對策了。

高盧戰役第七年起，與凱撒進行這盤棋的對手，已清楚浮現出來，而其他的一切不過都是棋子。然而無論是象棋或跳棋，遊戲與戰爭在本質上是不同的。遊戲時的棋子只是任人隨意擺布的木片，戰爭時的棋子卻是活生生有感情的人。所以如果沒有衡量這些看不見但卻必須考慮的要素，是無法應戰的。這就是戰爭遊戲。

凱撒或許是在攻陷布爾日後才理解維爾欽傑托斯的意圖，也就是這位年少敵人的策略是——不惜粉身碎骨地不計代價。可是，必須在無法補充兵源狀態下戰鬥的凱撒，卻無法使用相同的策略。凱撒要的是只深入敵方骨幹的攻擊，將戰爭提升至「藝」的境界。

並且，凱撒應當也注意到，棋盤一方即使是再怎麼強的對手，但目標卻是一個人，這對想要征服像高盧這樣部族群立的地區來說，反而有利。一個指揮系統一統的敵人，以伊拉克和索馬利亞為例，前者就比較容易對戰。了解這一點的凱撒，可能也因此思索出下一步棋，那就是「將軍」。凱撒的下一個目標，就是維爾欽傑托斯的祖國歐維紐族的首都——傑爾高維亞。

凱撒撤退

維爾欽傑托斯面對素以速攻聞名的凱撒，反應一點也不遲。

凱撒手邊的問題是——中部高盧最大部族、也是羅馬同盟者的黑杜伊族。四月，適逢展開真正戰鬥的季節，終於到來了。對下一目標明確的凱撒而言，在此時期遇到阻礙實感不湊巧，但是如果交由維爾欽傑托斯來解決黑杜伊族的問題，那可就不妙了。因此，當他由布爾日向傑爾高維亞南下移動時，暫時取道東南，順道至黑杜伊族長老所聚集的多西茲。

問題是，黑杜伊族因族長的關係分為兩派，互不相容。凱撒強制要非經合法程序被選出者放棄權力，以此裁決暫時解決內爭，並且要求黑杜伊族全體，盡釋前嫌協助眼前的戰事。協助，就是指提供羅馬軍兵糧補給、步兵騎兵合計一萬人的參戰之舉。凱撒並不認為這麼一來便能解決黑杜伊族的內鬨，但是這卻是凱撒必要的當務之急。

凱撒在此犯了一件近現代的研究者皆認為是錯誤的事，就是將軍隊二分。他讓副將拉比埃努斯率領殘留在桑斯的兩個軍團，再加上兩個軍團共四個軍團，前往壓制北邊的歇諾內斯族與帕里西族。凱撒自己則率領六個軍團，向歐維紐族南下。或許說這樣的二分錯誤當時是正確的作法，對凱撒而言，在敵地戰鬥，背後的安全問題往往必須列入考慮。總而言之，六個軍團三萬重裝步兵加上二千名騎兵，再加上一萬名黑杜伊族的士兵，就可直搗維爾欽傑托斯的根據地了。時序邁入了五月。

歐維紐族的年輕領導者，已經備好迎擊凱撒的萬全之策。也許在凱撒從布爾日出發，順道多西茲時，他就已經清楚洞察凱撒的意圖了吧！位於海拔七百公尺高地的傑爾高維亞城鎮周圍，已圍繞了城牆，外側高地接平野的稍偏上方，圍繞著二公尺高的石壁。他一面發布此工程命令，一面親自率軍追蹤離開多西茲的凱撒及其軍隊。雖說是追蹤，他彷佛是故意讓沿阿利耶川東岸南下的凱撒看見似的，沿著西岸進軍。傑爾高維亞在阿利耶川的西岸，是為了不給凱撒有架橋的時間，才挾川緊密追蹤。阿利耶川雖非急流，但是春天水流大幅激增，若不設橋是無法通行的。

陷入維爾欽傑托斯在對岸始終盯著不放的困境時，凱撒心生一計。他讓四個軍團裝作是全軍團行軍般地盛大，並且要他們先行，他自己則和兩個軍團躲在森林等待。如此瞞騙過歐維紐族的年輕將領後，兩個軍團搖身一變為工兵架橋。架橋對他們而言簡直是囊中取物。如果沒有敵人妨礙、干擾的話，在比萊茵河更狹窄的阿利耶川上架橋，可說是家常便飯。凱撒首先讓兩個軍團渡過。確保對岸安全後，才叫回四個軍團，讓他們渡河。如此一來，羅馬的六個軍團全部平安無事地渡到西岸。得知此事的歐維紐族年輕將領，因不願在無萬全準備的態勢下會戰，便與軍隊急行至傑爾高維亞，渡河五天後，凱撒一行人已可望見歐維紐族的首都了。

據研究者指出，傑爾高維亞位於現在克萊蒙費朗 (Clemont-Ferrand) 的南方六公里處，凱撒一望即知攻戰上的困難。丘陵本身為一矮山，背山立於高地的城鎮周圍加有城壁，下方更有防壁圍繞，城壁與防壁間的山脊地帶，已經為敵軍的陣幕掩埋了一面。要攻進去，幾乎是不可能的。而如果要採行包圍戰，兵糧補給的問題，又無法盡信黑杜伊族，問題仍尚未解決。

困居於傑爾高維亞的維爾欽傑托斯，也致力於統合旗下的諸部族。彷彿不給部族長考慮的閒暇，每日召集他們給予指令，而士兵們連思考的時間都沒有。

凱撒這邊同樣也是忙得不可開交。他們在可遠眺傑爾高維亞正面的高地上，建築了能夠收容六個軍團全軍的堅固陣營地，並且著眼於本營地與傑爾高維亞連結線上的小高丘。那裡雖然已為敵方所占據，但是他們利用夜襲將敵方追逐驅趕後，也在那裡築小陣營，配置了兩個軍團。

接著，為了讓士兵在本營以及前線基地小陣營之間移動容易，挖掘了兩條寬三．六公尺的壕溝。由此陣容可見凱撒對長期作戰的覺悟。

歐維紐族之地與黑杜伊族之地，以阿利耶川為界，分為東北部的黑杜伊與西南部的歐維紐。如果對歐維紐的首都展開攻擊時，能夠得到鄰近東北領地的黑杜伊族補給兵糧，凱撒的長期包圍戰也就有可能。但是，由於地理環境很近，如果黑杜伊族傾向敵方，兵糧補給之事就有困難了。這個困難的事，正逐漸演變為事實。

由凱撒仲裁暫時解決的黑杜伊族內部分裂，一開始不過是勢力相爭，後來發展成以高盧民族意識為主的抗爭。親羅馬派的人，以凱撒及羅馬以往的厚待為理由，主張繼續留在羅馬霸權下；反羅馬派的人則指出，集結於維爾欽傑托斯之下的其他高盧部族，之所以在反羅馬抗爭中失敗，就是因為同屬高盧民族的黑杜伊族未參加的緣故，如此一來黑杜伊族豈不成了背叛者嗎？親羅馬派的人，向凱撒報告這件事。但是凱撒並未予以回應，因為他害怕糾彈反羅馬派，會讓黑杜伊族全體倒向敵方，凱撒這樣的態度更助長了反羅馬派的威勢，他們襲殺滯留於黑杜伊族之地的羅馬商人，並沒收行李貨物，與加努特斯族所採取的強硬手段如出一轍。明白沒有回頭路之後，採取更激烈的作法。也許凱撒在此時已經領悟到要靠黑杜伊族提供兵力、補給兵糧是靠不住的吧！如果靠不住的話，就得覺悟到與布爾日截然不同的長期戰——傑爾高維亞攻略戰，只有撤退一途了。但是，什麼也沒做就撤退，這徒然是利敵罷了。

凱撒並不考慮放棄七年來的苦勞，撤出高盧揚長而去。雖然放棄了傑爾高維亞的攻略，卻更穩固了他向北撤退與拉比埃努斯的四個軍團會合，一賭決戰的意圖。對當時的凱撒而言，如何不被對方識破自己的撤退呢？這是個問題。於是他思索出可能的機會。

維爾欽傑托斯在以石頭建造完防壁後，並不認為這樣的防備就十分充足了，他占據在防壁附近的一個山丘，派遣大軍嚴守。

凱撒著眼於此，命令於過半夜時，派遣數隊騎兵包圍附近。然後在黎明前，動員輸送用的馬和驢，讓牠們在同一地域徘徊。這當然是為了引起敵人的注意。信以為真的敵人，接著開始將軍隊的主力移動至該地。一方面，凱撒為了不讓處於高地的敵陣察覺，就隱藏軍旗，由本營地向小陣營，再藉由壕溝來移動軍團。並且召集了各軍團的軍團長，說明訓諭他們統率士兵所表現的戰鬥意志是多麼重要後，下令全軍發動攻擊。

羅馬軍團兵一口氣跑完了由小陣地至敵方防壁的短距離，並且也簡單地越過高二公尺的防壁。大部份的敵兵向凱撒所設的誘導處，做出防衛的抵抗，因此即使羅馬軍進入敵軍陣幕的山脊地帶，能阻擋羅馬軍速攻的人也很少。就在倒敵陣幕、殺他們守備兵時，凱撒命令鳴起撤退的喇叭。軍團長以下的指揮官也忠實地服從凱撒所下達的命令，大聲呼喚士兵撤退，但是輕而易舉抵達環城牆處的士兵並未聽見。而全出動了的高盧士兵，卻聽見羅馬兵的喊聲及因突如其來的攻擊而驚慌起來的城鎮騷動聲。高盧的士兵返回後，戰況一變。

高盧兵由山脊的高處攻過來，羅馬軍只能從低處進攻。再者，為了支援凱撒所送出的一萬名黑杜伊族士兵，不知為何行動很緩慢。與開戰之勢呈相反的情況，羅馬軍開始受反制了。在敗走之際，發揮救援的是在凱撒附近的第十軍團。軍名響叮噹的凱撒第十軍團和防衛小陣營的塞斯提烏斯立刻派出數個大隊，這個適切的行動，使原本開始逃跑的士兵又回到了隊伍。維爾欽傑托斯見到在平原布陣的羅馬軍，不願又引發會戰，就呼喚己方同伴回防壁內。

而凱撒方面也僅給對方一擊就撤退了，不過卻犧牲了包括四十六位百夫長的近七百人員。隔天，凱撒集合全軍，並叱責士兵們。但是這般的叱責並未至發怒，凱撒是一位不會極度動怒的男子。

最高司令官叱責士兵的無謀與傲慢，叱責他們自以為可以決定進軍攻擊的開始與終了這等傲慢，無視大隊長及百夫長所下的撤退命令，只趁勢行動，這已是超過士兵權限外的行為了。況且，在不利的地勢戰鬥勢必付出相當的犧牲，他並且舉出在布爾日時的例子，說明不讓士兵做無謂的犧牲正是總司令官的責任。

不過，如果只是叱責，很容易挫折士兵的士氣。因此凱撒即使認定他們無謀，卻也不忘讚賞他們的勇敢。但是他又繼續說道：士兵們不應該有自以為較最高司令官更正確、更透徹預見戰況進展及戰鬥結果的傲慢。然後，他以下列這句話結束了叱責：

「我期望你們大家能在擁有勇氣與驕傲的同時，也擁有謙虛與規律的舉止。」

原本打算一口氣撤退的，卻成了沒想到的結果，凱撒無法立刻撤退。然而他心中的撤退意志並未改變。凱撒連日來將軍隊布陣於平原，向敵人發出會戰的挑戰。不過，依然厭惡會戰的維爾欽傑托斯，還是沒有將軍力派出防壁外的動靜。這時雙方騎兵之間有些小小的衝突，而勝的一方常常是羅馬軍，凱撒將此情況視為由於羅馬軍方面處優勢，士兵們的士氣也因而恢復所致，於是才發出撤退的命令。在此之前，也先辦妥了戰死者的埋葬與負傷者的處理。

我們文人往往會將軍人執著於組隊訓練及照規則行進的作法視為笑柄，但是以此為笑柄才是錯誤的。如果隊伍凌亂，恐怕在行軍、布陣時皆無法傳達指令。盡可能做最少的犧牲，就有可能獲致大成果。考量這點時，就不得不講求軍隊的構成機能。因此，首先有必要明白了解指揮系統。由確立的指揮系統所傳達的指令，正因為透過中隊、大隊、軍團各自井然有序的組織相串聯，才能充分地傳達至每個角落。凱撒軍自傑爾高維亞的撤退，是退離卻非敗逃。因為羅馬軍的每個軍團皆以規律肅然的步調撤退，高盧方面如果沒有展開追擊，是沒那麼容易追得上的。撤退後第三天，凱撒軍重新架橋，渡過了阿利耶川的東岸。在重架橋梁的期間，並沒有遇過維爾欽傑托斯所派來的干擾妨害。

因為對這位歐維紐族的年輕領導者而言，根本沒有著急的必要，現在的勝利者是維爾欽傑托斯這一邊。常勝將軍凱撒已不能用常勝來形容了，雖然只是讓對方毫無保留地撤退，卻已是十足的勝利。而且遇上凱撒，維爾欽傑托斯還能守住根據地，這印證了凱撒所下的這招「將軍」，失敗了。

這個消息立刻傳遍了高盧全境。原本難以決定去留的部族，也清楚地做了留下來的決定。連在黑杜伊族，也是民族派獲勝。凱撒將高盧三分思考時，塞納及馬恩兩河以北是比利時人居住的東北高盧；加倫河以南是亞奎提諾地方，而塞納河與加倫河之間的廣大中部高盧，這些地方全都起而反抗羅馬。留在羅馬這邊的部族，只有自願選擇羅馬的雷米族與林格涅斯族，以及因恐懼日耳曼入侵而無法動彈的特雷維利族。分裂傾向強烈的高盧民族，終於做了團結一致的打算。感到四面楚歌的凱撒，和六個軍團繼續採急行軍，與得知事態也急忙前往集合地的副將拉比埃努斯所率領的四個軍團，在桑斯成功地會合了。

凱撒再度擁有十個軍團的指揮權，但是事情一點也沒有好轉。首先，與騎兵為主戰力的高盧人戰鬥時，他的騎兵力顯得極度惡劣。那是因為以往凱撒軍的騎兵主力提供者——黑杜伊族離反了。凱撒手邊只有那年才僱用的日耳曼騎兵四百人，以及少數因崇拜凱撒而追隨他的高盧騎兵。凱撒派遣急使至萊茵河東岸，向同盟的烏比族請求騎兵的補充。在騎兵到達之前，凱撒一直處於動彈不得的狀態。

就這樣過了近一個多月吧！對凱撒而言，這段期間可是絕命危機期。置有羅馬軍務公文書的斯瓦松落入敵手，想去也去不成。如果在維爾欽傑托斯的指揮之下，起而反羅馬的高盧全部族團結一致；如果讓歐維紐族年輕領導者的戰略逐一實行，原本可作為安全躲避之地的斯瓦松也無法使用了，凱撒和十個軍團的命運也許將陷入岌岌可危的狀態。事實上，在得知凱撒由傑爾高維亞撤退的首都羅馬，反倒顯現出「元老院派」得勢的樣子。此外，原本喪失妻子——

凱撒的女兒尤莉亞，一直維持單身的龐培，又與「元老院派」的重臣梅特魯斯．西比奧的女兒再婚，明顯地轉變成為親「元老院派」人士。即使困坐於桑斯的凱撒，向首都要求派遣援軍，或許也沒辦法獲得認可支援吧！

如果維爾欽傑托斯的計畫戰略完全付諸實施，因焦土化作戰而無法順利獲致兵糧補給的凱撒軍，遲早得踏上離開南法屬省之途吧！再者，距可提供補給的部族又有相當的距離，要調撥糧食可得有遠行的打算。而這次面對維爾欽傑托斯所集結的三十萬兵力，如果出兵攻擊，犧牲或許會有所增加。還有，即使能平安無事地返回首都，犧牲了七年時間的戰役與諸多將兵卻仍然稱霸失敗，這等於斷送了凱撒的政治生命。話又說回來，這些「如果」並未發生。

這次，並不是有部族反對焦土化作戰，原因出在歐維紐族年輕有才能的領導者本身。

此時高盧方面的戰力總計為九萬名步兵、一萬六千名騎兵，加上其他可能召集過來的戰力將近三十萬。而凱撒這方面，卻只有十個軍團不足五萬人的兵力，另外由於貧弱的日耳曼馬匹加入，凱撒將馬匹分與將官，終於做了騎兵化，只擁有不到一千人的日耳曼騎兵團。不過，凱撒依然不願徹底採守勢。離開桑斯的他，調軍東南。據他自己所寫：如此可以讓救援南法屬省的行動更有利。雖然對維爾欽傑托斯早已布好局的南法屬省高盧族所進行的煽動行動失敗，這時的凱撒仍然認為，暫且撤到南法會是一項選擇。而在這樣的困局中將他救出來的，竟然是他的敵人。

維爾欽傑托斯得知凱撒軍的行軍路線，狂喜萬分。毋需將高盧中央全部焦土化，羅馬軍已經向南方移動了。召集部族長會議的這位歐維紐族年輕人，滿腔熱情地說服了他們：羅馬軍繼續向南退。但是如果置之不管，他們將坐大為強勢後再度回來。要阻止事態的擴大，只有在這裡襲擊他們，有必要徹底打倒他們。一直避免與名戰術家凱撒會戰的維爾欽傑托斯，這次可不逃避了。

而在競比戰術之妙的會戰式戰鬥中，顯示了歐維紐族年輕將領並非練達凱撒的敵手。包圍四方、再由三方發動攻勢，優勢的高盧騎兵也全投入了戰場，但是映入瀕臨河川對岸的維爾欽傑托斯眼裡，所看到的是凱撒方面皆能戰勝這三方來的人馬。日耳曼騎兵比預期中表現得還好。維爾欽傑托斯沒讓已在自己面前列整隊伍的步兵團參戰就率全軍撤退，進入一個位於阿列沙高地的城鎮。

阿列沙攻防戰

為什麼維爾欽傑托斯雖然對於羅馬軍的消耗作戰一直處於成功的狀態，卻寧可捨此計而下賭注似地出征決戰呢？阿列沙說來是蒙托比族所居住的城鎮，但是並未歸屬任何一周邊的部族，因此高盧將此地尊為聖地。以往一直貫徹合理精神的維爾欽傑托斯，卻至此染上了聖戰思想了吧！為什麼高盧這方唯一比一般羅馬將領更具優秀才能的維爾欽傑托斯，選擇了在此時期據守阿列沙的戰法呢？《高盧戰記》所記述的有關他在此時期的言行舉止，很可能是在戰鬥終了後，凱撒根據所俘虜的高盧部族族長那裡得知的敘述吧！由他的言行舉止來推測，維爾欽傑托斯的戰略變更是基於下列的理由：

一、在數天前與凱撒初次正面對決的會戰中敗北，對歐維紐族年輕人而言印象深刻。

在當時的會戰，高盧方面投入了壓制性的優勢騎兵力。並且為了活用騎兵的機動力，讓他們先行出動，分左、右、前三側攻擊行軍中的羅馬軍，他自己則率領八萬步兵團挾川阻斷後方，自認為採取最完美的包圍戰法。除此之外，一萬五千名的高盧騎兵中，許多都是長年在凱撒指揮之下的老手。然而，在人數居劣勢，靈活運用騎兵與步兵戰術的凱撒之前，幾乎是毫無招架之力敗逃了。凱撒之所以沒大獲全勝的理由，與其說是維爾欽傑托斯深諳退逃的技巧，不如說是凱撒不想做得太徹底，因為他不願意在因為深入追敵後，給己方部屬帶來犧牲。而在傑爾高維亞被叱責的士兵，這次也遵守凱撒的命令，並未仰仗人多勢眾而犯下愚行。

我想，這讓歐維紐族年輕領導者領悟到要戰勝對方，指揮官的素質比士兵每個人的素質更加重要。

二、如果不採行會戰，只有繼續採消耗戰了。但是即使消耗戰成功，凱撒退至南法屬省，沒多久他也一定會回來。敢於行走冬季雪山的凱撒，再度整勢重返是不會選擇季節的吧！而屆時，高盧方面是否能以現在的態勢迎擊呢？

維爾欽傑托斯是高盧人，對同胞的特性有所體驗和了解。在諸多部族林立的高盧中，要束縛其他部族只有靠明顯地誇示自己的力量。歐維紐族是中部高盧的強力部族，但是身為部族族長的他，被推舉為聯軍的總帥，並非是攻勝其他部族的結果，而是認可他到目前為止所表現的智力與膽量。光是那樣子，在高盧並無法對他地位提供安泰的保證。實際上，替高盧當墊鞍的黑杜伊族，曾以強力的部族所提供的兵力也多為由，要求高盧聯軍總司令官的地位。當時還有其他部族的族長支持維爾欽傑托斯，因此他的地位還不致動搖，但是也沒理由能保證黑杜伊族會永遠繼續只服從歐維紐族族長的命令。在多國籍軍隊中，只有一國的國力壓倒他國時，才能使指揮系統得到統一，也因此能充分地發揮機能。歐維紐族並沒有足以壓倒黑杜伊族的力量。

如此一來，高盧聯軍面臨凱撒捲土重來時，有可能先行四散分解。原本認為沒必要為此焦急的維爾欽傑托斯，也開始焦急起來了。

三、一焦急起來，人很自然地會揪住以往的成功例子。歐維紐族的年輕將領所揪住的，正是傑爾高維亞的防衛成功之例。結果即使沒達最完美，也該能達到那個時候的程度吧！或許他們這麼想。

四、除此時期外別無勝利機會了。深感如此的歐維紐族年輕領導者，選擇了以阿列沙為決戰的場所，是因為阿列沙距離近，且又為全高盧人的信仰集中聖地。如果自己站在這裡，向全高盧呼喚後援訊息，就能點燃高盧人的民族意識了，他想。

他並不願以手邊僅有的八萬步兵和一萬多的騎兵，來迎擊凱撒。進入位處高地的阿列沙城，早在凱撒完成第一期包圍網前，他就向大部份的騎兵傳達下列的指令，讓他們出發至各自的故鄉。

首先，在故鄉盡量徵集拿得動武器的男子。並且向他們宣揚維爾欽傑托斯以往的功績，強調如果大家不去救援，他將陷入殘酷敵人之手；而跟隨他的八萬名高盧兵也誓與他同生死。然後，維爾欽傑托斯還要他們傳達：阿列沙所貯藏的兵糧為三十天份的，如果省著點，應該會剩吧！下達這些指令後，他要屬下騎兵利用夜晚九點左右的昏暗出發。選派騎兵負責此任務的原因之一是只有三十天左右的兵糧了，期望能早日送達後援要求；二是高盧的騎兵多為出身上層階級者所占，因此對各部族的決定有影響力，派遣這樣的人當使者是有利的。

但是，凱撒對維爾欽傑托斯將戰場移至阿列沙的想法，又作何感想呢？他什麼也沒敘述，但是由呈現在《高盧戰記》這部份敘述中凱撒的言行舉止推測，我確信他是眼看著敵人坐困於阿列沙獲勝的。

因為在那之後，凱撒讓部下實施的諸多構想，幾乎沒有一個是無用的。由大至小，所有的一切都基於一貫的戰略，也就是交由信賴的人實行。那麼，為什麼凱撒在還未開始戰鬥前，就能夠認為可以獲勝呢？

一是，阿列沙有類似卻又不同於傑爾高維亞的地勢。傑爾高維亞位於背倚山巒，三方面向平原開展的高地，因此建設至山的包圍網是不可能的。阿列沙位於高地，周圍有城牆守著，這點很類似，但是高地的背後不是山而是河川；未臨川的三方，下可俯見四．五公里的寬廣平原。這樣的地勢對渡川建設包圍網是可行的。也就是說能採取完全包圍戰的戰鬥方式。

二是，經常親自詢問當地居民及俘虜的凱撒，正確地掌握了阿列沙城鎮的現狀及敵人的動態。他知道敵方幾乎沒有騎兵，而高盧軍所害怕的是他們的騎兵。在凱撒底下累積經驗的羅馬軍團兵與高盧的步兵比較起來，簡直就是十比一的懸殊戰鬥力。因此，即使敵方派兵干擾包圍網的進行作業，羅馬也毋需動用什麼兵力就能擺平，包圍網的建設作業是可進行的。

三是，外部將有援軍來到，這也是凱撒當初就預期到的事。如果維爾欽傑托斯採取以圍城軍與後援軍夾殺凱撒軍的戰略，凱撒也想好了破解之策。我想他確信自己手上握有「將軍」對方的棋吧！

凱撒在這之後的《高盧戰記》中，以彷彿工程師般的口吻，開始鉅細靡遺描述包圍網的規模以及建築作業。不管是《高盧戰記》還是《內戰記》，每當看到這樣的敘述段落，對我這不是理工系出身的人來說，實在是大感吃不消。但有意思的是，耐著性子讀下去之後，卻發現既有和戰役相關的敘述，也有和戰役無關的部份。舉例來說，我就覺得羅馬軍團，尤其凱撒麾下的軍團更是如此，真的稱得上是具備了平時生活必需的智慧與技術的集團。

歐洲的許多城市，前身大多是羅馬軍的基地，這一點從現今的城市名稱不過是拉丁語的各國式發音，便知一二。即使不是科隆、維也納這類大城市，中小型的城市大抵情形也是如此，因為當年許多軍團的士兵就在作為退休金所分配的土地上直接定居。在從軍的過程中，他們學習如何觀察地勢，因此知道哪裡可以建造怎樣的城鎮，對防衛是有利的。除此之外，他們也學習建設技術，尤其是有幸在凱撒這樣能規畫出符合實情又具獨創性建設的總司令官麾下服役者，其中出現優秀的都市計畫者、建築師、建築技工等，當然也不令人意外。

多年以後，凱撒讓退役的舊屬以服役時所屬的軍團為單位進行殖民。技術，加上共同體內部的指揮系統，新城市的建設得以在完備的情形下進行。他們所建的城鎮，之所以在二千年後依然能保存，或許要歸功於他們在軍役中所學得的工學知識，以及有如建設公司般的實地訓練吧！殖民後的舊軍團兵，娶當地女子為妻，在羅馬時代也為常見。這兩件事都可算是世俗面的「羅馬化」吧！

在這篇敘述凱撒將軍團士兵教養成工程師的工學素養，並經由一千八百年後拿破崙三世推動下所施行的考古發掘而印證所言屬實的《高盧戰記》中，當時阿列沙包圍網的建設是這個樣子的：

西元前五十二年的由夏至秋，如果不是成為凱撒與全高盧建軍的決戰場地，阿列沙這個勃艮第(Bourgogne)地方的小城市，一定也不會出現在歷史上。阿列沙位於迪戎與奧爾良的連結線上，是相當接近迪戎的丘陵地帶。由谷間低地算來有一百五十公尺的高地，而且高地綿延，但是阿列沙被尊崇為聖地也絕非是毫無理由的。因為即使與其他高度相仿的地方相比，只有阿列沙為孤立，前有廣闊平原，地處能睥睨周圍的位置。

阿列沙原本有城牆守住城鎮的周圍，但是固守在那裡的維爾欽傑托斯，想起在傑爾高維亞的成功例子，就在除了臨川斷崖以外的高地山腳，都圍上了防柵。如此一來只有靠包圍戰了，而打算將自己當成「餌」的凱撒，所想的並不是普通的包圍戰。因此，阿列沙包圍網的目的，與其說是包圍受攻擊的維爾欽傑托斯與四方的高盧軍，不如說是要包圍住攻擊的羅馬軍。

橫跨河川，由四面圍住阿列沙高地的包圍網，凱撒意圖建立內、外兩側的雙重防衛網。內側防衛網全長十一羅馬哩（十六．五公里），外側防衛網活用了戰略上處周邊高地的稜線視點，長度為十四羅馬哩（二十一公里）。

由防衛牆守住兩側的中間地帶，有一百二十公尺之寬，羅馬軍就布置在這裡，然而之所以達一百二十公尺寬的理由有二：一是，比起屬下兵數，防衛線顯得很長，就此無法在全線配兵的現狀看來，足夠搭蓋帳篷與能無阻礙地移動臨時兵的寬度是必要的。二是，即使受阿列沙方面的妨礙，由於在箭的射程距離之外，士兵們也能安全地從事建設作業。因此，這一百二十公尺的安全地帶兩側所建設的封鎖網，依下列的順序進行。先是由內側——

一、在最前端挖掘寬六公尺的凵型壕溝。通常羅馬式的壕溝為V型，而將V型改為凵型的原因，是基於非傾斜的垂直角度，敵兵在攀爬上較困難。

二、外側挖掘兩條寬與深皆為四．五公尺的平行壕溝，其中較外側的那條壕溝，在所有的工程完了之後，引川水注滿。

三、之後再進行防壁的建設，在土壘上方加做防柵，而在三．六公尺高的防壁上，也再補造一胸間城壁。再者，土壘與防柵的接縫外側部份，為了防止敵兵的攀爬，以木頭的前端做成鹿角狀，再削尖埋在裡面。如此這般在防壁全線，建設具監督及防戰目的的塔。塔間的距離平均為二十四公尺。

這樣子的防禦設備已經相當可觀了，但是凱撒還想再更為強化。有必要因調度建設工程的材料及兵糧，而派遣士兵至遠方的羅馬軍，卻又不得不以剩餘的兵力去對付偶爾在工程當中發動攻擊的阿列沙高盧兵。凱撒認為即使是少數的兵力，也可以達到防衛效果，強化戰策。

四、首先蒐集木幹或堅硬的粗枝，削尖前端，接著，沿壕溝外側，挖掘一．五公尺深的穴，把削尖的前端朝上埋。為了不讓這些尖幹輕易被拔取，便事先將這些木幹及粗枝相互連接後才掩埋，這種尖幹分五列圍繞全線。如果敵人踏進那裡，一定會被尖銳的木樁刺到。士兵們為其取了個「墓碑」的綽號，當然，這是對敵兵而言的說法。

五、凱撒更在外圍挖掘了許多深九十公分的洞穴，那是類似捕狼的洞穴，愈靠底部形狀愈狹窄。這個洞穴地埋藏了前端削尖、燒硬了的木樁，至穴深三分之一處以土強固，其上則以小枝或柴掩蓋這些陷阱式的洞穴。

洞穴的配置與骰子（羅馬時代已存在了）的五點形狀相同，各點的間隔為九十公分，並且在不相重複的情況下重複了八列。也就是八列「骰子五」散布於全線，也許是形狀類似的原因吧！士兵們將這些洞穴稱為「百合」。

六、凱撒為了防衛的功效，又在外側加了另一層，埋進長三十公分、前端有鐵鉤的木樁，地面上滿布鐵鉤。因為類似賣肉的所使用的掛鉤，所以士兵們也把這種鐵鉤取了「掛肉鉤」的

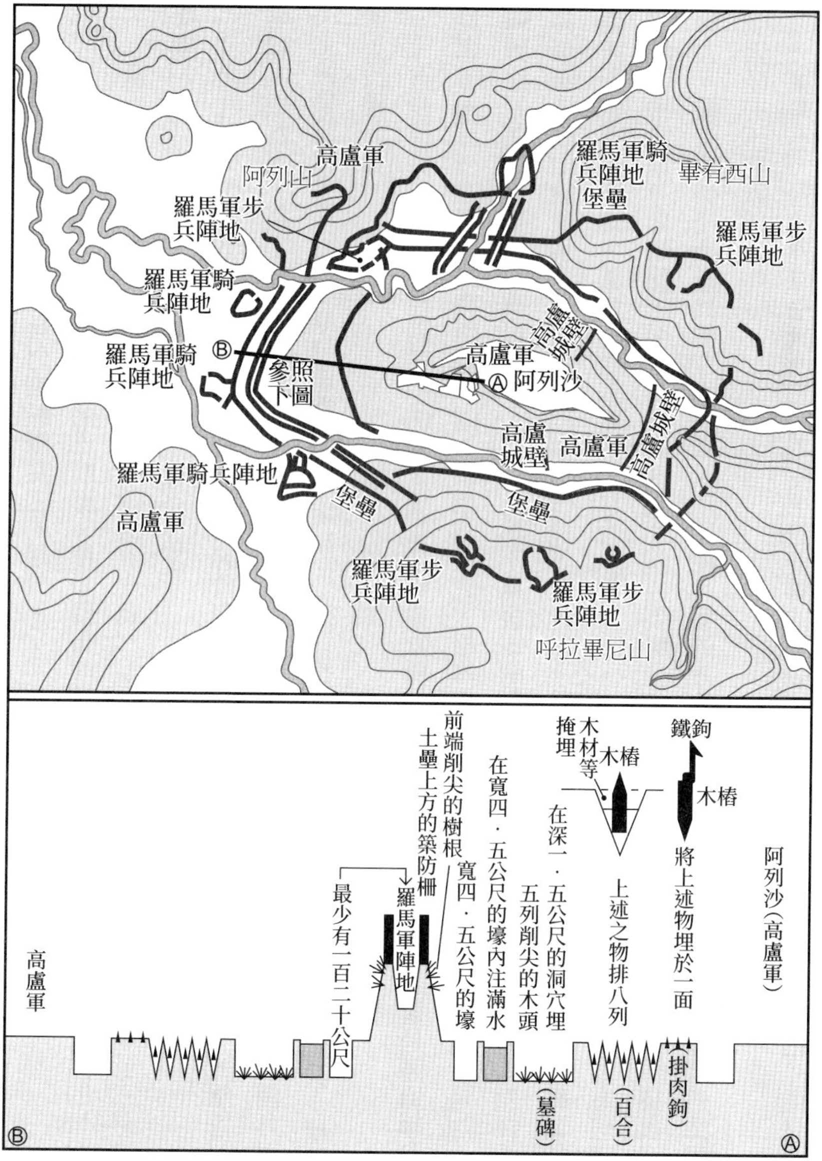

根據法國皇帝拿破崙三世的考古學發掘調查所確認的防處圖

綽號，當然是因為期待敵兵之肉刺掛其上的緣故。

我們可以想見士兵們對有時叱罵部屬、頻頻發布命令的大將，在邊取綽號、邊取笑的情況下，還一邊從事工程的樣子。那年，凱撒四十八歲，士兵們的年齡多是介於二十四歲至三十二歲間。

與內側相同的七層防衛工程，也以同樣的順序在外側施行。戰史中前所未聞的，這個包圍網到完成為止，花了一個月的時間。完成這些工程後才允許士兵休息的凱撒，預料在一個月以內，勝負能夠決定，便命令全軍貯備三十天份的食糧與馬用飼料。於是，他自己也與士兵一樣，進入待機之勢。

雖非待機，但是待在阿列沙的人，儘管依維爾欽傑托斯的配給制發放食糧，還是開始糧倉見底了。另一方面，凱撒所進行的封鎖相當徹底，根本無法突出此圍調度糧食。八萬士兵加上阿列沙的住民，吃飯的嘴可不少，但是仍然不見援軍的影子。被圍困在阿列沙的維爾欽傑托斯甚至無法派出偵察兵，因此外面的事情傳達不到內部。就連救援軍是否組織完成了呢？維爾欽傑托斯也不得而知。派遣騎兵去求援，這也太輕率了。不是因為沒有半個騎兵，而是要突破封鎖網，拼命地蒐集情報，至少要幾名騎兵；況且為考量被羅馬方面捉去的危險，必須分幾批送出去。維爾欽傑托斯在其他方面是顯示了不同凡響的才能，但是他似乎並沒有考慮過遭遇情報受阻斷的不利狀況。

實際上，對於外部毫無所知的不安，與貯養的減少成反比似地擴大，籠罩著城內。維爾欽傑托斯所召集的作戰會議中，出現投降與冒死出擊的兩種意見，結果他們決定等待至後援軍到達。但是食糧不斷地減少，因此就要阿列沙的全部居民出城。或許他們是期望被趕出去的這批超過一萬人的男女，能夠在成為羅馬軍的奴隸後，得到一些糧食來幫助他們吧！但是凱撒面臨這個決戰時刻，自然無餘裕做出那樣的舉動。他命令守防衛牆的士兵一定要斷然拒絕。被拒絕的人只有渡河散入至山野中，幸好當時為夏季，難民們或許還不致走上悲慘的窮途末路吧！

在這段期間，困在城裡的人還不知道救援軍的編組正在進行。維爾欽傑托斯的救援是要求召集所有能夠戰鬥的高盧人員；不過，這也在各部族族長的評估下，未能實現。因為兵數愈多，兵糧的確保也就愈不易。而打算參加救援軍的部族總數接近五十，總計各部族所提供的兵數為：步兵二十五萬、騎兵八千。實際看來，除了亞奎提諾地方外，全高盧都起來對抗凱撒了。連高盧戰役初年敗給凱撒的赫爾維提族（瑞士人）也提供了八千人。另外，三年前第一次遠征不列顛時，受凱撒信賴、派遣為外交使節，同時因此功而獲免毋需負提供羅馬軍兵糧義務的寇米烏斯，這次也在反凱撒之列。歐維紐族年輕指揮官的基本戰略——鼓舞高盧人的民族意識一途，有成功的結果了。

二十五萬步兵及八千騎兵的指揮工作，交由四位司令官擔任。提供最多兵力——三萬五千人的黑杜伊族，派出畢利多馬羅斯與耶波利傑尼庫斯兩人；同樣提供三萬五千人的歐維紐族，派出了維爾欽傑托斯的表兄弟貝爾卡西貝拉努斯，再加上前述的寇米烏斯共四人。而僅提供四千位士兵的小部族——阿托雷巴提族首長寇米烏斯，如何能成為四人之一呢？一定是由於他熟知凱撒的緣故。在黑杜伊族之地集結的救援全軍，在這四位將領的率領下，浩浩蕩蕩地向阿列沙出發。

西元前五十二年九月二十日，還是凱撒改制曆法之前，因此實際上尚為夏季，而後援的大軍抵達阿列沙前。指揮官紮營的高地與阿列沙同高，因此困在阿列沙的圍城之軍很快察覺到援軍的到來，維爾欽傑托斯與八萬的圍城之兵皆欣喜萬分。他們心想：一個多月的坐困圍城終於要結束，而且就要由內、外發動總攻擊了。

凱撒以微薄的戰力，與內、外相加近三十四萬的敵人戰鬥。

我認為戰鬥就像是管弦樂演奏會，站到舞臺上時，已經決定了七成，剩下來的三成，是靠站上舞臺以後的情況來決定。站上舞臺前沒有十分把握就無法安心的，不過是普通的指揮者。戰鬥也類似演奏，漫長的準備交由數小時解決。歷時三十多天所準備的阿列沙攻防戰，實際上僅由三天的戰鬥就決定了。

救援的高盧大軍，將本營置於離羅馬軍所設包圍網不到一．五公里距離的高地。在由高地下平原的山脊，配置了所有的步兵，然後立刻輔以弓兵的騎兵全軍派出平原。凱撒也立刻派出了騎兵。為了應付萬一狀況的防衛，步兵事先已經配置在包圍網的各處了。於是凱撒與全高盧的第一戰，就由騎馬戰開始。

在兩軍的守戒之下，騎馬戰由正午持續到日落。高盧方面擁有崇高社會地位的騎兵，為維護自己的名譽奮勇善戰。但是，無懼於敵眾我寡的不利點，凱撒的日耳曼騎兵也表現得相當突出。隨著戰況的進展，先是弓兵遭圍殺。不想死的騎兵，也只好逃回自己的陣營去。此外，由阿列沙來勢洶洶的步兵團也無法靠近凱撒的包圍網，想靠近的人會被防壁上射出的箭所射倒。一得知外面騎兵退卻的消息，也只有撤退回阿列沙了。第一戰就在羅馬占優勢下結束了。

第二天，高盧方面並未在白天時發動攻擊，因為他們正如火如荼地從事梯子及拋鉤等攻城器具的製造。而在完成後的半夜時分，他們由平原往羅馬軍的包圍網攻去，他們的大聲吶喊，在鼓舞自己的同時，也有讓困在阿列沙的同胞們得知已開戰了的目的。維爾欽傑托斯也越過城牆派遣步兵團出戰。但是凱撒那邊的人，也沒被半夜的這場突擊弄得驚慌失措。一卒一兵皆站在自己的守備崗位。即使司令官還未下命令，全員皆已進入備戰狀態了。他們已經事先拿取配置好的投石器，以丸石、鉛球、木樁向敵方襲擊擲去。

由於防壁外側圍了好幾層障礙物，高盧方面一直無法靠近，就連無障礙的安全地帶，也為對方多如降雨般的箭所阻。羅馬方面，由於在黑暗中戰鬥，無法確定敵人的狀況，只有拼命苦戰了。凱撒也寫道：相對於可見的危險，不可見的危險反倒更擾亂人心。不過，在凱撒身邊累積戰鬥經驗的軍團長們，即使沒有最高司令官的命令，也能自主地將散軍送至所需的部隊。雖然是夜襲，才三十歲的馬庫斯·安東尼也都能將援軍確實無誤的投入各需要之處。

結果，高盧兵於內於外皆無法突破凱撒的包圍網。將近黎明時分，他們留下戰死者，帶著負傷者回營去了。比起羅馬方面的損失，高盧方面顯得相當嚴重。維爾欽傑托斯也同樣地不得不撤退。凱撒這邊兩度使內、外同時攻擊的雙方又無功而返。

外側高盧軍的首腦陣營，兩度嘗到失敗，便召開商討他策的作戰會議，於是他們才領悟到有必要了解阿列沙周邊的地勢。他們叫出當地的居民，盤問當地的地勢及羅馬軍的包圍網狀態等。結果他們發現到看似天衣無縫的羅馬包圍網，只有一處不完全的地方。那就是渡過流經阿列沙北部河流的對岸，阿列沙背後的山丘。由於如果連那裡也採用包圍網，就過於寬廣了，凱撒不得已就在此戰略上較不利的山腰築塞防守。高盧方面，決定對凱撒這個防衛上的「阿奇里斯腱」(Achilles' heel)——弱點部份，在第三戰中加以火力攻擊。

凱撒也知道這個地方的弱點。因此，兩個軍團計一萬人的兵力，也就是他所有兵力的五分之一戰力，都配置在此地。敵方決定在此投注六萬的兵力。指揮官是維爾欽傑托斯的表兄弟貝爾卡西貝拉努斯。他決定同時在之前的戰場——東、南平原，也發動派遣剩餘全軍出動的攻勢，並且由阿列沙派遣八萬人的攻擊。高盧方面期待第二天正午，由三面同時進攻凱撒的作戰方式。

帶領六萬精銳部隊的歐維紐族將領，在夜晚九時，祕密地出陣。為了不讓羅馬方面察覺，大繞了北方一圈，因此到達預定地時，已是第二天黎明時分了。他要士兵們休息、等待時機直至正午。

阿列沙攻防戰最大的激戰之幕，正午時在三個地方同時落幕。

早已察覺這天重大情況的凱撒，登上了能收入三方視野的塔，擔任總指揮。擔任決戰總指

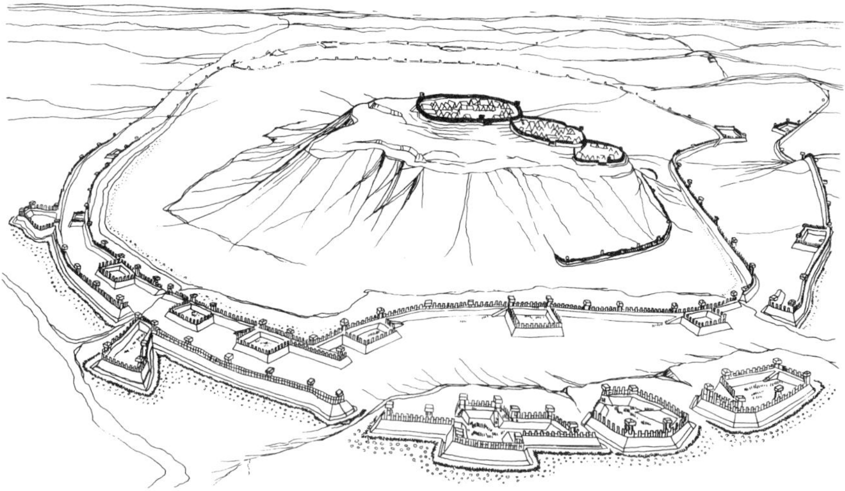

阿列沙攻防戰設備鳥瞰圖

由文藝復興時期建築家——安德烈・帕拉迪歐所繪《高盧戰記》插畫中的阿列沙攻防戰圖

揮的凱撒，和他以往的作法一樣，穿覆著紅色大斗篷。雖然這樣有引敵注意的危險，但是在如此的情況之下，最重要的是能夠讓己方的士兵，在何時何地皆能認出最高司令官的樣子。當凱撒披起那件大紅斗篷時，他的部下們就了解到這是決戰開始的意思。

如果能將戰場收入視野之中，也就能立刻理解戰鬥的性質了。高盧軍於內、於外，都指望能突破凱撒的包圍網。羅馬軍一步也不退讓。勝敗在於雙方誰先貫徹目標。凱撒將游擊軍一一送往有支援必要的部隊。游擊部隊以大隊單位（一個大隊五百人以內）組成，軍團長級的將官率領數個大隊出擊。

而最激烈的戰地在北面的山丘，這在攻擊開始時就很清楚了。高盧軍由丘陵高處攻下來；羅馬軍則相反地在低處設防塞、壕溝守衛。六萬的高盧精銳兵一起將石頭投至羅馬兵躲藏的地方，再將盾牌連成龜甲隊形進攻。六萬兵力並非一時傾全力投注，而是以保持戰力的方式，不斷地重複發動波狀攻擊。軍力不足一萬人的羅馬方面，可就沒那麼充裕了。士兵得堅守自己的崗位防戰到底，羅馬方面幾乎要把箭、矛都投射盡了。

凱撒在此最大的激戰地點，派給副將拉比埃努斯六個大隊，並嚴命拉比埃努斯在無論如何也守不住時，讓士兵們出塞、出塹壕來反擊，但是這必須是在除此之外別無他法的情況下。

過了在一目了然的戰場上做總指揮的階段之後，凱撒走下塔，騎馬激勵致力防戰的士兵。最高司令官大聲地激勵士兵們：

「以往的長年戰鬥成果，就憑今日這一戰了！」

維爾欽傑托斯指揮發自阿列沙的攻擊，也在當天趨於極為猛烈。捉狼式的陷阱已經挖埋好了，外側高盧軍的攻擊也較上次更為激烈。這次是在夏天太陽下戰鬥的敵軍，突破了凱撒所布下的好幾層障礙網，有好幾處的防柵被他們的擲鉤拉倒。但是凱撒所想出來的七層障礙包圍網，就防衛的羅馬兵數而言，可說是耐力驚人。凱撒一一地將援軍送至看似陷入苦戰的地點。狄奇阿斯．布魯圖斯和數個大隊、軍團長法比烏斯帶數個大隊前往支援地，凱撒自己也率領手下的士兵往支援地。可派遣的軍團長及大隊皆用盡之後，再適切且迅速地派遣游擊隊，苦戰中的己方士兵也恢復了元氣。原本看似危險的地方，一變為羅馬軍反擊的情勢。

見此情況的凱撒，判斷送拉比埃努斯過去的地方是最大激戰地點。決定在此重新投入全部戰力的他，命令在附近駐守防衛據點的四個大隊追隨在後。並且將騎兵二分，一半由他自己率領，向北方的戰線迎去；一半出包圍網之外，由背後發動攻擊。不過，途中遇拉比埃努斯所派的傳令，副將拉比埃努斯已經守不住了，凱撒作此判斷後，就傳達出動攻擊的命令，並且一刻也不猶豫地前往支援拉比埃努斯。

凱撒的到達，就在望見那件紅色大斗篷的同時，六萬高盧兵以及指揮高盧兵的貝爾卡西貝拉努斯也立刻知曉了。戰鬥也由於凱撒的到達，一時趨於激烈化。雙方喊聲震天，轉向反擊的羅馬兵捨去矛而以劍戰鬥。追隨凱撒之後前來的四個大隊，也立刻投入戰場。兵對兵作戰展開時，凱撒所派遣命令由背後突擊的羅馬騎兵團，出現在敵人背後的山丘上。六萬高盧軍一起往後看，於是羅馬騎兵團襲擊上來了。前、後皆受敵的高盧六萬大軍威力頓失。副將死了，主將貝爾卡西貝拉努斯也在逃走的時候被生擒了；六萬高盧軍全崩潰了，只有極少數的士兵能夠逃回本營。

在阿列沙的八萬士兵眼看著同胞們的潰敗，大受挫折，不等維爾欽傑托斯的命令，就回城去了。正激戰於南方平原，想突破羅馬軍包圍網的高盧本隊，一得知北方潰敗的消息，甚至忘了回陣營就開始逃跑了。凱撒一向冷靜的書寫方式也難得出現下列直接坦白的話：

「若不是我方士兵，因當天特別不斷地激鬥而疲勞困憊不堪，或許我們可以將敵軍完全擊滅吧！」

不過，在半夜時分，他還是派騎兵團展開追擊。羅馬騎兵襲擊敗走的敵軍，許多士兵死了，有些成了俘虜。倖免於難的高盧士兵，各自逃向故國。

以不足五萬人的戰力，擊破內側八萬、外側二十六萬的敵人，就數量運用的比例，較亞歷山大大帝是有過之而無不及。但是前者與後者的對敵方式，皆為戰史上的首創。最能體會這件事的，莫過於眼看救援大軍潰敗後逃走的維爾欽傑托斯吧！戰敗的隔天，他召集了作戰會議。

席間，歐維紐族的年輕領導者開口了，他說：誘導全高盧與凱撒對決，並非基於自身利益的考量，而是為了高盧人的自由。不過基於無法違逆的命運，願意自己被殺或被交給凱撒，以救他人之命。他並且讓凱撒知道這個提案。凱撒以交出武器及部族長為條件，接受了使節所帶來的投降要求。

凱撒在戰後的包圍網旁等待著，身穿高盧最高武將美麗裝束的維爾欽傑托斯驅馬出現在他前面。這位下了馬的歐維紐族年輕領導者與坐在軍隊用椅的凱撒，在此首度會面了。《高盧戰記》中相當公正地認可這位年輕敵將才能的凱撒，僅以下述一行記述這個場面：

「維爾欽傑托斯是自己送上門來被捕的。」

自豪誇傲的高盧人捨棄武器，臣服於羅馬的勝利者之前。

據西塞羅所言，凱撒疼愛與自己年輕時性格相似的年輕人。歐維紐族的這位年輕人，恐怕是凱撒想延

維爾欽傑托斯

凱撒凱旋式紀念貨幣中的高盧人

攬為軍團長的人才吧！但是，歷史上那樣的人才，往往都只出現在敵方陣營。

參加阿列沙攻防戰的高盧有力人士中，落入階下囚的只有維爾欽傑托斯一人。凱撒尊重這位想犧牲自己、解救同胞的年輕人的決定。

被護送至首都羅馬的維爾欽傑托斯，被關入羅馬廣場的牢裡。接著，因內亂而不得不將凱撒的凱旋式延期至西元前四十六年舉行，他在參列凱旋式之後被殺了。讓他活著太危險了，因為他是一位有能力的人。關於他的確實肖像，僅殘存浮雕在一枚貨幣上。此外，紀念凱撒凱旋式所發行的貨幣，雕有一個記為高盧人的男子側面。也許是六年來因牢籠生活而憔悴的關係吧！或許這正是被認為高盧唯一的人才——歐維紐族的年輕領導者六年後的側面也不一定。

《高盧戰記》刊行

阿列沙的大勝結束後，凱撒並未有任何情緒化的不妥反應。他將俘虜一一地派給士兵們當戰利品，屬於高盧兩大有力部族的黑杜伊族與歐維紐族，基於政治的考量，將另行處理。由於戰利品的分配是士兵每人派給俘虜一人，因此近半數的俘虜被釋放，這也是基於政治的考量。

離開阿列沙的凱撒軍，首先前往黑杜伊族之地。光是知道凱撒軍前來之事，黑杜伊族就自動降服了。被俘虜的黑杜伊族有力人士及士兵，也因為黑杜伊族的降服而被追還。歐維紐族也派遣降服使節前來，凱撒接受他們的投降，遣返俘虜。如此一來以俘虜身份獲釋的人，光是這兩個部族就達二萬人。

現在尚處秋季，但是凱撒有所考量，因此早就決定了各軍團的冬營地。

副將拉比埃努斯帶著兩個軍團和騎兵，至高盧東部的賽克亞尼族之地；軍團長法比烏斯與巴吉爾斯兩人率兩個軍團，至高盧東北部的雷米族之地。雷米族的忠誠已於阿列沙時印證了，但是附近仍然有不斷從事反羅馬行動的貝洛巴契族。

軍團長安提烏提烏斯，帶著一個軍團往高盧西北部的阿托雷巴提族之地。

軍團長塞庫斯提烏斯，與一個軍團前往中部高盧的比都里吉族之地。

軍團長寇尼烏斯，也帶領一個軍團至南部高盧的托洛尼族之地冬營。

軍團長的西塞羅之弟與蘇爾皮修斯，也擔任在黑杜伊族的兵糧調度任務。

而凱撒自己則帶領剩下的士兵，在黑杜伊族的首都冬營；既沒回北義大利也沒回南法屬省，這是為了徹底活用阿列沙這場勝戰。

凱撒自己所寫的《高盧戰記》，在寫完敘述這西元前五十二年的第七卷結束時終止了。《高盧戰記》最終表示"The End"意思的一句話如下：

「一得知此年的戰果，首都羅馬決定舉行二十天的謝神祭。」

生於後世的我們，只覺得那是凱撒式的淡淡尾聲。但是，對當時的羅馬人而言，再沒有比波瀾洶湧的西元前五十二年結束高盧戰役之事，來得更重要的事情了吧！三巨頭之一的克拉蘇率領四萬羅馬軍，在帕提亞大敗，不過是一年前的事情。想到被殺害的二萬同胞，以及在邊境受終身兵役之苦的一萬同胞的命運，當時的羅馬人就意氣消沉。許多元老院議員已是清楚的反凱撒派者，不過因為高盧戰役的勝利，即使元老院也決議舉行二十天的謝神祭。因此那一句話，實際上隱含了凱撒的諷刺。

根據研究者所說，凱撒在該年結束時，刊行了《高盧戰記》全七卷。但這又是椿違逆元老院的事。

向元老院報告包括任期中戰役諸事是屬省總督的義務，凱撒也每年送一份報告書。龐培從一掃海盜的作戰至稱霸遠東的這五年來，每年年終也一定將報告書呈上給元老院，但是龐培並未以這些報告為題材寫成書；而凱撒卻這麼做了。凱撒與龐培等同時代人不同，因為比起元老院，他較重視獲得公民的支持。

西元前五十九年，凱撒最初就任執政官的那年，請大家回想他首先實施了什麼。名喚「阿庫塔．迪烏魯那」——將元老院的審議內容日報，每日張貼於羅馬廣場內的牆上。我曾寫道，這就好比將以往於密室內，由元老院階級獨占的審議，做CNN式的報導。凱撒認為只給元老院報告書的作法並不充分，才有了這個獨立作品問世的想法。也就是說，凱撒是很擅於活用

「媒體」的。這個「媒體」可說是與活用羅馬廣場講壇的反凱撒派西塞羅及小加圖等相對抗。身處高盧戰役中的他，無法使用這種媒體。儘管如此，他以即使是反凱撒派人士也不得不敬佩萬分的精采文章進行對抗。

不用說，雖說是「出版」，在當時可還是手抄本，因此「部數」是很有限的。但是能前往羅馬廣場聽演說的人，依當時羅馬的公民數來看，不過是少數。雖是手抄卷狀的書籍，讀過的人以「口頭傳播」也是不容忽視的。

但是凱撒並非以大眾取向為前提而著手寫作《高盧戰記》。

第一，他期望能做正確的敘述，直接明白地記下自己的錯誤，也公正地記述敵方的理由。

第二，即使他的目的是為了尋求一般公民的支持，他也不以改變自己的文體來達成此目的。如果是以一般大眾為取向，用譁眾取寵、誇張式、有笑有淚的西塞羅式論法，應該更為適當。即使是二千多年後的今天，在陪審員制度中的法庭，還是有許多律師的辯論方式彷彿是西塞羅的翻版，這就是西塞羅式論法仍然有效的證據。

但是凱撒所進行的論法，並未轉為譁眾取寵。人依照自己的性格去做是最能充分發揮的，凱撒做口述筆記時還是凱撒。

這件事情雖然常提到是基於敘述上的客觀性，但決非起因於保持客觀敘述這個新聞從業的座右銘，而是自尊心使然吧！不是所謂的職業倫理，而是當事者各自的榮譽氣概所致。凱撒即使有追求支持的訴求，但是他拒絕自我墮落的舉動。

而出於凱撒之筆的《高盧戰記》，在戰役第七年的敘述中結束了。但是戰役有八年期間，第八年的戰役，是由凱撒身邊的祕書官希爾提斯執筆。以每年的戰役敘述成一卷的《高盧戰記》全八卷，於是完成了。希爾提斯之所以不得不寫的原因是，凱撒自己沒有時間寫。因為從內亂開始到完全終了後，不到半年的時間，凱撒就被暗殺了。但是，凱撒還是讓缺了自己所寫最後一年的七卷本刊行了，這也許是感於有必要對抗反凱撒局勢的緣故吧！不過在閱讀此書時，我們並不覺得七卷本是未完成的，也許凱撒自己也沒這麼想吧！理由是，一切都在阿列沙攻防戰中決定了，第八年是做戰後處理。當然，在行軍中只要有閒暇，凱撒就會將時間花在寫「文章讀本」等等。也許在他結束一切必須的事情之後，會再度執筆，記錄高盧戰役第八年的事也不一定。但是，歷史並不允許他有這個機會。

高盧戰役第八年

西元前五十一年
凱撒四十九歲

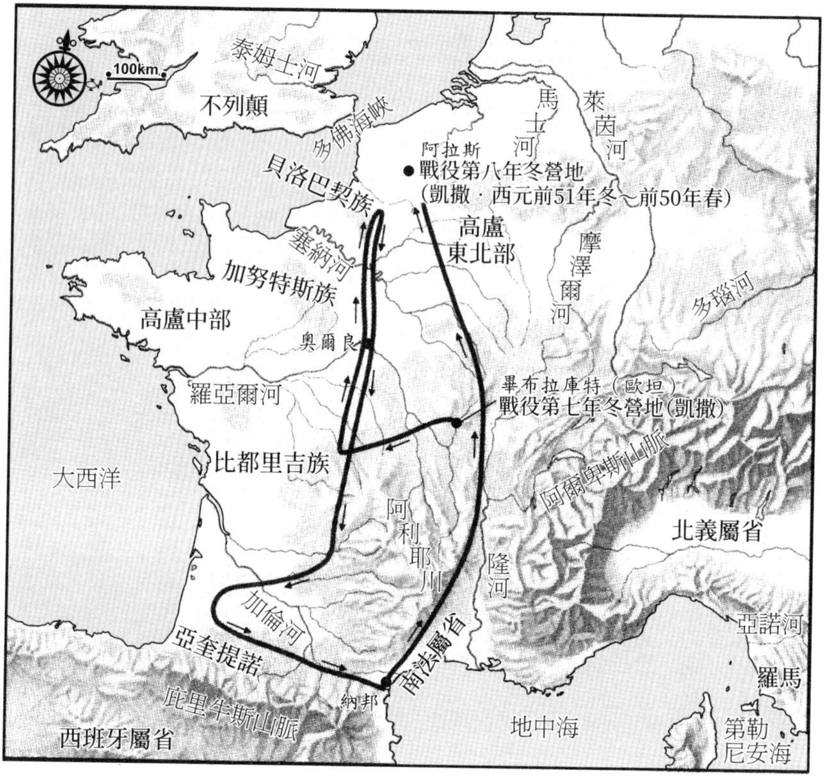

《高盧戰記》的最後一卷，還是採凱撒的親信——巴爾布斯的見聞，由希爾提斯的序文開始。現在將這部份的全文譯出：

「真服了你的熱心勸告，巴爾布斯喲！我的每次拒絕，都會被認為是由於畏懼困難的作業與自身怠惰的緣故，而我也終於決定要接受這項極為困難的任務。也就是我們由凱撒的《高盧戰記》進入《內戰記》敘述中的部份補充，以及《內戰記》中也未寫到的阿列沙戰役以後的內亂，至今仍未做個結尾，那場內亂甚至連凱撒的死，都出自我之筆。但是，儘管只有少數人讀那個部份，我還是希望大家了解，我自己雖然接受了這項任務，心情卻並不舒服。如果能了解我這樣的心情，您一定能以寬容之情來看待我的愚昧與驕傲。

如眾所周知，夠寫出超越這兩部作品洗練程度的作家可說是無出一人。這兩部作品，為不得不書寫那般偉績的歷史家，提供了正確的史料，彷彿它們是為此目的而被刊行的。而來自各領域的人，超越國籍的讚賞，反倒使歷史家失去了提筆的勇氣。但是，我們這些身邊人士的感嘆，要比其他人還深。因為不只是在閱讀時，不禁要對凱撒那透徹洗練的文章發出讚嘆，在他身邊的我們，還了解那般精妙的文章，是如何容易又何其迅速地被口述出來。凱撒不只有輕易地寫出洗練之作的才能，也能將自己的意圖以罕見的明晰度傳達給他人。我自己並未參加過阿列沙戰役或非洲戰役，但這些事也是直接由凱撒口中得知的。儘管如此，抱著對新鮮事物的好奇心享受談話的心情，和一邊想著要記下來，一邊聽著談話的心情是不同的。哦！但是儘管我拼命地辯白請別拿我和凱撒比較，或許還是有人會拿凱撒和這樣的我相比較吧！這是件令人驕傲的事吧！我想，我會試著驕傲看看。」

戰後處理（一）

希爾提斯所執筆的《高盧戰記》第八卷，由敘述阿列沙攻防戰後凱撒所做的戰後處理開始。但是，如果加上極小的部族，高盧境內可說是近百部族林立，與大流士所君臨的波斯帝國不同。高盧並沒有專門的指揮系統，因此無法採用亞歷山大大帝與波斯帝國為敵時的戰法。高盧的四大部族——黑杜伊、歐維紐、林格涅斯、賽克亞尼族，嘗到阿列沙敗北的滋味後，很快就派遣恭順的使節至凱撒處。凱撒也很能體恤領導階層的求安心態，再度締結同盟誓約。但是中等程度的部族，原本就對大部族存有敵意，再加上對阿列沙攻防戰的參戰力很少，因此此仗的敗北並未造成重傷。更何況，他們也知道凱撒的任期就要結束了。早點解決這些部族問題，便成了戰後處理的第一階段工作。

戰後處理的第一階段，凱撒只讓疲於阿列沙攻防戰的士兵做最低限度必要的兩個月休息後，就展開了。西元前五十二年的十二月，制壓行動開始了，但是他沒有率領全部十個軍團。

由他自己或是託某軍團長帶領下，只交給三個左右的軍團去辦此事。阿列沙這場激戰過後，士兵有養精蓄銳、充分休息的必要；但是凱撒自己卻沒休息。

制壓行動由奧爾良為中心向高盧各地呈放射線狀。是年武力制壓的對象，是參加阿列沙之戰，違背以前與凱撒所訂恭順誓約，而且反抗一直未間斷的諸部族。凱撒本身很想在任期結束前，完全解決高盧問題。因此該時期的制壓行動，就成了燒殺虜掠的慘狀；繼續集結反抗的部族更是困窘，所有投降士兵的手腕都被切斷。這是要他們銘記在心，反抗凱撒是什麼樣的結果。

如此的阿列沙戰後處理的第一階段，在隔年（西元前五十一年）夏天就完成了。而凱撒就在視察尚未親眼目睹的亞奎提諾地方中度過夏末。加倫河與庇里牛斯山脈（Pyrenees）間的廣大亞奎提諾地方，自從五年前恭順凱撒以來，從未舉過反幟。在巡視此地之後，凱撒赴往納邦，南法屬省也是他的任地之一。結束屬省總督政務的他，公開向南法屬省民表示感謝。長期間的高盧戰役之所以能撐過來的要因之一為南法人對羅馬不變的忠誠。之後，凱撒立刻返回北高盧，去進行戰役處理的第二階段工作，為此他犧牲了返回北義屬省過冬。

戰後處理（二）

「前執政官」在羅馬指揮兩個軍團以上的軍力，負責防衛屬省，因此又有屬省總督乃至最高司令官的別名。前執政官有採取軍事行動稱霸地方、並為此提出羅馬霸權下再編組案的義務；而這項再編組案，經由元老院與公民大會的承認成為國家的政策。但是，後述的內亂中，凱撒所提出來的高盧再編組案，並無法取得元老院的承認與公民大會的議決。但是，當他成為內亂的勝利者時，將這項再編組案立法化，基本上到了帝政時代也延續著。

以下僅記述這項再編組案的要點：

一、除了南法外高盧全域的邊界，西南為庇里牛斯山脈、西為大西洋、北為多佛海峽、東為萊茵河。

二、黑杜伊、歐維紐、賽克亞尼、林格涅斯這四大部族為羅馬的同盟者，締結同盟協約。實際上，高盧也以這四大部族為中心進行整合。

三、包括中小部族，高盧全部族的內政自治皆受承認。

四、分祭司階級、騎士階級、平民、奴隸，保留高盧的社會制度。

採都市為中心向周圍擴張的形式，與希臘、羅馬式的都市國家相較之下，高盧的差異之處在社會制度。即使保存高盧原來的制度，與日耳曼相比，高盧羅馬化的可能性很大，原因有三：

一、高盧人有尊重私有財產的傳統。

二、高盧人的神也與希臘、羅馬類似，為有人格的神，容易和羅馬人的諸神融合。

三、高盧人有追求舒適生活的天性。

相反的，日耳曼人不認可土地私有化；宗教上崇拜太陽、月亮、火；不追求舒適的生活；明確區分征服者與被征服者，不喜歡兩者融合。

如此一來，高盧各部族在保有主體性之餘，又受羅馬的編組支配。除了幾個例外的情況，羅馬在高盧內幾乎未重設任何羅馬式都市。各部族的首都、根據地，在羅馬霸權之下存續原貌。羅馬人所做的象徵「下部整備」的羅馬式街道鋪設，也和這些城鎮相連結，成為網狀。

我在訴說高盧戰役之際，幾乎將所有的城鎮名以現代的法語表記出來，因為這些城鎮現在仍然存在。根據地存續下去，部族的固有文化也就能存續下去。高盧人依希臘式的稱法為克爾特人，還未從現在的法國和比利時消滅；也並非只有逃至現在愛爾蘭的高盧人才能存活下來。一邊享受羅馬文明，同時也存有高盧特質的高盧，之後誕生了所謂的法國文明。

凱撒所領導的高盧羅馬化，具體來說有下列諸點：

一、部族中領導階級的子弟雖為人質，但實質上就像接待家庭(Home Stay)中的留學生，他們被送往羅馬或南法屬省學習。而凱撒在成為獨裁官之後，甚至還給與領導階級中的有力人士元老院的議席，甚至有以朱利斯的家名，在外大搖大擺的情況。結果，與高盧有力家族相關者，多擁有朱利斯為第二個名字。

二、以往的高盧戰役中，祭司（都魯伊得斯）常為扮演反羅馬的引火點，凱撒對此不加追究，也不礙於羅馬並無這種專門祭司階級存在，對高盧的祭司並不管束。維持祭司階級的原因，是要高盧人負起自身的宗教與一般教育。

三、獎勵通商，促進礦山的開發以振興經濟，因此凱撒將即使在國內也要收百分之五的流通稅、物品稅，也就是產物流通所課的間接稅，在高盧降到百分之二·五。

四、最後為令人最切身能感到是善政還是惡政的直接稅問題。

羅馬人認為的直接稅，是為了安全保障繳的費用。帝政時代的塞尼加(Seneca)也說道：

「安全，沒有努力的防衛是得不到的；而努力的防衛，要花金錢。因此稅金是必要的。」

擁有羅馬公民權者可以志願兵役替代直接稅，但是志願者的資格必須是羅馬公民。因此，沒有羅馬公民權的自由民，要免除兵役，就需要有繳納屬省稅這項直接稅的義務。而屬省稅的徵收方法，在共和政治下的羅馬，長年以來是仰賴、包工給稱為「普布利加努斯」的私營徵稅人。由於這種直接稅占收入的十分之一，因此別名「十分之一稅」，是以該年的收益為基準所做的計算。這個稅制看似非常合理，並且能夠徹底顧慮到繳稅的立場，因為如遇乾旱積雨，導致作物歉收，收穫量減少，稅金的繳交也有所減少。但是，此稅制仍有問題，就是往往易流於為「普布利加努斯」的「處理分寸」所左右。他們這些徵稅人決定稅額，「普布利加努斯」的手續費占稅額的一成，因此提高稅額之事維繫著徵稅人的利益。

凱撒早在十年前擔任西班牙屬省總督時，已經注意到這個問題了。他認為將稅制公開、透明化，意思就是只有排除「普布利加努斯」依照自己的「處理分寸」徵稅之事，才可做到稅制的公正化。於是他決定在高盧，不依照收益量定出有所波動的「十分之一稅」，而是課以一定額。高盧全部應有四千萬塞斯泰契斯的稅收。因此，「普布利加努斯」的工作，只是徵收這個已經決定了的稅金。如果「三巨頭政治」之一的克拉蘇還活著，這個制度不會那麼容易實現吧！克拉蘇在羅馬是「騎士」——經濟界的代表人物，而形成羅馬經濟界的基盤正是「普布利加努斯」。不過克拉蘇因帕提亞之戰死了。

但是，在這裡不問古今，誠實納稅的人一定會抱持下面這樣的疑問：不依照收入的多寡課以一定的稅額，這不是無視於收入變動的惡稅嗎？再者，失去了增加稅徵收的手續費這個甜頭，「普布利加努斯」的熱誠也消失了，如此不會造成徵稅效率不彰嗎？

凱撒似乎也考慮到這個問題了。他思策將這兩個問題一舉解決，而採取壓低稅額本身的作法。與其課重稅、在稅務上日趨增加人手與費用，不如擬定適當且較低的稅額，決定連納稅者自身在繳交時，絲毫不感到重擔的低稅額。基於上述的考量，凱撒才決定將高盧的稅收定為一年四千萬塞斯泰契斯的吧！

那麼，四千萬塞斯泰契斯的金額是有何種程度的購買力呢？要將歷史上的金額換算為現代幣值，說實在這是不可能達到精準的。因此，不採換算，我想就由金額的列記來想像一下吧！單位全為羅馬的通貨單位塞斯泰契斯。

一、據研究學者的估算，西元前六十七年當時羅馬的國家預算總額為二億。

二、同年，龐培為最高司令官時所主持的一掃海賊作戰中，支出總額一億四千四百萬。

三、西元前六十三年，由於龐培完成遠東的稱霸，進入羅馬國庫的小亞細亞與敘利亞的屬省間接稅，總計約二億。

四、西元前六十一年，舉行凱旋式的龐培，贈予士兵的獎金總額為二千九百萬。

五、羅馬首富克拉蘇的資產總額為一億七千零四十萬。

六、凱撒就任審計官那年，也就是在政界生涯的起跑點時，三十二歲的他所累積的借款總額為三千一百二十萬。

七、辯護成功的西塞羅，買下位於羅馬最高級住宅區——帕拉提諾山丘上的克拉蘇豪邸時，金額為三百五十萬。

八、西元前五十八年西塞羅被驅逐流放，財產被克勞狄斯破壞，而第二年驅逐令解除後返回首都，得到國家二百萬的賠償金額。西塞羅感嘆比購入費還少，同樣遭破壞的兩個地方別墅賠償額為五十萬與二十五萬，這也夠讓西塞羅感嘆國家是多麼吝嗇了。

九、西元前五十四年，凱撒考慮擴張羅馬廣場，光是收買預定工程用的民眾土地，就花了六千萬。

十、同時期，艾米里亞・波魯奇在修補一百二十年前祖先所建的艾米里亞會堂時，凱撒以百分之二・五（通常為百分之六～十二）的年利，所借融資額為三千六百萬。

根據研究學者的估算，高盧戰役當時的高盧全域人口為一千二百萬左右。人口較預期多的原因是高盧的氣候、地質皆適於農牧業，也因為富饒，日耳曼人才屢次嘗試入侵。如果相信普魯塔克的記述，在凱撒所主導的這八年來高盧戰役中，有一百萬人被殺、一百萬人成為奴隸。對高盧課以四千萬塞斯泰契斯的直接稅，這究竟是否為重稅，正確的判斷，恐怕就連學者也只能做揣測吧！總而言之，高盧在被凱撒征服以後，完全脫胎換骨了。

西元前四十九年以後，也就是凱撒離開高盧不到一年的時間，凱撒手下的各個軍團就內亂勃發，於是凱撒令他們離開高盧，高盧境內成了沒有任何羅馬兵的狀態。高盧在凱撒正埋首於與對手龐培內戰的時期，正是推翻羅馬支配的最佳時候。況且，領袖中諸部族的有力人士，除二、三位外其餘皆活著。以往常扮演煽風點火的祭司階級也還健在，因此應該並不缺乏再度燃起民族獨立意圖、率兵蜂起的領導階級。但奇怪的是，全無反凱撒的舉動發生。在凱撒攻擊馬賽時，他們甚至答應凱撒的要求，提供攻城必需品中的兵糧。凱撒在西班牙與龐培軍的戰鬥中，也是高盧輸送兵糧過來。

為什麼在羅馬的軍事力唱空城時，出乎龐培派人的暗中期待，高盧還是繼續留在凱撒名下呢？唯一的例外是，最有戰鬥力的貝洛巴契族在西元前四十六年所發生的一次叛亂；不過羅馬軍沒出兵，周邊的各部族就自行解決了。從此以後，高盧人所起的反羅馬武力行動可說是沒有。在整個羅馬帝政時代，高盧一直是「羅馬化」的優等生。

一本比利時人所描寫、在法國出版的名為《阿斯托利克斯》的漫畫，其成功點在於對一直是羅馬化優等生的祖先，發揮了幽默諷刺的效果。這本書的故事大綱，是描述凱撒稱霸高盧全域的說法實際上是個謊言，還有一個小村落並未臣服凱撒。為什麼沒屈服呢？因為該村落的祭司混以藥草，調成了利久酒（法語：Liqueur），一喝下去，就會像吃了菠菜的卜派一樣充滿力氣，羅馬軍團被擊得潰不成軍。也由於這個緣故，凱撒的高盧稱霸欠缺了這畫龍點睛的一筆。

但是，這本漫畫頗能取悅大人，連細部都描寫得很清楚。一是這麼有效的利久酒，如果讓高盧全部族都飲用，高盧也就能推翻羅馬的統治了吧！可惜喝利久酒的只有一個部族。二是變成像卜派般的高盧人，屢屢挫敗前來制壓的羅馬軍團，然而當時的羅馬軍團指揮官，並非以凱撒為描寫對象。這方面也沒有忠於史實，可說是貨真價實的諷刺詼諧之作吧！

但是，儘管有愛國思想流露，法國人是理性的民族。法國人所喜好的《阿斯托利克斯》中，全然不見被支配民族的憤恨與怨念，以及抱持被害者意識所造成的陰沉面。對凱撒的描述，也是熟讀《高盧戰記》、充分了解歷史之後所為；凱撒雖然是它嘲笑的對象，卻也不得不敬愛凱

《阿斯托利克斯》（歌西尼作，伊索爾德繪，採自巴黎·DARGAUD刊行）

撒。凱撒被描寫成一位令人無法感到憎惡的征服者。多虧凱撒，法國人才免於被打心底討厭的德國同化，他們不得不認同這點。

而對高盧戰役後的高盧人而言，羅馬化是怎麼回事呢？保持高盧的特質又是怎麼回事呢？在閱讀漫畫《阿斯托利克斯》時，這些都是有趣的想像點。阿斯托利克斯率領喝下祭司所調利久酒的高盧人，擊潰了無敵的凱撒軍團，由於未屈服在羅馬的武力之下，也就未臣服於羅馬文明，他們拒絕了所有的羅馬式事物，繼續保持高盧式的。

例如，不同於短髮、剃鬚的羅馬風，即如羅馬人所稱呼的「長髮高盧」，他們的髮長幾可編辮，鬍鬚也不剃；此外，不同於短衣加斗篷（法語：Manteau）的羅馬式裝扮，而是如同羅馬人稱為「長褲高盧」那般的打扮，繼續穿著長褲。此外，高盧人認為羅馬人的主食——一種以小麥粉為主所煮的濃湯（法語：Potage，或是粥），那種東西

維爾欽傑托斯向凱撒投降圖

令人難以下嚥，倒不如吃高盧傳統的野豬肉丸子。開林、填沼，看著周圍漸為都市計畫開發地，他們自己仍然像從前一樣，住在防柵中，以木與土所做成的住家，走在沒鋪設道路塵土飛揚的路上。他們輕蔑其他享有因水利工程等，水源可達廣場和家庭而生活便利的高盧人，仍與往常一樣只汲取河川與泉水。並且認為下水道工程，對住在比鄰森林的村落生活並非必要。

但是，這個快樂的阿斯托利克斯與他伙伴的談話，表現了被支配的高盧人對支配者羅馬人的反抗精神，如果讀出此點，作者兩人首先會感到驚訝吧！也會引來喜愛這本漫畫的法國人不禁失笑吧！這是卑屈忍受衍生不出的諷刺。這對從小學時代起就學習這段史實的他們而言，是相當有趣的諷刺作品。

而由凱撒在歷史上「介紹」的今日大國——法國與英國，法國在二千年後產生了諷刺幽默，而英國為何並未產生此點呢？我認為，最初將英國介紹給文明世界的雖然是凱撒，但不列顛的正式羅馬化，是在進入帝政時代以後，而且是由寫不出能與《高盧戰記》匹敵的人物促成的吧！相反的，法國將自己的「羅馬化」，寫成易懂且巧妙的文學作品遺留給後代。而結果是，不是對征服者凱撒的抵抗式文學，反倒成了諷刺象徵的文學。不像邱吉爾所說「大英帝國的歷史，開始於凱撒渡多佛海峽時」這般坦然。高盧也就是法國無法毫不在乎。凱撒所寫的《高盧戰記》與對高盧的戰後處理，就高盧人來說是「造孽」之舉。

凱撒在西元前五十八年就任屬省總督之後，拒絕答應赫爾維提族的通行時，就已經想過這勢必無法平穩收場。不，也許在羅馬皆知赫爾維提族準備移動的西元前五十九年當時，他已經預測到這個部族的移動，將在高盧全域捲起風波了吧！正因如此，他才期望到此風波必至之地的高盧就任，而且一開始就期望有五年的任期吧！一心鑽研《高盧戰記》的小林秀雄對此曾尖銳地指出，野心家凱撒所等待的，想必是創作高盧戰役的機會吧！但是，這是個給予羅馬國未來指針的「創作」，而這也正是《高盧戰記》中無法書記前言的理由吧！如果寫了的話，一定會受到「元老院派」的猛烈抨擊！而且更重要的是，凱撒的前瞻性無法為同時代的人所理解！但是，現在英國的一位研究者寫道：

「阿列沙攻防戰，決定了包含不列顛、由庇里牛斯山脈至萊茵河之地以後的歷史。」

歷經八年高盧戰役後的戰後處理也告終時，凱撒越過阿爾卑斯山，向北義的屬省前進，當時已經進入西元前五〇年的夏天。在這適於戰鬥的季節離開高盧，顯示高盧已開始進入戰後狀態。剩下的軍勢分配是高盧中部由法比烏斯率四個軍團、高盧東北部由特列波紐斯率領四個軍團前往。西元前五十二年至前五十一年的冬天、西元前五十一年至前五十年的冬天，在非戰季節中，兩度於高盧過冬，以徹底解決高盧問題為優先考量的凱撒，也不允許草率處理首都的反凱撒行動。北義屬省總督的本營在拉溫納，凱撒早日返回拉溫納，專心致力於因關切高盧而不得不擱置的首都對策，表示有必要認真考慮對元老院的對策。

在朝北義屬省前進的途中，凱撒耳裡傳入一個情報，也就是「元老院派」圖謀接近拉比埃努斯之事。凱撒將北義屬省屯駐軍團的指揮權，託付給在八年的高盧戰役中，與自己同心協力走過來的副將。

理由一為純粹出於慰勞。凱撒在北義過冬那年，拉比埃努斯還是繼續留在高盧。凱撒的考量是想讓他待在好一陣子已無敵意的北義屬省，在被稱為「羅馬化的高盧」、最為羅馬化的北義大利，好好休養。

二為意在參選第二次執政官的凱撒，基於選舉上的考慮。北義屬省說來算是他的選舉地盤，因為在此地編組而成、且在凱撒指揮下戰鬥的軍團兵，都是擁有投票權者。將拉比埃努斯送往此北義屬省，對凱撒而言，正是送最信賴的人往選區的作法。

據說龐培的手下曾多次與拉比埃努斯接觸，凱撒身邊的希爾提斯在《高盧戰記》的第八卷中，對得知此情報的凱撒，有如下的描述：

「凱撒對這件事，連聽都不想聽。」

高盧戰役結束後，凱撒毫無喘息地等待下一場戰鬥。而這場戰鬥不同於在高盧的戰役，它是以法律與言論為武器所展開的戰鬥。

渡過盧比孔河之前

二年前的西元前五十二年，背負「元老院派」之名的米羅與高唱「平民派」的克勞狄斯兩派武力衝突不斷，而在米羅殺害克勞狄斯時達到了最高潮，隨著「一人執政官」的就任，這個無政府的狀態由龐培收拾了。他過去的名聲，以及那些領受土地耕作曾經是他部下的人感到無言的壓力，這對平息因平民代言人克勞狄斯的被殺所引起的狂怒，有相當的助益。凱撒也同意這是解決現狀的良策，由於有在維爾欽傑托斯領導下所建立的高盧對策，所以凱撒就安心離開北義屬省了。但是，當凱撒展開與對手維爾欽傑托斯在高盧的戰役時，在首都羅馬，「元老院派」和龐培也開始愈走愈近了。

首先是將特例的一人執政官現狀，提早改回常設的兩人執政官制度。深信由元老院主導的羅馬型寡頭政治，才能守護羅馬政體的「元老院派」，認為只有一人的執政官，有流於獨裁官的危險。蘇拉所實行的強力獨裁政權，雖然強化了元老院政體，但是光是他自己成了最高權力者之事，就讓「元老院派」大感是作了場惡夢。西塞羅、小加圖、馬塞拉斯、阿赫諾巴布斯等「元老院派」，都對「僅僅一人」之事過敏。無政治野心的龐培，了解「元老院派」的心情後，答應再設一位執政官。「元老院派」也將這另一位執政官的選任交由龐培負責。第二位執政官由龐培再婚妻子的父親——梅特魯斯．西比奧就任。這個人物本是出身名門貴族的元老院議員，因此對「元老院派」而言是再好不過的解決辦法了。但是，這件事對「凱撒派」而言，是「三巨頭政治」中的盟友龐培，作了「元老院派」的馬鞍。

以打倒「三巨頭」組織為目標的「元老院派」，現在圖謀離間凱撒與龐培，這也是理所當然的策略。而他們想拉攏的，不是凱撒而是龐培，這也是相當明白的選擇。實現「三巨頭」組織想法的凱撒，想改革元老院主導的寡頭政體的意圖甚為明確。

但是，龐培也是一次又一次地贊同「三巨頭」，只不過在他光輝戰績的背後，享譽了羅馬最驍勇的武人之名，而且他年輕時就習慣這第一人者的待遇了。如果能延攬這樣的龐培進來，對共和主義者的「元老院派」而言，是不用擔心他會變成獨裁者的。

「元老院派」之所以執著於拉攏龐培，原因之一為想孤立凱撒；二為想利用龐培的名聲。在「元老院派」中，欠缺令一般市民熱衷的領袖型魅力領導者。西塞羅雖為受人尊敬的知識份子，但是評論家式的言行並未得到平民的認同，以至於在西元前六十三年最後也沒能當選為執政官。而小加圖清廉的生活起居是眾所周知的事實，但是他那悲觀式的辯論非常引起民眾的反感，在兩名執政官選舉中，候選但落選了。其他人也是即使當選了執政官，成為政治家、武將，也無法成為刺激民眾想像力的人才。因此對「元老院派」而言，藉龐培露面來打開市民之路是必要的。再說，不具政治野心的龐培，並非是個危險人物。

誠如我在先前所敘述的，虛榮心是希望別人讚賞自己的心態；而野心則是欲達成某事的意志。要他人覺得自己好的人並非絕對需要權力；而想要達成某事的人，權力和執行時所必須的能力是不可欠缺的。即使有虛榮心但無野心的人，人們也會視他為無欲之人，因而不認為他是危險人物，所以受重用的往往是這種「不危險的人」。

不介意別人的看法，並且於公並未想達成某事，這種人實質上是過著隱居、未危害人類社會的人生而已吧！古代稱此生活方式為伊比鳩魯派，而相反的，選擇積極與人類社會結合的生活方式，則稱為斯多噶派。龐培的不幸，在於他稱霸東方歸國後，四十四歲的他由積極的斯多噶派變為不完全的斯多噶派。他如果能像前輩盧加拉斯、西塞羅的親友阿提克斯那般，就能徹底地以伊比鳩魯的生活方式，平穩、優雅地度過後半生吧！想成為國家秩序守護者的虛榮心，使得年屆五十中旬的龐培，成了「元老院派」追逐的對象。

追逐的一人為此時期開始執筆《國家論》的西塞羅。第二年立刻被刊行的這部著作，提倡國家的理想，應由超越黨派、忠於國法，超然其上的客觀調停者來治理。這樣的寫法明顯地是在暗指龐培，這是在替龐培以及推薦他的「元老院派」提供理論上的根據。

得到龐培增勢的「元老院派」，先是策畫在次年西元前五十一年的兩位執政官，皆為己派所獨占。但是此事只成功了一半。馬塞拉斯當選了、小加圖落選了。但是凱撒派無一人當選，次於馬塞拉斯當選的是中間派的法律家魯佛斯。因此，「元老院派」的反凱撒攻勢更加增強。

我想在此先對「元老院派」和凱撒兩者的真正目的為何做一整理，這對釐清往後法律抗爭的複雜性相當有效。

首先簡單扼要敘述如下：

「元老院派」——堅持由元老院主導少數領導的羅馬共和政體。因此決意對想打倒現行體制、樹立新秩序的凱撒，無論用何種手段也要將他趕走，目前所面臨的正是阻止凱撒再任執政官。西元前五十九年，他們只要想起當時執政官凱撒的統治方式，認為凱撒身為其中之一的執政官就存在著危險。

凱撒——深感西元前六世紀以來一直持續著的羅馬型寡頭共和政體，並不適合西元前一世紀中已成超級大國的羅馬現狀，必須確立取而代之的秩序。但是，他以在高盧戰役所獲得的名聲為背景，在執政官這個現行體制內尋求改革之道。因此，目前面臨的課題是西元前四十八年的執政官選舉。代替凱撒敘述高盧戰役最後一年的希爾提斯也記述如下：

「儘管依法用妥當方法進行的希望很渺茫，凱撒還是在可犧牲的範圍內犧牲，希望能依法進行。」

凱撒首度就任執政官是在西元前五十九年。如果是在西元前四十八年擔任第二次的執政官，相隔十年再選執政官，也還未違反尚有效的「蘇拉法」。西元前五十五年擔任執政官的龐培，在西元前五十二年又當上了執政官，當時的一人就任，是以收拾事態為目的的特例處置。凱撒依照常例，期望參選合法期間內所設置的執政官選舉。西元前四十九年的那場選舉他也有所冀予，但是那得在西元前五〇年的夏季選舉中集中火力出擊，如此一來，就沒有充分的時間處理戰後事宜了。

但是，即使是西元前四十八年的執政官選舉也是在前年夏天舉行。況且依照慣例，候選登記必須由候選人本人，親自提呈至羅馬市內卡匹杜里諾山丘上的國家公文書庫。如果想忠於這個規定，凱撒首先在西元前四十九年的夏季以前，就要為高盧戰績舉行一場凱旋式。因為凱旋式是為擁有軍團最高指揮權的前執政官舉行的，擁有這個大權者，在身為前執政官、屬省總督時，就無法進入首都城內，這是羅馬的法規。如果他在凱旋式結束後，自己一人返回羅馬城內提交候選人登記，就不會觸及羅馬法規與慣例。

但是如此一來，就百分之百地中了「元老院派」所設下的圈套了。凱撒的屬省總督任期，照例是在西元前五〇年底結束。因為照例所計算的實際任期是在後繼者到達接任那時才結束。軍務上的任期更是有拉長的現象，而依此習慣，任期的結束通常是在隔年的初春。

但是，決定後繼者的是元老院，元老院又唯「元老院派」馬首是瞻。這樣的話，早就決定後繼者的可能性頗高。凱撒的任期較可能在西元前五〇年底結束。但是在那樣的情況，通常要暫時解散手下的軍團，相約於凱旋式時再會。凱撒如果想參選西元前四十八年的執政官，他的舊部屬們或許會一舉投下支持他的票而使他當選，不過即使如此，他也不得不待上六個月的「赤手空拳」期，也就是成為個人。而看準凱撒將恢復為赤手空拳的「元老院派」，必定會展開一場法律鬥爭。因為在羅馬有禁止告發公職人員的規定，也因此有很多公職人員在卸下屬省總督職位回首都時，遭到被告發的命運。

但是，反凱撒派的人握有將凱撒揪至法庭的「罪」嗎？如果依照羅馬法是有的。

一、屬省總督的身份應是負有專守防衛的任務，越過任地的屬省境界遠征，渡萊茵河攻日耳曼人之地、越多佛海峽遠征不列顛。屬省總督在越過任地邊界進軍的情形，習慣上必須得到元老院的認可才可以行動，但是凱撒未得到認可，也未請求得到認可就決意行動了。

二、除了被給予的四個軍團以外，他自己負責編組的四個軍團並沒有得到元老院的認可。西元前五十六年春的盧卡三巨頭會談中決定，至西元前五十四年的三年間，凱撒第一年有六個軍團，第二年開始有八個軍團的戰力，當然這項決定也未向元老院請求核准過。

三、給予被征服的高盧有力人士自己的家名朱利斯，擅自組織「Client網」（私人後援會網）。

四、在長期以來的債權者——克拉蘇死後，金錢方面變得好轉的凱撒資金來源十分值得追究。以振興高盧經濟為名，從去高盧開拓新市場的羅馬商人，收取回扣，這事完全可視為收賄罪。

西比奧．亞非利加努斯這位連戰連勝、擊敗漢尼拔、將羅馬從布尼克戰役泥沼中救出來的人物，也因被追究五百泰連金額（一千二百萬塞斯泰契斯）的使用用途不明，而被逼得狼狽萬分。凱撒的情況是將錢用在擴建羅馬廣場的工程，因為是用在公共事業還不至於使用用途不明，而是出處來源不明。扯凱撒這位救國英雄後腿的告發者，是承繼大加圖血源的小加圖，他燃燒著打倒凱撒的執念。

因此，失去公職這個盾牌的凱撒，必定會遭告發的砲火猛烈集中攻擊。而在裁判結果尚未明朗以前，元老院大可以此為藉口，不接受他的候選人身份。諸如此類的前例，包括加帝藍的情況看來還真不少。

當然，凱撒這方面也做了某些應對，凱撒派常將多數護民官的提案立法化，對凱撒特別通過了允許他不在也能提交候選登記的法律，也就是本人無需至羅馬提出登記，由代理人提出就可以了。在北非與努米底亞王朱古達戰鬥，無法歸國的馬留斯，也有非本人所提出的候選登記受承認的前例。凱撒自然也可以用高盧戰役正進行中為理由。但是，這個理由在高盧戰役終了、屬省總督任期將滿的西元前四十九年以後，是否能繼續得到承認就很難保證了。然而實際上，有鑑於凱撒功在國家而給予他特例之事，已開始向不認同的方向發展了。

先是西元前五十二年，龐培努力完成了以立案形式提出的「行政官法」。這項法條中再次要求候選人有親至首都登記的義務。此法是在獲報傑爾高維亞的凱撒軍撤退時所提出來的，要突擊敵人，利用敵人勢弱加以狙擊是正確的，不過，這似乎也太早了；三個月後，阿列沙的羅馬軍反敗為勝的消息傳來。後世的歷史學家一致評價阿列沙攻防戰才是決定不列顛與高盧歷史的戰爭，當時的羅馬一般市民，也同樣正確掌握了這次勝仗的意義，他們覺悟到長期的高盧戰役就要終了了。在狂熱的民眾面前，元老院決議向神做二十天的感謝祭，以報償凱撒的功績。「行政官法」也不得不對凱撒外加一修正條款，將他列為例外，修正條款的提案人為龐培。

凱撒利用這個機會，要求將自己的任期延至西元前四十九年底。理由是戰後處理工作需要充分的時間，而真正的用意則是他並不認為自己所受的特別待遇不會被更動。如果能將任期延至西元前四十九年底，在前四十九年夏季的執政官選舉中，就不會面臨「赤手空拳」的危險了。

「元老院派」認為拒絕凱撒要求的延長任期，是違逆市民的情感，因此不對凱撒的要求做立刻的答覆。反凱撒的第二枝箭，在西元前五十一年被放出了，此法已於前年底由元老院議決了。西元前五十一年，以龐培提案的形式在公民大會中被提出來了。

在「龐培法」中，規定即使擁有成為屬省總督權利的前執政官與前法務官，必須在擔任執政官或法務官五年後才能實際赴任。此法一成立，使得有執政官或法務官經驗，但無屬省職務經驗的人，被排除於屬省總督之外。不想擔任屬省職務的西塞羅，也於西元前五十一年夏出發至任地西里西亞。對不擅軍務的西塞羅幸運的是，位於小亞細亞的西里西亞屬省，那時還算是平穩之地。正因為是沒有問題的地方，才派遣知識份子去吧！但是如果提起內政，西塞羅實際上是憑良心工作的總督。

這個「龐培屬省總督法」，乍看之下，似乎並不以凱撒為標的。但是，元老院中集合了法律之民——羅馬人中法律知識超群的人，實際上並非那麼簡單。

屬省的赴任是在獲得權力五年以後。西元前五十二年擔任執政官的龐培，在西元前五十一年時，不得不退任兩西班牙的屬省總督。與任職高盧三屬省總督的凱撒相比，龐培的卸任當然呈現了軍力關係的不平等。因為凱撒保持了他的軍事力，而龐培卻無軍事力。

因此「元老院派」議決了將龐培的兩西班牙屬省總督任期，再延長五年，作法也相當巧妙。龐培的任期並非由西元前五〇年底開始五年的延長期，而是由西元前五十二年底開始。為什麼由西元前五十二年底開始呢？因為龐培在前半是擔任「一人執政官」，所以才選在西元前五十二年吧！如果由西元前五十二年底為任期開始期間，龐培的任期終了就是西元前四十七年底。如此一來，即使受制於市民的愛戴，不得不接受凱撒將任期延至西元前四十九年底時，龐培的任期也還比凱撒晚二年才結束。

因此，兩人間的實力關係一變而為對凱撒較不利。不可忘記的是，羅馬中擁有絕對指揮權率軍權限的是屬省總督；因此，屬省總督的任期結束，就意味著軍事力的解除。燃燒著打倒凱撒氣焰的「元老院派」，期望在軍事力等各方面都較凱撒占優勢。因此拉攏龐培至「元老院派」是有所效果的，而這對慣於無敵手、當龍頭的龐培來說，多少也滿足了他的虛榮心。

但是「元老院派」也有點過於趁勢了。西元前五十一年的執政官馬塞拉斯公然地反凱撒，在元老院會議提出一個提案，那就是在高盧戰役結束後，要求凱撒解任最高司令官之位，召還回本國。

這在元老院議員中引起了一陣騷動，他們終於決定要早一點解任、召還這位被回報以二十天感謝祭之功的當事人。的確，就戰略的觀點看來，高盧戰役是在阿列沙的攻防戰中終了了。凱撒自己寫到《高盧戰記》的第七卷，希爾提斯所執筆的是第八卷，記錄阿列沙以後，完全稱霸高盧之事。也就是如同第八卷所敘述的，此時期的凱撒正逐漸縱橫高盧全域、完成稱霸高盧。並且，《高盧戰記》至第七卷的抄寫本也開始到處流傳了。

執政官魯佛斯首先是站在反對的立場，他並非屬於凱撒派。元老院議員分為強硬的「元老院派」與穩健的「元老院派」，魯佛斯因為是法學者，屬於穩健的「元老院派」。執政官魯佛斯反對的理由是：以凱撒充分執行最高司令官為前提，應將他地位留至任期截止較為妥當。十七年前曾有將在前線戰鬥進行中的最高司令官盧加拉斯召還本國的例子。但是，當時不得不解任、召還正與潘特斯王米斯里達茲作戰的盧加拉斯，將他的指揮權讓交給後繼的龐培，是因為即使他攻至裏海 (Caspian) 的軍事功績充分地獲得認同，但之後士兵拒絕從軍，也就是因為士兵罷工之事無法解決，以致沾上了身為最高司令官而不懂明辨的污點。凱撒的士兵並無此種狀況。執政官馬塞拉斯的提案過於明白顯示對凱撒的憎惡，終究無法得到元老院議員的贊同而無疾而終。

強硬的「元老院派」也無法忽視的是，執政官馬塞拉斯的這項提案，令龐培感到不快。龐培也擔任兩西班牙屬省的總督。然而他派遣心腹至屬省統治，自己則留在羅馬，於屬省總督任期內不得入首都城內的規定，也適用於他。因此，他從羅馬南方的阿爾巴別墅傳達出不快之意。龐培的不快，我想純粹是出於身為武人的不快。慣於首都舒適生活的元老院議員，無人知曉率領五萬大軍，進行長期戰役究竟是怎麼回事，他們以為最高司令官的地位宛如投球那般簡單；而在軍事方面有豐富經驗的龐培當然隱忍不了，龐培是個有許多缺點的正直男子。

龐培表明反對後，強硬的「元老院派」不得不改變戰術，採不露骨地反凱撒的迂迴路線。隔年，西元前五〇年的執政官，兩人皆為己派人士所獨占也是這個目的。

由於凱撒還在高盧繼續進行完全稱霸的工作，「元老院派」這一次成功了。因為在戰鬥進行中，凱撒無法為了幫助己派的候選人當選而讓手下士兵們休假，或讓他們回首都投票。當選的蓋烏斯．馬塞拉斯與艾米里斯．保羅都是「元老院派」。前者與前年度以執政官身份強硬地反凱撒的馬庫斯．馬塞拉斯有堂兄弟關係。兩人反凱撒的論調也是一樣的。當凱撒從事修復先前所建的艾米里亞會堂時，還是艾米里斯．保羅借給他修復工程費的融資，因此他並非在感情上反凱撒；只是，這位名門貴族是個正直誠實的人物，他不希望成了凱撒在首都的利益代言者。

凱撒東忙西忙後，完成了全高盧的稱霸。連續二年待在高盧過冬，優先處理高盧之事，在西元前五十一年的冬天，凱撒著手處理戰後內政問題。

如前所述，這些皆為攸關將來羅馬根本方向的事，再繼續做下去，就能有因應首都局勢的對策。套句西塞羅的說法，「凱撒的長手」再度開始向首都羅馬伸展了。

不止限於此時，凱撒蒐集情報的能力，以及活用情報為基礎設立駐外機關的才能，也令人驚訝。即使在戰鬥中，埋首於距巴黎一百五十公里北側的阿拉斯戰後處理時，凱撒也能對首都情勢的變遷瞭如指掌；更令人驚嘆的是，南法與北義的屬省統治也能繼續充分發揮機能，真可說是組織力、才能超群的人。

但是，他的作法是完全中央集權。負責駐外機關的人員皆和凱撒直接聯繫，情報完全集中於凱撒處，基本的指示也全由凱撒發布。接到指示的駐外機關負責人同時也是經濟方面的負責人，彷彿凱撒的手足般，徹底地實施他的指示。

這個系統說起來是非常時期的系統。也許，在凱撒看來，平時的法律鬥爭與非常時期的典型事件——戰爭無異吧！

尚在北非處理戰後事宜的凱撒，藉由此法，清楚地掌握了龐培的動態與「元老院派」的謀略。因此，他也早已察覺到要將己派人士送上執政官的位子是很困難的吧！但是如果任憑反凱撒的羅馬領導階級日形堅固，等於是自尋滅亡。因此，凱撒必須尋找一個即使元老院和執政官轉過身去，依然能勝任其「手」的人物。凱撒所注意的、符合此項要求的人物，是按照一般人想法會極力避免的人選——現職的護民官，三十五歲左右的青年。

「凱撒的長手」

蓋烏斯·善普羅尼斯·古里奧，他的父親是強硬的反凱撒派，因此他也被視為「元老院派」。青年古里奧的條理式思考表現以及充分的辯才，使他成為西塞羅等「元老院派」不吝讚賞與期待的對象。然而這位古里奧卻成了「凱撒的長手」。

為什麼凱撒會注意到這位分明屬於敵側的古里奧呢？

第一，青年古里奧擔任護民官的職位。在羅馬政體中，除執政官兩人外，只有護民官握有行使拒絕權的權利。

但是這裡剩下的疑問是：護民官之職有十個人擔任，也犯不著特地選敵方陣營的人吧！

也許凱撒知道青年古里奧了解以往對凱撒的攻擊論法，因而對他的能力予以肯定吧！總之，他與父親年齡相仿的「元老院派」議員以及執政官為敵，一步也不退讓地守著凱撒的利益，那是因為凱撒收買了青年古里奧的才能。

我們或許可以想到，處於周遭皆為反凱撒派的環境中，這個青年替凱撒派做事的可能性，也並非就全無呀！但是，凱撒是否已經從古里奧以往的演說及其他情報，察覺他是一位對任何想做的事都有強烈意志的人。對這種性格的青年，只要明示遠大的理想，加以說明成果理當共享等等，要說服他並非是作夢。而凱撒又正是寫這種信的名手。

再者，青年古里奧有喜好王公貴族生活的傾向，一直到處負債，總額達六千萬塞斯泰契斯，就借錢的才能而論，要比年輕時的凱撒更豪奢。凱撒替他償還那筆債，因為什麼都不付地拜託他有些失禮。根據西塞羅所述，凱撒很喜歡那個與自己年輕時候類似的青年。對五十歲的凱撒而言，古里奧那筆龐大的借款，真是個令人愉快的把柄吧！

我想直接與古里奧接觸的，是首都的「凱撒事務所」主任——巴爾布斯吧！由於必須採隱密作戰，因此打探等微妙的接觸，常是由間諜出身，跟在凱撒身邊的人所擔任。

年輕護民官變身了，一時之間也沒有人發覺。連向來喜歡接觸情報，到西里西亞屬省任地也不忘和首都交換情報的西塞羅，也等到西元前五〇年中葉才發覺此事。因為護民官古里奧遵守凱撒的指示，盡量以低調的方式行使職權。

但是最後當古里奧行使否決權這個「變節」的舉動，引來羅馬政界的騷動。「元老院派」所期待的人才被敵人收買了。元老院內皆大嘆此為醜聞。強硬的「元老院派」責難古里奧不該被凱撒的金錢收買，有良心的元老院老議員，則紛紛感嘆此時年輕人的道德倫理低落。

但是，認為任何人皆可為金錢所買動的人，本身也可能為金錢所買動。從非難這件事來看，較之受非難的一方，反倒更映現出非難這方的樣子。青年古里奧自此成為凱撒忠實、熱情的青年同志。

那麼，在西元前五〇年的十二月九日截止的護民官任期中，古里奧是如何守住在北義屬省無法接近首都的凱撒利益呢？

凱撒將任期延長至西元前四十九年底的要求，還未交元老院討論決議就告終了。「元老院派」意圖決議要凱撒卸任且返回本國，但是由於元老院內的穩健派和龐培的反對，而未達成此決議，這件事已經在前面敘述過了。被迫轉換戰術的「元老院派」，第一步作法是期望獨占執政官。這個作戰在西元前五〇年的執政官選舉獲得成功，該年夏天所舉行的下年度執政官選舉相當天衣無縫。西元前四十九年的執政官，都是強硬的反凱撒派——馬塞拉斯與廉托魯斯兩人。這三年來馬塞拉斯家族的當選，與克勞狄斯一門特別厭惡強硬的凱撒而舉族助選有關。再者，現在屬「元老院派」的龐培也有某種效果的聚票力，龐培的聚票力，比起住在羅馬市內的游離票，反倒是多來自羅馬附近拿坡里周邊的殖民，那裡到首都方便而且又是他從前部下的勢力地盤。

下年度的執政官皆為己派所獨占之事成功後，「元老院派」的第二場作戰是，早日決定繼任凱撒的人事。如果連繼任者都決定好、並且早日赴任地，那麼凱撒就無法一直在屬省安穩地待至西元前五〇年底的任期終了之後。不是屬省總督，就不得不放手軍事權了。而「變節」後的護民官古里奧的任務就是打聽、預測可能繼任高盧屬省總督的人選。

但是高盧屬省總督的繼任，西元前五十一年，已經列為元老院的議題了。提案者是執政官馬塞拉斯，那時就連元老院也對長期以來的高盧戰役終了後就決定繼任者之事，大感猶豫，因此列為隔年的議題未被採決。但是就任西元前五〇年執政官的蓋烏斯．馬塞拉斯，將這問題視為自己任內的最重要課題，這早在一月一日他就任的第一天就已經表明了。

如何做能早先得到情報呢？古里奧當初替凱撒派做事時還沒有人發現，在他被認為是「元老院派」的時候反倒有利。

首先，積極促成經由「元老院派」和龐培同意所提出的提案：克拉蘇遠征失敗後，敘利亞屬省的防衛變弱，從握有軍事權力的凱撒、龐培手中各撥出一個軍團，派遣至敘利亞。龐培指稱自己早在西元前五十三年，已經借給凱撒一個軍團了；因此從龐培那裡借來的一個軍團，加上凱撒原本義務所需提供的一個軍團，計兩個軍團的兵力遭削減。這項提案的目的，很明顯地是要削減凱撒的軍事力，雖然有帕提亞的威脅，但是自從斯雷那斯死後就沒什麼影響了，自然也還不至於要緊急派援軍。

凱撒遵從元老院的決議，送返屯駐北義屬省的第十五軍團，取而代之由高盧來的第十三軍團。而他自己所義務提供的軍團由在高盧的第十四軍團遞補，並且還告訴他們，就要離開高盧回羅馬了，然後稱讚這兩個即將離手的軍團士兵這些日子來的英勇戰鬥，付完薪俸後才將他們送回故國。

不過這下子凱撒手邊的軍團減至八個了，而被送返的兩個軍團也如凱撒預期般，不是送往敘利亞，而是被置留在龐培的舊兵所集中的南義加普亞。

面對這種情況，凱撒並未提出抗議。但是雖未抗議，此時他已經未經元老院許可，擅自至南法屬省徵募志願兵了。志願者非羅馬公民，而是高盧人，因此不以正規羅馬軍第某某軍團命名。加上兩個實質新編組的軍力後，命名為雲雀軍團，因為南法屬省有許多雲雀。

總之，凱撒顯示出順從元老院決議的態度，但是想法上，他依然認為只要龐培有十個軍團的權力，自己也要握有十個軍團。

護民官古里奧一面假裝成「元老院派」，一面著手延遲高盧總督繼任者的作戰計畫，於是搬出「法」的法律論爭展開了。而即使以法律論爭也無法左右元老院的議決時，就行使護民官投否決票的權利。儘管世人也會因此知道古里奧和凱撒走得很近，但是否決權的行使是護民官的正當權利。「元老院派」只有咬牙切齒了，而且一面咬牙切齒，一面等待古里奧的任期截止——至西元前五〇年的十二月九日，但是凱撒已經準備好粉碎他們這般的期待了。

護民官安東尼

護民官的任期是由十二月十日至隔年的十二月九日，選舉通常與執政官選舉同時期舉行。但是與執政官及其他公職選舉不同，後者是由公民大會選出，護民官的選出，只由平民才有投票權的平民大會來決定。在平民大會中，「元老院派」的影響較少，因此被視為「平民派」領導人凱撒的地盤。在這平民大會中，凱撒所推派的候選人要當選是很容易的。當時的安東尼剛滿三十二歲，是莎士比亞的《安東尼與克麗奧佩脫拉》中的主角，雖然他有在凱撒之下擔任軍團長的軍務經驗，但是說到政治，這還是頭一遭。不過，凱撒在此時期已返回北義屬省，北義屬省的總督駐在地拉溫納與羅馬的距離，約三天的行程。如果派遣急使，更可節省時間；比起在高盧時，送達指示自然要容易多了。安東尼當選護民官，凱撒利用護民官對抗元老院的策略也就能夠繼續施行了。

儘管面臨任期迫近終了，護民官古里奧的活躍，令在拉溫納的凱撒感到相當滿意。學者也未必光會寫些正經八百的話，有時也會有些通俗的表現，那是因為通俗的表現能適當地反映出現實的緣故，而羅馬史的世界級權威學者之一，也寫了下面這句話：

「古里奧是高價位但卻值得買的良物。」

但是因為龐培反對的緣故，古里奧也不可能將凱撒的任期延長一年至西元前四十九年底。然而由於龐培的反對，凱撒的卸任與召返本國也就沒實現了。結果，古里奧所活用的武器是否決權。護民官古里奧行使否決權，使得元老院下不了決定。

但是落腳於拉溫納的凱撒，他的戰術有些許的變更。就任執政官便可以在羅馬的現行體制下對國家從事改造，於是凱撒決定留在屬省，直到西元前四十九年夏被選為執政官。他的不在場候選人權利，受到「十護民官法」的承認，即使「元老院派」因此繼續努力奔走，還是沒達成廢除此案的目的。執政官在西元前四十九年夏被選出，就任日期是在西元前四十八年一月一日。但是元老院的討論必須事先徵求下任執政官的意見，因此可視同為有官職。這和退任屬省總督後只剩個人身份完全不同。因此，藉由不可告發有官職者的規定，凱撒避開了成為反己派訟訴砲火轟擊的危險。凱撒之所以有可能留居屬省總督，是因為後繼者尚未決定，一旦決定好後繼人選後，元老院又會以發動否決權的常用手法，回復原點。

但是這兩派的敵對狀態，造成了首都羅馬人心的不安，年長的人憶起了馬留斯與蘇拉時代的內亂，並且害怕內亂再發生。西塞羅所疼愛的年輕人柴里斯等人，正宛若置身事外似地，熱衷於觀看龐培與凱撒兩人誰勝誰負。凱撒認為行使否決權，造成元老院繼續癱瘓的狀態，對自己是不利的。護民官不僅可行使否決權，也有政策立案權，凱撒就是著眼於這點。

西元前五〇年十二月一日，執政官馬塞拉斯按照慣例又在元老院中發表批評凱撒的演說，批評凱撒破壞現行體制，想稱霸成為獨裁，演說終了後，馬塞拉斯要求元老院議員採行下述的提案：

一、有無必要決定凱撒的後繼者？

——根據元老院議員的投票結果，認為有必要的占了大多數。

二、是否應取消龐培的最高指揮權？

——議員們多投下了否定票。

護民官古里奧對此提出了反對動議。

「根據西元前五十五年訂立的『龐培・里奇紐斯法』，高盧屬省總督凱撒與兩西班牙屬省總督龐培，任期皆於西元前五〇年底終止，且皆自屬省總督退任、解散軍團。」

這是由凱撒所提出的妥協案，實為一巧妙的提案。龐培當然沒有理由反對自己所立的法。而如果龐培不反對，「元老院派」自然也就沒什麼戲可唱了。

再說，不只是內容，就連提出的方式也頗為巧妙。因為如果古里奧的提案議決通過，執政官馬塞拉斯的提案一和二皆自動無效。而古里奧也以前述的一、二提案皆採即席表決為由，要求他的提案也能得到立即表決。

投票結果：贊成三百七十票、反對二十二票。如此一來，想剝奪凱撒的軍事力量，卻不動龐培軍力的方案流產了。

執政官馬塞拉斯惱怒了，宣告散會，然後向元老院議員丟下一句話：「凱撒將成為諸君的主人。」隨即離開議場。

古里奧受到元老院議場外擔心萬分的市民鼓掌與大聲歡呼，西塞羅也趕忙迴避內戰似地沒吭聲。

但是，隔天的十二月二日，元老院議員接到來自執政官馬塞拉斯的緊急召集，馬塞拉斯向到元老院議場的議員宣告：

「我接獲凱撒的十個軍團越過阿爾卑斯山，正向羅馬南下的情報。」

護民官古里奧不等發言結束，就自席間站起來叫道：

「那個情報是假的！」

由於元老院僅給有審計官或護民官經驗者議席，所以議員中的許多人都是上了年紀的人。他們是體驗過馬留斯與蘇拉內戰的世代，容易動搖的他們也沒法再做深思，而順應了執政官馬塞拉斯的要求，再次表決日前古里奧的提案。結果竟推翻了前一天的決定，以否決定案。

古里奧立刻將此事報告在拉溫納的凱撒，凱撒也馬上派祕書官希爾提斯至羅馬。十二月六日太陽下山後，進入首都的希爾提斯與正等待接應的古里奧及保羅會面，確認狀況。然後，隔天清早就與龐培的岳父梅特魯斯．西比奧會面，表示了凱撒所提出的第二個妥協案：保持北義與伊利利亞兩屬省總督擁有兩個軍團的權利、承認不在場候選人的候選資格，如此一來也就可開啟南法屬省的總督後繼人事之路。但是凱撒所命令的任務中，最重要的是和龐培會面、伺機轉告凱撒之意。而希爾提斯按照目前的情勢判斷，了解此舉已無用了，因為握有日前元老院改變決議結果的執政官馬塞拉斯，等不及地就採取決定性的行動。

任兩西班牙屬省總督的龐培，依國法不得進入首都，馬塞拉斯帶著「元老院派」的議員到在阿爾巴別墅的龐培那裡，親手把劍交給他，說道：

「元老院要求您當國家的盾，阻擋凱撒的進軍。為完成此大義之舉，我們給您在義大利的軍隊編組權，當然包括屯駐加普亞這兩個軍團的指揮權，必要的一切軍事力最高指揮權，現在皆在您的手中。」

龐培前一陣子還因病療養，但是這位五十六歲的羅馬名武將接受了劍，答道：

「如果沒有其他的良策，我就將執政官的要求當成是命令接受下來吧！」

由現場證人梅特魯斯．西比奧口中直接得知此事的希爾提斯，在羅馬只停留了二十四小時，十二月七日夜裡即往拉溫納，沿弗拉米尼亞大道北上。或許才三天後凱撒已經得知確實的情報了吧！事到如今，凱撒只好命令在高盧八個軍團中的第八與第十二兩個軍團，離開冬營地往北義移動，和他一起在拉溫納的只有第十三軍團。

因預料凱撒與龐培將有正面衝突，而陷入恐懼、混亂、騷動的羅馬，面臨著護民官古里奧任期期滿，新護民官安東尼十二月十日的任期開始。有了安東尼接手後，古里奧便出發前往拉溫納，和凱撒會面後告知所有的事情，並聽候下一步作戰指示。護民官的卸任者，自動被給予元老院的議席，幾乎已成了規定，因此古里奧接下來的任務就是成為元老院議員。雖然無否決權可用，但是也可藉由論爭來左右決議。

「元老院派」除了浪漫式地親手遞交了劍外，也將授與龐培的大權合法化，他們並沒有浪費時間。在古里奧至拉溫納不在首都的期間，冠以梅特魯斯．西比奧之名的提案在元老院被提出了。也就是未提及龐培，唯獨命令凱撒解散軍團，如果凱撒不服從，將視為國家的敵人。

提案者梅特魯斯．西比奧完全不理會凱撒送過來的第二個妥協案，在議場甚至沒提及此事。只是要求採決他在元老院的提案。

羅馬境內因凱撒軍南下的傳聞一片騷動。而龐培離開阿爾巴別墅，在首都城外等待元老院的議決結果，大大激起議員們的不安。護民官安東尼偕同凱撒派的護民官進入議場，揚言如果梅特魯斯．西比奧的提案通過，那麼他們將不惜動用護民官的否決權。這句話奏效了，主要的提案議決被延期。

但是龐培至此開始積極地活動了。當夜，龐培召集元老院的重臣到他城外的宅邸，告訴他們一再地延期遲不下決定，對議員本身、對國家皆非良策，他自己已經有再度揮劍的覺悟了。

元老院中非反凱撒的議員，提出派遣代表至拉溫納說服凱撒的方案，但是僅得到少數的支持。因為護民官安東尼所召集的平民大會中，他激情的演說，引起了元老院議員的危機意識。在十二月二十一日所召開的平民大會上，安東尼批評元老院與執政官枉顧凱撒征服高盧對羅馬的莫大貢獻，竟然要做出忘恩負義的行為。而現在護民官打算行使否決權，如果此舉也遭漠視，就擺明了如同平民的權利受到漠視。平民大會全會一致支持安東尼等護民官。

元老院面臨這強烈的態度，也不管龐培的表態，無法踏出決定性的一步。就在蹉跎當中，已近西元前五〇年底了，凱撒的任期即將終了，而繼任的人選尚未決定。因為元老院如果強行決定，護民官一定會動用否決權，他們畏懼同時又與平民階級為敵。

在這種情形下，去拉溫納的古里奧返回了羅馬。接著，西元前四十九年一月一日，馬塞拉斯（西元前五十一年執政官之弟）與廉托魯斯新任執政官任期的第一天來到了，兩人皆為強硬的反凱撒派。

在元老院議場的新執政官就任儀式結束時，元老院議員古里奧要求發言。他想宣讀凱撒託給他的書簡，執政官馬塞拉斯認為託付的事情應擱置，先行進入議題；但是以護民官身份進場的安東尼要求立刻宣讀。這是關鍵人凱撒寫給元老院的書簡，許多人要求宣讀出來，執政官也就只有應允了。

馬庫斯・安東尼

凱撒親手寫的書簡內容，可分為三個部份：

一是將自己從以前到現在的諸項戰功，客觀地敘述出來。二是有關唯獨自己的權利受剝奪，龐培卻允許維持原有的權利，如此有失公正，因此第三度提出妥協案，也就是他有辭去高盧屬省總督的準備，不過兩西班牙屬省總督龐培，也必須同樣辭去職位。最後，凱撒要求對這提案的贊成與否的表決，應在充分討論後以無記名方式投票。

身為議長的執政官，完全無視凱撒書簡中的第三項，採未經討論的舉手表決方式。結果贊成凱撒提案的，只有古里奧與西塞羅的愛徒加西阿斯兩人而已，近四百人的元老院議員，幾乎都拒絕了凱撒的妥協案。與其說是反對提案中的內容，不如說是因為覺得這是最後通牒，而引起反感所致。就內容而言，連屬於穩健「元老院派」的西塞羅，也要評論它是很現實的。

護民官安東尼果然如預料地行使否決權，因此結果懸而未定，隔天再行表決。這邊否決，馬上那邊又動用否決權。第二天再舉行一次表決，結果還是一樣，依然又動用了否決權。

如此反覆相互堅持時，龐培的舊部屬湧至元老院的議場外等待，使壓力愈形增加。護民官連日來面臨被殺害的威脅。接著，一月七日來臨了。

「元老院最終勸告」

西元前四十九年一月七日，擔任議長的執政官馬塞拉斯不理會護民官一向擁有行使否決權的權利，要求再確認在一月一日元老院議會的表決中，對凱撒提案的否決之議。幾乎所有的元老院議員已經投了好幾回「否」的否定票，當然那天安東尼與另一位護民官又馬上行使了否決權。但是，那天兩位執政官的態度都很強硬，無視於護民官的否決權，要求大家以舉手的方式表決。

一、高盧的屬省總督凱撒，應服從元老院的歸國命令。

二、繼任者為西元前五十四年執政官多米提斯·阿赫諾巴布斯，他有立刻在義大利境內徵集四千志願軍的權利。一編組完成就赴北義屬省任地。

三、凱撒回首都親自遞交執政官候選人登記。

護民官安東尼也在決定強行突破的反凱撒派面前，重複行使否決權加以阻撓，但是當天的反凱撒派一步也不退讓。

「元老院最終勸告」被提出了，發布了這非常事態宣言時，護民官也就無法行使否決權。再者，執政官兩人要求表決承認授與元老院與龐培無限大權之法。於是，不服從元老院與龐培決定之事的人，就成了國家的敵人，被視為國賊，要遭受毋需經裁判的死刑。在投票表決之前，執政官馬塞拉斯告訴安東尼等護民官兩人，如果不想成為「元老院最終勸告」中的首靶，就快退場吧！護民官一邊叫嚷著侵害護民官的權利而退場，元老院議員古里奧也只好同樣地退場以示抗議。

當天夜裡，安東尼與另一位護民官以及元老院議員古里奧三人，已經預料到這個局勢了，三人裝扮成奴隸逃離首都。目的地當然是在拉溫納的凱撒處。但是，巴爾布斯所遣送的急使比這三個人更快，已經沿弗拉米尼亞大道北上了。事先在決定之地更換馬匹、派遣急使的方法，是凱撒常用的系統。凱撒在他三人到達之前，已經知道自己被視為國家公敵了。

以凱撒為標的的「元老院最終勸告」，就這樣成了既成事實。出席的西塞羅諷刺地批評道：「這是一項給甲或乙權利的選擇。」但是我認為同樣出席的小加圖所評價的「賭上統治結構的鬥爭」來得較正確。當天所決定的非常事態宣言，成了「元老院派」、龐培攻擊凱撒的武器。

「元老院派」認為如此一來，凱撒也無計可施了。在搬出「元老院最終勸告」這個元老院的傳家寶刀後，許多反體制運動也因此而葬送了。

西元前一二一年，格拉古兄弟中的弟弟蓋烏斯．格拉古因「元老院最終勸告」之名，被當成國賊殺了，兄弟倆所進行的國政改革也告中斷。

西元前一〇〇年，利用馬留斯的名聲，實行下層市民優惠待遇政策的護民官薩圖紐斯，也在「元老院最終勸告」的發布之下成了國賊，而染血死於羅馬廣場。

另外元老院議員無人能忘的西元前六十三年，密謀政變而遭彈劾的加帝藍，也因「元老院最終勸告」而玉碎。這不過是十三年前的事情。

西元前四十九年的「元老院最終勸告」，正向凱撒發出。向來所向無敵的強力武器，這次以凱撒為目標了。

在「加帝藍的陰謀」時，凱撒在元老院的演說中，始終不承認「元老院最終勸告」的合法性。在凱撒的想法中，認為假「元老院最終勸告」之名的非常事態宣言，是元老院的越權行為，因為元老院不過是對法律提出建言、勸告的機關。而借用此名，可無視於擁有羅馬公民權者所認可的裁判權與控訴權，立即判處死刑，這是違反羅馬的國法。凱撒明白指出這點，而現在他自己也被迫面臨此事。敵方也看準凱撒始終不服「元老院最終勸告」的態度，預備如果他不從，就將他視為國賊，跟隨國賊的軍團也就成了叛軍，再由龐培率羅馬的正規軍加以襲擊、解決。這是「元老院派」的如意算盤。

不過，打著「元老院最終勸告」旗幟的羅馬正規軍也有一個弱點，那就是時間。龐培所擁有的軍團軍事力，僅有凱撒送回的兩個軍團。被選出來當凱撒後繼者的阿赫諾巴布斯，尚在徵募志願兵當中，還沒有軍事力。但是「元老院派」還是樂觀地認為能夠縮減時間。

第一，他們也知道凱撒手中只有一個軍團。

第二，時序才剛邁入冬季，以朱利斯曆法計算，雖為一月上旬，實際上是十二月上旬。在此時期，即使是南國的義大利也還是河水增漲、氣候嚴寒，不適宜戰鬥。在地中海型氣候中，冬天屬於雨期，加以凱撒軍團幾乎皆在高盧冬營中，即使凱撒下達了出師命令，要橫貫冬天的高盧、越過阿爾卑斯山、進入義大利，這也並非易事。我想「元老院派」是預測凱撒至少要等到春天才能夠行動吧！

另外，還有一個要因使得「元老院派」預測凱撒將延遲行動。

那就是以往凱撒對法律的態度。凱撒雖然擅自進攻高盧、編組軍團，無視元老院的權限，但是並沒有觸犯國法。而因為盧比孔河為本國與屬省的邊界，越過盧比孔河，攻至羅馬本國，此舉完全違反了國法。率兵登陸南義大利的布林迪西，再攻向羅馬，犯此國法的人是蘇拉，蘇拉有攻入自己國家首都的「前科」，而凱撒並沒有這樣的前科。

龐培預測、判斷即使發生了戰鬥，也是羅馬正規軍攻撲盧比孔河之北的形勢吧！想藉冬天好好地準備，這理由正可說明龐培與「元老院派」為何在軍事準備上流於緩慢。總而言之，反凱撒派的人一面向凱撒發出了最後通牒，但是在準備行動上又過於鬆懈。

凱撒也思考得很不耐煩了。而出乎龐培與元老院預料之外的理由，正是由於他思考得很不耐煩。

盧比孔河就在眼前

《羅馬人的故事》第Ⅲ冊《勝者的迷思》中的主角之一——魯奇斯．柯爾涅留斯．蘇拉，與第Ⅳ冊和第Ⅴ冊的主角——蓋烏斯．朱利斯．凱撒，雖有三十八歲的差距，但卻有著諸多的共同點。

一、兩人皆屬羅馬的名門貴族，不過，蘇拉和凱撒，都可算是以往幾乎沒出現在羅馬史上的旁系身份。

二、就經濟上的理由看來，他們雖然並非出自請得起希臘人為家庭教師的優渥環境，但是卻稱得上是當代知識份子中第一級的教養人士。

三、屬高瘦體型，舉止動作頗有氣質，無論何時何地皆為受人矚目的焦點。

四、兩人皆非早熟的天才型人物，活動的全盛期為邁入四十歲後才開始。

五、儘管了解金錢的重要，但是對於貯存私財的事情卻毫不關心。

六、兩人皆具有能明辨目的的性格，因此在得到部屬士兵愛戴的同時，也能得到他們的敬重。

七、兩人皆洞察出元老院已無統治能力了，但是蘇拉認為統治能力的再興可藉由元老院這個機構的改革獲致成功，而凱撒與蘇拉較保守的看法不同，根本認為那樣的改革是行不通的，而是要透過革新。

八、兩人皆不被傳統的想法所束縛，行動相當大膽，這點兩人頗為類似。但蘇拉並未流露任何不安與迷惘，而凱撒就不是這樣了。

登陸布林迪西後，並未解散軍團的蘇拉，在違逆國法攻陷羅馬時，一點也沒有疑慮或猶豫的樣子。而當凱撒面對著盧比孔河時，卻感到很迷惘。姑且不論違犯國法的舉動正確與否，一旦決意違犯國法所衍生的結果乃至餘波都是值得令人深思的。

因為必須考慮到如果決意這麼做的話，一定會導致內戰。蘇拉並不在意與同是羅馬人的同胞發生內戰；而凱撒青少年時代的體驗，不允許他做出如此粗枝大葉、感覺上不痛不癢的事。

凱撒十三歲時，他的姑丈馬留斯一聲令下，五天五夜的工夫，以現任執政官為首的元老院議員五十人，以及屬於「騎士階級」（經濟界）的一千人都被殺了。遭殺害的人當中有凱撒父親的兄弟，因此對這少年而言，他有兩位伯父捲入此事件中，被姑丈給殺害了。被殺的重要人物首級，散鋪在羅馬廣場的演講壇上，多得拾不完。由凱撒少年時所住的蘇布拉至羅馬廣場的距離，所需的時間不到五分鐘。

接著，圖謀對馬留斯所領導的「平民派」施以武力反擊的蘇拉，在登陸布林迪西二年後，在內戰中以勝利收場，終於有機會一掃「平民派」了。蘇拉自己作成了一嚴密的「死刑名冊」，其中包括了八十位元老院議員、一千六百位「騎士」（經濟界），共四千七百人的名字，幾乎皆是在沒有裁判的情況下被殺害的，全部財產也遭沒收。即使僥倖沒被殺的人，也免不了資產被沒收。而且他們本身，甚至連子孫都遭受到剝奪公職的處分。被殺的重要人物首級從羅馬廣場的演講壇掉落下來的情景，就如同五年前一樣。十八歲的凱撒目睹此景，而且他自己的名字也在「名冊」上，說起來終究也是犧牲者。他雖然得救了，但是這個十八歲的年輕人，卻也不得不忍耐度過四年的亡命生涯。

但是內戰中真正的悲慘，並不是犧牲死去的人數，而是隨著犧牲之後所衍生出不易消失的恨意、怨念和憎惡。這對共同體而言，是多麼地不利呀！因此必須盡量避免發生這種事態的可能性，在「加帝藍事件」當時，三十七歲的凱撒在演說中就已經表示了這種看法。

況且，內戰屢屢造成親子、兄弟和朋友之間的裂縫。凱撒的明快態度與直接的表現力，加以在高盧的輝煌戰績，虜獲了眾多首都羅馬的年輕人。結果，不顧當元老院議員的父親擔心，而公開表示加入凱撒名下的羅馬有力人士子弟增加了。西塞羅年僅十五歲的兒子與外甥，都成了熱心的凱撒派。這在造成家庭騷動時，還是喜劇；不過，就在凱撒渡盧比孔河時，這喜劇就變成了悲劇。

凱撒是一位一生忠於自己想法並且身體力行的男子。他期望改造羅馬的國體，樹立羅馬世界的新秩序。如果凱撒不渡盧比孔河，屈服於「元老院最終勸告」，放手軍團的兵權，或許可以避免內戰，但是樹立新秩序就成了一場夢。那麼，這對活了五十年的凱撒來說，真不知這五十年來為什麼而活；在他的驕傲裡，絕不允許被認為就這樣過了無意義的人生。況且，現在自己的名譽已遭玷污了。因為彷彿高盧戰役沒存在似的，如果自己不服從「元老院最終勸告」，就將被宣告成共同體、國家的敵人，成為國賊，名譽已經徹底地遭到了玷污。

不過，對於閉上眼睛就會浮現盧比孔河——曾經歷過如此思念日子的凱撒，他心中還有一個牽掛，那就是副將拉比埃努斯的去留問題。

兩個男人的演出

這裡還有一位為是否渡「盧比孔河」而煩惱的男子。

凱撒煩惱的理由，有諸多可作為推測的立足點。首先是凱撒自己所寫的《內戰記》；接著，要了解當時元老院的動態，以及反凱撒派的主張，可參閱西塞羅和友人們往來頻繁的許多書簡！此外，儘管相隔數百年，還有普魯塔克、阿庇亞努斯、加西阿斯、迪奧等人的史書。西元前一世紀中葉這一羅馬史上最大危機時期的第一主角是凱撒，因此拉比埃努斯說起來是個配角。由於他是配角，與凱撒相較之下，即使根據史實，能夠推測他心境的必要立足點，顯得相當地少。不僅《內戰記》中提到不多，西塞羅對他僅只於表面評價，就連帝政時期所寫的一些史料，提到他時也是以最先背叛「神君凱撒」的人物，簡單帶過。但是，如果想貼近面臨一生決定性瞬間的凱撒當時心境，審視當時同樣處於這決定性瞬間的另一人物，絕非是無用的。

相對於超越憎惡、怨念、復仇心等的凱撒，拉比埃努斯是內心憤怒未消的情況。如前所說，在《內戰記》中提到拉比埃努斯之處很少，況且凱撒本著一貫記錄事實的態度。為什麼我一定得插入這段話呢？因為在不得不讓繼續頑固地反抗凱撒的拉比埃努斯登場了吧！再說，這麼一來，總可有些收尾的感覺在字裡行間飄蕩了吧！

《內戰記》與《高盧戰記》不同，全編所流露的主旋律是凱撒對敵人的輕蔑。如果認為自己比對方優秀，就可超越憎惡、怨念、復仇之心，憎惡、怨念、復仇之心會讓席給輕蔑。而凱撒唯一想輕蔑卻無法輕蔑的對象，就是拉比埃努斯吧！那麼，為什麼唯獨無法輕蔑拉比埃努斯呢？還有，拉比埃努斯如何看待凱撒呢？

據說與凱撒同年的提圖斯．拉比埃努斯，出生於義大利半島、亞德里亞海邊的安科那港鎮附近的小村珍古里。在一般擁有個人名、家門名、家名這三種名字的羅馬人中，馬留斯與薩圖紐斯都只有個人名與家名。與前兩者相同，拉比埃努斯也是源自平民出身的吧！但是，他所出生的那一帶地方，是大地主龐培家的私有地。也許是這個原因吧！拉比埃努斯與龐培有好幾代直接的“Client”關係。“Client”關係在第I冊已經說明過了，之後也陸續出現過，因為這樣的關係在共和政治下的羅馬，實在扮演了相當重要的角色。藉由“Patronus”（保護者）與“Client”（被保護者）之間的互助關係，或許更能正確反映“Patronus”的後援會組織吧！

拉比埃努斯十七歲那年，長他六歲的龐培加入登陸布林迪西的蘇拉自費所編組成的三個軍團。這三個軍團共有一萬八千名士兵。在羅馬，十七歲就是軍役開始的年齡。雖然從史實中還無法確定，不過拉比埃努斯的初次上陣，很有可能是在龐培的指揮之下；因為年輕的龐培曾編組三個軍團，由他身為大地主手下的"Client"所組成，這是在史實中出現的。

雖然拉比埃努斯之後的軍隊經驗，並無證據顯示是累積於龐培名下之時；但是至少在西元前六十三年，龐培所領導的軍隊稱霸東地中海一帶時，他並沒有參戰，這點是可以確定的。因為西元前六十三年的拉比埃努斯在首都羅馬擔任護民官。

他與凱撒的關係有明確的史實記錄也是由這時開始。

西元前六十三年，因加帝藍問題，而使上下大騷動的首都羅馬，發生了三十七歲的凱撒與拉比埃努斯以反元老院為目的的事件。護民官拉比埃努斯成了原告，告發拉比留斯這位元老院議員。控訴的原因是，三十七年前（西元前一〇〇年），殺害當年的護民官薩圖紐斯以及他那一派人的罪名。但是，重提三十七年前的舊事件，並非要判現已年邁的元老院議員入罪，而是要藉此凸顯並且攻擊「元老院最終勸告」的非合法性。察覺凱撒此真正意圖的西塞羅，不顧其為現職的執政官，站出來為被告辯護。因為替當時的被告辯護，等於是為元老院所主導的羅馬共和政治辯護。這個事件，如前述般以滑稽劇收場了，而自那時起，凱撒與拉比埃努斯之間出現了嫌隙。

接著，西元前六〇年開始的「三巨頭」組織開始了。結果有了西元前五十九年的凱撒就任執政官，以及自西元前五十八年開始的高盧戰役。而凱撒就任屬省總督時，拉比埃努斯也追隨凱撒離開了羅馬。凱撒一開始並不挑選部下，然後視戰場表現選擇真正的部下，他唯一親自選出的部下是拉比埃努斯吧！

拉比埃努斯也圓滿地回應了凱撒的期待。當時出身於羅馬良家子弟的眾多幕僚及軍團長中，不需要凱撒派軍支援的，只有拉比埃努斯指揮的戰線。將軍力分為二的時候，凱撒一定將其一交由拉比埃努斯負責。凱撒越萊茵河及多佛海峽遠征時，在背後留守的也是拉比埃努斯。在凱撒返回屬省過冬的那年，拉比埃努斯也還繼續留在高盧。或許，拉比埃努斯是一位獲得凱撒完全信賴的部屬將領吧！

再說，凱撒是那種自己有樂也會與他人同享的人，他也將機會給了副將拉比埃努斯。拉比埃努斯因而存了錢財，並且回來投資故鄉村落的整頓。出身平民的男人，帶給故鄉榮耀。凱撒在高盧戰役終了時，任命拉比埃努斯為北義屬省的軍團指揮官，這是出於純粹慰勞的心情，以及自己當上執政官之後有可託付的對象，先前也提到了這點。總之，對拉比埃努斯而言，自己與龐培的關係是先天的，與凱撒的關係則是後天的。

龐培接近這位拉比埃努斯。

龐培方面接觸拉比埃努斯的風聞，已經在西元前五〇年的夏天傳入了凱撒耳裡。根據《高盧戰記》第八卷的作者，也是凱撒的祕書官——希爾提斯的敘述，凱撒並不願傾聽此事。拉比埃努斯返回北義以後，龐培方面一定也更積極地與他接觸了。而凱撒也在西元前五〇年秋天時進入北義。因此，這兩個人或許曾在同一場所——拉溫納的北義屬省總督公邸一帶，一起度過了「盧比孔河以前」的三個月緊張時期。十三年的歲月，也就是從三十七歲至五十歲的這十三年間，這兩人甘苦同享。他們或許沒做好溝通吧？這兩位同年齡的男人之間，似乎不曾相互吐露胸中的心事。

就凱撒的性格看來，我想他是不會開口去過問的。如果是拉比埃努斯開口說的話，這又另當別論了。而拉比埃努斯是否明白地與凱撒討論過了呢？

就拉比埃努斯的言行來看，這位武人似乎一點也不關心凱撒與「元老院派」抗爭的理由等等。平民出身的護民官，面對守衛平民階級的權利，乃至元老院階級的統治能力衰退等問題，這都是超乎他教養以外的政治鬥爭問題。對他而言，即使站在龐培那一邊，也是基於重視與龐培的“Client”關係，並非是為了要幫助「元老院派」。

再者，即使他留在凱撒這邊，也並非出於理解凱撒所認為樹立新秩序的必要性，而只是為了守護與凱撒間的友情。因此，拉比埃努斯的煩惱是，究竟要選擇先天的關係？還是重視後天的因緣呢？即使本想吐露心事、與凱撒做番商談，答案也不會有所變動吧！

我認為這兩人之間或許並沒有插入什麼商談。某位史學家評論這是「兩個男人的戲劇」，他們並未觸及此事而一起度過了緊張的三個月。這真是兩位壯年男子的沉默對手戲呀！

龐培這邊揮舞著“Client”關係的旗幟，執拗地勸誘。十三年前已經解散自己的軍隊，部屬也都當了農民的龐培，他所想要的是可靠的實戰型大將。拉比埃努斯的武將能力，光是閱讀

《高盧戰記》，就讓自身也是優秀武將的龐培給予他肯定的評斷。此外，如果能夠成功地獲得有凱撒右腕之喻的拉比埃努斯，明顯地，這對凱撒而言是一相當棘手的事。龐培這邊想藉著獲得拉比埃努斯達成一石二鳥之計。

在這場「戲劇」的背後，還有凱撒與元老院以法律為武器所進行的鬥爭。凱撒這邊所提出的第一、第二、第三妥協案均遭否決。一月七日終於來臨了。凱撒如果不遵從「元老院最終勸告」，就成了國賊。雖說如此，龐培握有兩個軍團，而凱撒手邊僅有一個軍團。但是等己方準備好時，對方也已經準備好了。於是凱撒命令士兵們集合。

第十三軍團對凱撒而言並非特別的軍團，並不像第十軍團那般獲得他的信賴，也就是並非凱撒名下軍團中的第一精銳部隊。不過，他們都是從西元前五十七年編組開始，就與凱撒一起經歷七年高盧戰役的士兵。最高司令官開始向他的部下說話了。

他向著擁有羅馬公民身份的士兵，要求他們與同是羅馬公民的士兵戰鬥。如果是普通的政治家，一定會表明自己的立場，講道正義屬於己方，因此現在將起的內戰，並非為守私利，而是為了達成公益等等。但是，凱撒的作法卻完全相反。

首先他控訴反凱撒派者利用一切的機會進行對他不公的貶損，為此還把龐培牽扯進來，使人不禁要嘆道他們是多麼沒品格。第二，批評元老院侵害了護民官行使否決權的權利，連蘇拉也沒侵犯過身為平民代表的護民官所擁有的權利。凱撒指出，類似格拉古兄弟及薩圖紐斯的犧牲，不是過去式，而是現在也有可能發生的事。即使是現在的羅馬，與那個時代依然沒什麼兩樣。最後，他說了這麼句重要的話。

這位自高盧戰役的九年當中，有諸多勝戰記錄、稱霸高盧、成功壓制日耳曼、對國家有重大貢獻的最高司令官，要求他的部屬為他守護名譽與尊嚴。第十三軍團的士兵在聽到這句話後，一齊叫道：「為了洗刷最高司令官與護民官所受的侮辱，我們已經準備好無論是天涯海角也要追隨凱撒！」凱撒命令士兵在夜晚集合。我想也許從百夫長的下面那句話，可以顯示當時追隨凱撒越盧比孔河，認為自己也成了國賊的士兵心境。

「這場內戰如果結束的話，凱撒的名譽恢復後，我們也就可以恢復自由了。」

恢復自由，意味著士兵每個人自允諾凱撒的誓約中解放出來，實際上也就是退除軍務之役。也正因為確信如此，凱撒才能僅以一個軍團展開決定性的行動。龐培與元老院原本預測，在厭惡被視為公敵的情況下，凱撒陣營將出現離反的風潮，但是這樣的預測又錯了。離反者只有一人，而且是出於別的理由。

「孤注一擲!」

凱撒是如何越過盧比孔河的呢?他自己也沒說。《內戰記》當中在記述士兵們叫喊決意之後,就只換行寫道:「知道他們的心情後,就和軍團一起向利米尼出發。」雖然我尊重凱撒面臨戲劇性場面,不喜用戲劇性表現手法的風格,但是,在此也不免俗地,要以其他被認為較接近事實的史料為補充,試圖重現真實。

由拉溫納到利米尼,有五十公里的距離,眺望左手邊亞德里亞海南下的路是一條平坦的道路,自拉溫納前行三十五公里處,就到了盧比孔河。二千年後的今天,盧比孔河分支流為三,到底哪一個是歷史上的盧比孔河呢?真相不明。但是,差不多是涉水可渡的河流,這與西元前一世紀的當時是一樣的吧!雖說盧比孔河是羅馬與北義大利屬省的界限,卻也只是象徵性的國境。他們是在半夜出發的,所以早晨七點時,一定已經在盧比孔河前了。因為羅馬軍團的行軍時速為五公里。

站立在盧比孔河岸的凱撒,並沒有立即想渡河,只是沉默地在岸邊站著好一會兒的工夫。追隨而來的第十三軍團的士兵,也沉默地凝視著最高司令官的背。終於,凱撒轉過身來,對身旁的幕僚們說:

「越過此地，將是悲慘的人間世界。但若不越過，吾將破滅。」

然後，立刻向望著自己的士兵，斬釘截鐵地大叫道：

「前進吧！到諸神等待的地方，到侮辱我們的敵人所等待之處，孤注一擲！」

士兵們也以雄壯的應和聲回答。

於是，馳馬領頭在先的凱撒，帶著一行人渡過了盧比孔河。那是西元前四十九年一月十二日，凱撒五十歲又六個月的早晨。

五天之後，另外一位男子也渡過

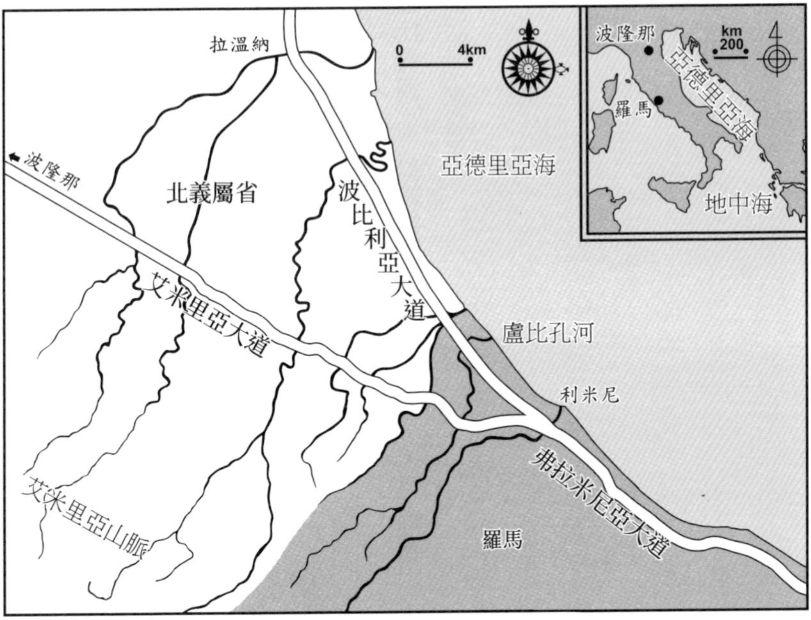

現代的盧比孔河周圍一帶

了他所認為的盧比孔河。曾經是凱撒副將的他，避免與凱撒的行進路程相交會，由與亞德里亞海側相反的第勒尼安海側越過國境。也許，他是要藉阿庇亞大道南下，到此時人應該在羅馬的龐培那裡吧！

結果，拉比埃努斯還是沒跟著凱撒。但是，他一直等到凱撒渡過盧比孔河，才渡他的「盧比孔河」；另外，他也辜負了龐培與元老院的期待，全然沒有離間凱撒手下士兵的舉動，只帶著兒子與隨從奴隸離開。行李都還留著，幾乎只帶著身軀離去而已。這是沒有政治才能的武人拉比埃努斯唯一會做的事。得知副將的離反後，凱撒命令將拉比埃努斯所留置的行李，全部送回他手上。這是凱撒面臨十三年來的同志離反時，唯一所做的事。

就這樣，兩個男人渡過了各自的「盧比孔河」。已經無法回頭了。骰子，已經擲出了。這次不是言論，也非法律，以武力分勝負的時刻來臨了。

【塩野七生代表作——羅馬人的故事】

從崛起、壯大到轉折、衰敗，看羅馬千年的輝煌與落寞

羅馬人的故事I——羅馬不是一天造成的

羅馬的起源可以追溯到扎馬戰役前五百年，羅馬人歷經整整五百多年漫長的蟄伏歲月，因此才會有句話說：「羅馬不是一天造成的」。這五百年間羅馬遭遇哪些挑戰？羅馬人又是如何逐步累積實力，將國家帶往璀璨光明的未來？

羅馬人的故事II——漢尼拔戰記

西元前二一八年，漢尼拔從西班牙率領群眾翻越阿爾卑斯山，進攻義大利本土，直到羅馬名將西比奧打敗漢尼拔才落幕，這場戰爭歷時十六年之久。為什麼知識優越的希臘人、軍事力量強大的迦太基人最後會敗給羅馬人？什麼才是決定戰爭勝、敗的因素？

羅馬人的故事III——勝者的迷思

經過六天六夜激戰，迦太基城淪陷了！這個曾經風光一時的城市被消毀殆盡，羅馬名將小西比奧一想到敵人的命運不覺潸然淚下。勝者如何在勝利的欣喜中，思慮更遠大的未來？大國如何崛起？改變的是制度、心態，還有什麼呢？

羅馬人的故事IV——凱撒時代（盧比孔之前）

西元前一〇〇年七月十二日，「羅馬唯一的創造天才」——朱利斯・凱撒誕生！少年凱撒歷經鬥爭、殺戮、混亂與腐敗，因此致力於樹立羅馬的「新秩序」，他如何巧妙地逆轉國家、政局與社會重重的危機，將個人推向顛峰，創造羅馬歷史的光輝？

羅馬人的故事V——凱撒時代（盧比孔之後）

西元前四十五年，大權在握的凱撒開始進行羅馬帝政化改革，卻在隔年遭醉心共和體制派刺殺，羅馬頓時又陷入混亂狀態！年僅十八歲的屋大維成為凱撒指定的第一繼承人，他能否穩住凱撒留下的偉業？凱撒雖死，但他的精神又為後世留下哪些影響？

羅馬人的故事VI——羅馬和平

西元前二十九年，羅馬終於脫離戰亂狀態，屋大維開始運用卓越的政治手腕，於西元前二十七年，宣佈回歸共和政體，並受贈「奧古斯都」尊稱，締造「羅馬和平」時代。屋大維這位「非天才人物」，是如何完成連天才凱撒都無法達到的目標？

三民網路書店 會員

獨享好康大放送

通關密碼：A5073

憑通關密碼
登入就送100元e-coupon。
(使用方式請參閱三民網路書店之公告)

生日快樂
生日當月送購書禮金200元。
(使用方式請參閱三民網路書店之公告)

好康多多
購書享3%~6%紅利積點。
消費滿350元超商取書免運費。
電子報通知優惠及新書訊息。

三民網路書店
www.sanmin.com.tw
超過百萬種繁、簡體書、原文書5折起

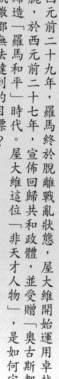

國家圖書館出版品預行編目資料

羅馬人的故事IV：凱撒時代(盧比孔之前)／塩野七生著;李曼榕,李璧年譯.——修訂二版一刷.——臺北市：三民，2022
面；　公分.——(羅馬人的故事系列)

ISBN 978-957-14-7268-3（平裝）
1.歷史 2.羅馬帝國

740.222　　110012884

羅馬人的故事

羅馬人的故事IV——凱撒時代（盧比孔之前）

著作人　塩野七生
譯者　李曼榕　李璧年

發行人　劉振強
出版者　三民書局股份有限公司
地址　臺北市復興北路 386 號（復北門市）
　　　臺北市重慶南路一段 61 號（重南門市）
電話　(02)25006600
網址　三民網路書店 https://www.sanmin.com.tw

出版日期　初版一刷 1998 年 7 月
　　　　　初版六刷 2021 年 1 月
　　　　　修訂二版一刷 2022 年 8 月
書籍編號　S740150
ISBN　978-957-14-7268-3

Rôma-jin no Monogatari 4. Yuriusu Kaesaru Rubikon Izen
Copyright © 1995 by Nanami Shiono
First published in Japan in 1995 by SHINCHOSHA Publishing Co., Ltd., Tokyo
Traditional Chinese translation rights arranged with SHINCHOSHA Publishing Co., Ltd.
through Japan Foreign-Rights Centre
Traditional Chinese Copyright © 2022 by San Min Book Co., Ltd.
ALL RIGHTS RESERVED

著作權所有，侵害必究
※ 本書如有缺頁、破損或裝訂錯誤，請寄回敝局更換。

三民書局